伦理学名著译丛

Ethics

伦理学

〔美〕约翰·杜威
〔美〕詹姆斯·H. 塔夫斯　著

方永　译

商务印书馆
The Commercial Press

2019年·北京

John Dewey, James H. Tufts
ETHICS
(Revised Edition)
PUBLISHED BY HENRY HOLT AND COMPANY
© 1932 by Henry Holt and Company, Inc.
中译本根据美国亨利·霍尔特出版社1932年版译出

1932年版前言

把1932年的这一版称为修订版,还是称为一本新书,这是一个相当大的问题。基本的计划还是同样的,但是视角和环境却已发生了变化。目前这一版大约三分之二的内容已经重新撰写,在其他保留下来的部分中,细节上的变化也随处可见。

自1908年以来,24年过去了,人们对伦理学领域的兴趣日增。第一版出版时,在美国几乎没有什么人正在就道德问题写些什么。从那时起,学院和大学使用的许多伦理学教科书的出现,见证着这一学科在教育课程中的重要性;经济学家、教育学家、政治科学家和历史学家们除了讨论他们的学科的技术问题之外,还讨论他们的学科的道德问题;从一般读者的视角来看待道德问题的书,有好多本已经面世了。在当今这个世界中,战争可能粉碎任何国家的或个人的生活,财富和不安全如影随形,阶级依然在分裂,宗教不再以不受置疑的权威发声,对研究和反思的要求变得日益明显。

同样明显的是,如果作者妄称他们已经解决了这些难题,那么,他们将因此而使伦理研究的目的落空。正如在较早的那一版本中一样,在这一版本,我们的目的是促成一种深入思考、正视个人行为和社会政策的全部意义及其后果的习惯,并把思考的工具和方法教给学生。所谓工具,指的是道德在其中表现自己的过程以及道德意识藉之而得到解释的某些重要的观念。所谓方法,指的是对新的价值观以及那些已经被经验检验过的价值观保持开放的心态,持续努力地分析和探究直到背后的原则或假设被找到并被审查。

具体情况是,第一部分中的第一章、第三章和第六章做了一些变化。增加了一章来讨论罗马人对伦理学的贡献,而讨论近代时期的伦理学的那一章几乎全部重写。第二部分也做了改造,行文的方法做了调整,所用材料实际上全部重写。第三部分,除了第489—495页以外,都是新的。

衷心地感谢来自那些使用过较早那一版的各位同事的建议。在这些同事中,要特别感谢G.H.米德(G. H. Mead)和艾迪逊·W.摩尔(Addison W. Moore)这两位不久前离世的教授,还有艾肯斯(Aikens)、阿姆斯(Ames)、伯特(Burtt)、费特(Fite)、皮亚特(Piatt)、夏普(Sharp)、史密斯(Smith)、W.K.赖特(W. K. Wright)教授。在讨论工业中劳资双方在处理各种问题时所获得的经验时,撰写有关经济问题的那几章的作者,一方面要感谢芝加哥男性服装制衣业界的公司,特别是哈尔特(Hart)公司、沙弗勒(Schaffner)公司和以E.D.霍华德(E. D. Howard)为代表的马克思(Marx)公司,另一方面要感谢由悉尼·希尔曼(Sidney Hillman)先生为主席的联合制衣工人协会以及其以莱宁先生(Mr. Levin)为主任的芝加哥分会。最后,M.C.塔夫斯博士(M. C. Tufts)就本书的风格和内容方面提了许多建议,并在校对方面给了了慷慨的帮助,对此我们深表感谢。

约翰·杜威
詹姆斯·H.塔夫斯
1932年3月

第一版前言

在伦理学中,这一教科书的重要意义在于它努力唤醒人们,使人们重新意识到道德问题具有真正的现实性这一极其重要的信念,并使人们重新意识到在处理道德问题时反思性思考所具有的价值。第一部分中对历史资料的展示,第二部分中对不同类型的理论解释的讨论,第三部分中对当今一些典型的社会问题和经济问题的讨论,都为着这一目的。

经验表明,研究道德的学生都面对着如何客观而明确地把握这一领域这一难题,因此,道德问题在他眼中是真实的问题。行为非常私密,因而不易分析。更为重要的是:在相当程度上,看待行为的立场已经被早前受到的训练无意识地固定了。历史性的处理方法已经在教室中证明作者的经验是处理这些问题的一种有效的方法。透过道德生活发展的各个典型时期来追踪道德生活,能够使学生认识到在他们自己的习惯立场中包含着什么;它还向学生提供可用来当作分析和讨论的材料的一个个主题的具体部分。

在让学生看清道德生活的那些模糊的地方以及给学生提供各种线索以使他能够为他自己探究道德生活这样的事情上,道德理论的那些经典观念具有相当的重要性。但是,当那些理论观念被鲁莽地介绍给学生时,总是存在着这样的危险:学生们不是教条地使用它们，就是认为它们是不现实的。这样，这些理论观念不是被当作认识道德事实的工具来使用，很可能替代了道德事实。如果这些道德观念是被以陈腐的方式提供给学生的，那么，它们在理论上的准确性和精巧性可能被人仰慕，但是，它们在实践上的健全性和适用性将受人质疑。历史的介绍允许学生犹如身临这些理智工具在其中形成的那些社会处境之中。他领会这些理智工具与导致它们产生的那些条件的关联，而且，他被鼓励去尝试着将这些理智工具运用到当前的问题上，先用于当前的简单问题，后用于当前的复杂问题。通过帮助他逐渐成长，他不仅会相信这些观念，而且会获得使用它们的能力。

本书的第二部分更专门地分析和批判主要的道德理论，目的既不是要逐步灌输某一学派的看法，也不是要反复灌输某种现成的体系，而是要展示这些出于日常行为的诸多问题和经验的各种理论的发展，并指出这些理论怎样才可能富有成效地应用于实践上的诸紧急情况。道德生活的各个方面已经被非常彻底地审视，使得我们可能提出一些我们相信会被普遍接受的原则。比如，理性主义和享乐主义（Hedonism）对科学地陈述行为的诸要素做出了贡献，即便它们因为是自我封闭的终极体系而失败了。在讨论康德（Kant）和密尔（Mill）、西季威克（Sidgwick）和格林（Green）、马蒂诺（Martineau）和斯宾塞（Spencer）后，可以肯定地说，在道德生活中，理性和幸福一定有其地位，义务和评价也一定有其地位。各种道德理论不是被当作不相容的敌对体系——对于它们中的任何一个，要么整体接受，要么整体拒绝，而是被当作审视行为所具有的诸问题的基本上合适的方法。这种方式可促进对在复杂的道德生活中各种因素所起的作用进行科学的评价和测算。我们把学生置于这样一个境地中，要他们为自己判断行为的诸问题。使学生们因为受到启发而能够从各种束缚中解放出来，自己进行判断，这正是理论部分的主要目的。

在道德领域的相当大的部分中，特别是在本书第三部分所讨论的政治问题和经济问题上，还不可能提出明确的解决办法。但是，向学生介绍对这些悬而未决的问题的审视，还是高度可取的。在整个文明世界都把自己的精力集中于正义和民主的意义与价值时，那些对伦理学有兴趣的人还满足于已经提出来的一些观念，而这些观念只是与行为中很少受到质疑的东西关联在一起而不是与现在急迫的诸问题关联在一起，这些人脱离实际生活已经到了无法忍受的程度。再者，在理论与实践的彼此直接关联中思考它们，所具有的好处也是相互的。一方面，与个人主义和社会主义的先验要求相对，在我们看来，目前急需的是把更审慎的分析和经验方法加以运用。极端的保守人士可能强烈反对对当前的秩序详加审查；热情的激进人士可能对调查者的批判性和显得拖沓的程度感到不耐烦；但是，那些对人正在进行的对自然世界的征服已经加以深入思考的人，不可能放弃这样一种信念：反复试验这一比较粗糙的方法以及偏见和宗派争论这一历史悠久的方法，不会再完全主宰着对社会生活的管理。他们希望将科学的方法大量运用于人类福利和进步所遇到的诸问题。相反地，在促进道德秩序和道德进步的实际工作中发挥作用的科学，必须接受来自刺激和检验的宝贵的反射性影响。考察正在形成中的道德与仔细研究已经确立的价值观，都将使科学更具活力。不论有什么影响加于这一学科，只要学生们远离正占据着他们同代人的心智的那些问题，他们就几乎不可能领会他们的材料和方法所具有的全部力量。

那些受到教学时间限制的教师无疑会依照他们自己的意愿来选择教学中采用哪些部分，但是，下面的建议提供了一种可能的选择方针。在第一部分中关于古希伯来人的道德成就、古希腊人的道德成就和近代的道德成就的这三章，每一章都是用来说明道德方法的；第九章的一些部分只是在分析方面更详细，对于初学者来说并不是必不可少的。在第二部分中，第十一章到第十二章可以略去，而不会失掉论证的思路。在第三部分中，关于具体主题——也就是政治状况、经济秩序和家庭——的每一章，都可以视为彼此独立的。有些教师可能愿意完整地采用每个部分。在这种情况下，可以选择其中的任何两部分。

本书是由两位作者合著的，每个人都为其各自撰写的部分负责；但是，每个人都在足够的程度上对对方所写的部分提出了建议和批评，从而使得本书自始至终都是共同工作的产物。其中，第一部分是由塔夫斯先生撰写的，第二部分是由杜威先生撰写的，第三部分的第二十章和第二十一章是由杜威先生撰写的，第二十二章至第二十六章是由塔夫斯先生撰写的。①

几乎无须说明，在参考文献上所做的任何努力都不可能是无遗漏的。我们在标出所引著作的出版日期时，一直遵照这样的规划：对于最近出版的文献，标出其最新一版的日期；对于一些经典著作，则标出其原版的日期。

---

① 本书的第一版即1908年版总共有二十六章，1932年的修订版总共有二十三章。——译者

最后，作者们想对他们的同事和朋友赖特（Wright）先生、塔尔伯特（Talbert）先生和伊斯曼（Eastman）先生表示诚挚的感谢，他们阅读了校样，并且提出了其他的建议。

约翰·杜威

詹姆斯·H. 塔夫斯

目 录

第一章　导论 ………………………………………………………1
　　1. 定义与方法：伦理和道德，具体问题；历史研究的
　　　重要性 …………………………………………………………1
　　2. 作为一种成长的道德 …………………………………………5
　　3. 本书的构成 ……………………………………………………8

第一部分　道德的开端及其成长

第二章　早期的群体生活 ……………………………………… 19
　　1. 群体生活的典型事实：原始的统一和团结 ……………… 19
　　2. 血亲群体和大家庭：血亲群体；家族或大家庭 ………… 24
　　3. 作为经济单位和生产单位的血亲群体和家族群体：
　　　土地和群体；动产 ………………………………………… 28
　　4. 作为政治实体的血亲群体和家族群体：它们对
　　　个体的控制；权利和责任 ………………………………… 30
　　5. 作为宗教实体的血亲群体和家族群体：图腾群体，
　　　祖先崇拜 …………………………………………………… 34
　　6. 年龄群体和性别群体 ……………………………………… 37

7. 宗族和其他群体在道德上的重要性……………………… 38

第三章　基本的活动和力量…………………………………… 44
   1. 生物因素………………………………………………… 45
   2. 使人理性化的力量：工作；艺术和手工艺；
      观察和思考……………………………………………… 46
   3. 使人社会化的力量：语言；协作；职业……………… 49
   4. 对这一首要层次的道德解释…………………………… 54

第四章　群体道德——风俗或习俗…………………………… 57
   1. 意义、权威和习俗的起源……………………………… 57
   2. 强化习俗的各种手段：公众的赞成；禁忌；仪式；暴力…… 61
   3. 使群体标准显得重要并且使群体控制成为有意识的
      诸条件：教育习俗；法律和正义；危险或危机………… 64
   4. 习俗性道德的价值和缺陷：标准；动机；满足；
      品格的养成……………………………………………… 76

第五章　从习俗到良心，从群体道德到个体道德…………… 82
   1. 对立与冲突……………………………………………… 82
   2. 变化中的社会手段：经济力量；科学与艺术；
      军事力量；宗教力量…………………………………… 85
   3. 心理手段：性；私有财产；为控制和自由而进行的
      斗争；荣誉和尊敬……………………………………… 91
   4. 积极的重建……………………………………………… 98

第六章　古希伯来人的道德成就………………………………100
   1. 问题与背景………………………………………………100
   2. 宗教力量：以个人身份出现的立法者；崇拜；

先知们；王国；英雄 ……………………………………104

3. 他们形成的几个道德观念：义和罪；责任；
动机的纯洁；人生的"理想"；社会理想 …………112

第七章　古希腊人的道德成就 …………………………122

1. 基调：习俗与自然的对立；尺度；善和正义 …………122
2. 个人与个人主义所具有的理智力量：科学精神 ………125
3. 商业上的个人主义和政治上的个人主义：
阶级利益；为何要守法? ……………………………130
4. 个体理论与伦理理论：被确切阐述的问题；
几种个人主义理论 ……………………………………137
5. 对本性与善、个人和社会秩序的更深刻的看法：
亚里士多德论自然秩序；柏拉图的理想国；激情
或理性；幸福主义和中道；人和宇宙 ………………140
6. 对"理想"的看法：与现实相对立；伦理学上的意义 ……152
7. 对自我、品格和责任的看法：诗人们；柏拉图和
斯多葛派 ………………………………………………154

第八章　古罗马对现代道德意识的贡献 …………………161

1. 古罗马社会：一个被管理着的社会；阶级壁垒的
夷平者；财富的力量 …………………………………161
2. 道德观念：作为法律的一个源泉的自然；人是平等的；
正义检验着政府的合法性；义务 ……………………167

第九章　近代道德意识中的因素与趋势 …………………173

1. 中世纪——权威和统一：在宗教领域中；在政治领域中；
在经济领域中 …………………………………………173

2. 从文艺复兴和宗教改革到革命：民族主义；中产阶级和市民自由；宗教自由；经济发展；近代科学在文艺复兴和启蒙运动之中；艺术和印刷……176

3. 革命之后：民主制度；工业革命；自然科学和社会科学……189

4. 今日道德观念的源泉……192

5. 各种伦理学体系对近代各种趋势的解释：霍布斯的利己主义；道德感理论(Moral sense theory)；康德的理论；功利主义……195

第二部分　道德生活论

第十章　道德理论的本性……207

1. 反思性道德与伦理学理论……207
2. 道德行动的本性：自愿的行动和麻木不仁的行动……212
3. 行为和品格：行为是一系列行动；习惯的本性……215
4. 动机和后果：态度与满足的对立；动机的本性……221
5. 当前对理论的需要：社会变化的影响……225
6. 道德理论的源泉……227
7. 问题的分类：善、义务和美德……230

第十一章　目的、善和智慧……235

1. 反思和目的：目的的构想……235
2. 目的与善：意欲与思想的关系……238
3. 快乐既是善也是目的：快乐主义；所受到的批判；

思想的地位；快乐不同于幸福……………………………244
　4. 伊壁鸠鲁派关于善和智慧的理论：及时享乐……………254
　5. 作为目的的成功：控制意欲的操练是重要的……………257
　6. 作为目的的苦修：控制意欲的操练所具有的重要性……259
　7. 结论——培养作为目的的兴趣：理想和自然目的；
　　社会条件的影响……………………………………………264

第十二章　正当、义务和忠诚………………………………273
　1. "正当"观念：正当与善的关系……………………………273
　2. 道德要求的根源：社会要求的本性………………………277
　3. 康德的理论：不考虑后果；普遍性和社会后果…………280
　4. 要求的证成：不可缺少的相互依赖；错误即不信………288
　5. 义务感：原则的本性；社会影响…………………………296

第十三章　认可、标准和美德………………………………301
　1. 作为原初事实的赞成和不赞成：同情性的称赞和指责…301
　2. 标准的本性和功利主义的本性：对赞成和谴责的管理；
　　同情和赞成……………………………………………………304
　3. 功利主义与快乐主义的混淆：目的和标准；密尔对
　　情操的强调；密尔对社会纽带的强调……………………307
　4. 目的与标准的关系：意欲和反思性判断；幸福的本性……314
　5. 正义和仁心在标准中的地位：形式主义；情感主义；
　　功利主义的社会观……………………………………………318
　6. 作为道德力量的称赞和指责：可得到称赞的行为………323
　7. 反思性道德中的美德观念：可得到称赞的利益所
　　具有的特征；诸主德………………………………………326

第十四章　道德判断和道德知识 …… 335

1. 道德判断是直觉性的还是逐渐形成的？：
问题的重要性；价值判断 …… 335
2. 直觉的价值评价及其局限：累积的经验 …… 339
3. 敏锐与深思：判断中相互关联的各因素 …… 343
4. 良心与慎思：标准的修正；理想 …… 348
5. 原则的本性和职能：原则对抗准则；决疑；理智工具；
求知意志 …… 352

第十五章　道德自我 …… 364

1. 自我与选择：自我的诸问题 …… 364
2. 自我与动机——兴趣：偏好和有意识的选择 …… 369
3. 利己主义与利他主义：自我与行动的统一；外在
刺激的本性；客观利益的本性 …… 373
4. 社会利益的包容本性：强调自我与非我的不同；
对慈善的误解；自我实现 …… 381
5. 责任与自由：面向未来的而非追溯过去的；
自由与成长；第二部分之总结 …… 387

第三部分　行动的世界

第十六章　道德与社会问题 …… 401

1. 社会问题的道德意义：社会变化和道德问题；
理论的价值；个人道德和社会道德；急迫的问题 …… 401
2. 基础性问题：个人和社会；个人主义和集体主义 …… 409

3. 冲突的三个方面：冲突分析；统治集团和被统治集团；
   保守群体和进步群体；私人群体和公共群体……411
4. 方法问题：诉诸权威的方法与诉诸经验的方法……419
5. 历史上的个人主义：经济上的、政治上的、哲学上的、
   心理学上的个人主义；它们产生的条件；它们的表现
   形式；对它们的批判……422

第十七章 道德与政治秩序……433

1. 社会环境具有道德意义吗？：二元论的影响；
   各种典型的影响；方法问题……433
2. 判断社会条件的那个标准的本性：公共善；平等；
   个体性；民主的理想……439
3. 一些特殊的政治问题：民主政治；传统民主理论所具有的
   缺陷；政治和经济……446
4. 思想自由和表达自由：它们在民主中的核心地位；
   它们所受到的攻击；自由表达的重要性；民主文化
   所受到的各种批判；教育；经济上的限制……455
5. 民族主义、国际关系、和平与战争：民族主义；
   爱国主义；战争……465

第十八章 经济生活的伦理问题……473

1. 生产、资本主义和竞争：工作；资本主义；竞争……475
2. 工业的一些伦理问题：早期问题；机械；安全……478

第十九章 集体谈判和工会……487

1. 雇主和雇工相互冲突的利益：冲突的五个理由；
   非人的关系……487

2. 谈判力所决定的东西：工资；每日的工作；
　　　企业规则和条件；存在的危险⋯⋯⋯⋯⋯⋯⋯⋯⋯490
　　3. 怎样才能使谈判力保持对等？：组织；设备，
　　　法律和立法方面的联盟；阿戴尔和科培奇案；
　　　希奇曼案；用理性代替暴力⋯⋯⋯⋯⋯⋯⋯⋯⋯495

第二十章　商业的道德问题⋯⋯⋯⋯⋯⋯⋯⋯⋯⋯⋯508
　　1. 利润驱动：被声称应得的好处；被指责的缺点；
　　　自然资源的浪费⋯⋯⋯⋯⋯⋯⋯⋯⋯⋯⋯⋯⋯⋯508
　　2. 正义的难题⋯⋯⋯⋯⋯⋯⋯⋯⋯⋯⋯⋯⋯⋯⋯⋯512
　　3. 分配正义的四种理论：（1）按劳分配；（2）按资分配；
　　　（3）平均分配；（4）按照一个良好社会中每个人所不
　　　可缺少的需要来分配⋯⋯⋯⋯⋯⋯⋯⋯⋯⋯⋯⋯513

第二十一章　对商业和工业的社会控制⋯⋯⋯⋯⋯⋯519
　　1. 工厂立法⋯⋯⋯⋯⋯⋯⋯⋯⋯⋯⋯⋯⋯⋯⋯⋯⋯519
　　2. 为公共利益所影响的所有权⋯⋯⋯⋯⋯⋯⋯⋯⋯523
　　3. 1890年的谢尔曼法案⋯⋯⋯⋯⋯⋯⋯⋯⋯⋯⋯⋯525
　　4. 公平竞争⋯⋯⋯⋯⋯⋯⋯⋯⋯⋯⋯⋯⋯⋯⋯⋯⋯526
　　5. 对移民的限制⋯⋯⋯⋯⋯⋯⋯⋯⋯⋯⋯⋯⋯⋯⋯528
　　6. 所得税⋯⋯⋯⋯⋯⋯⋯⋯⋯⋯⋯⋯⋯⋯⋯⋯⋯⋯529

第二十二章　走向未来⋯⋯⋯⋯⋯⋯⋯⋯⋯⋯⋯⋯⋯532
　　1. 资本主义制度内的趋势⋯⋯⋯⋯⋯⋯⋯⋯⋯⋯⋯532
　　2. 激进的备选项：共产主义；法西斯主义⋯⋯⋯⋯535
　　3. 如果资本主义要继续存在⋯⋯⋯⋯⋯⋯⋯⋯⋯⋯537
　　4. 需要做的改进⋯⋯⋯⋯⋯⋯⋯⋯⋯⋯⋯⋯⋯⋯⋯541

5. 一个被扭曲的立场 …………………………………… 547

第二十三章　婚姻和家庭 …………………………………… 550

　　1. 现代家庭的前驱：母权制家庭；父权制家庭；
　　　 教会的影响 …………………………………………… 550
　　2. 社会和观念上近来发生的一些影响家庭的变化：
　　　 经济上的变化；观念上的变化 ……………………… 557
　　3. 从个体的视角看婚姻 ………………………………… 564
　　4. 从社会的视角看婚姻 ………………………………… 568
　　5. 需要调整的那些冲突和要求的具体根源 …………… 573

索引 …………………………………………………………… 582

第一章 导论

1. 定义与方法

准确地定义一门学科,是在一项探究的结束之时而不是在其开始之时;但是,一个简明的定义将有助于划出这一领域的范围。伦理学是一门研究行为(conduct)的科学,它考察行为是对还是错,是好还是坏。有一个单独的术语用来指被这样考察的行为,那就是"道德行为"或"道德生活"。陈述这同一事物的另一种方法,就是说伦理学目的在于系统地解释我们从对或错、好或坏这样的立场出发对行为所作出的判断。

"ethics"和"ethical"这两个词都源出于古希腊语的"ethos",古希腊语的这个词,本义是习俗(customs)、惯例(usages),特别是使得某个群体得以与其他群体相区分的那些习俗、惯例;后来,逐渐地指情操(disposition)和品格(character)。它们就类似于拉丁语中源于"mores"的词"moral"、德语中源于"Sitten"的词"sillich"。正如我们将看到的,正是在"ethos"——习俗中,"mores",即道德或伦理开始出现了。因为习俗不仅仅只是习惯的行动方式,它们还是被群体或社会赞成的行动方式。违背群体的习俗而行动,会导致严厉的谴责。这可能不能准确地用我们所用的词——对和错、好和坏——阐述,但是,态度却在本质上是相同的。"伦理"和"道德"这两个词在被用于今日的行为时,当然指比"ethos"和"mores"这两个古老的词要远远复杂和高级的生活类型,正如经济学所处理的是远比"家庭管理"复杂的问题;但是,如果这两个词暗示我们道德生活在其中发端的那种方式,它们还是具有一种独特的价值。

科学地解释关于行为的判断,意味着寻找作为这些判断之基础的原则。行为或道德生活有两个明显的方面。一方面,它是有意图的生活。它蕴涵思想和感情、理想和动机、评价和选择。这些是用心理学方法研究的过程。另一方面,行为有自己的外在的一面。它与人的本性(nature)关联在一起,而且尤其与人类社会关联在一起。道德生活被个人生活和社会生活的一些不可缺少的东西所唤起或激起。正如普罗泰戈拉(Protagoras)用神话的形式所说,神灵将正义感和敬畏感赐给人,为的是要他们能够为了相互保存而团结起来。① 道德生活反过来又以矫正或改造自然环境和社会环境、建立一个"人的王国"——它应当也是一种理想的社会秩序,即"上帝的国"——为目的。道德生活与自然和社会的这些关系被生物科学和社会科学所研究。社会学、经济学、政治学、法学和法理学特别关心行为的这个方面。正如伦理学运用心理学来审视行为内在的一面,伦理学必须应用这些学科的方法和成果来讨论行为问题外在的一面。

但是,伦理学不仅仅是这些不同学科的汇总。它拥有自己的问

---

① 柏拉图(Plato),《普罗泰戈拉》(*Protagoras*),320及以下诸页。

题,而且这问题恰恰是由生活和行为的这两个方面所建立的。它必须把这两个方面关联起来。它必须研究这样的内在过程——它由外在条件所规定,或者正在改变着外在条件;它还必须研究这样的外在行为或制度——它由内在的意图所规定,或者正在影响着内在的生活。研究选择和意图的是心理学;研究被他人的权利所影响的选择并且用这一标准来判断那种选择是对还是错的,是伦理学。或者换个说法,研究一家公司的,可能是经济学、社会学、法学;研究这家公司由于人的意图所导致的行动或者正在影响着人们的福利的那些行动,并且从这样的观点出发来判断它的行动是对还是错的,是伦理学。

在进行伦理学研究时,我们应当运用比较的和发生学的方法(the comparative and genetic methods)。我们不能假定我们自己的道德是唯一一种需要被考察的道德。原始人群的风俗对今日行为无疑不是一种恰当的指导,我们自己面临的问题与古希伯来人、古希腊人和古罗马人所面临的问题也不相同。但是,抛开文明,我们从根本上还是人。像原始人和古代人一样,我们生来就具有一种身体上的构造,依赖于父母的照顾,被分为男人和女人,使用语言,学习思考。我们必须谋生,必须与我们的同胞友好共处。但是,与较早的时代相比,我们发现我们自己面临着如此复杂而困难的处境,以至于依照我们的标准,其中存在着相当多的疑问和困惑。

当我们讨论生活的某一过程时,我们发现:如果我们追溯这一过程的历史并且明白目前的条件是如何形成的,那将大大有助于我们认识目前的条件。具体地讲,在道德方面,有四个理由,审视早前的各阶段。第一,我们也许应当从较简单的材料开始我们的研究。

目前的道德生活是极端复杂的。职业的、公民的、家庭的、慈善的、教会的、社会的职责都要求调整。在财富、知识、权力、社会福利方面的兴趣，都要求以善的东西为基础而重新认识。首先，考察一个比较简单的问题是可取的。其次，这种复杂的道德生活，就像人的身体一样，其中包含着"退化的器官"（rudiments）和"残存的部件"（survivals）。在我们目前的标准和理想中，有一些就是在过去的某个时期中形成的，而另外有些则是在过去的另一个时期中形成的。其中，一些标准和理想可用于目前的条件，另一些则不能。一些标准和理想与其他的标准和理想不符。道德判断中许多明显的冲突，只有在我们发现这些判断在其第一次出现时是如何形成的时候才能得到解释。除非根据早前的道德，我们不可能轻松地理解今日的道德生活。第三个原因是，我们可以获得研究所用的比较客观的材料。我们的道德生活是我们自身的一个私密部分，这使我们难以不偏不倚地观察它。它的根本特征常常因为过于熟悉而不能引起注意。在我们旅行时，我们发现其他民族的习俗、法律和道德标准因为"怪异"而引人注目。直到我们在某些这样的途径的引导下把我们自己的行为与其他民族的行为加以比较时，我们才会发现我们自己的标准也是怪异的，因而也需要解释。像他人看我们一样地看我们自己，无论是就人而言，还是就科学而言，都一样地困难。无疑正确的是：仅仅像他人看待我们一样地看待我们自己，并不是足够的。完全的道德分析要求我们把我们那些也许"他人"不可能发现的动机和意图纳入考虑。但是，如果我们能够藉着比较研究而开阔我们的视野并唤醒我们的注意，这对完全分析是一个巨大的助益。进行发生学研究的第四个理由是它强调道德具有变动的、进步的特征。仅仅审视当下可能给人造成这样一种印象：道德生活不是一种生活，不是一个正在运动的过程和某种尚在形成中的东西，而是一个不会变化的结构。存在着道德秩序，也存在着道德进步。通过分析道德行为的本性，可以发现这一点；但是，如果我们追溯历史中的实际发展，它将更清楚、更令人难忘地显示出来。因此，在我们尝试着分析当前的道德意识和道德判断之前，我们将概述早前的各阶段和方面。

2. 作为一种成长的道德

目前，生物学家、心理学家和社会学家就遗传、环境与个人自己的选择和习惯在个人的性格和品格中所起的相对作用，远未达成一致意见。类似地，在各种种族和文化的历史中，种族、经济力量与其他社会力量以及伟大人物所具有的重要性，人类学家、历史学家以及研究这一复杂问题的其他学生所做出的评价也各不相同。尽管有时区分在个人选择、思考、挑选和形成他自己的习惯和品格时自然做了些什么、社会做了些什么、个人为他自己做了些什么可能是适当的，但是，就我们的目的而言，我们还是应当假设所有这些因素都参与了道德的成长。

我们可能还发现将举动（behavior）和行为分为三个层次是比较方便的：（1）由各种生物的、经济的或其他非道德的冲动或要求（比如家庭、生活和工作）激发，但却会产生对道德而言是重要结果的举动；（2）这样一种举动或行为，在其中，个人因为他所属的那个群体的标准和行为方式是被包含在习俗之中而以相对而言几乎不加批判性反思的态度加以接受;(3)这样一种行为,在其中,个人为他自己思考和判断,考察一个意图是否是善的或正确的,做出决定并加以选择,对于他所属的那个群体的标准,若不经过反思,就不予以接受。

尽管就获得关于道德成长中各个阶段和各个要素的清楚观念而言,分别考察举动和行为的三个层次比较省事,但是,重要的是要记住:没有一个成熟的个人是完全地处在其中任何一个单独的层次上的。我们生来就在家庭之中;我们所有人都从事可使我们的思维得到发展的活动;我们所有人都是某个社会群体的成员,因而深刻地被它的各种标准所塑造;我们所有人都在某些场合下思考和选择。

如果我们不分开考虑道德成长中的各种因素和力量,而是观察正在儿童中发生的、在某种程度上也正在那些与欧美当前的道德生活密切相关的民族的历史中发生的道德成长的过程,这样,我们就可以把道德成长描述为这样一个过程——在其中,人变得越来越理性,越来越合群,最后也越来越道德。我们简短地逐一审视这三个方面。

有机体的第一需要就是生存和成长。因此,首要的冲动和行动就是寻找食物、自卫和其他的当下急需。原始人吃、睡、战斗、建造居所、哺育并保护他们的子女。这一理性化的过程首先意味着越来越多地利用智力来满足这些同样的需要。它把自己展示在需要技能的职业中,展示在工业和贸易中,展示在利用所有资源来增进人的力量和幸福的行动之中。但是,使行为理性化,同时也就是引入新的目的。它不仅使人能够获得他所需要的东西,而且还改变他想要的那些对象。这把自己外在地展示在人所制造的东西以及他使用自己的方式之中。他当然必须拥有食物和居所。但是,他还建造庙宇,雕刻神像,创作诗歌。他创造了关于世界的各种神话和理论。他在贸易或治理方面从事巨大的事业,更多地不是为了满足肉体需要方面的欲望,而是为了体验力量的增长。他建立了家庭生活,藉着艺术和宗教又将它提升到一个更高的层次之上。他生存,但不仅仅依靠面包,而是逐步地建造了一种理性的生活。从心理学上讲,这意味着:尽管在开始我们想要我们的肉体所要求的东西,但是,我们很快就开始想要我们的心智感兴趣的东西。当我们藉着记忆、想象和理性形成一个越来越连续的、长久的和高度组织化的自我时,我们要求有一种更加长久的、理想类型的善来使我们满足。这就造成了物性自我与理想自我之间的对立,或者用另一种形式说,造成了世界与精神之间的对立。

这一发展过程的日益社会化,代表人具有越来越强的与其他人建立关系的能力。像理性的成长一样,它既是一种工具,也是一种目的。它根植于一些生物学上的事实——性、父母和血缘——以及不可缺少的相互支持和保护。但是,由此形成的联合体意味着各种各样的行动,它们要求新的力量,并且确立了一些新的目的。语言是这类活动中的最先出现者之一,是走向更完全的社会化的第一步。所有类型的事业之中的合作(coöperation),服务和物品的交换,社会行业中的参与,为了各种目的而结成的社团,血亲制度、家庭制度和行政制度以及宗教,所有这些东西,都大量地添加在个人力量之上。另一方面,当一个人进入这些关系并且成为所有这些实体的一个成员时,他必然经历兴趣方面的一个改造。从心理学上看,这个过程是一个建立社会自我的过程。模仿和建议，同情和爱慕，共同的意图和共同的利益，都在帮助建立这样一种自我。当各种冲动、情感和意图被更明确地组成这样一个统一体时，他人的利益与在我自己的较为个体性的善中居于中心地位的那些利益就有可能产生冲突了。有意的利己主义和利他主义成为可能。自我的利益和他人的利益能够被提升到权利和正义这一层面上。

所有这些还不是最完全意义上的道德进步。趋向于更加理性和更加社会化的行为，这是道德进步不可缺少的条件，但不是道德进步的全部。还需要的是：这些更加理性的和更加社会化的行为自身被评价为善的，因而是应当选择和追求的；或者，用社会管理的术语来说，由社会或理性颁布的法律应当被有意识地认为是正确的，被当作标准来使用，并且被当作约束来尊重。这就提出了较高标准与较低标准之间的对立，并且是作为一个有意识的目的而不仅仅是喜好不同。它把自我与他人之间的冲突提升到了个人权利与正义、审慎的利己之心或仁爱之心这样一个层面上。最后，它为社会的组织和理性的选择提供了一个基础，使已经取得的进步可能依据养成的习惯和品格而获得长久的保护，同时，人的注意力、义务与志趣之间的斗争以及有意识的选择，进一步发展为新的问题。

3. 本书的构成

第一部分中，在初步介绍群体生活的一些重要方面之后，将首先以高度概括的方式追溯道德发展的过程，然后用从古以色列人、古希腊人、古罗马人和近代文明的生活中选取的材料具体地说明这一过程。

第二部分将从内在的或人格的一面来分析行为或道德生活。在更仔细地说明道德行为指称什么之后,将继续说明道德理论一直以之为中心的三个主要的概念或范畴,即:善,正当(或者义务和法则),赞成和美德,最后以对道德知识的讨论以及对自我在道德行为中的地位的讨论来结束。

第三部分将研究以社会中的行动来表现的行为。但是,我们不作一般性的概览,而把注意力集中于行为所含的对于社会而言具有特殊的利益和重要性的三个方面。政治权利和义务,财富的生产、分配和所有,最后是家务和家庭生活的关系,所有这些都是目前尚未解决的问题。它们向学生提出了挑战,要他们仔细地加以审视,因为对于这里所涉及的各个问题,他作为公民必须对其持某种态度。

如果我们能够发现或辩明伦理原则,这些伦理原则就应当能够给生活中这些一直在表现它们自己、要求人来作决定的各种尚未解决的问题提供某种指导。不论在其他学科看来什么是正确的,伦理学至少应当具有某种实践上的价值。"在人生的舞台上,只有上帝和天使才有资格充当旁观者。"人必然行动,而且,他的行动必然有好或坏、对或错。如果他已经反思,已经依据人类秩序和进步的一般原则来审视自己的行为,他应当能够更理智、更自由地行动,去获得满足,与未经批判的或单凭经验的实践相比,这种满足通常是伴随着科学的实践而来。对于行为的研究,苏格拉底(Socrates)说了一句经典的话:"未经审视和批判的生活,是不值得人去过的。"

文　献

在每一部分的开头和一些章的结尾,我们会列出关于特定主题的一些文献。在这些地方,我们列出一些较有用的手册和最近出版的一些代表性著作,并且附上几本关于伦理学研究范围和方法方面的特定参考书。鲍德温(Baldwin)的《哲学和心理学辞典》(Dictionary of Philosophy and Psychology)有精选的书单(特别请看"伦理学理论"、"伦理学"和"价值"这三个词条)以及一般的书单(第三卷)。阮慈(Runze)的《伦理学》(Ethik, 1891)有好的参考书目。

初级教材:德雷克(Drake),《新道德》(The New Morality),1928年;埃弗里特(Everett),《道德价值》(Moral Values),1918年;菲特(Fite),《伦理学导论》(Introductory Study of Ethics),1903年;麦肯齐(Machenzie),《伦理学指南》(Manual of Ethics),1900年;夏普(Sharp),《伦理学》(Ethics),1928年;乌尔班(Urban),《伦理学基础》(Fundamentals of Ethics),1930年;赖特,《伦理学简介》(General Introduction to Ethics),1929年。

代表性的英文著作和专著:格林,《伦理学导论》(Prolegomena to Ethics),1883年(唯心主义);马蒂诺,《伦理学理论的类型》(Types of Ethical Theory),初版于1885年,1891年第三版(直觉主义);西季威克,《伦理学方法》(Methods of Ethics),1874年初版,1901年第六版(直觉主义与功利主义立场的结合,对常识进行了仔细的分析);斯宾塞,《伦理学诸原则》(The Principles of Ethics),1892—1893年(进化论);斯蒂芬(Stephen),《伦理学这门科学》

(Science of Ethics)，1892年。包尔森（Paulsen）的巨著（《伦理学体系》[System der Ethik]，1889年初版，1900年第五版）部分地被梯利（Thilly）翻译为英文，并于1899年出版；冯特（Wundt）的巨著（《伦理学》[Ethik]，初版于1886年，1903年第三版）由蒂奇纳（Titchener）、格利弗（Gulliver）和沃什伯恩（Washburn）翻译成英文，在1897—1901年出版。

在最近出版的文献中，应当注意下面一些，它们要么对整个伦理学领域有贡献，要么对其中的某个部分有贡献。它们是：亚历山大（Alexander），《道德秩序和进步》（Moral Order and Progress），1889年初版，1891年出第二版；杜威（Dewey），《伦理学纲要》（Outlines of Ethics），1891年，以及《伦理学研究，课程大纲》（The Study of Ethics, a Syllabus），1894年；菲特，《道德哲学》（Moral Philosophy），1925年；霍夫丁（Höffding），《伦理学》（Ethik），由德文翻译为英文，1887年；珍妮特（Janet），《道德理论》（The Theory of Morals），英译本，1884年；拉德（Ladd），《行为哲学》（The Philosophy of Conduct），1902年；梅泽斯（Mezes），《描述性的伦理学与说明性的伦理学》（Ethics, Descriptive and Explanatory），1900年；摩尔（Moore），《伦理学原理》（Principia Ethica），1903年；帕尔马（Palmer），《伦理学的领域》（The Field of Ethics），1902年，《善的本性》（The Nature of Goodness），1903年；泰勒（Taylor），《行为问题》（The Problem of Conduct），1901年；拉什德尔（Rashdall），《善与恶的理论》（The Theory of Good and Evil），1907年；布朗（Browne），《伦理学诸原理》（The Principles of Ethics），1892年；里卡比（Rickaby），《道德哲学》（Moral Philosophy），1888年；尼古

拉·哈特曼（Nicolai Hartman）,《伦理学》（*Ethics*），由科伊特（Coit）译为英文,第一卷,1932年。

伦理学史：罗杰斯（A. K. Rogers），《伦理学回顾》（*Morals in Review*），1927年；西季威克，《伦理学史》（*History of Ethics*），1892年第三版；阿尔比（Albee），《英国功利主义的历史》（*A History of English Utilitarianism*），1902年；斯蒂芬，《功利主义者》（*The Utilitarians*），1900年；马蒂诺（Martineau），《伦理学理论的类型》（*Types of Ethical Theory*）；休艾尔（Whewell），《英国道德哲学史讲演录》（*Lectures on the History of Moral Philosophy in English*），1852年和1862年；科斯特林（Köstlin），《伦理学史》（*Geschichte der Ethik*），2卷本，1891—1892年（古代理论）；约德尔（Jodl），《伦理学史》（*Geschichte der Ethik*），2卷本，1882—1889年（现代理论）；冯特，《伦理学》第二卷；由温德尔班德（Windelband）、霍夫丁（Höffding）、艾尔德曼（Erdmann）、宇伯威（Ueberweg）和法尔肯伯格（Falchenberg）撰写的哲学史。

伦理学的范围和方法：请看上面所提到的几乎所有著作中的相应的章，特别是帕尔马（《伦理学的领域》）、摩尔、斯蒂芬、斯宾塞、包尔森和冯特（《道德生活的事实》[*Facts of the Moral Life*]）。

同时请看：里奇（Ritchie），《哲学研究》（*Philosophical Studies*），1905年，264—291页；华莱士（Wallace），《关于自然神学和伦理学的演讲和论文》（*Lectures and essays on Natural Theology and Ethics*），1898年，194及以下诸页；杜威，《对道德的科学态度的逻辑要件》（*Logical Conditions of a Scientific Treatment of Morality*）（芝加哥大学十周年庆贺出版物，1903年）；斯图亚特（Stuart），"自我

实现的逻辑"（The Logic of Morality），收于加利福尼亚大学出版物《哲学》第一辑，1904年；斯锚（Small），《社会学之于伦理学的重要意义》（The Significance of Sociology for Ethics），1902年；哈德利（Hadley）为鲍德温的《哲学与心理学辞典》撰写的"经济理论"之词条。

伦理学与人生论的关系：格林，《伦理学导论》（Prolegomena of Ethics），第四卷；杜威，国际期刊《伦理学》（International Journal of Ethics），第一卷，1891年，186—203页；詹姆斯（James），同一期刊，第一卷，330—354页；麦肯齐（Machenzie），同一期刊，第四卷，1894年，160—173页。

第一部分

道德的开端及其成长

第一部分的一般文献

霍布豪斯（Hobhouse），《进化中的道德》（Morals in Evolution），两卷本，1906年。

韦斯特马克（Westermarck），《道德观念的起源和发展》（The Origin and Development of Moral Ideas），第一卷，1906年。

萨瑟兰（Sutherland），《道德本能的起源和发展》（The Origin and Growth of the Moral Instinct），两卷本，1898年。

冯特，《道德生活的事实》，1902年；还有《伦理学》，第三版，1903年，第一卷，280—523页。

包尔森，《伦理学体系》，1889年，第一卷。

萨姆纳（Sumner），《社会习俗》（Folkways），1907年。

斯尼思（Sneath）（编），《显示在各大宗教中的伦理学的演变》（The Evolution of Ethics as Revealed in the Great Religions），1927年。

伯格曼（Bergmann），《伦理学和文化哲学》（Ethik als Kulturphilosophie），1904年。

梅泽斯，《描述性的伦理学与说明性的伦理学》，第一部分。

杜威，"被运用于道德的发生学方法"（The Evolutionary Method as Applied to Morality），载于《哲学评论》第11卷，1902年，107—124页，353—371页。

亚当·斯密,《道德情操论》(Theory of Moral Sentiments),1759年。

鲍德温,《社会的和伦理的解释》(Social and Ethical Interpretations),1902年。

泰勒,《行为问题》(The Problem of Conduct),1901年,第二章。

斯宾塞,《伦理学资料》(Data of Ethics),1879年;《心理学》(Psychology),1872年,第九部分,第5—8章。

耶林(Ihering),《法律的目的》(Der Zweck im Recht),第三版,1893年。

施泰恩塔尔(Steinthal),《一般伦理学》(Allgemeine Ethik),1885年。

古德塞尔(Goodsell),《作为一种社会制度和教育制度的家庭的历史》(A History of the Family as a Social and Educational Institution),1919年。

布里福(Briffault),《母亲们》(The Morthers),1927年。

第二章　早期的群体生活

不论是了解文明史中道德的成长还是理解一个孩子的道德的成长,把观察某些较原始的社会的生活作为第一个步骤,总是有所助益的。因为这些较原始的社会的生活,清楚地说明了群体对其成员的巨大影响。

这并不是在认为所有族群都曾经有过完全相同类型的群体或者同等程度的群体的团结。无可争辩,现代文明族群的祖先生活在我们将要概述的群体生活的一般类型下,这些类型或它们的残存可在今日大量的族群中发现。

1. 群体生活的典型事实

请思考下面这个由格雷先生讲述的事件:

"一名中国人在他妻子的协助下毒打了他的母亲。皇帝下诏不仅命令将两个犯人处死;还进一步命令:将这个家族的族长处死,紧挨的邻居每人杖打八十后流放;那个男性罪犯所属的那个县的生员的头头或代表也应受杖责后流放;其伯叔祖、伯叔以及两位长兄都应被处死;保长和其属下要暂时免职;那个女性罪犯的母亲因为忽视了对她的女儿进行四女德教育而应刺配边疆;那个女性罪犯的父亲是个文秀才,应被禁止参加乡试,重杖相责后流放;这两个罪犯的儿子应当改名,这个男罪犯所拥有的土地暂时休耕。"①

再看看亚干(Achan)这个故事:

亚干从杰里科(Jericho)所夺的财物中取了一些已经被留出来或"奉献"给耶和华的东西并占为己有。以色列人因此在战斗中遭受到一次失败。当亚干的作为被人知道时,"约书亚和以色列众人把谢拉的曾孙亚干和那银子、那件衣服、那条金子,并亚干的儿女、牛、驴、羊、帐篷,以及他所有的……于是以色列众人用石头打死他,将石头扔在其上,又用火焚烧他所有的。"②

关于下面这些情况的这样一段话,是从日本的一种由五个以上(含五个)家庭组成的名叫"组"(Kumi)的地方制度的规章制度中抽取出来的:

"作为组的成员,我们应培养比对我们的亲戚还要友好的情感,应在共担彼此的不幸之外还促进彼此的幸福。如果一个组中有一个不遵守原则或不遵守法律的人,我们都要因为他而

---

① J. H. 格雷(J. H. Gray),《中国》(China),第一卷,237及下页。
② 《约书亚记》第7章第24、25节。

第二章　早期的群体生活

分担责任。"①

群体的另一个方面,可看恺撒对日耳曼人中的土地制度的描述:

> 没有一个人私人地拥有一块大小确定、地界分明的土地,长官和首领们每年把土地分给氏族和血亲群体以及那些居住在一起的人(其他群体)。②

古希腊人,我们智慧的祖先,同时也是雅利安人的一支。据认为,生活在阿提卡时,甚至直到一个较晚的时期,其土地在很大程度上依然是由圣人、神灵、部落或氏族联盟、血亲共同体和政治共同体占有的。即便在土地上的权利可被认为是私人的时候,"我的东西"也依然是作为公共的东西而被保存的。③格罗特(Grote)是这样陈述这些血亲群体栖止于其上的那个基础的④:

> "所有这些部落的和乡居的社群,不论是较大的还是较小的,都建立在古希腊人思想所具有的同样的原则和倾向上,它们是由与祖先崇拜联系在一起的崇拜观念构成的,或者是由与

---

① 西蒙斯(Simmons)和威格莫尔(Wigmore),《连带关系,日本的亚细亚社会》(*Transactions, Asiatic Society of Japan*),第19章,177及下页。
② 恺撒,《高卢战记》(*De Bello Gallico et Civili*),卷6,第22段。
③ 维拉莫维茨-莫伦道夫(Wilamowitz-Möllendorf),《亚里士多德和雅典》(*Aristotle und Athen*),第2章,第47, 93页。
④ 格罗特,《古希腊史》(*History of Greece*),第3章,第55页。

某种真实的或假想的共同血缘联系在一起的某些具体的宗教仪式的共享构成的。""聚在一起的成员将他们的牺牲奉献给的那个神灵或英雄,被认为是他们源其而出的初祖。"

库朗兹(Coulanges)对古代的家庭群体给出了类似的陈述①:

古代家庭的成员被某种比出生、情感或体力还要强有力的东西统一在一起;这种东西就是崇拜火和已逝的先祖的宗教。这使得家庭在今世和来世都形成了一个单一的群体。

最后,下面一段关于卡菲尔人(Kafir)氏族制度的话,说出了两点:(1)这样的群体生活蕴涵着独特类型的情感和观念;(2)它具有一种根植于生活所不可缺少的东西之中的力量。

"一个卡菲尔人认为'把他系在其中的那个框架'延伸到了氏族。与卡菲尔氏族的那种完全血缘的群体统一感相比,欧洲家庭中的那种休戚与共感是淡薄而虚弱的。氏族的要求完全吞噬了个体的权利。部落团结的制度没有任何障碍地良好运行着,其顺利程度足以满足社会主义者的最大梦想;这种制度是氏族所具有的群体统一感的一个突出证据。在古代,当首领使一个人为白人工作,但进而要求他把他全部或几乎全部的所得薪金都交给首领时,他没有任何受到伤害的感觉;这些钱被

---

① 库朗兹,《古代城市》(*The Ancient City*),第51页。

第二章 早期的群体生活

保存在氏族之内,属于氏族的物品就是属于个人的物品,反之亦然。氏族的这种统一方面引人注目的特征是:它不是未经立法批准而强加于不情愿的民众之上的一种处心积虑的计划(a thought-out plan),而是自动地循着受到最小抵制这一路线而提出的一种即兴的计划(a felt-out plan)。如果氏族的一员受到伤害,所有的成员都受到了伤害,而且不是在情感性的措辞上,而是在真正的事实上。"[①]

上面几段话提到了雅利安人、闪米特人、蒙古人和卡菲尔人。它们与关于几乎每个人种的类似陈述相一致。它们说明了一种生活方式,一种与美国人的人生观或绝大部分欧洲的人生观相当不同的人生观。[②] 美国人或欧洲人属于多种不同类型的群体,但是,其中的大部分是他"加入"其中的。他当然出生在一个家庭之中,但是,除非他乐意,他不会在其整个一生中都待在这个家庭中。他可以选择自己的事业、居所、妻子、政党、宗教、社交俱乐部,甚至还可以选择对于国家的忠诚。他可以拥有自己的房屋,也可以卖掉它;他可以出让他的财产,也可以把它赠予他人;通常情况下,他只对自己的行为负责,而对任何他人的行为都不负责。如果所有这些关系都为他设定了,这将使他在比此更充分的意义上成为一个"个体的人"。另一方面,一个人若作为我们上面的那些例子中所说的群体

---

① 达德利·基德(Dubley Kidd),《未开化的童年》(Savage Childhood),74及下页。

② 俄罗斯人的米尔(mir,沙俄时代的一种村社组织。——译者),南斯拉夫人的"联合"家庭,科西嘉人彼此间有世仇的氏族,高加索地区一直使群体利益强大的部落,(美国)边疆各州山民的世仇,都真实地说明了家庭团结的存在。

的一员,当他出生于某个氏族或家庭群体之中时,他的全部或几乎全部的关系都已经被固定了。这确定了他的职业、居所、神灵和政治。如果这没有确定谁是他的妻子,它也至少通常确定了必须从哪个群体中娶他的妻子。用梅因(Maine)的话说,他的条件因此是由"身份"(status)确定的,而不是由"契约"(contract)确定的。这在他的整个倾向上造成了一种极大的不同。如果我们更仔细地考察这种群体生活,将其与今日道德的特征相比较,那不仅有助于更清楚地说明道德生活,而且有助于我们理解正在形成中的道德生活。

19 正如前面引用的那几段话所说明的,我们将发现群体的最重要的类型就是血亲团体或家庭,以及在经济上、政治上、宗教上和道德上的统一。不管怎样,让我们首先简要地评论一下群体的最为重要的类型。

2. 血亲群体和大家庭

血亲群体是由那些认为他们自己源出于同一个祖先、因而在他们的血管里流淌着同样血液的人组成的。对于我们的研究来说,每一个血亲群体是否实际上源出于一个单一的祖先,那是无关紧要的。极有可能的是,食物供应或战争所具有的各种偶然因素是这样一种群体整体地或部分地得以形成的一个根本原因。但是,这对我们的目的来说根本不重要。重点在于:血亲团体的成员认为他们自己属于一个血统。在一些情况下,这个祖先被认为是一种动物。于是,我们便有了所谓的图腾群体(totem group),它可在北美的印第安人、非洲土著人和澳洲土著人中被发现,它也许就是闪米特人群体的早期形式。在其他情况下，某个英雄甚至某个神灵被一个血亲群体称为自己的祖先。在任何情况下，这一理论的基本部分都是相同的，也就是说，在一个血亲群体的所有成员的身体中流淌着同一个祖先的血液，因此，一个血亲群体的每一个成员的生命是这个群体的共同生命的一部分。同源的程度不大重要。不过应当注意，血亲群体不同于家庭，因为在家庭中有这样一条规则：丈夫和妻子属于不同的血亲团体并在结成夫妻后继续保持他们各自具有的几种血缘关系。实际上，在一些族群中，结婚仪式象征着妻子被纳入丈夫的血缘关系之中，在这种情况下，家庭变成了一个血亲群体，但是，这根本不是普遍的。

一个人首先是一个群体的一个成员而不是一个个体，这种感受在一些血亲群体中被一种以辈分关系为内容的制度（a scheme of class relationship）所强化。依据这一制度，我不是把某个确定的人认为并称为父亲或母亲、祖父、叔伯、兄弟或姐妹，而是称属于一特定的群体或辈分的人中的任何一个人为母亲、祖父、兄弟或姐妹。而且，与我一样属于同一辈分的任何一个人都称这些相同辈分的人为母亲、祖父、兄弟或姐妹。① 这样的辈分制度的最简单的形式可

---

① "在我们已经接触过的所有部落中，所有这些称谓在对关系的确认中无一例外地不相冲突；所有这些关系都依赖于一种辈分制度的存在，而这种辈分关系的根本观念是：某些群体的女人与其他群体的男人相结合。每一个部落都有一个词语，它不加区别地适用于这个部落的一个男人或一个女人与他/她实际与之结合的那个异性或他/她可以合法地与其相结合的所有异性，也就是说，他/她实际与其结合的那个异性属于由所有他/她可以合法地与之结合的那些异性所构成的一个群体：所以，一个用来称呼他的真正母亲的词，适用于称呼他的父亲可以合法地与之结合的所有女人。"——斯宾塞和基伦（Gillen），《澳洲中部的土著部落》(*Native Tribes of Central Australia*)，第57页。

以在夏威夷人(the Hawaiians)中被发现。在那里,有以"代"为基础的五个辈分,它们与我们所称的祖父母、父母、兄弟和姐妹、子女、孙子女相应,但是他们用来指称这些辈分的这些词并不像我们使用时那样指称任何具体的血亲。请在心中牢记:我们可以说第一个辈分中的任何一个人都同等地是第三个辈分中的任何一个人的祖父母,第三辈分中的任何一个人都同等地是第三个辈分中的任何其他人的兄弟或姐妹,第四个辈分中每一个人的父亲或母亲都同等地是这一辈分中的每一个人的父亲或母亲,等等。在澳洲,辈分的数量多一些,辈分关系也远为错综复杂;但是这并不像某些人可能认为的那样使血缘纽带相对不重要;恰恰相反,他与其他每一个辈分之间的关系"是每个个体都必须熟悉的最为重要的东西之一",它以非同寻常的程度规定着婚姻关系(marital relations)、食物分配(food distribution)、问候(salutations)以及一般的行为。血亲群体在古以色列人中被称为"族"(tribe)或"家"(family,英文译名),在古希腊人中称为族类(genos)、胞族(phratria)和种族(phyle),在古罗马人中被称为氏族(gens)和库里亚(curia),在古苏格兰被称为克兰(clan),在古爱尔兰被称为塞普特(sept),在日耳曼被称为"族"(Sippe)。

对于我们的目的来说,有两种家庭因为其意义重大而应当注意。在母系家庭(the maternal family)中,女人留在她自己的家族(kin)中,子女自然被认为属于母亲的家族。丈夫或父亲几乎就是客人或外来者。如果他自己所属的氏族与他的妻子所属的氏族发生争斗,那么,在血亲复仇中,他将不得不站在他自己所属的氏族一边来反对他的妻子所属的氏族。因此,氏族和家庭被认为是不同的。

在父系社会中,父系氏族多半变成了父系家庭,妻子离开她自己的亲属,在他丈夫的房子里生活,并且生活在他丈夫的家族之中。正如在古代罗马中我们看到的,妻子郑重声明放弃她自己的血亲,并且履行仪式正式地被接纳进她丈夫的家族或氏族。古希腊的俄瑞斯忒斯神话(the Greek myth of Orestes)典型地说明了父系家族和母系家族这两种观念之间的冲突,哈姆雷特(Hamlet)在类似的情况下宽恕了他的母亲则显示了一种较为现代的观点。

显然,随着父系类型的家庭的盛行,氏族纽带和大家庭纽带将彼此相互加强。这在父亲与子女之间的关系中形成了一种重要的不同,并且为祖先崇拜的宗教提供了一个坚实得多的基础。但是在许多方面,团结的氛围、压力和支持、群体同情和群体传统在根本上是类似的。重要的东西在于:每个人都是一个血亲群体的一个成员,同样,也是某个家庭群体的一个成员,他的所思、所感和所行都要参照它来进行。①

---

① 每一个原始人同时是一个个体的人和一个群体的一个成员,也就是说,好像他有两个人格或自我,一个是个体自我,另一个是氏族自我,或克利福德(Clifford)所说的"宗族自我"。这一事实不仅仅只是陈述事物的一种心理学方式。依据最近一个卡斐尔人学生达德利·基德的说法,卡斐尔人有两个独特的词来表达这两个自我。他们称其中之一为伊德胡洛兹(idhlozi),称另一个为伊顿谷(itongo)。"伊德胡洛兹是个体性的、私人性的灵,每一个孩子生来就有,而且它是属血气的、独一不二的,从来不与其他的人共享。伊顿谷是来自祖先的、具有协作性的灵,它不是私人性的,而是氏族性的,或者说是属于部落的,个人拥有它不是藉着出生获得的,而是通过一些灌注性的仪式而获得的。伊德胡洛兹是私人性的,而且是不可转让的,因为它被包裹在一个人的人格之中,在人死亡时它就居在坟墓附近,或进入蛇中,或进入部落的图腾之中;但是,氏族的伊顿谷出没于人起居的小屋,在一个人死时回到氏族的阿玛顿谷(amatongo,祖灵)。一个人对氏族之灵(伊顿谷)的分有,在他成为一个基督徒时或他以任何方式不忠诚于这个氏族的利益时就丧失了;但是,一个人绝对不会失去他的伊德胡洛兹,就像他绝对不会失去他的个体性一样。"——达德利·基德,《未开化的童年》,第14及后一页。

3. 作为经济单位和生产单位的血亲群体和家族群体

22　　现代意义上的土地私人所有制不被承认,这是一项规则。当然,在狩猎族群和游牧族群(hunting and pastoral peoples)中也没有现代法律意义上的集体所有制度。但是,狩猎族群不论大小,都有被规定好了的、界限非常清晰的打猎和捕鱼的领地;在游牧生活中,游牧族群有自己的牧场和水井。随着农耕的出现,更明确的拥有感出现了。但是,拥有者是部落或氏族或大家庭,而不是个人。

　　土地属于氏族,氏族是建立在土地之上的。因此,一个男人不是这个氏族的一员,因为他不以土地为生,甚至不拥有土地;但是,他生活在这片土地之上,并且从这片土地中获得收益,因为他是这个氏族的一员。[①]

我们在一开始就引用了古希腊人和日耳曼人的风俗。在凯尔特人(the Celts)中,古代爱尔兰的法律显示有一个过渡阶段。"氏族的土地由两种迥然不同的部分构成,一部分是'肥奇法恩'(fechfine)或氏族土地(tribeland),另一部分是'奥尔塔'(orta)或可继承的土地(inheritance land)。后一部分作为个人的财产,为

[①] 赫恩(Hearn),《雅利安人的大家庭》(The Aryan Household),第212页。

属于首脑集团的男人所有。"① 印度人的联合家庭（the Hindoo joint family）和南斯拉夫人的家庭共同体（the house community of the Southern Slavonians）是集体所有制现在的例子。他们共有食物、联合崇拜、共享居所。他们有一栋公用的房子和一个公用的饭桌。斯拉夫人的格言"共同的家庭使人更富"、"蜂巢中蜜蜂越多，蜂巢也就越重"表达了他们对共同体生活的欣赏。在英国对爱尔兰的管理中存在的一个困难就是在现代英国人的个人主义财产观与爱尔兰人的较为原始的集体所有或氏族所有的观念之间存在的这一根本的差别。不论正确与否，一个爱尔兰人的佃户拒绝认为自己只是一个佃户。他认为自己是从前拥有他所租种的那块土地的那个家族或群体的一个成员，因此，即便他不能证明群体财产转让缺乏合法性，他也不会承认群体财产的转让是正义的。因此正如我们前面所描述的一样，这样一个氏族或大家庭不仅仅只相当于在一个特定时期组成它的那些人。它的财产除了属于现在的拥有者之外，还属于祖先和后代；因此，一些群体中允许个人在活着时拥有或使用财产，但却不允许这些财产被转赠或继承。这些财产在个人死亡时被转交给整个氏族。在其他的例子中，一个孩子可以继承财产，但是在没有这样一个继承人时，那些财产就转为公共所有。把财产遗赠给教会的权利一直是民法和教会法分歧的一个焦点。所以，原始氏族或大家庭群体与土地的关系被决定性地用于使个人的利益被与群体的利益捆绑在一起。

在生产工具、武器、家畜这样的动产（movable goods）方面，实

---

① 麦克伦南（MacLennan），《古代史研究》（*Studies in Ancient History*），第381页。

践不是统一的。当财物是个人自己的技艺(skill)或勇敢(prowess)的结果时,它们一般是属于他个人的。所以,生产工具、武器、奴隶或女俘以及出于某种特殊手艺或技艺的物品通常是私人的。但是,如果物品是群体作为一个单位而行动时获得的,那么这些物品就通常是共享的。因此,野牛、鲑鱼和大猎物(large game)是属于共同狩猎或打渔的整个印第安人群体共有的;类似地,由女人们照管的玉米也共同地属于大家庭。斯拉夫人和印第安人目前的村社共同体对大家庭所有制还有着共同的兴趣。在一些部落中,甚至女人和孩子也被认为是群体的财物。

4. 作为政治实体的血亲群体和家族群体

在现代家庭中,父母把一定程度的控制加于其子女之上,但是这在几个方面受到限制。没有一个父母被允许处死其某个孩子,也没有一个父母被允许让其某个孩子在愚昧无知中长大。另一方面,如果一个孩子做了严重的伤害行为,父母不被允许使其孩子免于被捕。政府通过其法律和官吏使我们认为它在一个相当大的行动领域中是最高权威。它必须解决相互冲突的权利主张,保护生命和财产;依据许多人的看法,它还必须组织其成员的生活,因为每个成员的合作是实现某种公共善(common good)所不可缺少的。在早期的群体生活中,可能存在也可能不存在某种凌驾于氏族或家族之上的政治实体(political body);但是无论如何,氏族或家族本身就是某种政治实体(political State)。没有在政治权力故意与个人的、宗教的和家族的纽带相分离这一意义上而言的政府。当人们有意识地把政府和法律与一个宗教性的和血亲性的群体的那种没有分化的整体分离开并以此来规定政府的法律时,他们就获得了一种新的权威概念并且上升到具有诸多可能性的更高层次之上。但是,这种原始的群体毕竟还是一种政治实体,而不是一群乌合之众,也不是志愿性社团,也不是一个纯粹的家庭,因为:(1)它基本上是一个长久性地有组织的实体;(2)它把控制加于其成员之上,而这些成员认为它是合法的权威,而不认为它是纯粹的暴力;(3)它不为任何更高的权威限制,而且基本上有效地为了整体的利益而行动着。这个群体的这一政治特征的代表者可能是诸首领(chiefs)或诸酋长(sachems),也可能是一个长老会(a council of elders),或者像在古罗马那样,是元老院(the House Father),而元老院的家父权(patria potestas)标志着父权制家庭的极端发展。

群体加于个体成员之上的控制在不同的族群中呈现出不同的形式。其最为重要的方面是其所具有的凌驾于生命和人身自由上的那种权利;在一些情况下,它扩展到具有处死(putting to death)、施肉刑(maiming)、责打(chastising)、决定新生婴儿是否存留的权力;订婚权(the right of betrothal)包括对代那个女人收取的嫁妆(marriage portion)的控制;还有代表作为一个整体的氏族管理氏族财产的权利。在所有这些各种各样形式的控制中,对女人的婚姻关系的控制可能一直是最持续的。控制女人的婚姻关系,其中一个原因可能就在于这样一个事实:这个群体倾向于使作为自己一员而与另一个群体的男人结婚的女人不受到伤害。所以,这一责任自然地要包括涉及她的婚姻的决定权。

法定的权利依然在相当程度上归因于一个群体中的成员身份。一个国家可能允许另一个国家的公民在这个国家拥有土地、在这个国家的法庭上打官司，并且通常给他提供某种程度的保护；但是，第一权利（the first-named rights）经常是被限制的；而且，大法官托尼（Chief Justice Taney）陈述美国现在的法定权利理论的那句名言"黑人不拥有那些白人一定会尊重的权利"还仅仅是几年前才说的。即便在法律理论不承认种族差别或其他差别的地方，一个外来人或者一个在社会上或经济上受歧视的群体的一员，在实际上也时常难以得到正义。在原始的氏族或家族群体中，这一原则完全有效。正义是一种特权，它临于属于某个群体的一个人身上，若不属于这个群体，就不能享有它。氏族、家族或村社的成员有声索权，但是陌生人没有。他作为客人可能被友好地对待，但是他只能在他自己所属的那个群体所控制的范围内要求"正义"，出了那个范围，他就不能要求"正义"了。在群体之内的权利这一观念中，我们拥有了现代民法的原型。氏族与氏族之间的交涉属于战争或谈判，而不属于法律；不属于任何氏族的人不但在名称上是"没有法律权利的"（outlaw），而且在事实上也是"没有法律权利的"。

正如在血亲复仇（the blood feud）中所显示的那样，连带责任和相互支持是政治关系与血亲关系的这种融合的一个自然结果。在现代生活中，国家在许多方面都彼此把对方作为一个整体对待。如果一个野蛮部落的某位成员侵犯了一个文明国家的一位公民，受到伤害的一方便会请求他的政府予以帮助。他的政府通常会要求犯事者被交付审判并受到惩罚。如果犯事者不被交出，那么政府就会组织一场针对整个部落的"惩罚性讨伐"（punitive expedition），犯事者和无辜者同样受难。或者,受害者所属的国家可能从犯事者所属的那个部落接受以金钱或土地的形式所付的赔偿,以此代替对犯事者所属的那个部落的部分摧毁或完全摧毁。同样的原则通过以公众代办人身份出现的普通市民(private citizens as public agents)而实行,而且适用于城镇,成为中世纪一种特殊实践的原因。"当一个国家的商人被另一个国家的商人欺骗了时,或者发现不可能从他们那里收回所欠之债时,前一个国家就颁布缉拿和暴力性报复特许,授权抢劫冒犯者所属的那个城镇的任何一位市民,直到所提的要求得到满足。"把这种情形移到早期的氏族或部落,这种团结性就因为群体中的每个成员不仅藉着政治上的统一而且藉着血亲而与群体中的其他人关联在一起而增强了。阿拉伯人不说"M或N的血被流了",不直说受到伤害那个人的名;而说"我们的血被流了"。①因此,整个群体感到了伤害,并且认为加害者所属的那个族中的每一个人都要或多或少地为此负责。族中与受害者关系最近者作为"血的复仇者"在义务和特权上处于第一位,但是,族中其他人或较大程度或较小程度地也卷入其中。

在群体之内,每一个成员都或多或少地被当成一个个体来对待。如果一个男人夺了他族人的妻子或他族人的猎物,他将会被他所属的那个群体的权威人物或舆论处理。如果他杀害了他的族人,他确实可能不被处死,但是他将被憎恨,而且可能被逐出群体。"因为活着的族人不应当为了死去的族人的缘故而被杀,所以,每个人

---

① 罗伯逊·史密斯(Robertson Smith),《早期阿拉伯半岛中的血亲关系和婚姻》(*Kinship and Marriage in Early Arabia*),第23页。

都将厌恶看到他。"①

27　　当像家庭这样的一个较小的群体同时是一个像氏族或部落这样一个较大的群体的一部分时,我们便有了休戚与共这样一种相态,这对现代人来说是令人困惑的。我们坚持在战争之中的团结或国家之间的休戚与共;但是,除了个别的例外②,就民法有管辖权的事务而言,我们已经用成年人对债务和罪的个体责任来取代了它。在较早的时代中,较高层的群体或权威把较小的群体当成一个单位来对待。亚干的家人全都与他一起死去了。中国人的正义感承认由于族、居所或职业的远近程度的不同而在责任上有程度上的差异。威尔士人的制度认为第二代堂兄以内的族人应对除谋杀以外的冒犯或伤害负责,第五代堂兄(第七亲等)以内的族人应为谋杀案应付的赔偿负责。"族人对'saraad'和'galanas'(日耳曼人的赔偿金)的共同责任,依照与被害人和罪犯在族上的远近程度的不同而区分出等级,这比任何别的东西都更清楚地说明了个人为无数的网绑缚在他在部落共同体中所据的那个固定不变的地位上的程度。"③

5. 作为宗教实体的血亲群体和家族群体

血亲群体或家庭联合体在相当程度上既规定着原始宗教的观念,也规定着原始宗教的崇拜;宗教反过来又赋予群体生活以完整

---

① 引自格温特法(Gwentian Code)。西博姆(Seebohm),《威尔士的部落制度》(The Tribal System in Wales),第104页。
② 比如,夫妻的某些连带责任。
③ 西博姆,《威尔士的部落制度》(The Tribal System in Wales),103及下页。

性、价值和神圣性。具有看不见的力量或成员的血亲关系是根本性的宗教观念。作为一个宗教实体的血亲群体简单地把血亲扩展到既包括看得见的成员也包括看不见的成员。宗教的根本特征不是通过魔法来恐吓、劝诱或控制那些看不见的存在者,而是与人同源同宗的那些看不见的存在者,他们虽然可以被恐吓,但是他们也可以被崇敬和热爱。这种血亲关系可能是身体性的或灵性的,但是,不论人们如何设想他们,都使它们成了一个群体的神灵,成为一个群体的被崇拜的成员(it makes gods and worshippers members of one group)。①

在图腾群体中,主导的观念是:在这个群体的所有成员的身体中流动着同样的血,整个群体的祖先是某种自然的事物,比如太阳或月亮、植物或动物。对动物祖先与这个群体的所有成员之间的关系的最令人感兴趣的和最理智性的解释是在某些澳洲部落中已经发现的那种。这些人相信:每一个孩子在其出生的那一刻起就是这个群体的某位已经逝去的成员的投胎再生(reincarnation),他们的祖先是动物和植物或者水、火、风、太阳、月亮或星星的真实的变化。这样的图腾群体珍爱他们认为是自己的祖先的那种动物,而且在一般情况下不会杀害这些动物或将其当成食物。各种各样的宗

---

① "从最早的时代开始,与魔法或巫术迥然不同的宗教就把自己显示为与人同宗同源的、对人友好的存在者,他们有时确实对他们的子民发怒,但是,除了对他们的崇拜者的敌人或这个共同体的背叛者之外,他们总是易被抚慰的。它不带着对不可知力量的莫名恐惧,而是带着对可知神灵的一种爱的崇敬,这些神灵通过强有力的血亲纽带与其崇拜者结合在一起,在真正意义上的宗教正是从这样的神灵开始的。"——罗伯特逊·史密斯(Robertson Smith),《闪人的宗教》(Religion of the Semites),第54页。

教入会仪式的典礼意在把这一血亲的纽带加在这一群体的年轻成员上,将这些年轻的成员彼此联结在一起并且使他们与他们的图腾联结在一起。装饰艺术的开端频繁地表达了象征的重要性,图腾被明确地认为与这群体中的所有人一样是这个群体的一员。

在通常与在其中血亲被认为是通过男性来传递的父系大家庭或群体联系在一起的一个相对较高的文明阶段,群体的不可见的成员就是这个群体已经逝去的祖先。这种祖先崇拜在今天的中国和日本以及高加索部落中还是一种力量。古代的闪人、罗马人、条顿人、凯尔特人、印度人都有他们自己的大家庭的与自己有着血亲关系的神灵。古罗马人的大邦国守护神(genius)、家园守护神(lares)、灶神(penates)和祖先灵魂(manes),也许还有古希伯来人的家神(teraphim)——为拉班(Laban)和拉结(Rachel)所珍爱并为大卫(David)保持、在何西阿(Hosea)时代还受到重视——都是与其他的神灵一起被人热爱和敬重的。有时,像宙斯(Zeus)或朱庇特(Jupiter)这样的自然神被与血亲神或家庭神融合在一起。古希腊人的赫斯提(Hestia)与古罗马人的维斯塔(Vesta)象征着灶台所具有的神圣性。所以,血亲关系为血亲群体的每一个成员规定着他的宗教。

这种与那看不见的、然而依然存在并且有力的有着血亲关系的神灵联合的纽带,反过来使血亲群体得以整全,并且赋予血亲群体以最高的权威、最充分的价值和最深厚的神圣性。如果那看不见的亲属是自然存在物,他们就象征着人对自然的依赖以及他以某种模糊的方式与宇宙力量有着的血亲关系。如果神灵是已逝的祖先,他们就被认为像大父安基塞斯(Father Anchises)一样依然有力量去保护和指引他们的后代的成功。就像血亲群体的伟大英雄有力量一样,他们的智慧、勇气和热情依然活着。神灵们是人看不见的,这一事实极大地增强着他们被假想的权能(power)。血亲群体的可为人看见的成员可能是强大的,但是,他们的力量是可以测度的。活着的长者可能是智慧的,但是,他们并不远远居于这个群体的其他成员之上。而人看不见的存在物却是不可测度的。已逝的祖先可能具有不可想象的年龄和智慧。人的想象具有自由的范围去放大神灵的权能并且把可能想象的一切理想的价值加在神灵身上。由于崇拜的对象是以具体的形式出现的,所以,这一宗教的纽带适合于成为血亲群体的较高准则的载体,并为它们的执行或采纳提供认可。

6. 年龄群体和性别群体

尽管对于早期的道德而言,宗族和家族是最为重要的,但是,其他的群体也是重要的。以年龄来区分人群,是相当普遍的。最简单的制度给出了三个级群:(1)孩子;(2)少年男女;(3)已婚人士。青春期形成了第一个级群与第二个级群之间的界限;婚姻形成了第二个级群与第三个级群之间的界限。这几个不同的级群有着不同样式的衣服和饰品,通常还有不同的居所和行为标准。在以性别为基础的级群中,男性俱乐部特别值得注意。它们现在主要在太平洋诸岛流行,但是,在斯巴达人以及早期时代在欧洲族群中广泛流行的共餐中也存在着这样的迹象。其中根本的观念[①]看来是这

[①] 舒尔兹(Schurtz),《年龄级群和男人帮》(*Altersklasen und Männerbünde*)。

样的：为未婚的年轻男性提供一所公屋，他们在其中吃、睡、消磨时间，而女人、孩子和已婚的男人则在家族的居所中睡和吃。但是，在绝大多数情况下，所有的男人白天都聚在公屋之中。还可以在那里招待陌生人。这样，公屋就成了男人行动和男人交流的一种总的中心。因此，它是形成和表达公共意见的一个重要的地方，也是把较为年长的成员的标准传授给刚进入公屋的年轻人的一个重要的地方。另外，在一些情况下，这些公屋变成了向死者行礼的中心，因此为他们的其他活动增加了令人难忘的宗教意义。

最后，必须提到作为性别群体的一个分支的秘密团体，因为在原始的族群中这样的秘密团体在几乎所有情况下都局限于男人之中。它们在许多情况下看来已经超出了前面已经讲过的年龄级群。从孩童变成男人，这本身就是神秘的，但是，它因为加上了由老年男人主持的入会仪式中的各种典礼而显得更加神秘。戴面具或使用已逝祖先的颅骨，给它增添了另外的神秘性和神圣性。通过秘仪获得的那些增强了的权能时常本身就足以构成形成这样一种组织的一个动力，在它们具有一些显然不被统治当局赞成的目的的那些地方，尤其如此。这些秘密团体统治对其成员加以严格的管束，具有审判和惩罚的功能，正如在中世纪的费姆会（Vehm）中一样。有时它们仅仅成为社会之敌的联合会。

7. 宗族和其他群体在道德上的重要性

在这一早期阶段的道德并不是作为与氏族、家族和其他群体所具有的政治的、宗教的、血亲的和情感的诸方面不同的某种东西而被研究的。毋宁说,问题在于:这些非常政治的、宗教的方面以及其他的方面在多大程度上隐含地是道德的?如果我们的"道德"一词指依据一种内在的和自我施加的标准对行为进行的有意识的检验,如果我们的"道德"一词指与习惯的或习俗的标准相对立的一种自由选择的标准,那么显然,我们具有仅仅处在萌芽状态之中的道德。因为道德的标准是群体标准而不是个人良心的标准;而且它们在相当大程度上是通过习惯而不是通过选择来运作的。无论如何,它们不是由外人为个体的人确立的。它们是由个人作为其一员的群体确立的。它们是由个人作为其一员的群体实施的。行为是被个人作为其成员的群体来赞扬或指责的、惩罚或奖励的。财产之被管理,产业之被发展,战争和复仇之被起诉,都是为了公共善。群体所做的事情,每个成员都参与其中。它是一种互惠的事情:A帮助把一项规则适用于B或为B提供一种服务,当同样的规定被适用于他自己时,他会情不自禁地感到那一规则是公平的。他不得不"遵守规则"(play the game),而且他通常期望遵守规则是理所当然的事情。因此,每一个成员做某些行为、处在某些关系之中和维持某种态度,仅仅因为他属于其中一个成员的那个群体做这样的事情和遵守这些标准。而且,如果他不分享他所属的这个群体的感情,他就不会与这个群体一同行动。把神灵和首领的约束设想成纯粹外在的恐吓,那是一种荒诞不经的歪曲。原始群体能够进入隐含在这样一段雅典副歌的歌词之中的那种精神,尽管原始群体采纳它需要外人的推动。

恨我们的国家所恨的东西,

敬我们的国家所爱的东西。①

出于共同的生活、共同的工作、共同的危险和共同的宗教的同感和情操是一个共同体的情感纽带。道德已然隐含其中，它所需要的只是成为被意识到的。这些标准被具体体现在老人或神灵之中；理性的善被具体体现在继承而来的智慧之中；对性、财产权和公共善的尊重被具体体现在其制度之中——道德就在那里。一致和控制不是一件完全客观的事情。"群体的一致不是可用来使心灵愉悦的一种精致的宗教幻想，而是被非常真实地感受到的那种形成了利他情感可从其而出的卓越基础的东西。通过一个人感受到的在他自己之内涌动不已的、本能的和自发的一种动力，粗野的自私被遏制了，骚动的激情被抑制了。所以，氏族性的同志情谊（clannish camaraderie）对原始的族群来说具有巨大的价值。"②

文　献

霍布豪斯、萨姆纳和韦斯特马克的著作包含了对第一手资料的大量引用。其中最有价值的有：

在原始族群方面：魏兹（Waitz），《自然民人类学》（*Anthropologie der Naturvölker*, 1859—1872）；泰勒（Tylor），《原始文化》（*Primitive Culture*, 1903）；斯宾塞和基伦，《澳洲中部的土著部落》（*The Native Tribes of Central Australia*, 1899）和《中澳大利亚的北部

---

① 《俄狄浦斯和科罗诺斯》（*Oedipus at Colonus*），55及下页。
② 达德利·基德，《未开化的童年》，74及下页。

部落》(The Northern Tribes of Central Australia, 1904); 豪伊特(Howitt)和法伊森(Fison),《卡米拉诺伊和库尔莱》(Kamilaroi and Kurnai, 1880); 豪伊特,《东南澳大利亚的土著部落》(The Native Tribes of South-East Australia, 1904); N.托马斯(N. Thomas),《澳大利亚的血亲组织和群婚》(Kinship, Organizations and Group Marriage in Australia, 1906); 摩尔根(Morgan),《美国土著人的家屋和家屋生活》(Houses and House-Life of the American Aborigines, 1881),《易洛魁人联盟》(League of the Iroquois, 1851),"血亲制度"("Systems of Consanguinity", Smithsonian Contribution[国家档案馆文献], 1870),《古代社会》(Ancient Society, 1877)。民族学学会报告中的许多论文,特别是第一期(1879—1880)中的鲍威尔(Powell)的论文,第三期(1881—1882)中的多尔西(Dorsey)的论文和第十五期(1893—1894)中的明德莱夫(Mindeleff)的论文;还有民族学学会期刊1923年第79期中卡斯顿(Karsten)的论文"基伯罗印第安人"(Jibaro Indians);自然史博物学会会刊1917年第18期中的柯罗伊伯(Kroeber)论文"祖尼人的亲属和氏族"(Zuñi Kin and Clan);马利诺夫斯基(Malinowshi),《澳洲土著人中的家庭》(The Family among the Australian aborigines, 1913);塞利格曼(Seligman),《英属新几内亚的美拉尼西亚人》(The Melanesians of British New Guinea),《维达人》(Veddas, 1911)。

在印度、中国和日本方面:莱尔(Lyall),《亚洲研究,宗教的和社会的》(Asiatic Studies, Religious and Social, 1882);《剑桥印度史》卷一(Cambridge History of India, vol. 1);格雷(Gray),《中国》(China, 1878);史密斯(Smith),《中国的特质》(Chinese

Characteristics,1894),《中国的乡村生活》(Village Life in China,1899);尼托波(Nitobé),《武士道》(Bushido,1905);L.赫恩(L. Hearn),《日本》(Japan,1904)。

在闪人和印欧-日耳曼人方面:W.R.史密斯(W. R. Smith),《早期阿拉伯半岛上的血亲关系和婚姻》(Kinship and Marriage in Early Arabia,1885),《闪人的宗教》(The Religion of the Semites,1894);W.赫恩(W. Hearn),《雅利安人的大家庭》(The Aryan Household,1879);福斯特尔·德·库朗热(Fustel de Coulanges),《古代城市》(The Ancient City,1874);西博姆(Seebohm),《威尔士的部落制度》(The Tribal System in Wales,1895),《盎格鲁-撒克逊法律中的部落习俗》(Tribal Custom in Anglo-Saxon Law,1902);克劳斯(Krauss),《南斯拉斯人的习惯和风俗》(Sitte und Brauch der Südslaven,1885)。

一般文献:博厄斯(Boas),《原始人的心智》(The Mind of the Primitive Man,1911);洛伊(Lowie),《原始社会》(Primitive Society,1920);古尔登魏塞尔(Goldenweiser),《早期文明》(Early Civilization,1922);弗雷泽(Frazer),《图腾崇拜与外婚制》(Totemism and Exogamy,1910);格罗斯(Grosse),《家庭形式和经济形式》(Die Formen der Familie und die Formen der Wirthschaft,1896);斯塔克(Starcke),《原始家庭》(The Primitive Family,1889);梅因,《古代法》(Ancient Law,1885);麦克莱曼(McLennan),《古代史研究》(Studies in Ancient History,1886);里弗斯,"论亲属分类制度的起源"(On the Origin of the Classificatory System of Relationships),载于献给E.B.泰勒(E. B. Tylor)的祝寿

文集《人类学论文集》(Anthropological Essays, presented to E. B. Tylor, 1907);拉策尔(Ratzel),《人类史》(History of Mankind, 1896-1898);科瓦列夫斯基(Kovalevsky),《家庭和财产制度的起源和演变表》(Tableau des origins et de l'evolution de la famille et de la proprit, 1890);吉丁斯(Giddings),《社会学原则》(Principles of Sociology, 1896)第157—168页及第256—298页;托马斯,"性和原始的社会控制"(Sex and Primitive Social Control),载于《性和社会》(Sex and Society, 1907);韦伯斯特(Webster),《原始的秘密团体》(Primitive Secret Societies, 1908);西美尔(Simmel),"秘仪和秘密团体的社会学研究"(The Sociology of Secrecy and of Secret Societies),载于美国的《社会学》杂志第十一卷(1906)第441—498页)。《社会科学、人文科学百科全书》(Encyclopedia of the Social Science, Arts)由博厄斯撰写的辞条"社会学"。同时请参考第六章和第七章末的参考书目。

第三章　基本的活动和力量

道德生活意味着：(1)用理智来指导和控制行动；(2)与我们的同胞——共同体——和睦相处。因此，我们说：凡有利于理智的发展、有利于我们与我们的同胞的合作以及能增进我们对我们的同胞的同情的东西，都正在奠定道德可能建立于其中的基础。道德的基础不是道德的结构；有一些非常聪明的流氓和有些帮派为了罪恶的目的而进行了有效合作。然而，理智和共同体生活在选择和做善而正确的事情的过程中都是不可缺少的因素。自然在我们出生时就赋予我们某种结构并且把成长和生存的某些条件配与我们，它们帮助我们的心智发展并且把我们纳入共同体生活。后来，生存的条件包括了获得食物和居所以及抵抗敌人的行动。如果整个群体要存在下去，那么，就必须有繁殖和有父母照顾。再者，许多其他的一些活动，比如游戏、比赛、跳舞、节日庆典、唱歌、颂扬勇敢行为，尽管对生存来说并不是绝对不可缺少的，但却提供了情感的刺激和满足；它们增强了社会情感和社会纽带。所有这些活动和力量，尽管原本不是意在促进道德，但它们对于促进理智、品格和人与人之间的正确关系的形成和发展来说还是重要的。它们可以被称为道德的宇宙性的和社会性的根源。出生和婴儿期的起始条件可以被称为生物因素，其他的活动可以在第一章所说的那个主题下被认为是使人理性化和社会化的力量。

1. 生物因素

最重要的生物因素是人类的婴儿出生并度过其幼年的环境。可把这与其他物种的出生和幼年生活相比较。其他物种中的许多种，幼者从成为一个生命的那一刻起就得自己照顾自己。幼鸟只接受短期的照料，接着就得离开母亲的巢去觅食并且保护它们自己。哺乳动物的关系较为复杂，幼仔与其母亲有着较为亲密和持续较久的关系。但是，人类的婴儿这个生命体在其能够照顾和保护自己之前，需要的不是几周或几个月而是几年的照顾和保护。即便是过了一个孩子完全可能为其自己寻找食物和居所的年龄，为适合文明生活的要求而日益增加的教育上的要求又延长了他们对父母的依赖。

人在其婴幼和童年期间，主要从其母亲那里学习他们所属的那个群体和民族的行为方式和语言以及许多传下来的智慧。他们感受到母亲的情感并且在回应中发展他们的情感生活。在那把绝大部分技艺和手艺从家里夺走带进工厂的机械时代来到之前，女孩不仅从母亲那里学习如何准备食物，而且从母亲那里学习纺织、制衣、制造蜡烛的技艺、种植知识和如何照顾病人。男孩从父亲那里学习打猎或捕鱼、照看牛羊马以及犁地、播种、收割、伐木、冶炼以及用木、砖和石建造房屋。

在孩子的婴儿期和童年期对孩子的照料对父母、特别是母亲所具有的影响决不是不重要的。这样的照料放大喜爱之情，引起对未来的思索。它给父母的工作提供了一个有价值的目标，而且在日常活动中,当牺牲成为必要之时,它时常为这种牺牲提供一个有价值的目标。希望自己的子女在生活中能够有一个比自己所曾经有过的开端更好的开端,这是父母各种努力的动力。从出生和生长的这些状况中,可以产生非常多的东西。

但是,孩子不可能永远只是孩子。男人和女人为了谋生、满足好奇心、制造工具、保护自己、感受音律或戏剧故事所带给人的震颤而做的一些活动,在塑造品格和使男人和女人适合于过社会生活方面,也具有相当的影响。我们现在要在使人理性化和社会化的手段这一名称下考察其中的一些活动。

2. 使人理性化的力量

1. 打猎、捕鱼这些较早的工作要求灵活的理智,尽管这类行动现在在很大程度上是由当下的兴趣或兴奋的刺激来维持的,而当下的兴趣或兴奋的刺激使它们成为文明人的一种消遣。这样的行动最需要的品质是思维的敏捷、心智和身体的警觉,在某些情况下,还有心理上的大胆。但是,在游牧生活中,尤其是在农业和商业的开端,那些成功的人必须具有远见和持之以恒的目的。他必须用理性来控制冲动。他必须组织那些作为品格之基础的各种习性,而不是向那些可能使他偏离主要目的的各种快乐的吸引力屈服。

对于扩大心智生活的范围和刺激心智生活的发展,劳动的分工(the differentiation of labor)一直是一种强有力的影响。如果所有人做同样的事情,所有人都几乎是一样的,那么,所有人都不可避免地停留在一个低水平上。但是,在人的各种需要导致不同种类的工作时，潜在的能力（slumbering capacities）被唤醒，新的能力被召唤出来。劳动的最深层的分工是男女两性之间的分工。女人在居所中或居所附近从事劳动，男人去打猎或在外面放牧牲畜。这可能趋向于进一步强调某种组织上的分工。在男人中间，在最简单阶段上的群体生活中除了"守家"或"争战"之外几乎没有什么分工。但是，随着金属工具的使用和农业生活的开始，分工的领域扩大了。最初，专业化在相当程度上是通过家庭来进行的，而不是通过个体选择来进行的。工作的世袭（castes of workmen）可能取代了单纯血亲的纽带。后来，世袭的规则进而成了个体性的障碍，如果个体要向完全的自我指导方向前进，就必须打碎世袭的规则。

2. 除了分工的影响之外，艺术和手工艺也具有一种突出的使心智提升和完善的影响。纺织、制陶、精制工具和武器，艺术性地建造小屋和房子，舞蹈和音乐，染色和设计这类所谓自由的或精致的艺术，所有这一切都具有这样一个共同的要素：它们都给秩序或形式赋予了某种可见或可听的表现形式。艺术家或手艺人为了把他的想法展示在布或泥土、木或石上或展示在歌或舞中，必须使他的想法明确。当他的想法被以具体形式表现出来时，他的想法就至少被保存一段时间。这是社会的日常环境的一部分。那些看或听的人一直在被不断地提示着那些将更多的意义融入生活之中并且提升生活的兴趣的想法。再者，被以具体形式表现狭义上所说的精美艺术品以及精心制作出来的物品中的秩序、合理的计划或安排，也应当被强调。柏拉图（Plato）和席勒（Shiller）已经在这其中看到了为道德所做的宝贵的准备。依据法则管理行动是道德性的，但是，在法则压制冲动的地方，希望被未开化的人和儿童把这作为一个有意识的原则,那就太过了。如同在游戏中一样,在艺术中有着直接出于活动的兴趣和快乐;但是,在艺术里,还存在着秩序或法则。为了使未开化的人或儿童合乎秩序,必须训练他们有意识地控制他们的行动,在这种有意识的控制中,压制或反对冲动或欲望的,是法则而不是爱好。

3. 儿童很早就开始观察和检验他周围的事物和人。他是好奇的。他触摸、品味、看和听,事物由此获得意义。他遇到障碍,被迫想办法去做他想做的事或获得他想获得的东西。当一个狩猎部落的儿童开始打猎时,他必须研究野生动物的活动方式。如果他是从土地或海洋中谋生,他将观察天空,并且努力预报天气。他将惊诧于太阳、月亮和星星的运动。如果他成为一个商人,他必须决定贩运什么物品,而且要合乎他的顾客的爱好。所有这些问题都要求思考,也就是说,他要利用他以前看到、认识或听闻的一些东西来帮助他应对这一新的形势。如果我们能够看到那个新的东西与我们以前所知道的某种东西相似而与我们以前所知道的其他东西不同,那么,这将有助于我们将它分类。我们想:如果某种东西运动那么它就是活的,或者,如果某种东西是甜的它就好吃。我们也想:如果一个人以刺耳的声音说话,那他可能生气了。像"活的""甜的""生气的"这样的"一般的"观念使我们能够把我们特殊的体验纳入整体,理智地指导我们的行动,使我们不会盲目地跟从习性,或者使我们不会每遇到一个新的事件就迷惑,好像我们以前从来没有遇到与此相类似的事件一样。理智地指导我们的生活使其趋向于好的东西,需要同样种类的思维。它意味着预知一个决定可能导致的所有后果。因此,思维训练是锻造最理智的道德所不可缺少的一件工具。

3. 使人社会化的力量

1. 语言已经在使人理性化的力量这一名称下被注意到,因为如果它对于思维来说不是根本的,它也因为提供了绝大部分思维进行其工作肯定要使用的符号和工具而直接地成为思维的一个部分,因此而实际上成为思维所不可缺少的。作为使人社会化的一种手段,语言的功能同样是十分重大的。语言不仅仅只是"交流"(即透露或分享或共有)某种思想或情感的唯一方法,而且是目前为止最通常的、追求许多目的所用的唯一方法。当众多的群体讲不同的语言时,它们要在一个共同的约定下统一起来,那是相当困难的。在巴别塔(the Tower of Babel)这个故事后面隐藏着很好的心理学,依据这个故事,上帝通过使雄心勃勃的建塔者的语言混乱而把他们打散了,于是,"他们停工不造那城了。"书写语言使每一代人都能更充分地从前代人的思想和工作中受益。神圣的希伯来圣书(the sacred Hebrew Scriptures)使犹太人在他们的首都被摧毁以后依然能够保持为一个民族。荷马(Homer)统一了一代又一代的希腊人,莎士比亚和英文圣经把共同的意象赋予广泛地散居在许多地方的数以亿计的人。在众多发明中,日益增多的沟通工具最大地促进着人们中间的相互理解。

2. 劳动、艺术和战争除了在促进理智、勇气和生活的理想方面的影响之外,还有一个共同的因素,通过这种因素,它们都对道德的社会基础做出了有力的贡献。它们都要求协作。它们既是使人理性化的手段,也是使人社会化的手段。互助①是成功的基础。斯拉夫人的谚语说道:"可怜可怜那个孤独的人吧,尽管他的盘子从来没有装得那样满"。"不属于任何一个共同体的人,就像一个连一只手都没有的人。"那些能够共同劳作、共同战争的氏族或群体,在与自然和其他人的斗争中是较为强大的。共同的技艺活动在使共同体更可能进行互助活动方面发挥了相当作用。协作蕴涵着一个共同的目的。这一共同的目的进行形成了行动的控制性准则,而且相互的利益意味着同感。因此,协作是自然所拥有的形成社会标准和社会情感的最为有效的手段之一。

在劳动方面,尽管在原始的生活中还不存在着表示现代人相互依赖的那种广泛的商品交换,但是其中还是存在着许多具体的工作,因而也就有了在相当程度上可说是拥有财产的共同体。比如,在以狩猎或捕鱼为生的群体中,尽管单个的猎手也可追逐许多种类的猎物,但是,捕猎大水牛和鹿却是由作为一个整体的氏族组织的。"狩猎的篝火在每天早晨的拂晓之时被点燃,每一位勇士都必须现身报到。在整个狩猎队伍开始白天的狩猎活动之前没有能够报到的人,会因为受到嘲笑而窘迫难当。"②捕捞大马哈鱼也是作为一种共同的事情而被做的。在非洲,大的猎物是以类似的方式被猎获的,猎获物不是为着个人的,而是为了群体的。在游牧生活中,对畜群的照管至少需要一些种类的协作以使这些畜群不受野兽的攻击、不遭人类强盗更为令人畏惧的劫掠。这需要由人构成的一个相当大

---

① P. 克鲁泡特金(P. Kropotkin),《互助论》(Mutual Aid a Factor in Evolution);白芝浩(Bagehot),《物理与政治》(Physics and Politics)。

② 伊斯曼,《印第安人的少年》(Indian Boyhood)。

的实体,而且要求共同巡视、共同瞭望和守护,使畜群扩大这一共同的利益不断地增强着住在帐篷之中的人之间的关系。

在农业阶段,依然存在着一些发挥着促进家族或部落团结的作用的力量,尽管我们已经开始在这里寻找那些正在发挥作用促进个体性的力量,这后一类力量最终导致了私有制和私有财产。正如在游牧阶段一样,在农业阶段,必须保护耕牛和正在生长的谷物使它们免受人和兽的攻击。只有群体能够提供这样的保护,因此我们发现苏格兰低地的农场主总是任由那些高地的氏族摆布。

尽管战争和血亲复仇总是导致群体间的分裂,但是它们作为使几个群体团结的因素还是强有力的。当实际的战斗在进行时,各成员不仅要么团结要么覆灭,而且在防卫或在报复伤害和侮辱中的相互帮助这一整个的体制不断地呼唤同胞感,要求为了全体的利益而牺牲。使群体获得更多的土地,使群体获得更多的战利品,为群体的某个成员受到的蔑视而进行报复,这些一直都是进行战争的理由。尽管任何一个人都可以是获利者,但是,依然可能出现这样的事情:即便整个群体获胜了,他本人可能遭受了伤害。尤其是在血亲复仇的情况中,群体的绝大多数成员都不是个体性地与之有利害关系。他们的恨是一种"同感性的恨"(sympaththetic resentment),而且某位作家已经把这看成可能是道德情感的源泉中最为根本的一种。正是因为部落的血已经被流,或者氏族的一个女人受到了侮辱,在与敌对的群体在战场上进行争斗的那个作为一个整体被激动起来的群体,被更紧密地团结在一起。

要与那些你与之和平相处的人结盟,但是你要知道在战争中，凡不是亲属者，必是敌人。

因为共同战斗这样的活动而结成的"战友"（comrades in arms）拥有一个共同的事业，因为相互给予帮助和保护，他们至少暂时团结一致（become one in will and one in heart）。尤利西斯（Ulysses）建议阿伽门农（Agamemnon）将他所辖的希腊人编列，使氏族挨着氏族，"胞族（phrytry）挨着胞族"，这样胞族可更有效地支持和激励胞族；但是这样的效果是互惠的，而且被认为是把群体的各个成员紧密地联结在一起的纽带的那种血缘上的统一，实际上非常可能只是一种事后添加上去的想法或者说虚构，它们是被设计出来以解释那实际上根本是由于共同战斗的压力而结成的统一。

协作和同感是通过艺术活动而被培养的。一些艺术活动是自发的，但是绝大部分艺术活动服务于某种明确的社会目的而且时常是为了增强群体的统一和同感这一明确目的而被组织的。狩猎舞蹈或战争舞蹈在戏剧中的形式反映了狩猎或战争的过程，但若认为这纯粹是为了戏剧的目的而进行的，那将是一种错误。狩猎或战斗之后的舞蹈和庆典给整个部落提供了这样一种机会，使它能够以生动的想象再现成功的狩猎者或战士所取得的胜利，因而感受战斗胜利的强烈兴奋和共同击倒大型猎物之后的狂喜。这样的事件发生之前举行的舞蹈意在将魔幻的力量赋予狩猎者或战士。每一个细节都被小心翼翼地演出，整个部落因此而能够共同进行准备工作。

在歌唱活动中，同样的使群体团结的力量也出现了。与另外一个人一同唱歌包含着一种有感染力的同感，其程度也许要高于任何其他艺术活动中的情形。首先，正如在舞蹈活动中一样，其中存在着节奏上的统一。节奏是以协作为基础的，它反过来又极大地增强了协作的可能性。在埃及人纪念碑上反映正在移动一块巨石的一大群人所进行的工作的浮雕中，我们发现其上刻着一个正在打着拍子以使人齐心合力的人。不论所有的节奏是出于共同活动之必需，还是它有一个足以解释有节奏的活动所产生的效果的生理基础，在任何一种情况下，当一群人开始在有节奏的活动中开始劳作、跳舞或唱歌时，他们的效率和他们的快乐被大大地增强了。在节奏的影响之外，我们还在唱歌的情形中发现了音调和旋律的统一所具有的影响，部落或氏族的成员像今天唱着《马赛曲》(the Marseillaise)或吟唱着教会的伟大圣歌的人一样，以最强烈的程度感受着他们相互的同感和支持。由于这个原因，澳洲原住民的歌舞会、以色列人的神圣节日、古希腊人的秘仪和公共节日(the Mysteries and public festivals of the Greeks)，总之，在所有族群中，为了家园的或宗教的目的而举行的部落公共聚会都总是伴随着舞蹈和歌唱。在许多情况下，这些活动把其成员提升到一种狂热的高度，在这个高度上，他们乐意为了共同的事业而献身。

有旋律和节奏的声音仅仅借着形式而成为一种使人团结的力量，某些更简单的歌曲看似几乎没有其他的东西可使人称赞它们，但是，在非常早的时期，不存在纯粹的歌曲，只存在以大致押韵的形式或文学的形式颂扬部落的历史和祖先的事迹的赞歌。这在舞蹈和唱歌之上又添了一种这样的使人团结的力量。血亲团体在听这些赞歌时，重温自己群体的历史，因为其荣耀而骄傲，因为其失败而沉痛；每一个成员都感到氏族的历史就是他自己的历史，氏族的血液就是他自己的血液。

4. 对这一首要层次的道德解释

显然,在这一首要层次上,我们正在讨论的那些力量和行为不是就其目的来说是道德的,而是就其结果来说是有价值的。它们产生了一种较为理性的、理想的、社会性的生活,这是更加有意的控制和评价行为所不可缺少的基础。这些力量或者是生物性的,或者是社会性的,或者是心理性的。它们不是我们在"道德"一词的固有意义上可称之属于道德的那种特殊类型的心理活动,因为那种特殊类型的心理活动不仅意味着取得好的结果而且意味着以取得好的结果为目标。这些活动中的一些,如唱歌和舞蹈这样的活动,或者母亲照顾孩子这类更简单的活动,具有相当大的生物学成分。就它们是纯粹的生物性活动而言,我们不能称它们是道德活动。其他一些活动包含着相当的理智成分,比如,农业和各种手工艺中的合作。这样的活动具有目的,比如使饥者得食,或制造用来对抗敌人的武器。但是,这样的目的是由我们身体的或冲动的本能所引起的。只要它是纯粹被接受为一种目的,而不是被与其他的东西相比较而被评价、被选择为一种目的,那么,它就不是真正地属于道德的。

这同样一种说法对情感来说也是正确的。在冲动的层次上有一些情感。以最基本的形式表现的父母之爱,作为纯粹具有感染力的感受的同感、愤怒或怨恨,都是冲动层次上的情感。就这样的情感处在这一最低层次而言,就它们只有表征身体上的兴奋而言,它们不具有被称为具有真正道德价值的资格。但是,它们是仁心、理智的父母之爱、对邪恶的激烈反对这些强大的动机性力量可从中汲取温暖和烈火的源泉,因而它们是非常重要的。

最后,即便是人们给予的协作和互助,只要它们纯粹是由共同的危险或共同的利益所唤起的,那么,就它们是本能的或者纯粹只是给予和取得而言,也不属于道德领域。要成为真正属于道德的,必须存在这样的想法:危险正在降临于他人因而他人需要我们的帮助,那利益是共同的因而需要我们参与。

但是,即便这些过程不是在自觉的意义上属于道德的,它们依然是根本的。生存所不可缺少的活动以及与这样的活动非常密切地联系在一起的情感,是道德生活的"宇宙根源"(the cosmic roots of the moral life)。通常在文化的更高阶段,当道德和社会的规章和命令不能保证正确的行为时,劳动、协作和家庭生活这些基本手段就表现出它们的力量。社会和道德遵循了这一过程所指的方向并且推动它向前,但是,道德和社会必须总是在相当程度上依赖这些基本的活动来为理智的、可靠的和富有同情心的活动提供基础。

文　献

白芝浩,《物理与政治》;布赫(Bücher),《工业革命》(*Industrial Evolution*, Eng. Tr., 1901),《效率和节奏》(*Arbeit und Rythmus*, 3rd., 1901);舒尔兹(Schurtz),《文化史》(*Urgeschiche der Kultur*, 1900);菲斯克(Fiske),《宇宙哲学》第二卷(Cosmic Philosophy, Vol. II),"爱和自我牺牲的宇宙根源"(The Cosmic Roots of Love and Self-sacrifice),收于《通过自然走向上帝》(*Through Nature to*

God, 1899）；杜威, "对野蛮人心智的解释"（Interpretation of the Savage Mind）, 载于《心理学评论》(*Psychological Review*) 第九卷, 1992年, 第217—230页; 杜尔凯姆（Durkheim）,《社会的劳动分工》(*De la Division du Travail Social*, 1893); 克鲁泡特金,《互助论》; 罗斯（Ross）,《社会的根基》(*Foundations of Society*), 第七章; 鲍德温, 他的《哲学与心理学辞典》中的辞条 "社会经济力量"（Socionomic Forces）; 吉丁斯,《归纳社会学》(*Inductive Sociology*, 1901); 斯锚,《一般社会学》(*General Sociology*, 1906); 塔尔德（Tarde）,《效仿的法则》(*Les Lois de l'Imitation*, 1895); 托马斯（W. I. Thomas）,《性和社会》(*Sex and Society*, 1907), 第55—172页; 格默里（Gummere）,《诗的开端》(*The Beginnings of Poetry*, 1901); 海恩（Hirn）,《艺术的起源》(*The Origins of Art*, 1900）。

第四章 群体道德——风俗或习俗

为更直接地指导和控制其成员的行为、维护和平、促进幸福和维持其成员之间的正确关系,社会要做什么事情? 要回答这个问题,我们必须考察什么是那说明群体的一个成员如何被群体有意识地或无意识地影响的、可被称为"群体道德"的东西。因为群体藉之以控制成员的手段主要是属于习俗的那些手段,所以也可以把群体道德称为"习俗性道德"。这样的行为就是我们在第一章中称为"第二层"的那种东西。在符合群体的"风俗"或"习俗"这一意义上,它是"伦理的"或"道德的"。

1. 意义、权威和习俗的起源

不论我们在哪里发展像我们在第二章里所略述的那样生活的人所构成的群体,我们都发现,有某些行为方式是一个群体所共有的,这就是社会习俗(folkways)。其中的一些社会习俗可以纯粹归因于一个群体的成员出生于同一个人群这样一个事实,恰如所有的鸭子都会游泳一样。但是,正如在文明生活中一样,在野蛮人的生活中人类行为的大部分实际上不全是本能的。存在着被认可的行为方式,它们对于一个群体来说是共同的,而且是一代又一代地传递下来的。这样的被认可的做事和行为的方式就是风俗，或者用拉丁语的词汇说，就是mores（习惯），萨姆纳教授认为这个拉丁语的词更清楚地说明了认可这一因素。① 它们是习惯——但它们是more（社会习惯）。它们蕴涵着群体的成员应当遵从的群体判断。群体的利益被认为在某种意义上就体现在它们之中。如果有人违背它们而行动，那么人们就会使他感受到群体的反对。年轻人被谨慎地训练，要他们遵守这些社会习俗。在特别重要的时候，要用特别庄严的仪式排练他们。对于一个如此被认可的行动，存在着一种累积性的压力：整个群体都做它并且认可它；他们总是做它并且认可它；做它是可取的，不做它是危险的。

年老的男人或者祭司（priests）、巫师（medicine men）、首领、年老的女人可能是这些习俗的特殊守护者。他们可能增加细节，或者增添新的习俗，或者为旧的习俗发明新的解释。但是，支持这些习俗的权威是完全意义上的群体。这个群体不单纯由可见的和活着的成员组成，而是一个更大的群体，它包括已经逝去者以及有着血亲关系的作为这个群体的图腾或祖先的神灵。这个群体也不被认为是个体人的集合体。准确地说，它是以模糊的方式显现的整个心理的和社会的世界。对这样的一个群体的尊重变得近似于宗教的敬畏。绝大部分习俗没有已知的日期或起源，这一事实使它们看起来似乎是事物的本性的一部分。原始人尊重习俗，从斯多葛派一直到斯宾塞，人们尊重"本性"，要在"依据本性"的生活中寻求道德标准；但是，这两者之间的相似只是表面的，其中存在着深刻的差别。

---

① W.G.萨姆纳，《社会习俗》，第30页。

第四章 群体道德——风俗或习俗

习俗的基础应当在几种同时存在的因素中寻找。首先,群体的每个成员与群体的其他成员都处在某种给予和获取的关系之中,而且与作为一个整体的群体之间通常也具有这样的关系。① 在家庭中,父亲、母亲和孩子在谋生中有他们各自的作用。在母系氏族中,舅舅对于他的姐妹的家庭有明确的义务。一个男人给他的首领献上某些礼物并且得到一些回赠品。当群体去捕鱼或狩猎或进行征战时,每个男人都有他自己的地位和职责。当一个男人送一件礼品给另一个男人时,他期望得到一些回赠的礼物。所有这些关系都趋于变成常规的和标准化的。它们就是社会的机制。习俗是这一机制的天然作品。即便在现代社会中,法律也考虑到某些职责和权利出于相关者的地位,诸如父母与孩子、丈夫与妻子、地主和佃农。同样的原理在原始社会也成立。

这样的态度被关于好运和厄运的一些看法再度强化了。原始人——以及文明人——都不是由纯粹理性的成败理论所主宰的。"一个人可能以最大的细心利用最知名的工具,但结果还是失败了。另一方面,一个人可能根本没有努力却获得了一个巨大的成果。一个人也可能自己没有任何过错但却遭受不幸。"② "格丽米(Grimm)给我们提供了超过一千条古代日耳曼人关于'运气'的箴言(apothegm)、格言(dicta)和谚语(proverb)。"③ 好运和厄运都被归因于看不见的力量,因此,厄运之事不被认为是纯粹的偶然。

---

① B. 马利诺夫斯基,《未开化社会中的罪行与习俗》(*Crime and custom in Savage Society*)。
② 萨姆纳,《社会习俗》,第6页。
③ 同上书,第11页。

如果周五航行的船遭遇了暴风雨,或者一个十三岁的人病了,那么推论就是这肯定会再发生。而且,在这一点上,群体的利益与每个成员的行为紧密地联在一起这种观念就出现了,使得个人遵从习俗成为事关群体利益的事情——使得个人的行为事关习俗而不仅仅是个人的私事。早期立法的一个即便不是最为重要的至少也是重要的目标就是:强化使人得好运的仪式以防止个人做那些可能将厄运带给整个部落的事情。因为人们总是持有这样一种观念:厄运不只是降临到犯事者身上,而且可能降临到这个群体的每一个成员身上。"一个成员的不合习俗的行为被认为使整个群体成为不虔敬的,冒犯了这个群体的某位具体的神灵,把整个部落都交给了来自上天的惩罚。当赫尔墨斯(Hermes)的街头雕像被毁损时,所有的雅典人都惊恐、愤怒;他们认为他们将因为某人毁损了一位神灵的雕像、冒犯了这位神灵而被全部毁灭。"①"孩子们因为砍削和燃烧灰里未烧尽的木块而受斥责,理由是这可能成为家庭里的某个成员意外被刀剑所砍的原因。"②第三,除了习俗的这些来源之外,在某些行为的有用性或运气性的特征之中,还有个人或群体因为"事情的发生正中下怀或使他们不快"③而对一些行动方式做出的直接的反应。大胆的行动,不论有用与否,都受到喝彩。个人的判断一旦被注意和被他人复述,就会在群体意见的形成中发挥作用。"因此,个人的冲动和社会的传统是我们在其间运动的两极。"或者,可

---

① 白芝浩,《物理与政治》,第103页。
② 伊斯曼,《印第安人的童年》,第31页。
③ 霍布豪斯,《进化中的道德》第一部分,第16页。休谟(Hume)指出了认可的双重基础。

能还存在着与立法活动或哲学讨论相类似的某种更有意识的讨论。澳洲土著人中的年老的男人对入会仪式的每一个步骤都加以仔细的斟酌。他们使得习俗得以传递下去。

2. 强化习俗的各种手段

强化习俗的最一般的力量是公共意见（public opinion）、禁忌（taboos）、仪式（ritual）或典礼（ceremony）以及身体力量（physical force）。

公开的认可既使用语言也使用艺术形式来表达它的判断。它的称赞可能通过某种艺术形式来强调。欢迎胜利者凯旋的歌曲、装饰、服饰以及为那些被荣耀而守的禁忌，都被用来表达这种一般的情感。另一方面，嘲笑或轻视这样的处罚足以强化人们对那些可能为个人所讨厌的许多习俗的服从。正是男人屋（the men's house）的嘲笑在相当程度上强化了在具有男人屋这种制度的族群中的男人中存在的一些习俗。正是男人和女人的嘲笑或鄙视禁止了印第安男人在他用战争或狩猎中的某种突出的勇敢事迹证明他的男人气概之前就结婚。在特罗布里恩群岛岛民（the Trobriand Islanders）中，公共的反对所具有的力量是如此的巨大，乃至冒犯了习俗的人可能被迫把自杀作为唯一可能的解决办法，活着变成了不可容忍的事情。① 即便在文明社会中，没有一个人会发现自己被自己所有的熟人排斥或者装作没有看见是一件小事。

---

① M.马利诺夫斯基，《未开化社会中的罪行与习俗》。

禁忌也许不那么多的是强化习俗的一种手段，因为它们本身就是被赋予了不同寻常且令人可怕的制裁力的习俗。它们以来自看不见的存在者的危险这样的惩罚禁止与某些人或物发生联系。任何被认为指示着精灵活动的事件，如出生和死亡，都可能被禁忌神圣化。这种危险是传染性的；如果一名波利尼西亚人（Polynesian）的首领是一个禁忌，一般人甚至会害怕触到他的脚印。但是，禁忌并不都是以对看不见的存在者的纯粹恐惧为基础的。

它们甚至包括那些已经为通常经验发现会产生不会欢迎之结果的活动。——原始人的禁忌与人的生活被危险所包围这一事实相对应：他寻找食物必须由回避有毒植物这一点所限制。他的身体力量和健康必须加以保护使之免于危险。禁忌继承了一代又一代人积累下来的智慧，这智慧几乎总是用痛苦、损失、疾病和死亡换来的。其他的禁忌包含着对那些将对群体造成伤害的行动的禁令。关于性、财产、战争和鬼魂的法则都具有这一特征。它们总是包含着某种社会哲学。①

它们可能被带着明确的目的而使用。为了给一个宗教节日供给椰子，头人可能对尚小的椰子加上一种禁忌以防止它们在完全成熟之前被吃掉。这一观念在一些方面发挥作用，提供了后来由关于财产的各种观念所替代的那一目的。但是，它也作为一种强有力的手段，为维持对群体权威的尊重而服务。

---

① 萨姆纳，《社会习俗》，33及下页。

第四章 群体道德——风俗或习俗

　　正如禁忌是习俗的伟大而消极的守护者,仪式是习俗的伟大而积极的守护者。它通过形成习惯而发挥作用,通过通常在诉诸情感的诸条件下实际地做某些活动而形成的诸社团来运作。音乐和整齐运动的魅力,列队游行井然有序的群体给人的深刻印象,神秘事物的令人敬畏,所有这些东西都有助于显示意义和价值。称赞或谴责,鼓励或禁止;仪式保证实际的活动,同时把价值赋予所做的事情。文明化了的族群更多地在军事或体育练习中或在对孩子的训练中使用仪式,使人们遵守礼仪的诸规则,所以这些仪式可能变成"第二本性"(second nature)。一些宗教实体也使用它们自己的仪式。但是,在原始人的生活中,仪式被广泛而有效地使用,以保证教育的、政治的和家庭的习俗合乎群体的标准;而在我们中间,它保证军队的规则或社会礼仪的规则为人服从。它的详尽而给人深刻印象的使用方面的例子,将在下面对教育礼仪考察中给出。

　　当群体意见、禁忌和仪式都不能保证人们遵守习惯时,在背后总还存在着身体力量。首领一般是其言辞不可被轻视的身强力壮的人。有时,正如在苏人(the Sioux)中,年龄较大的勇士构成了某种警察。在不同的氏族之间,血亲复仇是强化习俗的一种被认可的方法,除非提供了用来替代的赔偿金。在一个氏族内发生了他杀事件时,其他的成员可能把杀人者逐出群体,凡遇着这样一个该隐者的人都可以杀他。在古代的威尔士中,如果某个男人谋杀了他所属的宗族的首领,那么他将被驱逐,"在号角之声可被听到的范围之内的每个男女都被要求跟着那个被放逐的人,让狗一直叫着,直到被放逐者出海离去、淡出视线之后六十个小时"。① 但是,应当在心中牢记:身体上的痛疼,不论是实际施加的还是威胁要施加的,在我们当作典型来考察的任何一个群体中都只是用来维持权威的一种较少使用的方法。那种以所有残酷的方法来强化恐惧的独裁需要一种被更高程度地组织的制度。在原始群体中,绝大多数人都理所当然地支持群体的权威,在群体的权威受到挑战时还把支持群体的权威视为一种神圣的义务。身体上的强制不是规则,只是例外。

3. 使群体标准显得重要并且使群体控制成为有意识的诸条件

尽管习俗在其本身中就拥有社会认可这一使它们成为道德判断的载体的要素,在许多情况下,它们还是往往落到单纯的习惯这一层次上。使它们如此,原因或者说根本力量已经被遗忘了。像我们的一些礼仪一样,它们变成了纯粹的习俗。但是,有这样一些条件,它们使我们注意到习俗的重要性,并且把习俗提升到被明确意识到的手段这样的层次上。这些条件可以被分成三组。(1)对群体中年轻的、未来成年的成员的教育以及为他们成为具有完全资格的成员所做的准备。(2)对难以驾驭的成员所加的强制和约束以及对相互冲突的利益的调整。(3)那些含有某种值得注意的危险或风险因而要求特别小心以保证得到神灵的恩赐并避免灾难的场合。

---

① 西博姆,《威尔士的部落制度》,第59页。

第四章 群体道德——风俗或习俗

1. 在最引人注目的教育习俗中,有在原始族群中被广泛发现的入会仪式。它们之所以被举行,意在使男孩子得以享有男子汉的特权、过完全的群体生活。在入会仪式中,每一步骤都不断地给入会者灌输这样一种印象:与群体的智慧和力量相比,个人是无智的和无能的;正如举行这些仪式时所用的秘仪传达了对长老和群体权威的敬畏一样,对部落传统和功绩的吟颂,一系列的仪式活动,对神秘的舞蹈、歌唱和衣饰装扮的共同参与,都有助于加强凝聚部落的那些纽带。

比如,在澳洲中部的部落中,使男孩可以享有男子汉的全部特权的入会仪式,包括三套全部举行完需要数周甚至数月的仪式。第一套仪式被称为"抛入空中",它是在男孩到了十岁到十二岁这个年龄时举行的。在他被所属的那个部落的几个被指定的人抛入空中时,他被饰以几种图腾标志,之后他鼻子的隔膜会被打穿以便插入鼻栓。三到四年后,要举行持续十天的一系列更为大型、但也更为可怕的仪式。要用灌木建造一个围屏,在仪式举行的整个期间,除了被带出到举行仪式的场地上看仪式的举行以外,男孩都必须待在其中。在这十天时间中,除了回答问题以外,他被禁止说话。他被饰以各种图腾标志,每个细节都是依据部落长老们和部落的长兄们的建议而定的。他被要求服从每一个命令,而且不得把他所看到的东西说给任何一个女人或小孩。他有某种不同寻常的事情发生在他身上这样一种感觉,这种感觉把遵守部落的规则非常重要这样一种感受强烈地灌输给他,进而使他强烈地感受到那些知道和熟悉那些秘仪的人所具有的尊贵,而他将要第一次了解这些秘仪的意义。他不时地观看穿得像各种图腾动物、再现氏族的动物祖先的作为的人进行的象征性表演；他听被称为牛吼器（bull-roarer）的那种东西所发出的神秘声音，而那种声音被女人和还没有参加入会仪式的人认为是看不见的精灵发出的；整个仪式以象征他成为年轻的男子汉的活动而结束。

但是，即便这些仪式也不是全部；当年轻的男人到了有自由决定权的年龄（the age of discretion）时，当他被认为能够完全领会部落的各种传统的时候，也就是在二十岁到二十五岁之间时，要举行一系列更加给人深刻印象的仪式，在被报道的事例中，它从九月持续到来年的一月。这段时期充满着舞蹈、"歌舞会"（corroboree）和对神圣之物（churinga）或神圣标志的参观；这些神圣之物或神圣标志被认为是祖先灵魂的居所，它们被小心地保存在部落中，不让女人和孩子看到，被作为父亲和祖父的神圣居所而个别地向年龄较大的男人开放。当这些东西被展示和传递时，伟大的庄严感是显而易见的，而且有时亲属们一见到这些神圣的东西就哭泣。效仿各种图腾动物的那些仪式也被表演，而这样的仪式时常是所有仪式中最为精致的。这些年轻人被告知以部落的过去历史为内容的各种传统；在吟颂结束之时，年轻人感到他们对一直是他们的导师的老年人越发敬畏，对拥有神秘的知识产生了一种自豪感，并且因为他们现在共同拥有的东西而感受到更深的团结。有人可能茫然，要么惊诧于整个部落用长达三个月的时间来举行这精心设计的入会仪式的可能性，要么惊诧于用来训练年轻人使他们养成顺从和敬畏态度的这样的仪式所具有的广泛的适用性。能强力实施这样一个过程的部落，至少不可能缺少道德意识这一面，即对权威的敬畏以及对社会利益的关心。①

2. 对难以驾驭的成员进行某种控制的必要性将会不断地提出,即便群体与个体之间的冲突无须采用任何身体上的惩罚来强化群体凌驾于其成员之上的权威。经济上的动力不时地促使一个人离开部落或联合家庭。伊斯曼指出,在他的族群中有一个始终不变的趋势:在敌人的土地上进行狩猎远征时,为了更容易和更自由地获得食物,就要分成一个较小的组群。警察尽其所能制止那些意在偷偷离去的组群。这种趋势的另一个例子是由梅因陈述的,它是关于南斯拉夫人的联合家庭的。

> 兄弟中爱冒险的和精力充沛的那个总是反叛这个联合家庭天生的共产主义。他离开这个家并且发了财,因而强烈地抵制他的亲人把这笔钱纳入共同账户的要求。或许他认为他在共同财产中的那一份若由他当作商业冒险的本金来使用可能带来更多的利益。在这两种情况中的任何一种情况中,他都成了众兄弟中不为其他兄弟满意的一个或者成为其他兄弟的公开的敌人。②

或者,贪婪可能导致对禁令的违犯,正如在亚干身上发生的事情一样。性冲动可能导致一个男人去娶一个不属于他可以合法与之结婚的那个婚群中的女人为妻。或者,作为可能犯的最危

---

① 这一解释是以斯宾塞和吉伦的《澳洲中部的土著部落》第七章至第九章为基础的。
② 梅因,《早期的法律和习俗》(*Early Law and Custom*),第264页。

险的犯罪之一,群体的一个成员可能被认为是在行巫术(practice witchcraft)。行巫术是用一种自私的方式使用不可见的力量,这种行为一直被几乎所有的族群担心并加以惩罚。

在所有这些情况下,导致共同体去反对的,当然不是抽象的犯罪理论,而是自我保护。部落被团结在一起来保护自己、反对敌人。亚干的罪被认为是导致战败的原因。对性禁忌的违犯可能毁灭整个氏族。行巫术者(sorcerer)可能导致疾病,或招致苦难和死亡,或给整个群体带来瘟疫或饥馑。然而,所有这样的情况都把道德权威的一个方面——社会对个人的控制——带给了意识。

它就是社会控制——不是对野蛮力量的运用,也不是用鬼魂纯粹恐吓。因为首领或士师一般是通过他对族人的强有力的服务而赢得他的权威的。基甸(Gideon)或巴拉克(Barak)或以笏(Ehud)或耶弗他(Jephthah)审判以色列人,是因为他解救了他们。"有三样东西,若为一个人拥有,就足以使他成为宗族的一个首领:他代表他的宗族说话并且他的宗族听他说的话,他代表他的宗族而战并且他的宗族怕他,他对于他的宗族来说是安全的因而为他的宗族所接受。"① 正如通常情况下一样,如果国王或士师或首领认为自己是在依据神圣的权利而活动,那么权威依然在群体之内。这是一个正在评判自己的群体。

就群体的准则而言,这一原始的法庭自然处在习俗道德这一层次上,它只是习俗道德的一个执行者。通常情况下,既不存在正义的一般原则(我们的普通法)这样的观念,也不存在作为族群的公

---

① 《威尔士的考验》(Welsh Trials),在西博姆的《威尔士的部落制度》中被引用,见该书第72页。

开意志而被颁布的成文法这样的观念。首先,除了那些支持习俗的法则以外,法官或统治者不依据任何固定的法则来行动。因此,每一个决定都是一个特例。当部落的头人、长老或祭司不是完全独立于所有其他的案例而是依据某些前例或习俗来断案时,我们可以看到预先的一步。因此,法律传统尽管是被不完美地建立起来的,却可能比这样的具体判决可能是受相关派系的级阶或权力影响之时的那种任意的独断要公正些。① 因此,以先例或传统为法,是这个水平上的正常方法。趋向更理性的标准的那种进步属于下一章的内容,但是,注意到即便在早期神话中也显示了正直而理想的神圣法官这样一种观念,这是令人感兴趣的。拉达曼提斯(Rhadamanthus)是正义要求的化身,而这种要求是由人间的冲突和决定唤起的。

在群体的成员之间出现宿怨或纠纷的情况下,群体的明确权威也被唤起了。实际上,血亲复仇的情况可以被认为属于战争法和族群间的法,而不被认为是私人冲突的一种情况。因为就受害者所属的氏族的成员是相关者而言,这是战争的情况。向使自己流血的人复仇,是每个族人的爱族义务。相关的群体比为了类似的理由而开战的现代国家要小,但原则是相同的。有利于现代国际战争的主要差别是:由于群体较庞大,它们不那么经常地开战,要求更严肃地思考和平调解的可能性。俄瑞斯忒斯和哈姆雷特(Hamlet)认为报复杀父者是神圣的义务。

但是,情况不单纯是一个氏族反对另一个氏族。因为一定要复

---

① 波斯特(Post),《法的基本原则》(*Grundlagen des Rechts*),第45及以下诸页。

仇的较小的宗族群体几乎总是一个较大的群体的一部分。较大的群体可能立刻就承认复仇的义务但同时也承认把复仇控制在一定范围内或者代以其他的行动的需要。这个较大的群体可能在一次谋杀中看到了危及所有人的某种不洁净①；"那从地里哀告"②的血使这地不洁净，神灵的诅咒或死者的灵魂可以使整个地区受灾。但是，无休止的血亲复仇同样是一种邪恶。而且，如果被伤害的族人能够用比报复性的流血要轻的东西安抚，那就更好。因此，支付赔偿金或补偿物这一在爱尔兰人中一直持续到最近的习俗，在英国法官看来是一种令人反感的程序。

对于比较轻的冒犯，一种被管理的决斗有时被允许。比如，在澳洲人中，有一件趣事是用来对待一个与其族人的妻子私奔的男人的。当这私奔的一对回来后，老人们考虑应该做什么，最后安排了下面的惩罚。犯事的男人站着，对受到伤害的丈夫叫道："我偷了你的女人，来，向我吼吧。"受到伤害的丈夫于是从远处向他投掷一支矛，然后拿把刀攻击他，虽然他不会有意伤到他的致命部位。犯事者被允许躲避伤害，尽管他不被允许抱怨攻击。最后，老人们说："够了。"在日本的切腹自杀（hara-kiri）习俗中，我们还看到了一种令人惊奇的维护正义的私人手段，依据这一习俗，一个受到伤害的男人在侵犯他的那个人门前切腹自杀，以便他能够把公共的反感加于那个伤害了他的人。印度人的长坐绝食（Dharna）习俗具有类似的意义，尽管没有那么激烈。债主在欠债者门前绝食，直到他讨到债或

---

① 《申命记》(Deuteronomy) 第21章第1—9节；《民数记》(Numbers) 第35章第33、34节。

② 《创世记》(Genesis) 第4章第10—12节；《约伯记》(Job) 第16章第18节。

第四章 群体道德——风俗或习俗

者饿死。他可能认为他的魂或灵会缠着那个铁石心肠到让他饿死的债主,但是这也可能具有让债主受到公众谴责这一效果。①

3. 为了保证胜利或避免灾难,一些场合需要特别注意。在这之中,我们注意到这样一些典型的场合:(1)出生、结婚和死亡;(2)播种时节和收获,或者对群体的维持来说重要的其他时节;(3)战争;(4)好客。

(1)新生命进入世界和使人活着的呼吸(灵魂[spiritus]、生命[anima]、心灵[psyche])的消失,可能使人对他的这个世界所具有的神秘性产生深刻的印象。不论新生的婴儿被澳洲土著人认为是一个先祖精灵的投胎转世,还是被卡菲尔人认为是来自灵魂世界的一个新的受造物,新生儿的降生都是一个危险的时刻。母亲必须被"洁净"②,孩子(在某些情况下还有父亲)必须被小心地守护。这些精致的习俗说明了群体对这些场合所具有的重要性的判断。为死者举行的仪式则更为令人印象深刻。因为一般说来野蛮人没有一个人完全消失这种想法。死者以某种方式继续活着,也许模糊不清,但他依然还是有力的,依然是群体的一员,处在坟墓或灶台之中。为了埋葬或其他处置而对身体的准备,安葬仪式或火葬仪式,哀恸、丧服、粮食和武器的供应,准备将在看不见的世界里与死者同在的、死者所喜欢的马或妻子,向死者表示的永久的敬意——所有这些都是意味深长的。每当这样的事件发生时,它都通过同感和敬畏诉诸

---

① 关于早期的正义这个主题,请看韦斯特马克的《道德观念的起源和发展》第七章及以下诸章;霍布豪斯,《进化中的道德》,第一部分,第二章;波洛克(Pollock)和梅特兰(Maitland),《英国法律史》(*History of English Law*)。

② 《利未记》(Leviticus),第十二章。

共同情感,并且把群体的团结和通过群体的评判而进行的控制带进意识。

对婚姻的管理很少不大重要;实际上,它们通常是最为重要的习俗。如果"抢劫婚"(marriage by capture)和"买卖婚"(marriage by purchase)这两个短语给人的印象是在早期文化中一个男人可拥有任何一个女人,那么,它们就被大大地误解了。它是男人必须与自己氏族或图腾之外的女人结婚这一部落制度(外婚制)的一个几乎普遍的部分,而且它通常被准确地指出一个男人可以与什么氏族的女人结婚。在一些部落中,规则明确地规定一个特定团体的男人必须从哪个婚级中和从哪个宗族中选择女人。求偶可能遵守不同于我们的规则,在某些方面的性关系在我们看来可能宽松得令我们的学生吃惊,但是那些规则在许多方面比我们要遵守的规则要严格,对违犯这些规则所施的惩罚也时常比我们的严厉。尽管这样的控制在其某些方面是错误的,但是,这些控制无疑是有意义的。我们还不大确定,非常有效地避免了乱伦(incest)的外婚制规则是否通过避免与至亲发生性关系这一本能的因素而得到强化;无论如何,它们是通过最强的禁忌被强化的。原始社会并没有停留在这一消极面上。实际的婚姻被赋予了社会价值和宗教的神圣性,而这把婚姻关系提高到一个更高的水平上。衣服和饰品中以及舞蹈和新婚颂歌中的艺术给婚姻增添了理想的价值。围着灶台的圣餐保证家神参与婚礼。

(2)播种时节和收获、冬至和夏至以及春天的回归,对于农业族群和游牧族群是最重要的,因而被广泛地以仪式来欢度。在下雨成为让人们焦虑的核心问题的地方,整个仪式都可能围绕着祈雨进行，正如在印第安的祖尼人中那样。要持续几天、准备云和闪电的特殊标志并且有大量秘密群体参与的整个仪式强迫所有人都注意它。再者，这种通过神灵所要求的东西这一观念而发挥作用的对强制的要求，强化了一些非常积极的道德态度：

> 为了使自己的祈求为神灵接受，一个祖尼人必须用一个声调（真诚地）说话；而且，除非他的祈求被接受，否则就不会下雨，而不下雨意味着饥馑。他必须彬彬有礼，友善地与一切人说话，友善地对待一切人，因为神灵不会垂青那些言辞尖刻的人。在通过羽毛这样的祭物所具有的精神本质传送他的祈祷之前的四天和之后的四天，他必须禁欲，因此这使祈祷者的情欲被置于控制之下。①

月相提供了其他一些神圣的日子。从根源上看是消极的安息日——禁止劳作——后来变成了积极的社会价值和灵性价值的承载者。不管怎样，所有这些节日都使人们意识到群体权威，而且，它们通过仪式促进了温馨的群体同感和对共同目的的意识。

（3）作为一种特殊危机的战争使某些习俗的意义和重要性得以显现出来。深思熟悉，巫术，战前化战妆，被迫服从首领，在这样的危机时刻由首领或头领所行使的异乎寻常的力量，使人过分注意的那种危机感，所有这些东西都保证人们注意。任何粗心都不被允许。战败被解释为由于法则或习俗被人违犯而导致神灵愤怒的一

---

① 见种族事务部第23个报告中M.C.斯蒂文森夫人的叙述（Mrs. M. C. Stevenson in 23rd Report, *Bureau of Ethnology*）。

个象征。胜利把所有的人都聚在一起庆祝氏族的荣光并共同哀悼在共同的事业中被敌人杀害的勇士。在这里,卓越在这种服务中或在它所引起的羡慕中是那样地显著,乃至它成了群体所称赞的东西的统称。所以,古希腊人的美德(aretē)成了它们的统称,拉丁人的美德(virtus)即便不完全是军事性的,至少在其早期的意义中主要是军事性的。作为神所称赞的东西因而也是群体所称赞的东西的象征的"耶和华的精神"(spirit of Jehovah)被与在以色列人的事业中表现了英勇行为的参孙(Samson)和耶弗他(Jephthah)联系在一起。

(4)对于不害怕旅行并且把接待客人当成几乎是日常活动的现代人来说,把好客放在不同寻常的或重大的事件之列可能是很不自然的。但是,接待客人要举办的仪式以及与这些仪式联系在一起的重要性,说明好客是一件具有伟大意义的事情;它的习俗属于最为神圣的习俗。

"至于我们",尤利西斯对独眼巨人(Cyclops)说,"我们已经来到这里,来到你们的膝下,也许他们应当给我们这些异乡人赠送礼物,不论送什么礼物都行,因为这是陌生人应得的。主人一定敬畏神灵,因为我们是来向你求援的人,而宙斯是所有求援的异乡人和旅居者的保护者,异乡人的神灵宙斯总是站在敬神的异乡人一边的。"

好客是被最为广泛地认可的义务之一。韦斯特马克从大量的族群中收集了一系列的准则，它们有力地说明了这一点。① 印第安人、卡尔梅克人（Kalmucks）、古希腊人、古罗马人、条顿人（Teutons）、阿拉伯人、非洲人和艾诺斯人（Ainos）以及其他的族群都是这些准则的贡献者，而且他们都讲着同样的故事。异乡人被神圣地尊重。即便是屋主的女儿必须被牺牲，异乡人的人身也必须被保护，使其不受冒犯。② "耶和华保护寄居者"，在以色列人的律法中，寄居者被与丧失了父亲的人和寡妇并列一组。③ 古罗马人有他们的好客信条，而且"对客人的义务比对亲戚的义务还要严格"——保护的顺序，首先是客人，然后是病人，然后是血亲，最后是家里亲近的人④。"那拥有一丝谨慎的人"，柏拉图说，"将尽力一生都不冒犯异乡人。"毫无疑问，客人的人身所具有的不可侵犯性不归因于纯粹的友好。群体生活的整个行为与这种为外人考虑的一般精神是对立的。"guest"（客人）这个词类似于"hostis"（敌人），"hostile"（怀有敌意的）就是从"hostis"这个词派生的。准确地说，异乡人或客人被看成是一个特别有能力的存在者。他是一个"精力充沛而有生气的人"（live wire）。他可能是祝福的媒介，也可能是祸事的媒介。但是，在对他的任何义务方面都不失败，是特别重要的。招待未被人认出的天使这种明确的可能性可能并不总是呈现于意识，但是，

---

① "巫术对社会关系的影响"（The Influence of Magic on Social Relationships）一文，载于《社会学论文》（Sociological Papers）第二辑，1905年。同时请看摩尔根的《家庭生活》（House-life）。
② 《创世记》第19章第8节，《士师记》（Judges）第19章第23、24节。
③ 《诗篇》（Psalms）第146篇第9节，《申命记》第24章第14—22节。
④ 吉留斯（Gellius）之语，请看韦斯特马克的"巫术对社会关系的影响"一文，载于《社会学论文》第二辑，1905年，第155页。

似乎总是有理由指出人们普遍相信好运或厄运的可能性就藏在对一个来访者的招待之中。同样看似有理的是：与共餐或身体的亲密接触联系在一起的重要性是以关于祝福或诅咒可能被用来传达的那种方式的巫术观念为基础的。跨过门槛、触摸系帐篷的绳子或者吃"盐"，这样的行为提出了一个神圣的要求。在避难权中，避难者利用了他与神的联系。他占据祭坛，认为神会保护他。因此，好客的整个实践是血亲复仇的反面。它们同样是神圣的——或者更准确地说，好客的义务甚至可能保护主人一定会追随的那个人。但是，血亲复仇通过具有排他性和敌对性的行为使群体团结，而好客常常暂时性地把"我们这个群体"与"其他人的群体"之间的界限放置一边。在宗教的认可下，它使交流的一条道路得以保持敞开，贸易和其他的社会交换将会拓宽这条道路。它在家族和男人的家室之外增加了又一种至少使人道和同情成为可能的有力手段。

4. 习俗性道德的价值和缺陷

在对习俗的本性和它对行为的管理所作的描述中，已经大体上暗示了习俗性道德的价值和缺陷。但是，我们还是可以把习俗性道德概括为对道德的下一个阶段所作的预备。

就风俗和习俗是以对实际存在着的相互性或互惠性依赖关系的认识为基础而言，它们正在为那些被认为是"正确的"行动确立准则，尽管这些活动中的许多在它们达到最高层次的正义之前需要批评和反思。就风俗和习俗是以关于福利的理性观念为基础而言，它们正在指出什么将被认为是"善的"。就它们规定被群体赞成的行动和反对的行动而言,它们正在为卓越和"美德"预备道路。因此,道德正在指导和控制生活,尽管就理智和灵活性而言它是有缺陷的。

然而,习俗的准则和评价行动,只是部分地合乎理性的。许多习俗是不合乎理性的;还有些习俗是有害的。而且,在习俗中,所有习惯如果不是最大的成分也是一个巨大的成分。亚瑟·史密斯（Arthur Smith）博士告诉我们在中国的部分地区在屋子的南边开一道门可能获得的益处:在炎热的气候中获得凉爽之风。对这样的建议的简单而理由充分的回答是:"我们不会在屋的南边开道门。"

在这样的不合乎理性的或只是部分合乎理性的准则的特征中,还有另外一个缺点,那就是错误地配置它们所涉及的能量。微不足道的东西被当成与具有真正重要性的东西一样重要和感人。将薄荷、八角茴香和孜然芹献上十分之一,非常可能使人忽视去行律法所要求的更重要的事情。道德生活要求人评估行动所具有的价值。如果不相干的东西或细微的东西被认为是重要的,那么,它不仅将使具有高层次价值的东西不能成为事实上重要的行动,而且给人的行为增添了要维持那些不相干的东西或不重要的东西所要付出的负担;它引入了本来应该摆脱的东西,时常以在真正有价值的东西方面会有的巨大损失为代价。

在现代法律中,主要强调一个人做什么事情,但是,在评价一个人的品格时,我们喜欢同时知道他为什么要做那件事。除了仔细规定的两个条件即在避免禁忌中存在的恐惧和在血亲复杂中存在的怨恨之外,习俗性道德使用我们不认为可取的动机。在避免禁忌中存在的那种恐惧是以无知为基础的,而在血亲复仇中存在的怨恨则与应当在人与人之间的关系中居于主导地位的友善情感相对立。

我们今天的战争道德也违犯这一友善关系,这当然是显而易见的;但是,战争道德依然在很大程度上是属于原始类型的,而且,它预设了已经破碎的人间关系。可是,原始的血亲复仇有一个因素,这个因素使我们得以把它与纯粹动物的情欲区分开来。在大多数情况下,血亲复仇不是个人事务而是群体事务。它是为了公共利益而进行的。因此,它是一种同感性的怨恨,而且,这样的一种怨恨被韦斯特马克认为是道德的诸开端中最为根本的要素之一。尽管如此,在恐惧和怨恨这样的情感之外,还存在着一个被开列出来的范围广泛的动机。子女的孝心和父母的慈心,某种程度的两性之间的爱慕之情以及超越男女两性情欲的情感,对老年人和那些体现着各种理想但却残暴的存在物的尊重,对氏族同胞的忠诚——所有这些都不仅由原始的群体所培养,而且实际上也为原始群体所捍卫。但是,那些暗含着反思的动机,即对作为更广大的生活的专横律法的义务的敬重以及对那些因其自身的缘故而是善的东西的真诚的爱,在有关于道德权威的更明确的观念之前、在把一种大善与那些局部的或暂时的满足更明确地区分开来之前,是不可能被充分意识到的。这些观念的形式要求个体性方面的成长;它要求权威与自由之间存在的冲突,要求私人利益与公共利益之间的冲突,而这些冲突是一种更高级的文明所提供的。

从一个方面看,在培养稳定的品格上,习俗性的道德是强有力的。群体训练其成员使其以它所赞成的方式行动,而后以它的力量中所具有的全部手段来约束其成员。它培养习惯,并且强化它们。它的缺陷是:习惯的成分是那样地广泛,但自由的成分却非常地少。它维护平庸的人;它夺制那些可能开拓进取的人。它是一只锚,一个障碍。

如果我们接着问：习俗性道德的实际而具体的效果是什么？它能保护社会中的和平与和谐吗？人们尊重生命、财产和他人的权利吗？女人、孩子和老年人被善待吗？那里有对自然的兴趣，有艺术吗？有满足于吃喝和战斗的族群吗？那么，我们就应当牢记两样东西。（1）问题中的一些条件，不依赖于孤立于人类进步中的其他诸如种族、气候、商业、发明和宗教这些要求而被考察的道德，而依赖于当时文化的一般水平。（2）我们不需要在处在被认为较低的文化阶段上的族群之外去寻找答案，因为我们自己的道德中的一大部分就是习俗性道德。我们绝大部分人对其他种族或肤色的人的态度几乎完全就是我们的习俗所含的态度，这种态度在很大程度上取决于我们出生和成长在什么地方；我们的生活水平是由我们渴望走进的那个群体为我们确立的；我们的荣耀标准是由我们的家族传统或俱乐部或社风圈为我们确立的；我们对财产的态度是由我们的职业团体和商会为我们确立的；我们的爱国效忠是由我们的出身为我们确立的。在那些于某些方面落后的许多族群之中，生活是安全的，秩序得到维护，所有人共享可用的物品，没有职业性的犯罪团伙，处处都是友善。显然，在我们研究的这个问题上，我们不可能做出包罗万象的陈述。因为习俗本身既可能处在高层次之上，也可能出现在低层次上。在本书的这一部分的余下的内容中，我们将说明某些族群是怎样地提升或改变了它们的准则、给予反思以及个人自由和个人责任以更大的空间，不过，我们先要简要地陈述这些改变中所包含的一般要素。

文　献

第二章和第三章后面所列的许多文献也属本章的文献,特别是斯宾塞、吉伦和舒尔兹的著作。斯库克拉夫特（Schoolcraft）,《印第安人的部落》(*Indian Tribes*, 1851—1857)；伊斯曼,《印第安人的少年时代》。人种学报告中关于北美印第安人各种膜拜活动的论文：斯蒂文森,第8期,1886—1887年；多尔西（Dorsey）,第11期,1889—1890年；富克斯（Fewkes）,第15期,1893—1894年,第21期,1899—1900年；弗莱彻（Fletcher）,第22期,1900—1901年；斯蒂文森,第23期,1901—1902年。基德,《野蛮人的童年》《典型的卡弗尔人》(*The Essential Kafir*, 1904)；斯基特（Skeat）,《马来人的巫术》(*Malay Magic*, 1900)；托马斯（N. W. Thomas）,丛书主编,《大不列颠帝国的土著人》(*The Native Races of the British Empire*, 1907—)；巴顿（Barton）,《闪人起源概述》(*A Sketch of Semitic Origins*, 1902)；哈里森（Harrison）,《古希腊宗教研究绪论》(*Prolegomena to the Study of Greek Religion*, 1903)；莱纳赫（Reinach）,《膜拜、神话和宗教》(*Cultes, Mythes et Religions*, 2 vols., 1905)；克劳利（Crawley）,《神秘的玫瑰》(*The Mystic Rose*, 1902)；斯宾塞,《社会学》(*Sociology*, 1876—1896)；克利福德（Clifford）,"论道德的科学基础"（On the Scientific Basis of Morals）,收于《演讲与论文》(*Lectures and Essays*, 1886)；梅因,《制度的早期历史》(*Early History of Institutions*, 1888),《早期的法律和习俗》(*Early Law and Custom*, 1886)；波斯特（Post）,《法律的基

础及其演变的特征》(*Die Grundlagen des Rechts und die Grundzüge seiner Entrwicklungsgeschichte*, 1884),《民族法理学》(*Ethnologische Jurisprudenz*, 1894—1895);波洛克和梅特南,《英国法律史》;斯坦梅兹(Steinmetz),《对刑罚的早期演变的一个民族学研究》(*Ethnologische Studien zur ersten Entwicklung der Strafe*, 1894);马林诺夫斯基(Malinowski),《野蛮社会中的犯罪和习俗》(*Crime and Custom in Savage Society*, 1926);维诺格拉多夫(Vinogradoff),《历史法学大纲》第一卷《部落法》(*Outlines of Historical Jurisprudence*, Vol. I, *Tribal Law*, 1920)。

第五章 从习俗到良心,从群体道德到个体道德

1. 对立与冲突

只有当个人认识到权利或者自由地选择善、真诚地追求它的实现并且追求一个在其中社会的每个成员都将共同享有这样的权利的渐进的社会发展时,完全的道德才被触及。以各种习俗为其手段的群体道德确立了一个标准,但那个标准是属于整个群体的而不是属于个人的。它赞成某些行动,反对某些行动,也就是说,它具有一种善的观念,但是,这并不意味着它所说的那种善是被个人重视的善。它征召其成员,但是它对其成员之征召是通过训练,通过快乐和痛苦,通过习俗,而不是通过完全自愿的行动。它保证安定,是通过习惯和社会压力,而不是通过在品格中建立起来的选择。它维护具有情感和活动的共同体,但是这种共同体是无意识的,而不是明确意识到的社会类型。最后,它被打造是为了维护一种不变的秩序,而不是为了促进和保护进步。因此,进步,就必须:(1)用某种理性的确立标准和形成价值的方法,取代习惯性的消极接受;

第五章　从习俗到良心，从群体道德到个体道德

（2）保护自愿的和个人的选择，取代对群体利益的无意识的认同或对群体需要的出于本能的习惯性的回应；（3）与此同时，鼓励个人的发展以及所有人在这种发展中都应共享的那种需要，即个人的以及每个人的价值和幸福。

这样的进步把两种冲突带给意识。这些对立在以前就存在，但是它们没有被感受为一种对立。只要一个人完全认同他所属的群体，或者满足于群体的习俗，他就不会做出反叛。在这场运动开始时，冲突也就被感受到了。这些冲突有：

（1）群体的权威和利益与个人的独立和私人利益之间的冲突；

（2）秩序和进步之间的冲突，习惯和重建或改革之间的冲突；

显然，在这两种冲突之间存在着一种密切的关系；事实上，第二种冲突在实践中是第一种冲突的一种形式。因为我们在上一章里看到习俗实际上是被群体支持和强化的，而且它的纯粹习惯性的部分像那些具有一种较合理的基础的部分一样被强烈地支持着。正如一个孩子可能不经过一个"暴风骤雨"时期就养成充分的道德一样，也许可以设想：一个族群应当一同努力建立一个更高级的文明，在其中，自由思想保持着对社会价值的充分敬重，政治自由与政体的发展同步，自我利益与对他人利益的尊重并行不悖。但是，这不是正常的。进步一般以斗争为代价。这场斗争的第一个阶段就是个人与群体之间的对立。自我维护的冲动和欲望在群体生活中就已经出现了，但是，这些冲动之所以没有得到发展，部分原因是没有足够的刺激物去召唤它们。如果只有极少或者根本不存在可供个人拥有的东西，一个人是不可能在充分的程度上发展他的占有冲动的。这些冲动之所以未来得到发展，另一部分原因是群体在遏制

它们，而生活和战斗的诸条件支持遏制它们的那些群体。但是，它们还是在某种程度上出现了，而且总在是与更多的社会力量做斗争。实际上，使得群体与个人之间的对立变得非常强烈和持久的东西是：社会性的力量和个体性的力量都根植于人的本性之中。它们构成了康德称之为"人所具有的非社会的社会性"(the unsocial sociableness of man)的那种东西。"人不能与他的同胞友好相处，但若没有同胞，他什么都做不成。"

一个人藉之以区别于他的同胞或使自己显得不同于大众的或群体的模式的那种品格和特征，被认为是个体性。正是藉着个体性，一个人是他自己而不是另一个人。个体性的类型，可以在天才中看到，可以在能够行使凌驾于其同胞的权力的那些人中看到，可以在先知中看到，可以在具有广泛的同情心的男人或女人那里看到，还可以在胆大包天的罪犯那里看到。因此，个体性在道德上是中性的，尽管它可能是为善的力量，也可能是为恶的力量，但是，在这两种情况下，个体性都可能导致个人独立于群体和习俗性的标准。行动趋向于成为个人的和自愿的。

个人主义这个词则与之相反，尽管个人主义这个词有时被当作个体性的一个同义词来使用，但是，它通常意味着自私、排他，或者用来指主要关心与群体利益或共同体利益对立的个人权利的那种明确的理论或政策。在排他或自私这个意义上，个人主义假定了个体的私人利益可能凌驾于群体利益或共同利益之上而被审慎地选择。或者它至少假定个人是那样地专注于他自己的利益乃至他使自己完全不关心他人利益或共同体利益。正所谓每个人都是为着他自己。在此我们不讨论作为关于政治和经济的一种明确理论的

第五章 从习俗到良心，从群体道德到个体道德

个人主义，但在后面将会讨论它。

显然，孩子成长为成年人，在任何正常的人都意味着个体性的一个发展。他越来越多地做出决定和承担责任。他可能在许多方面不同于家庭和学校所给他指出的路。同样显而易见的是，文明的成长支持个体性的成长。不论存在还是不存在着个体性的类似发展，我们都可以轻而易举地看到时常存在着为维护自己这类自私的倾向提供的有利机会。在习俗和群体控制所具有的旧的约束被扔开时，强大或精明的个人就冒了出来并利用他的同胞。在诸如古希腊的智者时代、意大利的文艺复兴时代、西欧的启蒙运动和浪漫主义运动时代以及工业革命时代这样的时代和运动之中，个体性的发展和个人主义的发展以各种不同的程度和比例混合着。这样的关键性的运动既带来了善也带来了恶。但是，要评价个体性中成长所具有的道德价值，我们需要知道什么类型的特征将要求权力和寻求表达。而且，即便是像自由这样一种无价的价值有时也趋向于对任何社会约束或社会义务都感到不耐烦，因此，以自私形式出现的个人主义就变成了整体之善的一个敌人。

2. 变化中的社会手段

导致习俗性的群体道德变成有意识的个人道德的手段是多样的。正如在儿童和青年人中品格是由各种手段养成的，有时是通过成功，有时是通过不幸或丧失父母，有时是通过知识上的缓慢增长，有时是通过以强烈的情感为基础的根本转变；族群品格的养成亦然。我们注意到四种典型的通常或多或少是积极的手段。

1. 在许多族群的历史中,在粉碎早期的血亲家庭或联合家庭这件事情上,可能应当注意到经济力量的活动。氏族在狩猎生活或简单的农业这样的条件下兴旺,这在澳洲人和印第安人中可以看到,在爱尔兰的凯尔特人和苏格兰的高地人那里也可以看到。但是,凡在个人可用的优势在于独立的产业和私人所有制的地方,一定程度的个人主义就出现了。如果要猎获水牛,集中人力是较好的;但是,如猎获较小的猎物,一个熟练的或有着长期经验的猎手可能认为由他自己独个来进行他可能多得一些。在农业和商业取代较早的生活模式时,这种情况就加剧了。农场主不得不如此艰苦而漫长地劳作,他的收获是在那么遥远的将来,这使得品格上的差异更强烈地显示出来。狩猎和捕鱼是那样的兴奋,其收获是那样的及时,使得甚至一个不那么勤劳的人也乐意做他的分内之事。但是,在农业中,只有努力而且有耐心的劳动者才能获得收获,因此,他不喜欢与懒人分享成果,甚至不想与比他弱的人分享成果。讨价还价的商业同样给个人的精明予以大的奖赏。再者,商业导致了对习俗的比较,因此,它不仅导致了物品的交换,而且导致了观念的交换。这趋向于打破为特定群体所具有的习俗的神圣性。商人像客人一样可能突破由宗亲确立的那些障碍。正是在早期希腊的殖民者之中开始了一场伟大的个人主义运动;而这些殖民者就是他们那个时代的商人。欧洲中原始群体生活的绝大部分残余地都是那些极少为近代商业触及的地方。

如果我们考察现代成功地流行着的那些组织产业的方法,我们对经济的影响力会有一个更广泛的看法。在早期社会,还有现代文明的较早时期,家庭是一个巨大的经济单位。许多或者说绝大部分

第五章　从习俗到良心，从群体道德到个体道德

产业能够顺利地在家庭中进行。正如在前面所引的例子（第54页*）中，家庭中较强的或具有冒险精神的成员可能不断地努力为他自己而创新。尽管如此，这一不断的重新调整的过程在其对习俗的影响上远没有保证产业更广泛地组织起来的那三种伟大的方法有力。在原始社会里，庞大的事业必须通过群体的协作来进行。像在东方文明中所使用的强制劳役提供了一种方法，通过这种方法，像金字塔或庙宇这样的较大的物品得以被建造出来，但是，它颠覆了古老的群体同感和相互帮助这类精神中的大部分。在古希腊和古罗马，奴隶承担了这份苦差，让自由人得以自由地培养艺术、文字和政治。这给这极少数人提供了机会和视野。有权势和有天赋的人出人头地，与此同时，个人主义的所有否定性的力量都在维护它们自身。在现代，资本主义是组织产业和贸易的方法。它在保证力量的联合和开发自然资源方面证明它比强迫劳役或奴隶制度更为有效。它同样给那些具有组织天赋的人的兴起提供了异乎寻常的机会。产业的头领们的事业比旧时代征服者的事业更加迷人，因为它们包含着更为复杂的情境，能够利用更多人的发现和劳动。但是，现代资本主义对于中世纪的道德甚至对于一百年前的道德来说都是毁灭性的，正如强迫劳役和奴隶制度对于它们所摧毁的群体生活和习俗来说是毁灭性的一样。

2. 科学和理智的进步对习俗的影响是直接的。把一个族群的习俗与另一个族群的习俗相比较就显示出了差别，进而就这样的差别的理由提出问题。而且，我们已经看到，在习俗中总存在着不能

---

* 此处为原书页码，即本书边码。——译者

给出理由的东西。即便原本存在着一个理由,那个理由也已经被遗忘了。再者,对气候和季节、植物和动物、疾病和病害日益增长的认识,使得为较粗糙的信仰认为对人的幸福来说是根本性的许多禁忌和仪式不再被人相信。仪式的许多成分可能在保护"神秘性"的名义下残存下来,但是,共同体的那些较为明了的人会远离它们。日益增长的理智要求一些合乎理性的生活规则,来取代那些在相当程度上与偶然的、习惯的和冲动性的成分混合在一起的习俗。

科学与各种产业的和精致的技艺结合起来为个人创造了一套新的利益。在群体生活中就已经开始的劳动分工被向前推进。工匠和艺术家在他们建造庙宇或宫殿、雕像或塑陶、歌唱神圣和英雄时培养了日益多的个体性。他们的心智与他们所做的事情一同成长。与技艺的、使自身成为社会的一个纽带这一特征相伴的是这样一个特征:它非常频繁地使熟练工人成为批评者,并且使艺术家得以自行其是。在下一个地方我们将注意到它对那些能够使用和享用艺术成果的那些人所具有的影响。一个以满足和幸福为内容的新世界向每一个能够为他自己而进入其中的人打开了。在比较粗糙的条件下,没有多少东西可用来增进幸福。食物、劳动、休息、狩猎或比赛所具有的兴奋、性欲、因孩子而有的骄傲——所有这些构成了原始生活的兴趣。更多的享受手段主要能在宗亲的社会或男人的屋子中找到。但是,因为技艺的进步,个人能够为他自己建造一间精美的屋子和华丽的衣服。金属、木头和黏土帮助满足日益增长的需要。永久而庄严的坟墓使得未来更加确定。以持续的形式传递财富的能力对这种能力的获得予以奖赏。有了更多的材料来让雄心发挥作用。一个更加确定的、维护性的自我被逐渐地形成了。

"善"开始具有了已经醒来的每一种新的要求所添加的意义。个人不再满足于采纳群体的评价。他想以他自己的方式实现他自己的善。而且,他将时常发现:或者使自己置身于共同生活之外,或者利用他的同胞来增进自己的利益,他能够最轻松而确定地实现他自己的善。有文化的人时常以第一种方式显示他们的自私;有财富的人时常以第二种方式显示他们的自私。由于文化、出身或财富而跻身于贵族的人可能进而认为整个文明的进程就是用来满足这极少数被选之人的要求。已经形成了艺术和科学的每个族群几乎也都形成了一种贵族制度。在现代,其他形式的剥削可能更好地服务于这个目的。摆脱了把一个人的善与所有人的善捆绑在一起的那些纽带的个人主义,趋向于成为排他的和自私的;具有增进幸福和延长寿命的所有机会的这一文明,具有其自身的道德风险,而且至少间接地具有其自身的道德上的邪恶。

这些邪恶可能以感官和欲望的满足的形式出现,因而可能与那种更单纯而且更高级的精神生活相反。或者,它们可能表现为根深蒂固的自私以及满足排他性的自我对物质利益或野心的需要,这与那构成一个广泛的合乎人性的社会生活的标志的同情、正义和仁慈恰恰相反。在这两种情况下,严肃的人一直努力通过某种形式的自我约束来克服这些邪恶,即便这些邪恶不能被归因于文明,它们也是伴随着文明的。①

3. 只要血亲团体必须与相似的群体相争,那么,它就是一种保护。日耳曼或苏格兰的氏族的不顾一切的勇猛和部落忠诚甚至可

---

① 瓦尔特·李普曼(Walter Lippmann),《伦理学导论》(*A Preface to Morals*),156及以下诸页。

以使他们在与较为训练有素的罗马军队或英格兰军队的冲突中获胜。但是,长久的胜利需要比古老的氏族和部落所允许的组织更为高级的组织。组织意味着权威,意味着一个独一的进行指挥和控制的指挥官或君王。由于埃及人、亚述人和腓尼基人显示了他们的力量,所以以色列人的氏族呼告:"不然,我们定要一个王治理我们,使我们像列国一样,有王治理我们,统领我们,为我们争战。"① 战争为强大而不择手段的领导者提供了维护他自己的机会。像商业一样,战争也往往导致文化传播,因此而打破古代习俗的藩篱。巴比伦和亚历山大、十字军和法国大革命的四处征服,都是军事力量具有摧毁古老习俗和给个人主义提供新的范围的强力这样的例子。在绝大多数情况下,真正的情况是,只有领袖或"暴君"才是获利者。他使用整个社会机器实现他自己的提升,然而,习俗和群体的联合体完全被摧毁了。对法律的尊重必须在这一基础上重新建立。

4. 虽然一般而言宗教是一种保守的工具,但同样真实的是:一种新的宗教或宗教中的一个新的宗派时常对道德发展具有强有力的影响。宗教非常密切地与所有群体的习俗和理想捆绑在一起这一事实,使得宗教中的变化直接作用于旧的生活准则。新旧宗教之间的冲突可能是根本性的和激烈的。一种上帝观通常带着对什么行为将使上帝喜悦这样一种看法。关于未来的观点可能要求某种生活模式。一种崇拜可能赞成或谴责两性之间的某种关系。因此,宗教之间的冲突可能在权衡人们的权利要求这件事上强加一种道德态度。耶和华(Yahweh)与巴力(Baal)之间的斗争、奥尔弗斯

---

① 《撒母耳记上》第8章第19、20节。

崇拜与古希腊的公共宗教之间的斗争、犹太教与基督宗教之间的斗争、基督宗教与古罗马文明之间的斗争、天主教与新教之间的斗争，都引出了道德问题。在第六章和第九章里，我们将特别注意这一因素。

3. 心理手段

隐藏在个体性和个人主义背后的心理力量已经被说成是自我维护的冲动和欲望。它们全都是为活得更好而采取的努力的各种变形，而这种努力的内容就是首先保护自己进而通过进入更复杂的关系和掌握其环境。斯宾诺莎（Spinoza）的"自我保存"（sui esse conservare）、叔本华的（Schopenhauer）"生存意志"（will to live）、尼采（Nietzsche）的"权力意志"（will to power）、希伯来人充满热情的"生活"理想（the Hebrew's passionate ideal of "life"）以及丁尼生（Tennyson）的"活得更长些，活得更充实些"（More life, and fuller），在不同程度上表达了这一根本的倾向和过程所具有的意义。成长中的理智通过给予更大的控制能力给它增添了力量。从有机体的需要开始，这个发展着的生命过程在由开拓者或猎手、发现者、工匠或艺术家所获得的日益增强的权能和对自然的控制而在物理世界中发现满足。在人格的世界里，它展示了一种独特的强度。我们注意到四种自我维护的倾向。

1. 性冲动和情感在这个方面占据了一个独特的地位。一方面，在某种程度上它是使人社会化的手段。它把两性结合在一起，因此对于家庭来说是根本性的。但是，另一方面，它不断地反叛社会群体为管理它而设立的各种限制和惯例。从《汉谟拉比法典》到摩西律法一直到现代的各种法规,对治不正当关系的各种成文法都见证着个人倾向与群体意志之间的这种冲突。某种强烈的性欲一再地打破所有社会的、法律的和宗教的约束力。因此,从古希腊到奥尼尔(O'Neill),它一直是悲剧的一个为人喜爱的主题。它的价值和应有的规则在伴随着宗教改革的范围广泛的习俗变革中一直是争论的问题,显然,平衡还没有达到。

2. 在原始群体中,我们已经看到可能存在着个人对工具或武器、牲畜或奴隶的拥有。但是,在母权制氏族中,几乎不存在对土地的私有;实际上,在任何情况下,只要艺术未得到发展,私人财产就有着必然的界限。对私人财产的要求是个体的产生模式的一个自然的伴随物。正如我们已经说过的,群体所生产的由群体所有、个人制造或捕获的可以被看成是属于他自己的,这是一个一般原则。当个人的产业变得越来越重要时,个人也就会主张越来越多的东西是他个人的所有。

从母权制氏族到父权制家族或家庭的这一改变,强化了个人对财产的控制。父亲可以把他的牲畜或房子传给他的儿子,印度的联合家庭实际上是父权制制度的一个典型。但是,在父亲可以把自己的物品传给儿子的地方,比父亲把自己的物品传给他姐妹的孩子的地方,有着更强烈的强调个人财产的倾向。

首领或统治者可能最先获得私有财产权。在今天南斯拉夫人的一些家族中,其首领拥有他自己的餐具和起居室。在许多族群中,首领拥有他们可以随自己意愿处置的牲畜;其他人只是分享整个宗族的物品。爱尔兰古老的布里恩法(the old Brehon laws of Ireland)展示了这一阶段。

第五章　从习俗到良心，从群体道德到个体道德　93

但是，不论这是怎样发生的，财产权的真正意义首先就在于从我拥有的某些事物中排除了他人。因而，就此而言，它必然与我们在群体道德中发现的任何一种生活的朴素团结相对立。

3. 争取控制或自由的斗争有利于较强大的个人。在大多数情况下，这些斗争不可能被与经济斗争分开。主人和奴隶既处在人格关系中，也处在经济关系中；而且，几乎在较大范围中发生的几乎所有的阶级斗争都至少具有某种经济根源，不论其他的根源是什么。除了为领土、战利品或奴隶而进行的战争之外，还存在着为荣誉或自由而进行的战争。就像为生存而进行的斗争把带着愤怒情感的自卫冲动、竞争和主宰的热情以及相应的对被统治的厌恶注入族群中一样，社会的进步也显示了人与人之间、宗族与宗族之间以及部落与部落之间力量的较量。而且，正如前一章所说，尽管在战争或复仇中不可缺少的协作是一种统一的力量，但是，这个故事还有另一面。个人之间的斗争说明谁是主宰者；群体之间的斗争往往造就领袖。而且，尽管这样的善于控制别人的人物可能为群体服务，但是，他们很可能同样在对群体习俗的反对中寻找乐趣。他们维护群体的独立，或者主宰这个群体，而主宰这个群体是与血亲氏族的团结极不相容的，尽管那种处在一个强大的首领统治之下的父权制类型的大家庭还是非常可能的。逐渐有了适用于富人的规则和适用于穷人的规则，适用于贵族（Patricians）的规则和适用于平民（Plebs）的规则，适用于大亨（baron）的规则和适用于农民的规则，适用于绅士的规则和适用于普通人的规则。短时间内，这可能被耐心地接受。但是，一旦富人变得傲慢，封建领主变得粗野无礼，较早时代的习俗看来是不正当的，它们便不再有效。旧的纽带被抛弃了,对自由和平等的要求出现了,权威与自由之间的冲突就开始了。

或者,斗争可能是为了理智上的自由——为了思想自由和言论自由。有时人们认为这样的自由在宗教或教会的组织中遇到其最强大的反对者。毫无疑问,在宗教中存在着某种保守的倾向。正如我们已经指出的,宗教是群体价值和群体准则的伟大保护者。理智批评趋向于削弱过度生长的东西或者在这里像在其他地方一样纯粹只是习惯性的东西。理性主义或自由思想使它自己处在与被宣称为"处在理性之上"的东西的对立之中。但是,把所有的创新都归于科学而把所有的保守都归于宗教将是荒谬可笑的。科学的教条和"偶像"(idols)是难以取代的。学校大约与教会一样是保守的。另一方面,为宗教自由而进行的斗争,通常不是由不信宗教的人来进行的,而是由虔信宗教的人来进行的。由殉道者组织的高贵军队的历史是这样的一本记录,它记录着人们如何诉诸个人良心或个人与上帝的直接关系来反对他们那个时代的形式化的、传统的和制度性的宗教习俗和教义。为宗教宽容和宗教自由而进行的斗争与为思想自由和政治自由而进行的斗争,在个体性的成长史上并列地占据着自己的地位。

4. 对荣誉和社会尊重的欲求可能发展个体。詹姆斯(James)在他讨论自我的心理学中把一个人从他的同伴那里获得的承认(recognition)称为"社会自我"(social self)。"我们不仅是群居动物,喜欢处在我们的同胞的视野之中,而且我们具有一种与生俱来的倾向:使我们自己被我们的同类注意,而且是被亲切地注意。没有什么可被设想出来的惩罚(如果这样一种事情在物理上是可能的话）比这样一种惩罚更为残酷，即一个人在社会中被放任不管而且因此绝对地被所有成员不加注意。"① 从这样一种惩罚来看，"最残酷的肉体折磨都将是一种解脱，因为这将使我们感受到：不论我们的苦难是多么地严重，我们都还没有沦到完全不值得人注意的深渊之中。"② 荣誉或名声是用来指称一个人可能建立的各种"社会自我"之一的一个名字。它代表一个特定群体的人对于他可能思考或言说的东西。这在群体生活中据有一个位置，而且是一个较大的位置。优先权（precedence）、称呼、衣饰和首饰、歌中对勇敢者、强大者、精明者和有权能者的称赞，还有对懦弱者或病弱者的嘲笑，所有这些都在起着作用。但是，在原始群体中，群体内的人与人之间的区别被限制在一定范围之内。当为了军事的或民事的目的而建立的更为明确的群体出现时，当拥有领地的首领把他的家仆聚集起来并且开始在力量上凌驾于共同体的其他成员之上时，最后，当艺术的进步给展示提供了更大的手段时，寻求承认的欲望也就具有了非常大的范围。攀比的驱动（the urge of emulation）加强了寻求承认的欲望，这进而导致了羡慕和妒忌。这样，它就成为刺激个体性（如果不能说是个人主义）的一个强有力的因素。

当人们从其寻求认可的那个群体规模小时，我们就有所有的地区性、狭隘性和偏见都可以归之的阶级标准。由于追求荣誉者只是遵从他所属的那个阶级的意见，因此，他一定只是部分地是社会的。只要他是与他的族人（kin）、他的同伙（set）、他的"帮"（gang）、他的"党"（party）、他的"盟友"（union）或他的"乡土"（country）——

---

① 詹姆斯：《心理学原理》（Principles of Psychology），第一卷，第10章。
② 同上书，293及下页。

还是任何更宽的所属——他在行为上一定会是不完全理性的和社会的。因此，在对荣誉的追求以及对成为应该被荣耀者的追求方面，其大的可能性就在于其范围一直在扩大。殉道者，追求真理者，改革家，被忽视的艺术家，都从子孙后代那里寻求荣誉；即便他被他的后代们误解或忽视，他还会吸引全人类。这样，他就在为他自己形成一个理想的标准。如果他把这一理想的标准具体化在一个人格性的、最高的、可能审判世界的同工者，那么，他的对成为应该受称赞者的欲望就采取了一种宗教的形式。他追求"出于上帝的荣耀"。尽管"一个人的经验自我的最深处是一种社会类型的自我，但是，它还是可能在理想世界中找到其唯一能够令人满意的伙伴（socius）。"①

这些力量所具有的道德价值，被康德精辟地说了出来：

> 自然用来促进她赋予人的所有能力发展的那一手段就是在社会中人与人的对抗，因为这种对抗最终变成了社会秩序的一个原因。人们具有一种使他们自己联合起来的倾向，因为在一种社会状态中他们感到他们自己是更完全的人，也就是说，他们意识到他们的天赋能力的发展。但是，他们也具有一种使他们分离的大倾向，因为他们同时在他们自己中发现了这样一种非社会的特征：每个人都希望只依照他自己的观念来为每一事物确定方向，因此他预想会遇到他人的抵抗，正如他知道他想要抵抗他人一样。正是这种抵抗唤醒了人所具有的所有

---

① 詹姆斯：《心理学原理》，第一卷，第316页。

力量；这使他克服自己的懒惰倾向，并且透过对荣誉、权力或财富的渴望驱使他在他的同胞中去为自己赢得一个阶位。人的意志是追求协和的，但是，自然却更好地知道什么东西有利了人这个物种，因为她想使人类不和。他愿意过一种舒适而快乐的生活，但是，自然却想把他从懒散和消极的满足中拖出来，将他投入到劳作和麻烦之中，以便他可以发现使他自己摆脱他所面临的那些困难的方法。因此，驱使他做这种努力的自然冲动，非社会性和相互冲突这类的根源——非常多的邪恶就是从这些根源中涌出的，刺激着人的能力向更完全的程度发展。①

我们已经谈论了趋向于打破群体的那种古老的统一以产生新制度的那些"力量"。当然，这些力量都不是非人的。有时，它们看起来像海洋的潮汐一样活动，无声地向前推进，只是时不时地掀起一个略高于前面的小波浪。但是，通常的情况下，某个伟大的人物卓然而立，要么是旧制度的批评者，要么是新制度的创建者。先知们因为谴责现存的制度而被人扔石头；下一代人随时准备为先知们建造坟墓。苏格拉底是那些在寻找一个合乎理性的基础来取代习俗的基础中而被毁灭的伟大人物的一个经典的例子。实际上，一方是被以宗教和公共意见为内容的一切合法性视为神圣的、以传统和整体一致为内容的严格制度，另一方是诉诸理性或"良心"或"更高的法则"的个人，双方之间的这场冲突是历史的悲剧。

---

① "世界公民观点下的普遍历史理念"（Idea of a Universal Cosmopolitical History）。

4. 积极的重建

不能认为道德进步就在上一节所说的使社会分裂的那几种力量这一名下所说的那些点上就停止了。正如已经说过的,如果一个族群实际上正在产生一种较高类型的有意识的个人道德,那么,这就不仅意味着一种更有力的个人,而且意味着一种被重建的个人和一种被重建的社会。它不仅意味着同时也是一个经济实体、政治实体和宗教实体的古老的宗族群体或家族群体的解体。它还意味着为家庭建设一个新的基础,为营生建设新的道德原则,同时还意味着具有一种新的治理方法的独特的政治国家的建立以及权威和自由这样的观念的出现;最后,它还意味着民族宗教或普世宗教的出现。在这一较高层次上的个人对这些制度采取了一种更为自主的态度。当新的相互冲突的目的出现时,他为他自己确立或采纳一种标准。他明确地考虑什么是"善的"和"正当的"。当他承认这一标准的要求时,他既是自由的,也是负责任的。当他真心地认同那一标准时,他就成了真心地和真正地道德的。敬畏、义务和对善的东西的爱变成了使人有活力的情感(the quickening emotions)。深思熟悉、自我控制、趋向理想的热情、为了实现理想而勇敢冒险、仁爱和正义都被认为是应当居于主导地位的性情。道德品格和道德人格这样的观念被引入意识。古希伯来人和古希腊人的成就将说明这些积极的价值是如何出现的。

文　献

康德的《政治学的原则》(Principles of Politics, tr. by Hastie, 1891)，尤其是其中的论文"世界公民观点下的普遍历史观念"；黑格尔,《历史哲学》(Philosophy of History, tr. by Sibree, 1881)；达尔文(Darwin),《人类的由来》(The Descent of Man, 1871)；舒尔曼(Schurman),《达尔文主义的伦理意义》(The Ethical Import of Darwinism, 1888)；塞斯(Seth),"道德的演变"(The Evolution of Morality),载于《心灵》(Mind)杂志(XIV, 1889, pp. 27—49)；威廉姆斯(Williams),《评以进化论为基础的伦理学体系》(A Review of Systems of Ethics Founded on the Theory of Evolution, 1893)；哈里斯(Harris),《道德的演变》(Moral Evolution, 1896)；塔夫斯,"论道德的演变"(On Moral Evolution),载于《哲学和心理学研究》(Studies in Philosophy and Psychology; Garman Commemorative Volume, 1906)；耶林,《为权利而斗争》(Der Kampf ums Recht)；西姆科其斯(Simcox),《自然法》(Natural Law, 1877)；索利(Sorley),《自然主义伦理学》(Ethics of Naturalism, 1885)。

第六章 古希伯来人的道德成就

1. 问题与背景

古希伯来人在道德上和宗教上的发展这一点上的问题是,我们怎样才能解释这样一个事实:依据古希伯来人自己早期的记录和传统,古希伯来人在他们进入迦南地时,并不比其他的游牧民和野蛮人好,他们真的已经达到了我们在他们后来的作品和新约中找到证据的那样一种高的道德水平和灵性水平吗?他们的宗教被说成一直是导致他们具有这样成就的一个因素。但是,他们的神,耶和华,在他们的早期传统和早期文献中被反映为一个残酷的、有仇必报的、惯于欺骗的、宗派色彩浓厚的部落神,对被认为是敌人的其他部落毫无怜悯之心,而且向子孙追讨其先辈们所作下的恶。这样的一个神如何变成了代表正直和公义的力量,变成了真理、信实、怜悯、慈爱的象征,变成了全人类的父?如果我们暂时把宗教与道德分开,那么,是他们的宗教提升了他们的道德,还是他们的道德改造了他们的宗教?

我们假设存在第三种可能。道德问题是由实际的人间关系和处境决定的,也就是说,是在家庭中,在存在于出自那些生活在荒野之中的氏族的诸标准与出自那些生活在城市之中的人的商业标准之间的冲突中，或在富人与穷人之间的冲突中，或者在对人与人之间的司法管理之中，或者在与其他种族和民族的调整适应之中。这些利益冲突迫使人们反思什么是公平的和善的。在宗教思想中，这样的反思采取了如下的形式：神要求什么？神把什么东西评判为最高的？对家庭之爱的反思使人们得出这种一种观点："正如一个父亲疼爱他的孩子，主也疼爱那些敬畏他的人"。压迫（oppression）和偏爱（favoristism）给人们设想一个公平的审判者提供了动力。对于居住在山地中的牧羊者来说，存在于城市对富饶而奢侈的神的崇拜中的那种放纵，看来与西奈山的那位简朴的神是不配的。但是，由此而被转给神的每一种道德志向或理想反复地被拔高和强化，成为神的特征或神的命令。即便是早期属于与人对立的那个神的本质的，并以火刑（fiery destruction）来禁止将其与人联系起来或从人那里寻找的"神圣"（holy）这样一个特有的神圣属性，到了这里也被与人的感受和情感联系起来，以便表示对恶行和不义的憎恨。"主是神圣的一"这样一种新的异象（vision）激发年轻的以赛亚（Isaiah）去做一个宣讲公义和纯洁的人。

在使宗教道德化和把道德判断改造成神的特征或神的命令的这一过程中，谁是首要的行动者？毫无疑问，他们就是先知。依据史密斯教授所说，从阿摩司（Amos）到耶稣（Jesus），先知们"使他们自己承担了这样一个使命，即依据神来解释他们那个时代的历史"①。律法和仪式可能稳定，哲人可能警告人们不要沉溺于醇酒或

---

① J. M. P. 史密斯（J. M. P. Smith），《先知和他们的时代》（The Prophets and Their Times），第263页。

异族的女人,诗篇作者可能发自内心地热诚吟唱他们对神的赞美和崇拜;正是这些先知们提供了引起成长的动力。他们很少说"恭维话"(smooth things);他们毫不留情地揭露邪恶,而且既不怕君王,也不怕暴民。但是,他们也对当下寄予希望,并且给他们的族民和整个世界展望了一个更大的希望:由公义、正直与和平统治。

在古希伯来人进入迦南地(也就是现在的巴勒斯坦)时,他们是作为游牧的氏族和部落带着他们的牛群和羊群而来的。他们发现这地为具有更先进文明、从事农业并且拥有建有城墙的城市的民族占据着。这些希伯来人带来了部落道德①,而且,为控制迦南地而进行的长期战斗强化了那些对属于正在与自己进行战争的部落的其他种族的激烈敌意。把男人杀掉,把女人变成奴隶,不仅是惯例,而且被认为是绝对为耶和华所喜悦的。血亲复仇是神圣的义务;耶和华通过使这地陷入饥馑之中而强化这一义务的执行,而且,只有通过将报复准确地加之于最初的违犯者的子女和孙子女才能使耶和华喜悦。誓言必须被遵守,因此,即便向耶和华所发的誓要求使自己的女儿被当作燔祭献上,耶弗它也没有想可避免履行这一义务。古希伯来人被要求献上头生子,而且这不是不同寻常的,但是,一个比较温和的传统允许用一只公羊来替代头生子。耶和华可能是一团烈火;他会把那个天真地试图防止约柜(the sacred ark)从车上摔下的人击杀,并因为大卫王冒昧地做人口统计而把一场摧毁性的瘟疫降到整个以色列人身上。雅各(Jacob)通过欺诈手段(sharp practice)赢得了他与以扫(Esau)和拉班(Laban)

---

① J. M. P. 史密斯,《古希伯来人的道德生活》(*The Moral Life of the Hebrews*),第一部分。

的斗争,耶和华同样利用欺骗,特别是对以色列人之外的其他民族。一夫多妻是普遍的。另一方面,想有孩子这种强烈愿望是与雅各对约瑟(Joseph)和便雅悯(Benjamin)以及对他们的母亲拉结(Rachel)的执切追求是匹配的。"雅各就为拉结服侍了七年;他因为深爱拉结,就看这七年如同几天。"① 女先知底波拉(Deborah the prophetess)受人尊重,她所作的赞美忠信神的部落和抨击胆小者的歌,既是部落理想的最好来源之一,也是护卫者耶和华由以东地行走时"地震天漏,云也落雨"②这一观念的来源之一。

在"士师"(judges)的领导下与各种命运进行了两百多年的斗争后,以色列人要求有一个王,"我们也要像列国一样,有王治理我们,统领我们,为我们争战。"③ 扫罗(Saul)、大卫(David)和所罗门(Solomon)建立了一个王国,成功了进行了针对周边民族的战争,开始了商业活动,而商业活动在他们的继承者中导致了日益多的财富和城市的成长,并导致了贫富分化。这使古老的以共同团体为内容的部落道德受挫。从荒漠里来的以利亚(Elijah)愤怒地当面谴责夺了拿伯(Naboth)祖上留下的葡萄园的亚哈王(King Ahab),"你杀了人,又得他的产业吗?"④ 一百年后,从山区来的阿摩司公开指责富有的城市居民生活上的奢侈和对穷人的压迫。对社会正义的宣讲开始了。

北方的撒马利亚(Samaria)在公元前721年的陷落和南方的耶

---

① 《创世记》第29章第20节。——译者
② 《士师记》第5章第4节。——译者
③ 《撒母耳记上》第8章第20节。——译者
④ 《列王记上》第21章第19节。——译者

路撒冷在公元前586年的陷落,随后是犹太人的流散和杰出的犹太人在巴比伦被囚,这些都是作为决定性的灾难降临的。它对道德和宗教都提出了一个十分重要的问题。迄今为止,律法和预言一直主张并教导人们,繁荣出自对耶和华的忠实服从,失败说明耶和华不高兴。但是现在忠信之人流散各地和被囚,圣城被荒弃。耶和华的手臂被阻使他不能拯救我们了吗?我们随后将注意到后来先知和哲人与这些问题的斗争。流放者的归来,圣殿的重建,在马喀比人领导下犹太人对安提阿人(Antiochus)意在废除犹太人的宗教的政策所作的爱国抵抗,都是证明残存下来的犹太人对神虔诚的证据。公元70年耶路撒冷陷入提图斯(Titus)和罗马人之手,让我们看到圣殿被毁,献祭的终结,还有作为一个国家的犹太人国家的终结。他们依然珍爱他们的律法和他们的圣书。但是,他们的先知们的道德理想和他们对一个以正义与和平为内容的更好的世界秩序的愿景,还继续在由拿撒勒的先知(the prophet of Nazareth)建立的世界宗教中存在,他来不是为了毁灭而是为了成全。

2. 宗教力量

正如已经说过的,先知是伟大的使人道德化的力量。但是,还有其他的力量促进着道德进步:与既是朋友也是立法者的耶和华的位格关系;崇拜仪式;在耶和华的正义管理之下的王国;哲人。

1. 正如我们的学习中已经多次提出的,正当和正义这两个道德观念的根本来源是:男人和女人生活在社会之中、生活在某种共同体中。宗教认为神是这样一个共同体的一员。这意味着忠信,意味着：为了使这个共同体继续存在和繁荣，神和人民都有他们各自应当履行的职分。在民族宗教中，这种关系是被狭隘地设想的；人民不得有其他的神，(依照更早的观点)耶和华将不拥有其他的子民。这有利于形成一种亲密性，这种亲密性在培养对神圣的帮助者的依赖和信靠之情上可能是一个有用的阶段。可能的情况是，在十诫和《申命记》的训导中具有非常重要地位的那个存于耶和华与以色列之间的盟约关系，有助于强调那种关系的自愿特征和那个庄严应许的神圣性。另一方面，耶和华是他的子民的父亲或丈夫这样一种思想，显然意在把家庭关爱和夫妇之爱延伸到上帝身上。

耶和华是一位人格性的立法者这样一种观念，当然出于一位统治者在共同体中所具有的各种职能。这在改变对习俗的态度方面具有重要的影响。耶和华的律法引起顺从或反叛。习俗要么被禁止，要么被变成严格命令。在这两种情况下，它们都不再是单纯的习俗。在以色列的律法中，在私人生活、崇拜制度和法律制度中整个规则体系都是用"主如是说"来形容的。我们知道其他的闪人也守安息日、实行割礼、区分洁净的动物与不洁净的动物、尊重出生和死亡方面的禁忌。在以色列人中，所有这些规定是被法令赋予了新权威的旧习俗，还是从那些服从耶和华律法的权威的其他民族那里取来的习俗，这是不重要的。律法所具有的伦理意义是：这些不再只是被视为习俗的各种规定，被认为是一个人格性的神的人格性命令。

这在采用什么角度看待对这些规定的违反上，造成了根本的不同。当一个人违反一种习俗时，他没有能够做正确的事情。他失去了他的记号。① 但是，当那个规定是一种人格性的命令时，对它的违反就是一种人格上的不顺从；它就是反叛；它是一种意志活动。由此而来的邪恶不再是不好的运气；它是惩罚。惩罚要么是正确的要么是错误的，要么是道德的要么是不道德的。它绝不可能是非道德的。因此，罪是一种人格性的冒犯、病是一种人格性的惩罚这样的观念，就强加了一种道德判断。在其最粗糙的形式中，神的命令被认为是正确的仅仅是因为他说出了这些命令，因而认为受难者仅仅因为他受难就是有罪的。

但是，与耶和华的律法因为是耶和华的命令而必然是超越的这一观念相伴的，还有另外一种思想，它只是人民已经自由地接受了他们的统治者这样一种理论的扩展。这就是说，耶和华的命令不是专断的。耶和华的命令是正确的，它们能够被置于人民面前来获得它们的认可；它们是"生命"；"整个大地的审判者"是"公义的"。这里，我们就生动地说明了这样一个原则：最初蕴涵于人之中的道德原则，缓慢地自由发挥作用，因此人被它们审判。

2. 由祭司主持的繁杂的崇拜仪式把一些道德观念符号化了，尽管这种符号化是不完美的。对崇拜仪式的"纯洁性"的热切关心可能不具有直接的道德价值；因为与出生或死亡或者某些动物的接触而带来的污染可能是一种非常外在的"不洁"。但是，它们象征着律法对人生活的控制。被分别出来专门服侍耶和华的祭司们所具有的"圣洁"，强调着他们的工作所具有的那种严肃性；而且，它有助于区分灵性的和物质的。再者，尽管价值的一部分存在于所有

---

① 在古希伯来语和古希腊语中，"罪"这个词都指"失去"。

的崇拜之中,但是,在对耶和华的崇拜与对其他神灵的崇拜之间存在的那种对立,引起了道德上的注意。那块土地上的神灵,各种巴力,"在每座高山上和每棵绿树上"被崇拜着。作为使大地丰饶的神灵,它们被以性的各种标记象征着,而且在它们的节日里性自由盛行。在一些圣地(shrines),男人和女人们将他们自己奉献出去侍奉神灵。即便是头生子也时常被用作牺牲。这些节日和圣地看来已经或多或少地尽数被来自迦南地的以色列人所采纳,但是,先知们在对耶和华的崇拜上却有着一种完全不同的观念。西奈山的神完全拒绝这样的活动。像巴力崇拜和阿施塔特(Astarte)崇拜所隐含的特许和陶醉,不被认为是生命和神灵的固有标志。

还有,崇拜的另一方面,即"赎罪的供物"(sin offering),直接地意味着罪过和对宽恕的要求。"罪"可能本身就是仪式方面的而不是道德方面的,因此消罪的方法可能是外在的——特别是把罪放在一只"将把人们所有的不洁都载在其身上进到一块独立的土地"的替罪羊身上;但是,庄重的忏悔和流血——血就是"生命"——不得不使人想到责任并且加深人的反思。这样引入的对救赎与和解的需要,象征着道德重建的过程:抛弃低贱的过去进而重调生活去满足一个理想。

3. 先知被认为在其中看见异象或交付神圣信息的那种狂喜出神状态,给他们提供了凌驾于其人民之上的特权,但是,这并不妨碍他们对出现在他们面前的事件和状况保持警惕和睁大眼睛。他们膏立王,密切注意亚述和埃及的军队。他们查看富有的女人的衣服,倾听受压迫的穷人的呼告。在他们冥想威胁性的入侵或肆无忌惮的不义时,火从内里燃烧起来了。入侵必然是在神的计划之中,不义必然招致神的愤怒。它们必然伴随着"主这样说"从出神状态或异象或沉思中而出。它们带着一个出自权力的活生生的源泉的、专为当下处境而设计的信息。它们为当前的义务提供了一个当下的命令。拿单(Nathan)对大卫说的"你就是那人"[1]和以利亚对亚哈说的"你杀了人,又得他的产业吗?"[2]都是人格上的指责。但是,阿摩司、以赛亚、耶利米的伟大宣道也都是讲给当时的人的。放荡的节日、亚述人的入侵、埃及人的奴役、蝗灾,即将发生的被掳——这些都激起了对悔改的要求、对毁灭的警告和对拯救的应许。这样,先知就是"活水源泉"。通过先知而来的神的旨意是"还可以说是不固定的,没有凝结为惯例"。

其次,先知们把人的内在目的和社会行为当作最重要的问题来对待;崇拜和祭品是不重要的。"我厌恶你们的节期,也不喜悦你们的严肃会",阿摩斯以耶和华的名大喊,"惟愿公平如大水滚滚,使公义如江河滔滔。"[3]"公绵羊的燔祭和肥畜的脂油,我已经够了",以赛亚宣讲道,"月朔和安息日,并宣召的大会……作罪孽,又守严肃会,我不能容忍。"[4]你们需要的不是仪式上的纯洁,而是道德上的纯洁。"你们要洗濯、自洁,从我眼前除掉你们的恶行……寻求公平,解救受欺压的,给孤儿申冤,为寡妇辨屈。"[5]弥迦的"我岂可为自己的罪过献我的长子吗?为心中的罪恶献我身体所生的吗?"[6]

---

[1] 《撒母耳记下》第12章第7节。——译者
[2] 《列王记上》第21章第19节。——译者
[3] 《阿摩司书》第5章第21节和第24节。——译者
[4] 《以赛亚书》第1章第11—13节。——译者
[5] 《以赛亚书》第1章第16—17节。——译者
[6] 《弥迦书》第6章第7节。——译者

抓住了肉体的东西与心灵的东西之间的根本区别;他把宗教义务概括为"神向你所要的是什么呢?只要你行公义,好怜悯,存在谦卑的心,与你的神同行"①,在这一概括中,一种完全的伦理观点形成了。新约中类似的话表示了对所有外在的宗教形式所作的真正伦理评价,甚至表示了对比较粗糙的预言本身所作的真正伦理评价。礼物、奥秘、知识或者"将被烧的身体"——还存在着一种比这些更为卓越的办法。因为所有这些都"是不完全的"。它们的价值只是暂时的和相对的。那些恒久的、经得起批评的价值,是把自己建立在一个人所具有的本身就是信仰的理想所含有的真理和价值这一基础之上的价值,是强烈的愿望以及本身就是希望的前瞻,是所有社会慈善、同情、正义和本身就是爱的积极帮助的总和。"但是,其中最大的是爱。"②

4. 耶和华是以色列人的真正的王。住在耶路撒冷的人间统治者是他的代表。所罗门治下的王国的扩张和荣耀显示了神的恩惠。分裂和灾祸不纯粹是厄运,也不纯粹是被更强大的军队战胜;它们都是神的谴责。只有在正直和公义中,这个国家才能存在下去。另一方面,对耶和华爱以色列人这一点的信心保证神绝对不遗弃他的子民。神将净化他们,拯救他们,即便他们已经进入坟墓。神将建立一个充满律法与和平的王国,"一个永恒的、不会被毁灭的王国"。以色列中的政治具有一个道德目标。

5. 哲人和先人把一种更深层的意义赋予受苦。古希腊人对恶这一问题的态度可以在伟大的悲剧中发现。一个由先祖传下来

---

① 《弥迦书》第6章第8节。——译者
② 《哥林多前书》第13章第13节。——译者

的诅咒降临到后续的几代人身上,把灾难给予所有不幸的家室。对这些受害者来说,除了受苦以外,看来根本没有其他东西。命运的必然性使得灾变令人惊叹,但同时也使人绝望。易卜生(Ibsen)的《群鬼》(Ghosts)就是在类似的精神中创作的。在父亲们看来,在受苦中存在着巨大的道德教训,但在孩子们看来其中只有恐怖。古希腊人和斯堪的纳维亚人无疑正在解释人类生活的一个阶段——它的连续性以及它对宇宙大自然的依赖。但是,古希伯来人不满足于此。古希伯来人对神对世界的管理之坚信驱使他在事件中寻找某种道德价值和某种意图。这种寻找把古希伯来人引上了一条通向对价值观进行调整的路;它还把古希伯来人引上了另外一条路:重新审视社会性的相互依赖。

《约伯记》对这些问题中的那个首要问题进行了最深刻的研究。古老的观点一直是美德和幸福总是一致的。成功意味着神的恩惠,因此它必然是善的。不幸意味着神的惩罚;它说明人做了错事,而且它本身就是恶的。当灾难降临到约伯身上时,他的朋友认为这是他做了恶事的确凿证据。他自己也曾持同样的观点,因为他拒绝承认他做了恶事,并且"坚信自己是正直的",它使他关于人生和神的整个哲学都发生了混乱。它迫使人们颠覆一切价值并对它们加以重新评估。只有在当能够直面神并且神将此向他澄清时,他才相信可能有某种解决办法。忏悔,正如他的朋友要求他要重新获得神的恩惠就必须做的,对它来说就意味着要称他认为是正确的事情为罪。可是,他不想以这种方式来撒谎。神无疑是更强大的,而且,如果神残酷地追索他的受害者,那么,神就可以判他有罪。但是,即便这是可能的,约伯也将不会放松他对正确和错误的根本意识。他的"道德自我"是他所系靠的锚,是他的人生的至上价值。

> 神夺去我的理,
> 全能者使我心中愁苦;
> 我的嘴决不说非义之言,
> 我至死必不以为自己为不正。
> 我持定我的义,必不放松。①

《约伯书》的另一个暗示是,苦厄是用来证明人的忠诚的:"约伯敬畏神岂是无故吗?"从那一立场得出的回答是:是的,他确实一无所求。"人爱神,一无所求。"②在这一背景下,受苦的经历也产生了一种价值观上的转变:从强调外在价值转变到强调内在价值。

对受苦问题的另一种态度可以在《以赛亚书》(Isaiah)的后半部分发现。它通过对社会性的相互依赖更深刻的观察得到了对这个问题的解释;在这种观察中,古老的部落团结在某种程度上获得了一种被神圣化了的意义。对受苦的这种个人主义的解释是,受苦意味着人格上的自责。"我们却以为他受神责罚。"③ 这个受苦的仆人不是有罪的。他是在为他人受苦——在某种意义上说。"他诚然担当我们的忧患,背负我们的痛苦。"④ 这一观念已经得到了这样一种解释,它意味着:善人因为他人的罪或苦难而受苦,对这种重负

---

① 《约伯记》第27章第1—6节。
② 杰农(Genung),《〈约伯记〉,内在生活的叙事诗》(Job, The Epic of the Inner Life)。
③ 《以赛亚书》第53章第4节。——译者
④ 同上。

的承担标志着更高类型的伦理关系。这种解释是以色列宗教最好的产物之一。正如在基督宗教的十字架观念中这被当成了核心观念一样,它为现代社会意识提供了一个的伟大的要素。

3. 他们形成的几个道德观念

1. 义(righteousness)和罪(sin)并不是完全对立的。义人(the righteous man)不必然是无罪的。但是,罪的意识,像一个黑暗的背景一样,更强调性地突显了义的观念。这一观念有两个特征,这两个特征源出于生活的世俗领域和宗教领域(在古希伯来人看来,这两个领域不是分离的)。一方面,正义之人或公义之人尊重人类社会中的道德秩序。不义之人是不正义的、巧取豪夺的、残酷的。他不尊重他人的权利。另一方面,义人在与神的"正确"关系之中。这种正确关系为神的律法所检验;但是,正如上帝被设想为一个爱其子民、"赦免罪孽、过犯和罪恶"①的活人一样,义人与神的正确关系也可以通过人的精神与神的旨意的根本和谐来测度。存在着"律法的义"和"信仰的义"。"律法的义"意味着完全的顺服;"信仰的义"意味着:尽管人有过犯,但是还存在着神与人调和②或和解的余地。正如"律法的义"意味着在伦理上用道德标准即"道德法则"来检验行为,"信仰的义"代表着这样一种思想:品格考虑的问题是精神及其不断重建,而不是行为之完全合乎某种不能变通的规则。具体的

---

① 《出埃及记》第34章第7节。——译者
② 请看查尔斯·A.丁斯莫尔(Charles A. Dinsmore),《文献中和生活中的救赎》(*Atonement in Literature and in Life*, Boston, 1906)。

行动可能不合乎规则,但是,生活不仅仅只是一系列的具体行动。法则对行为的评价在增强缺乏感上具有其价值,但是,若单纯考虑,它还可能要么导致自义的傲慢,要么导致绝望。新的调整、更新、"新生"的可能性意味着解放和生命。这与佛教的业果观(the Buddhist doctrine of Karma)形成了对比;存在在业果关系中的必然性,只能通过灭欲才可能从中解脱。

"罪"同样具其诸多特征。它表示丧失了标志,表示违犯了关于洁与不洁的诸规则;此外,它还表示个人对神的旨意的不顺从,表示个人违犯了以色列的道德秩序。在这后面一类意义上,正如先知把它等同于社会上的不义一样,它也是一种重要的伦理观念。它提出了这样一种观点:罪恶和错事不仅仅只是个人的事情,也不仅仅只是失败;它们是对处在私人自我之上的那种律法的违犯,是对那对我们具有正当要求的道德秩序的违犯。

2. 从群体责任到个体责任的过渡完全是由先知们作出的,即便先知们没有能够获得民众完全的赞同。在早期,整个家族都被要求为其成员的冒犯担负罪责。亚干的事件已经提到过;在可拉(Korah)、大坍(Dathan)和亚比兰(Abiram)的事件中,"他们的妻子、儿子和小孩子",都被类似地对待。① 同样,义人的家族分享神的恩惠。后来的先知宣布了一个彻底的变革。"父亲吃了酸葡萄,儿子的牙酸倒了"② 这句俗语应不再被使用,以西结(Ezekiel)代表耶和华宣布。"唯有犯罪的,他必死亡。儿子不必担当父亲的罪孽,父

---

① 《民数记》第16章,《约书亚记》第7章。
② 《以西结书》第18章第2节。——译者

亲也不担当儿子的罪孽"[①];特别值得注意的是,这里表现的上帝是在当人们说"儿子为何不担当父亲的罪孽呢?"[②]时在为义人辩护的上帝。家庭的休戚相关抵抗着这种先知观念所包含的个人主义;而且,以西结之后五百年,那个比较古老的主张的痕迹依然徘徊在"这人生来是瞎眼的,是谁犯了罪?是这人呢?还是他父母呢?"[③]这一提问中。因为责任的另外一个方面即意图是与意外之事完全分开的[④],所以,我们看到了显示在为意外杀人所设立的那个引人注目的"逃城"(cities of refuge)[⑤]中的一些过渡性步骤;假设意外杀人者腿脚快到在被人抓住以前就进了逃城,他就可以免受血亲复仇的报复。但是,责任伦理学沿着这一路线的充分发展,看来是采取了被下面一点所描述的那种形式。

3. 内心的真诚和纯洁逐渐成为根本品质。古希伯来人有一种行为哲学,它主要关心"智慧"和"愚蠢",但是,先知和诗篇的作者象征核心原则时最喜欢用的词却是"内心"。这个词表示意志倾向(voluntary disposition),特别是处在情绪(emotions)和情操(sentiments)、感情(affections)和激情(passions)的内在源泉之中的意志倾向。古希腊人轻视生活的这一面,认为情绪是灵魂的烦恼,

---

① 《以西结书》第18章第20节。——译者
② 《以西结书》第18章第19节。——译者
③ 《约翰福音》第9章第2节。
④ 汉谟拉比的一条法律说明它是不考虑意图的,这使外科成为一种危险的行业。这条法律规定:"如果医生用青铜柳叶刀为一位重伤之人做手术而致该人死亡,或者用青铜柳叶刀打开一个人眼睛中的脓肿而致使该人的眼睛被毁,那么,应当砍掉这个医生的手。"早期日耳曼和英吉利的法律也一样地幼稚。如果放在一个铁匠那里修复的武器被拿去或偷去做了有害之事,那么,这件武器的原主被要求对此负责。
⑤ 《民数记》第35章,《申命记》第19章,《约书亚记》第20章。

第六章　古希伯来人的道德成就

努力用理性来控制情绪,甚至要压制或消除情绪。古希伯来人在行为的情绪的一面发现了一种更积极的价值,同时提出了真诚而彻底的爱好是一切正直生活的根基这样一个观念。像在其他地方一样,宗教影响是一种重要的力量。"人是看外貌,耶和华是看内心"①,"我若心中注重罪孽,主必不听"②,是其独特的表达。渗透到意图和感受之最深源泉的神圣视见不容忍任何虚伪。任何低于完全忠诚的东西都不能令其满意,以色列人必须全心全意地服侍耶和华。外表的服从是不够的,"你们要撕裂心肠,不要撕裂信服。"③那有真福之希望的人,正是"内心纯洁"之人。在玷污人的,不是在此之前的那些仪式在其上存在的那些表面的联系或仪式上的"不洁",而是那些出于内心的东西。因为内心是恶念恶行之源。④相反地,爱好、情绪和入迷这些构成人的最深层自我的东西不是自虚空而来的,它们与人坚定不移的意图和爱好相伴,与追求成就的自我相伴。"你的财宝在哪里,你的心也在那里。"⑤

在充分的道德意识中动机的纯洁不仅意味着(形式上的)真诚,而且意味着对善和正直的真诚热爱。这不是由古希伯来人用抽象的词汇陈述的,而是由古希伯来人用爱上帝的人格性语言陈述的。在早先的时代中,在对律法和先知的诉诸中或多或少地存在着外在的动机。对惩罚的恐惧,对奖赏的希望,篮中和储藏室中的恩赐之物,对土地和田野的诅咒,都被用来诱导忠诚。但是,一些先知

---

① 《撒母耳记上》第16章第7节。——译者
② 《诗篇》第66篇第18节。——译者
③ 《约珥书》第2章第13节。——译者
④ 《马可福音》第7章第1—23节。
⑤ 《马太福音》第6章第21节。——译者

提出了一个更深刻的观点,它看来已经触及到了人生体验所具有的苦楚。何西阿的妻子已经抛弃了他,难道人对耶和华的爱不应当像妻子对丈夫的爱那样是私人的和真诚的吗?她说,"我要随从所爱的,我的饼、水、羊毛、麻、油、酒都是他们给的。"① 采用卖淫的形式难道不是在服侍上帝吗?② 这个民族的各种灾难检验了对这种忠诚漠不关心会有的后果。它们受到了撒旦(the Adversary)的挑战,"约伯敬畏神岂是无故呢?"③ 这个剩下的义人至少证明忠诚可以不依赖奖赏。美德是其自身的奖赏这一道德格言,被流放之后的先知置放在个人的范围之中:

虽然无花果树不发旺,葡萄树不结果,橄榄树也不效力,田地不出粮食,圈中绝了羊,棚内也没有牛;然而,我要因耶和华欢欣,因救我的神喜乐。④

4. 在个人方面以色列人的道德理想的内容是由"生命"这个词来表达的。以色列人的领袖能够给他的子民提供的所有的恩赐被概括在"我将生死、祸福陈明在你面前,所以你要拣选生命"⑤这一警句中。同样的最高价值标准也出现在耶稣的"人若赚得全世界,赔上自己的生命,有什么益处呢?"⑥ 这一提问之中。当我们追问生命

---

① 《何西阿书》第2章第5节(着重号是作者本人加的)。
② 史密斯(H. P. Smith),《旧约史》(*Old Testament History*),第222页。
③ 《约伯记》第1章第9节。——译者
④ 《哈巴谷书》第3章第17和18节。
⑤ 《申命记》第30章第19节。——译者
⑥ 《马太福音》第16章第26节。——译者

意味着什么时,就这些早期的文献给我们提供的用以判断的材料而言,我们必然断定生命在相当大程度上是依据满足与神和统治者处在正确的关系之中这一条件下的物质上的舒适享受和滚滚财源来衡量的。与神和统治者处在正确的关系之中这一因素如此密切地与物质上的舒适享受和滚滚财源统一在一起,乃至它们在实践中是同一的。如果百姓兴旺发达,他们就会认为自己是正确的;如果他们遭受苦难,他们就肯定是错误的。因此,在这个阶段,善与恶在相当大的程度上是依据快乐和痛苦来衡量的。心中要追求的目的和应坚守的理想就是长寿与富有的生活——"在她右手有长寿,左手有富贵"①。理智上的和审美上的爱好没有被那样珍视。被珍视的知识是谋生活动所需的智慧,其中被视为开端和顶端的是"敬畏耶和华";被珍视的艺术是圣歌或圣诗。但是,在扩展的"生命"观念中高居榜首的理想价值是人格关系的价值。在东方人中,在纯洁中获得的家庭纽带总是强大的。两性之间的爱被纯洁化和理想化了。②民族感因为对神圣使命的意识而披上了一层附加的庄严。最为重要的是,正如在诗篇和先知书中所吟唱的,个人与上帝的联合变成了欲求。至善是上帝本身而不是他的恩赐。他是"生命的源泉"。与他相像就使人心满意足。在他的光中,信者将看到光。

但是,比被放进"生命"这个词之中的任何具体内容都更重要的是被包含在这一观念自身之中的东西。律法主义者一直努力依据法规来规定行为,但是,在生命这一观念之中存在着一种内在的活力,它拒绝被衡量或束缚。变成基督教的新道德运动的"永生的

---

① 《箴言》第3章第16节。——译者
② 《雅歌》。

道"对打渔者来说几乎没有确定的内容,对于非常频繁地使用"永生的道"这一短语的四福音书的作者来说,要说出在道德范围内这一短语到底指的是什么,也是不容易的。在保罗那里,属于圣灵领域的生命在凌驾于罪和诱惑导致的"死亡"之上时获得了规定。但是,不论"生命"这个观念具有什么内容,在旧约和新约的所有作者那里,生命都意味着处在关于某种超越之物的一切意见之上,意味着还没有被认识的未来发出的亮光和所具有的变动之力。对于保罗来说,生命意味着一种发展,但是,这种发展不是为律法或"祖宗之法"(rudiments)支配着的,而是由自由支配着的。这样一种生命将使它自己服从新的、更高的标准;已有的律法和习俗被认为是过时的。作为一种道德运动的早期基督教,除了其已经被注意到的对个人忠诚和社会团结的强调这些要素之外,其重要意义还在于它是这场运动的精神,它对新近正在形成的那个超越旧的视域的新视域的感受,以及它的这样一种坚定的信念:它的追随者,作为上帝之子,拥有无限的可能性,而且,他们不是女奴隶之子,而是自由人之子。

5. 一个在其中正义、和平与爱将是支配性原则的共同体这一社会理想是犹太-基督徒的宗教和道德的一个最为辉煌的成就。我们已经看到这一理想是如何地在上帝的国度这一背景中被建构的。它起先是民族性的,而后成为普世性的,而且具有这个世界远远还没有实现的那种博爱,它将"并不分犹太人、希利尼人、自主的、为奴的"①。它先以军事的形式加在见证者和诗篇作者身上,后以和平与正义统治的形式加在见证者和诗篇作者身上。在以狮子、熊和豹

---

① 《加拉太书》第3章第27节。——译者

第六章 古希伯来人的道德成就

来象征的猛烈而残暴的强力已经过去之后,见证者看到了由人形所象征的一个国度。这样的一个国度将永远不会消失。这是一个"不属于这个世界"的国度,这正是耶稣所传达的信息。成为这个道德王国里的成员,其资格是虚心(the poor in spirit)、清心(the pure in heart)、怜悯人(the merciful)、使人和睦(the peace-makers)和饥渴慕义(the hungerers after righteousness)。在这个道德共同体中,是服侍人者为大,而不是强者为大。它的君王将一直理政,直到祂"在地上确立公义"。祂将"拯救穷乏之辈"。①

这一理想秩序的某些方面已经在社会的和政治的结构中有了具体体现,一些方面还有待未来。由于人类社会无可救药地落在邪恶之中,历史中的某些时期已经把这一理想完全转移到彼岸世界。这样的理论提出了一种只能通过弃绝社会才可能实行的道德。古希伯来人提出的是这样一个理想:它是大地上的一种道德秩序,它藉着公义控制所有的生活,它是善的实现,它是生命的整全。它不是在纯粹幻觉的迷狂视见中梦想出来的一个理想,而是在斗争和受苦之中、在对道德努力却不是毫无希望的或注定要失败的坚定信念之中提出来的一种理想。这一理想必将成为现实。天国就要到了,神的意志将"行在地上如同行在天上"。

文　献

前面已经提到史密斯(W. R. Smith)的著作(《闪人的宗教》)

---

① 《诗篇》第72篇第4节。——译者

和巴顿的著作(《闪人族源概观》)。史密斯(J. M. P. Smith):《古希伯来人的道德生活》(The Moral Life of the Hebrews, 1923);约翰斯(Johns),《世界最古老的法典:汉谟拉比法典》(The Oldest Code of Laws [Hamurabi], 1911);舒尔兹(Schultz),《旧约神学》(Old Testament Theology, tr. 1892);马蒂(Marti),《旧约的宗教》(Religion of the Old Testament, tr. 1907);布德(Budde),《流放时期旧约的宗教》(Religion of the Testament to the Exile, 1899);史密斯(H. P. Smith),《旧约史》(Old Testament History, 1903),《以色列人的宗教》(The Religion of Israel, 1914);史密斯,《以色列人的先知书》(The Prophets of Israel, 1895);史密斯(J. M. P. Smith),《先知书和它们的时代》(The Prophets and their Times, 1925);布鲁思(Bruce),《旧约伦理》(Ethics of the Old Testament, 1895);皮克(Peake),《旧约中的苦难问题》(Problem of Suffering in the Old Testament, 1904);罗伊斯(Royce),"约伯问题"(Problem of Job),收于《善恶研究》(Studies of Good and Evil, 1898);普拉特(Pratt),《宗教心理学》(Psychology of Religious Belief, 1907)第5章;哈纳克(Harnack),《什么是基督教》(What is Christianity, tr. 1901);科恩(Cone),《新约中的富与穷》(Rich and Poor in the New Testament, 1902);弗莱德尔(Pfleiderer),《原初的基督教》(The Primitive Christianity, tr. 1906);马修斯(Matthews),《耶稣的社会训导》(The Social Teaching of Jesus, 1897);温特(Wendt),《耶稣的教导》(The Teachings of Jesus, 1899);弗莱德尔(Pfleiderer),《保罗主义》(Paulinism, 1891);科恩(Cone),《保罗:男人,宣教士和导师》(Paul, The man, the Missionary, and the Teacher, 1898);拜施拉格

（Beyschlag），《新约神学》（ New Testament Theology, tr. 1895）;《圣经百科全书》（ The Encyclopedia Biblica ）和《犹太人百科全书》（ The Jewish Encyclopedia ）以及哈斯汀斯（Hastings）的《伦理学和宗教辞典》（ Dictionary of Ethics and Religion ）有大量有价值的文章。

第七章 古希腊人的道德成就

1. 基调

100 古希伯来人的道德生活首先是在民族与上帝的关系之下、而后是在个人与上帝的关系之下被形成的,这是一种既统一又冲突的关系。古希腊人是出于个人与社会关系和政治秩序的关系,而一方面充分意识到了道德法则,另一方面充分认识到了道德人格。正如在古犹太人的生活中律法和先知书(或者后来的"律法与福音")代表着相互冲突的力量一样,在古希腊人的生活中,一方是具体体现在习俗和惯例中的群体之权威,另一方是正在发展的人格所提出的急迫的要求,它们之间的对立以相反的词语表达着。具体体现在习俗和制度之中的集体权威最终被激进主义者认为相对而言是外在的、人为的和僵硬的。它被称为"习俗"或"惯例"(人为[thesis],被人建立起来的东西)。快速发展着的理智向纯粹的习俗和习惯发出挑战,日益增长的个体性向群体的至上权威挑战,特别是当后者明显地是以使用强力的管理这样的形式彰显自己之时。个人的理智和感受支持一种更基础的主张,仿佛它们根植于一种更根本的原因;这种原因被称为"自然"。社会的传统和权威,个人的理性和感

第七章 古希腊人的道德成就

受,就这样以"约定"和"自然"之对立的形式彼此抗衡。它是这种一种斗争,其影子就在于那些正在摆脱父母的控制而走向自我指导的许多年轻男人或女人的发展之中。但是,在古希腊生活中,我们看到,比其他地方更为特别的是,这一过程的各个步骤是公民的产物而不单纯是个人的产物。埃斯库罗斯(Aeschylus)、索福克勒斯(Sophocles)和欧里庇得斯(Euripides)把个人与法律或命运之间的这一冲突表现为人类生活所具有的伟大的、多次重复发生的悲剧。阿里斯托芬(Aristophanes)以黑色幽默来嘲笑这种"新"观点。苏格拉底、柏拉图、亚里士多德、犬儒学派(Cynics)、昔勒尼学派(Cyrenaics)、伊壁鸠鲁学派和斯多葛学派(Stoics)都参与了理论讨论。

在这一发展之前、之间和之后,古希腊人生活的一切,其基调都是尺度(measure)、秩序(order)和比例(proportion)。这一基调在宗教、科学、艺术和行为中都可以找到其表现。在古希腊人崇拜的诸神中,有"命运之神"摩利亚(Moria)以及"习俗之神"、"法律之神"和"正义之神"忒弥斯(Themis)。她们在世界中建立秩序,因为这个原因,他们称这个世界为"宇宙"(Cosmos)。他们把这一点表达在他们的技艺之中,特别是在建筑、雕刻、合唱舞蹈(the choral dance)以及已经高度发展了的悲剧或抒情诗中。

柏拉图说,"像每一种建设性的和创造性的技艺一样,所有的生活都充满着它们(形式和尺度)。可以肯定地说,画家的艺术以及每一种其他创造性的和建设性的艺术——编织、刺绣、建筑以及每一种制造品——都充满着它们;而且,在拥有神灵的恩典或不拥有神灵的恩典的一切存在物中，不论是自然，还是动物和植物之中，也存在着它们；如果我们的年轻人要在生活中做他们自己的工作，难道他们不必须使用这些恩典与和谐来实现他们的永久目的呢？"

最好的人被称为"绅士"（gentlemen，希腊文为kaloikagathoi）——"既公平又善良"。德尔斐神庙上的箴言是"万事勿过度"（Nothing in excess）。粗暴践踏尺度，即自大（hybris），最早期进行道德教化的诗人极力谴责的一种品质。Tityus、Tantalus和Sisyphus是天罚的三个特别的对象，他们因为永不知足的欲望或逾越界限而受到惩罚。在批判和个人主义都发挥了它们的作用之后，柏拉图的正义观、亚里士多德的"中道"思想、斯多葛派的"依照自然而生活"，都发现了一种对古希腊人生活的根本法则来说是一种更深层的重要意义。

善（the Good）和公平（the Just）这两个观念是被从刚才提到的两个重要的基调中发展出来的。向已有惯例发起挑战的动机，是唤醒个人，让个人追求他自己的善和过他自己的生活。商业正在给精明的商人带来大量类型的回报，并且带来大量类型的物品（goods）来唤起和满足各种欲望。奴隶制度使平民从体力劳动中解放出来，给他们提供了用以培养鉴赏力的闲暇。我们在第五章中所描述的个体所具有的各种力量都在发挥作用，它们使人意识到了欲望的过程和对象。再者，"good"这个词在其使用中也用来描述表示一般的理想。它被用来指那个时代称之为"成功人士"的那类人。在今天的生活中，"good"这个词已经变得非常明确地是道德的,乃至虽然极少有年轻人在说他们想成为有能力的和成功的人时会吞吞吐吐,但大部分年轻人在说他们把成为善人当成自己的理想时却是吞吞吐吐的。因为社会和政治的认可看来是以具有显著结果的成就为基础的而不是以在严格地说被称为"善性"(goodness)的那种东西为基础的。但是,在古希腊,道德上的善不是被用来指称与"结果"相对立的"品格"的。"善人(good man)"是与好律师、好的建筑师或好的士兵类似的人,指既有能力又有智慧的人。正是在我们将要追溯的这一过程中,"good"这个词所具有的各种含混的和较深刻的含义获得了其定义。

公平(Just)和正义(Justice)这两个词当然不仅仅与秩序和尺度同义。它们还具有出于法庭和公民大会的社会意义。它们代表着生活受控制的一面,正如善代表着生活的评价和欲望的一面。但是,当与古希伯来人的义这一观念相比时,它们较少地意味着与已经被确立为标准的神法或人法的一致,而更多地意味着秩序、管理与和谐。更居于主导地位的,是尺度或秩序所具有的理性因素,而不是权威所具有的人格因素。因此,我们将发现柏拉图轻松地摇摆于个人之中的正义或秩序和城邦之中的正义或秩序之间。另一方面,那个时代的激进人士坚持其法律上的用法,并且宣布正义或法律是纯粹关于个人利益或阶级利益的。

2. 个人与个人主义所具有的理智力量

较古老的标准被具体地体现在宗教和政治的观念和惯例之中

的；使人从这样的标准中摆脱出来并且清楚地意识到这样的标准的那种手段，就是科学精神，也就是理智之人在一个快速发展的时期中所进行的认识和反思。商业生活，与其他民族和文明的自由交流（尤其是在殖民地），缺乏在总体上居于主导地位的政治权威，由一个爱美的民族提出的建筑问题，所有这些都增进了心智的敏锐性和灵活性。

这种理性的特征已经以一种具体的形式表现在古希腊艺术的品质中。人们已经在古希腊艺术的节律和尺度中发现了它的形式的一面；而它的主题也说明了同样的成分。与野蛮人的世界相对的希腊世界，被古希腊人认为是与黑暗领域相对立的光明领域；希腊民族的神灵阿波罗具体体现了光明与理性这一理想，而且，适合象征他的东西就是太阳。正如在帕特农起绒粗呢上所再现的伟大的泛雅典游行是为庆祝希腊人之光明和智慧战胜野蛮人的黑暗而举行的。智慧女神雅典娜是所有希腊城邦中绝大多数希腊人合意的守护者。以崇拜仪式上的圣歌开始的希腊悲剧，很快变成了对统治一切的生活法则的一种表现，因为这些赞美诗被这些法则与人的力量的悲剧性冲突变成了一种较强的安慰。

但是，正是在科学这一领域中，这一理智的才能以明确有意的方式表现了表达自己的天地。几乎我们所有的学科都源于古希腊人，而且在那些在最高的程度上呼唤抽象思考的学科方面，他们特别成功。欧几里得的几何学和亚里士多德的逻辑学就是这种能力的有目共睹的说明。自然科学的最高观念——原子观念和整个宇宙是由物质构成的观念、演化的观念（意思是说这一变化过程符合一个统治一切的法则）、自然选择观念（依据这一观念，只有适应其所在环境的生命才能继续存在下去）——都是古希腊人敏锐智慧的产物。历史不过是一系列事件的总和这一观念，政治制度研究方面的比较方法，对文学和艺术所能够具有的效果，都验证着古希腊人心智的清晰和他们对经验的每一个方面的最一般法则的同样热情的探索。

当这种科学的心智开始考察生活的实践指导时，较老的政治和宗教的控制提出了难题。神灵被认为奖善惩恶[①]，但是，这如何能与神灵们的实践相一致？埃斯库罗斯努力提出一个经过净化和提升的、类似于以色列人在先知书中提出的那个观念的神圣理想。他增长宙斯（Zeus）的尊严和天意性的统治，说它虽然黑暗，但依然是公平的和确定的。但是，巨大的障碍是：早前粗糙的诸神观念已经被以文字的形式固定；克罗诺斯（Cronos）对乌拉诺斯（Uranos）的不敬，宙斯派出的进行欺骗的信使以及他在婚姻上的不忠，阿芙洛狄忒（Aphrotite）的乱情，赫尔墨斯偷来的礼物，所有这些都被写在赫西俄德（Hesiod）和荷马的作品之中。因此，这种粗糙的诸神观已经非常牢固地固定在公众的想象之中，使它们不可能变成正在前进的伦理理想的载体；所以，不仅仅那些不敬诸神的嘲笑者向那种旧的诸神观挑战，而且严肃的悲剧作家欧里庇得斯和宗教理想主义者柏拉图也毫不犹豫地向那种旧的诸神观挑战，或者要求所有这类文

[①] 请看色诺芬（Xenophon）对克利阿科斯（Clearchus）之令人感动的诉求的叙述："因为，第一而且最为重要的是，我们在诸神面前所发的誓禁止我们彼此为敌。任何有意违反这种誓愿的人，我认为都不会好过。因为一个人与诸神作对，我们知道，不论他腿脚多快，他都不可能逃进黑暗使他不为诸神看到，也不可能退入任何据点在其中避难，我不知道。在每一个地方，万事都由诸神掌管，而且诸神一视同仁地统治着每一个地方。"——《长征记》(*Anabasis*)，第二卷，第5节。

献在送到年轻人手中之前必须加以修订。

得体而受人尊敬的行为应当遵循的社会标准同样也受到正在增长的智力的质疑。可能概括早期古希腊人关于最佳类型的观念的词是"kalokagathos"（完人）。这个词几乎与我们英语中的"gentleman"一词相当。它结合了出身、能力和教养这些因素；但是，在其早期的用法中，它强调的是出身这一事实，甚至像我们的"generous"、"noble"、"gentle"这几个词一样，原本指在一个"gens"（氏族）中的成员资格。苏格拉底考察了当时流行的评价，他发现那些通常被认为是可尊敬者的人或者用我们的话来说的所谓"最好"的雅典人，并不必然在人格或品质上要么"优雅"（fine）要么"善"（good）的人；因为他发现"优雅"或"善"这个词的内容最终出于"约定"（convention），根本不具有理性中的基础。柏拉图走得更远，他直接利用理性的标准看待当时流行的评价，嘲笑人们对构成可尊敬的人的那些东西的约定俗成的判断。

当他们歌唱和赞美宗族，说某人因为有七代富有的祖先而是一个可受尊敬的人时，他（哲学家）认为他们的意见只暴露了说这些话者在洞察力上的昏暗和狭隘，他们没有受到足够的教育，不能够看到整体，也不能想到：在过去的许多时代里，每个人都有成千上万的祖先，其中既有富人也有穷人，有国王也有奴隶，有希腊人也有野蛮人。当有人自夸有一张列有二十五代祖先的可能追溯至安菲特利翁（Amphitryon）之子赫拉克勒斯（Heracles）的家谱时，他不能认识到他的思想是多么贫乏。为什么他不能想到安菲特利翁也有一个可上溯二十五代祖先,而这个祖先可能是一个非常幸运的、可以上溯十五代祖先的人呢?他沾沾自喜于自己不会算数这样一个观念,并且认为在算术上懂得很少将使他自己摆脱自己没有感受的空虚。①

那种真正高贵或优雅而且又善的生活,将在那些追求真美和真善的人那里找到。形式和外表上的外在美在激起人们去追求更高形式的美——心灵的美、制度和法律上的美、科学的美——直到最后得到真美这一理念——上有它的价值。迥异于具体美的真美和迥异于表面上的善或部分善的真善,只能为追求智慧的"哲学家"发现。

道德卓越所具有的得到较积极承认的各种美德确实没有表现得更好。正如在一般生活中所承认的那样,这些美德就是勇敢、审慎或节制、虔诚或对生命所具有的重要事物的尊重,以及正义;但是,柏拉图认为,除了有意识的和智慧的行为,这些美德中没有一个真正地是一种独立的卓越。比如,除非一个人认识和预见到在其所有力量中存在的危险,勇敢也就实际上不是勇敢;否则,就只有鲁莽的勇气。审慎或节制,若要成为真正卓越的,就必须由智慧节制。甚至正义也不能被认为在本质上不同于智慧,因为智慧是生活的所有关系的真实尺度。

政治控制也同样受到向宗教权威挑战的同样的理智力量的质疑。政府的频繁变动,或多或少武断的尺度时常被采纳,这都被用

---

① 《泰阿泰德篇》,174—175。

来唤起人们对法律的绝对正确和权威的怀疑。在许多希腊城邦获得统治权的僭主不受共同体所有成员的血亲纽带的约束，他也不依照祖先留下来的部族传统来行政。政治权威频频地与宗族和亲族的本能和传统发生冲突。在这样的环境下，政治权威可能受到挑战，使其强制性力量趋于断裂点。因此，在索福克勒斯的《安提戈涅》（Antigone）中，统治者的命令是与亲族和自然所拥有的"更高的法"相对立的。人法不是自然法或神法。不服从人的习俗法可能犯了"神圣的犯罪"。旧的标准，包括宗教生活和政治生活的标准，在日益发展的理智面前崩溃了，对某种标准的需要只能通过理智自身来满足。对旧标准的质疑肯定必然看来是不敬的和无秩序的。有些人只是为了怀疑而质疑旧标准；其他的人，其中苏格拉底是他们的领袖，则是为了找到一个更坚实的基础、一个更具有权威性的标准而质疑旧标准。但是，一般的百姓并不在这两种质疑者之间做出区分，这是很自然的；所以，苏格拉底丧失生命了，他不单是不公正的流俗诽谤的牺牲品，更是道德进步之悲剧的牺牲品，是从旧标准到新标准变化的牺牲品。

3. 商业上的个人主义和政治上的个人主义

另外一条发展的路线给理智上的这种进步增添了这样的力量，它们强调道德控制问题，使个人以他自己的标准对抗社会的客观标准。这条路线就是正在快速发挥的对个人的善和利益的意识。商业生活使个人有了快速增加自己的财产的可能性，政治生活的快速变动使个人有了获得权力和特权的机会，高度发展的文明给男人和女人带来了进行个人娱乐和满足快速增多的欲望的日益增大的机会,所有这些都使得个人去追求其自己的善,使个人把生活的重点从"什么是合适的或受人尊敬的?"这一问题转移到"什么是善——对我而言的善?"这一问题上。

政府和法律的权威在相当大程度上是由它们被假设要拒绝和根除的对私人利益的考虑支配着,这样一种信念使得形势更为严重。因为现在古希腊的城邦不再是具有共同利益的群体。资本的增长,与之相应的获利热情,独特阶级的形式,其中每一个阶层都专注于其自己的利益,它们取代了以前的、较为同质性的城邦。"古希腊共同政体的政治生活的整个发展最终都依赖于如何解决这样一个问题:在富裕的少数人、中产阶级、穷人这三个不同的阶级中,哪个阶级应当居于统治地位。"亚里士多德把寡头政治定义为一个由富人的利益支配的城邦,把民主政治定义为一个由穷人的利益支配的城邦。另外一个同时代的作家把民主政治解释为考虑民主人士即"低层阶级"的利益的政治,并且认为这是理所当然的事情,"因为如果富人有决定权,他们就会做对他们自己有利的事情而不会做对多数人有利的事情。"当然,这样的阶级统治召来了对既有的法律和标准的激烈批评。居于少数地位的贵族猛烈抨击"习俗"或惯例,说它们要把强者驯服使其服从弱者那个阶层。自然要求的恰恰是"适者生存",也就是"强者生存"。另一方面,那些有见识的、冷眼旁观政府博弈的人宣布:所有的法律都是为了统治阶级的利益而被造出来的。那些读到当时对法律和法庭所作的批评的人将会明白那与他们自己的抱怨是如何密切地相似。我们现在也有这同样的两个阶级,其中一个阶级猛烈抨击政府干预下这样的权利:联合的权

109 利,订立契约的权利,以及一般而言从大地或从男人、女人和孩子那里获得特别有权或特别精明的人可能榨取的一切东西的权利。另一个阶级控诉:立法机关被财富占据,法官是从公司法律顾问中任命的,普通法是古代贵族地位的残留,而且,由于这些原因,劳动者不可能得到正义。

让我们先听一听对不平等的辩解吧。

> 习俗和自然通常是相互对立的;……因为依据自然的规则,越邪恶的东西越可耻,比如遭受不义;但是,依据习俗的规则,作恶是更可耻的。遭受不义不适用人,只适用于奴隶,因为奴隶生不如死;当奴隶受到冤屈和践踏时,他不能帮助他自己或他所关心的任何其他人。原因正如我所想的,是因为立法者是许多弱者,他们设立法律,按照他们自己的观点、为了他们自己的利益分配赏罚;为了使那种有较强力量的人和能够胜过他们的人不能胜过他们,他们恐吓那些人;他们说不诚实是可耻的和不公正的;同时,当他们谈论不义时,他们想占有比他们的邻人所拥有的东西还要多的东西,但因为认识到自己能力的低下,所以他们满足于平等。因此,追求占有比邻人所拥有的东西还要多的东西,依据习俗被说成是可耻的和不公正的,并且称其为不义;恰恰相反,自然本身暗示我们:较好的人比较差的人拥有较多的东西、较强的人比较弱的人拥有更多的东西是公正的;而且,自然以多种方式说明了这一点,在人之中与像在动物之中一样,实际上所有的城邦和种族之中,正义就是强者统治弱者,并且比弱者拥有更多的东西。薛西斯

（Xerxes）入侵希腊，或他的父亲入侵西徐亚人（Scythians），是基于什么样的正义原则？（不用说还有无数其他的例子）我认为，他们是依照自然行事的；是的，是依照自然的；可能并不是依照我们建构和塑造的人为法律。我们把我们中间最好的和最强的人在他们很年轻时就挑选出来，像驯幼狮一样驯他们，用咒语使他们着魔，对他们说他们必须满足于平等，说满足于平等是可敬的和公平的。但是，如果有一个有着足够力量的人，他将从所有这类东西中摆脱出来，突破所有这类东西，脱离所有这类东西；他将把我们所有的条条框框、符咒、咒语以及我们的一切与自然相对立的法律都踏在脚下；这位奴隶将起来反叛，成为凌驾于我们之上的主人，自然正义之光将熠熠生辉。我认为这就是品达（Pindar）颂歌"法则是一切的王，是可朽者的王，也是不朽者的王"中所说的，他还说：这一法则"使强力成为正义，用高贵的手做暴虐之事；正如我从赫拉克勒斯的事迹中所看到的，他要任何东西都不用购买"。我记不得他的诗的准确的词句，但是，他的意思是这样的：他赶走革律翁的牛，但是，他既没有付钱购买这些牛，这些牛也不是革律翁送给他的，他这样做所依据的是自然权利的法则；弱者和低贱者的牛和其他的财产原本就是属于强者和高贵者的。①

因此，这一观点的实质是：强力就是正义，任何立法或习俗的规范都不应当阻止天才和强人的自我维护。这类似于近代尼采的

---

① 柏拉图，《高尔吉亚》，第482—484页。

思想。

但是，另一方也有他们自己的控诉。法律是由荷马称之为人民的"牧羊人"制定的。但是，谁现在单纯到坚持认为那些牧羊人是为了那些羊好、而不是为了自己的利益而使羊变肥或照看羊这样一种观点呢？所有的法律和政府实际上都是为了统治阶级的利益而存在的。① 它们是以习俗或"惯例"为基础的，而不是以"自然"为基础的。

如果法律和社会规范都只是阶级的立法或习俗法，为什么要服从它们？较古老的希腊人生活都已经感受到到了第四章中所描述的那些动力，尽管这种生活在其象征性手法和意象性的描述中已经蕴涵了它们。索罪的复仇女神（the Memesis）伊里逆丝（the Erinnys）就是被激怒的法律的人格化了的愤怒；对公共意见的尊重（aidōs）或敬畏（aischyne）是内在的感受。但是，随着理智批评和个人兴趣日益高涨的浪潮，这些约束力量不再被相信；以个人愉快为内容的感受要求得到承认，而且道德家们也首先诉诸这一点。"父母和老师总是告诉他们的儿子和他们监护的人，说他们应当成为公正的；但是，这不是为了正义的缘故，而是为了品格和荣誉的缘故。"但是，如果正义的唯一理由是荣誉，那么，当有着更容易走的路时，走这条充满荆棘的路就不再有充分的理由。年轻人难道不会用品达的话说：

> 我要登上一座较高的可当作我终生之堡垒的塔，是藉着

---

① 柏拉图，《理想国》，第1卷，第343页。

正义,还是用欺骗之类的不正当方法?①

如果我断定不正当的方法是比较容易走的,为什么我不能走它?我的同党,或我的"同伙"或我的律师将站在一边仔细地察看我:

> 但是,我听见有人在大声说,做了坏事而隐瞒不让人知是困难的。对此,我的回答是:伟大的事情没有一样是容易的。尽管如此,论证表明,如果我们要幸福,这就是我们应当沿着走的那条路。为了保密,我们会建立秘密的协会和政治俱乐部。还有修辞学大师教我们如何说服法庭和公民大会;因此,部分地通过说服,部分地通过暴力,我们将获得不合法的收益却不受惩罚。我还听到一个声音说,神灵是既不可能被欺骗的,也不可能被强迫的。但是,如果神灵根本不存在,或者即便他们存在也可以假定他们根本不关心人间事务,在这两种情况下,我们为什么要为隐瞒坏事以便不为神察觉担心呢?②

另外,如果一个人能够以足够大的规模去行动,那么,最大的奖品(不光以物品的形式出现,而且甚至以名誉的形式出现)看来也会落到这样一位个人主义者身上。这样,他就可能既成功又"受人尊敬"。如果他能够窃取政权,或者用现代的术语说,能够从国会那里窃取安全的公共土地或税权,向立法机关行贿,控制公共事务委员会,获得一个相当有价值的有特许权的商业机构或其他"诚实的

---

① 柏拉图,《理想国》,第2卷,第365页。
② 同上。

佣金",他就能不仅逃避惩罚,而且还被他的追随者引以为荣。

我正在谈论的是大规模的不正义,在这种不正义中,不正义者的益处是最明显的,而且,我的意思在最高形式的不正义中可被最清楚地看到。在这种最高形式的不正义中,做这种不正义之事的人是最幸福的人,遭受这些不义之事伤害的人,即那些拒绝做不义之事的人,是最悲惨的人。我所说的做这些不正义之事的人是僭主,他们通过欺骗和暴力夺走他人的财产,不是零星地夺走,而是一下子全夺走;所有这些物品,不论是敬献给神的还是一般的,也不论是私人的还是公共的,如果一个普通人拿了其中的一件而被查出来,他就会受到惩罚,并且招致极大的坏名声;因为在单个事件中犯了其中任何一项罪的人,将被称为抢劫神庙的人(robbers of temples)、小偷(man-stealer)、破门盗窃者(burglar)、骗子(swindler)和强盗(thief)。但是,当一个人夺走了公民的钱财并且奴役公民时,他非但没有这些恶名,反而被称为是幸福的和被神祝福的,不但这些被他剥夺和奴役的公民这么说,而且所有听到他已达到这不义之极端的人也这么说。因为不义受谴责是因为谴责者害怕受到不义的伤害,而不是因为他们害怕他们做不义之事。因此,正如我已经说明的,苏格拉底,不义只要足够地大,它就比正义具有更大的力量,更加如意,更有优势;而且,正如我开始时就已说过的,正义是强者的利益,而不义是个人自己的好处和利益。①

---

① 柏拉图,《理想国》,第1卷,343及下页。

4.个体理论与伦理理论

因此,这第一场运动的结果是双重的。(1)它迫使人们清楚而明确地认识"什么是正义?""什么是善?"这两个问题。进行比较和得到一个总的标准的必要性,迫使探究者去清理以前表现在习俗和法律中的那些观念。但是,当实质被这样地发现和被剥离时,在某种程度上,习俗也就显得是没有生命的,仅仅只是一种约定,而实质常常与这种形式相当对立。(2)它强调个人的利益(personal interest),强调行为之情感的或情绪的一面,这使得道德问题采取了"什么是善?"这种形式。

再者,正是在使旧的身份解体中一直起积极作用的那些力量,确立了两个明确的论题。如果习俗不再能满足需要,那么,理性就必须确立标准;如果社会不能给个人规定什么是善,那么,除非个人要使他的整个生涯触礁,他就必须为他自己找到规定什么是善的方法并为他自己找到追求善的办法。

我们可以把这一问题的两个特征都归于与约定或习俗相对立的"本性"(nature)这一观念之下。约定确实老气横秋了,本性是盛气凌人的权威。但是,假如本性是正确的主宰者,追求本性,是应当在其原初的开端之时还是在其最充分的发展之时?是应当在离群索居的生活中,还是应当在社会生活中?是应当在欲望和激情之中,还是应当在理性与一种和谐的生活之中?

或者,我们可以换一种方式来陈述这个问题:假如理性必须确定尺度,假如个人必须为他自己规定善并追求善,那么,应当在离群索居的生活中追求善,还是应当在以家庭、友爱和正义为纽带的人类社会中追求善?目的就是可在不论性质如何的欲望的满足之中发现的快乐吗?理性的事务仅仅只是比较可能的各种方略使欲望满足的程度进而选择能最大程度地满足欲望的那种方略吗?或者,智慧本身是一种善吗?满足某些特定的冲动而不满足其他的冲动是较好的吗?也是说,对于这一问题,理性应当形成标准并且将其应用于它吗?

这样,对于生活提出的这一问题的这些对立的解决方案,可以在两组对立中表述:(1)个人的vs.社会的;(2)直接满足vs.理想标准,理想标准既比较高尚也比较长久。

114　　除了属于在历史上留名的哲学派别者之外,不属于任何哲学派别诗人、激进分子、纵欲主义者、个人主义者,对这些问题的讨论和解决,都做出了贡献。所有人都追求"合乎本性的"生活;而且值得注意的是,所有的哲学派别都声称苏格拉底是他们的导师,而且所有的哲学派别都努力通过理性来证明他们自己的答案是正确的,所有的哲学派别都把智慧之人当成理想。犬儒学派和昔勒尼学派,斯多葛学派和伊壁鸠鲁学派(Epicureans),柏拉图和亚里士多德,代表了对这些问题的各种各样的哲学回答。犬儒学派和昔勒尼学派都认为应由个人来规定和寻求善(1);它们的分歧在于:犬儒学派强调善独立于欲望,昔勒尼学派强调善在于欲望的满足(2)。斯多葛学派和伊壁鸠鲁学派反映这些原则的更广泛和更社会性的发展,斯多葛学派追求一种世界国家,伊壁鸠鲁学派追求一个友爱的共同体;斯多葛学派强调理性或智慧是唯一的善,伊壁鸠鲁学派为智慧在对精致快乐的挑选中找到了一块领地。柏拉图和亚里士多德虽然强调不同的东西,但他们有着实质性的一致,他们都认为:(1)人的善是在人的最高的潜在功能的完全实现中发现,但是这种完全的实现只有在社会中才可能的;(2)智慧不仅仅在于运用一个标准,而且在于形成一个标准;无论是理性还是感觉,仅仅其自身对于生活来说都是不够的;快乐是为了生活,而非生活是为了快乐。最后,柏拉图、亚里士多德、斯多葛学派还有悲剧诗人,对负责任的品格这一理想的形成,都做出了很大的贡献。

犬儒学派和昔勒尼学派都是个人主义者。他们认为社会是人造物。一方面,社会之所谓的善,另一方面,社会的法律规章,除非有利于个人的幸福,就应当加以拒绝。在犬儒学派中,独立是智慧的标志;以他的衣服上有好多洞为荣的安提斯泰尼(Antisthenes),住在他的帐篷里或睡在大街上、嘲弄体面人士的流行"习惯"、请求菲利普不要挡住他的阳光的第欧根尼(Diogenes),是这一学派的典型人物。"本性的城邦"(state of nature)是与现实的城邦(the State)对立的。只有原初的欲望被认为是合乎本性的。"艺术与科学,家庭和故乡,是他们漠不关心的。财富和精致的物品,名声和荣誉,像感官的娱乐一样被他们看成是多余的,因为这超出了饥饿和性这两类本性欲望的满足。"①

昔勒尼学派,或快乐主义者(Hedonists)从一个不同的角度诉诸智慧。善就是快乐,智慧可在选择最纯净而且最激烈的快乐的审慎中找到。因此,如果这就是善,那么,为什么一个人还使自己因为社会标准或社会义务而烦恼呢?"享乐主义者愉快地享用文

---

① 文德尔班(Windelband),《哲学史》(History of Philosophy),第84页。

明所带来的雅致的娱乐，他们发现有智慧的人应当享受其他人所准备的可爱的东西这一观点是实用的和可允许的；但是，没有任何义务感或感激之情把他们和为他们提供所享受的这些果实的文明拴在一起。为他人牺牲、爱国和对普遍目的的忠诚，被西奥多勒斯（Theodorus）宣布为一种智慧之人不会具有的愚蠢。"①

5. 对本性与善、个人和社会秩序的更深刻的看法

柏拉图和亚里士多德大胆地接受了个人主义的挑战。实际上必须承认的是，现在的城邦过于经常地被阶级统治着。有寡头制的城邦，在其中，士兵或富人为了他们自己的利益而统治着；有僭主制的城邦，在其中，专制君主是人格化的贪婪和暴力；还有民主制的城邦（柏拉图是一个贵族），在其中，暴徒攫取了统治，那些谄媚和滋养这些暴徒的情欲的人当权。但是，所有这些都只能为更清楚地提出"真实的城邦"这样一种观念服务；在真实的城邦中，最有智慧和最好的人当权，他们不是为了一个阶级的利益服务，而是为了所有人的幸福服务。即便如此，雅典这个城邦，在柏拉图的时代中——除了在其判处苏格拉底那段时期——就意味着生活的完全和自由。它不但代表了保护个人的一种政治力量，而且代表了由需要合作和相互帮助的所有人那种完全的制度。它把其公民置于一种以美为内容的氛围之中，在悲剧和喜剧中为每一个公民提供了思

---

① 文德尔班（Windelband），《哲学史》（History of Philosophy），第86页。

考生活所具有的更大的意义或融入欢笑所具有的富有感染力的同情之中的机会。成为一个雅典公民,意味着可以分享生活所提供的一切较高尚的可能性。在解释这种生活时,亚里士多德宣布:"充分地独立这一目标可以被说被第一次实现",不是在离群索居之中,而是在城邦之中。

对于"什么是合乎本性的?"这个问题,亚里士多德直指其中心,他明确指出:本性不能在简陋的开端中找到,而只能在完全的发展中找到。"任何事物,无论是一个人还是一匹马或一个家庭,其本性都只能依据其生长过程完成时的状况来说明。"所以,"生活的完全只能在其中实现"的城邦在下面这样的一种最高意义上是合乎本性的:

"一个事物意欲实现的目标或其完全的发展就是至善,而首先在城邦中才能实现的独立是完全的发展或至善,因此,独立是合乎本性的。""既然城邦被形成是为了使生活成为可能,那么,它就是为了使生活好而存在的。"

"因此,我们看到:城邦是一种合乎本性的制度,人在本性上是政治动物,一个人若不属于任何一个城邦,而且他如此与城邦隔绝的原因是出于其本性的而不是偶然的,那么,他要么是一个超人(superhuman being),要么是一个在人类文明层次上低下的人,因为他之存在就像棋盘上的一枚'闲子'。被荷马尖刻地描述为'不属于任何一族、不受任何法律保护、没有坛火'的那种人,就是我们所说的这种人,因为这种人在本性上不是任何城邦的公民,是一个好战者。"①

117　亚里士多德没有停在这里。亚里士多德在洞察了现代社会心理学更详细地研究过的人与社会之间的关系以及个体对社会群体的依赖性之后指出,城邦不仅仅只是个人发展趋向的目的,而且是个人生活的源泉。

"再者,在本性的秩序上,城邦先于家庭或个人。因为就本性而言,整体必然先于其部分。比如,如果你毁坏了作为整体的身体,那么手或足这样的东西也将不存在,除非我们是在不同的意义上使用同样的词,就如我们说一只石头制的手是一只手一样。因为一只脱离了身体的手将是一只失去了手的功能的手;而事物的功能恰恰就是使其成为其所是的东西,所以,当事物丧失其功能时,还称它们是与原来一样的事物就不正确了,此前的事物和此时的事物是同名异义的,也就是说,不同的事物使用了同样的名称。因此,我们看到,城邦是出于本性的,而且在本性上城邦先于个人。所以,作为一个独立单位的个人不是独立的,他必然是城邦的一部分,并且必然像组成这一整体的其他部分一样与城邦有着同样的关系;一个不能够与其他人合作的人,或者一个独立而不需要这样的合作的人,就不是任何一个城邦的成员;换句话说,他要么是一头野兽,要么是一位神祇。"②

---

① 亚里士多德:《政治学》,第一卷第二章,韦尔登(Welldom)的译本。
② 同上。

第七章　古希腊人的道德成就

此外,当我们研究个人的本性时,我们不可能找到这样一个不具有不仅在城邦中而且在各种社会的和朋友的关系中得到合乎本性的表达的同情和品质的人。有一种"使人倾向于共同生活的冲动",它不仅将自己表现在友爱之中,而且它对于我们认识被他人称为正义的东西来说也是那样的必不可少,乃至我们可以说它是"所有公正的事物中最为公正的"。另外,还存在着可被称为"政治友爱"(political friendship)的那种东西,它是意向和目的的统一(a unity of disposition and purpose)。①

那么,将规定人的全面发展和人的至善的城邦是被如何建立和治理的?显然,必须贯彻两个原则。首先,城邦必须这样构成,使得每个人都可以在其中发展其本性所具有的所有能力,并借此直接为城邦的完善和他自己的完满服务;其次,城邦或社会整体必须由最适合于这项工作的人统治。对于我们理想的共同体来说,适合的统治者既不是士兵,也不是富豪,更不是工匠,而是有智者。士兵可防卫,工匠可供养,但只有那些有思想或智慧的人应当统治。显然,在对这一原则的确立中,我们也回答了我们提出的第一个问题;因为士兵和工匠的充分发展,其途径是做他们能够做好的工作,而不是干预那项他必然无力做的工作。柏拉图为了防范贪婪这一为在他那个时代的政治所具有的典型特征,设想统治者和护卫者应当不拥有私人财产,甚至不拥有私人家庭。他们的眼睛应当只指向整体的善。当被问及由这样公正无私而且具有这样智慧的人治理的城邦在实践上的可行性时,柏拉图承认它实行起来确实困难,但是,他坚

---

① 亚里士多德:《伦理学》,第八卷第一章;第九卷第六章。

定地认为这样的城邦是必须追求的:

> 除非哲学家当国王,或者这个世界的大君和小王具有哲学的精神和力量,政治权威和智慧合为一体,那些只求把他人排挤出去的平庸之辈被迫靠边站,否则,城邦——不,我认为整个人类——都绝不会免于这些平庸之人的邪恶。这是我们的城邦拥有生命之可能和得见天日的唯一途径。①

但是,完美的城邦实际存在的问题并不是头等重要的问题。因为柏拉图已经悟出了这样一种思想:人不仅被他所看见的东西支配着,而且被他认为可欲的东西支配着。所以,主要的事情在于一个人对于正义在其中盛行、生活达到比其现在已经达到的还要充分和高的可能性的这种理想城邦,是否已经形成了一种概念。

> 我想,在天上也许储藏着这种理想城邦的一个范型,追求它的人可能看到它乃至正在看着它,设想它就是他自己应有的家。但是,这样一个城邦是否存在或是否将在事实上存在,都是无关紧要的;因为他只能依照那个城邦的规矩生活,与其他任何城邦都没有什么关系。②

被柏拉图和亚里士多德如此辩护的人的社会本性,一直是古希腊思想的永久贡献。即便是更进一步发展了快乐主义人生理论的

---

① 柏拉图,《理想国》,第五卷,第473页。
② 同上书,第九卷,第592页。

伊壁鸠鲁学派,也强调友谊是快乐之上等的和最精良的资源。在不为欲役方面接受了犬儒学派之传统的斯多葛学派,也还没有极端到把这种独立解释为独立于社会。古希腊城邦的解体使得在古老的城邦中寻找社会实体已经成为不可能的,因此,我们在斯多葛学派那里找到了一种世界主义(cosmopolitanism)。人的最高荣耀,不是成为雅典的公民,而是成为世界的公民——这里所说的世界,不是刻克洛普斯(Cecrops)的城,而是宙斯的城。通过这一观念,人的社会本性被变成了在古代罗马和近代的法律中找到表达的"自然法"的基础。

在回答关于人的真正本性的那一问题的过程中,柏拉图和亚里士多德找到了同样适合于个人之善这一问题的建议。因为,如果士兵是追求名声和荣誉的人,具体体现着对财富之欲望的贪婪之人和象征着强烈欲望和情欲的暴君是令人厌恶的,难道就不容易明白这样一点:在理性的指导和控制之下的那些冲动的有序而和谐的发展,远比那个时代的某些彻底的个人主义者和纵欲主义者(sensualist)正在大力宣扬的欲望和渴求应当不受限制地表达要好得多吗?让我们听听这类人的代表卡利克勒斯所说的话:

"我坦率地认为,每一个想真正地生活的人都应当让他自己的欲望增长至其极致,而不应当限制它们;当它们长到最大时,他应当有勇气和智慧去照料它们并且满足自己所有的渴望。我认为这是合乎本性的正义和高贵。"那些节制的人是傻瓜。只是在饥饿与吃之中、在渴和饮之中、在具有所有他应当具有的欲望之中、在对每一种可能的欲望的满足之中,一个人才幸福地活着。①

但是,即便卡利克勒斯本人也承认:有一些人,即具有低俗欲望的存在物,其生活不是理想的,因此必须存在着对快乐的某种选择。在把由城邦建议的那一思想贯彻在个人生活之中时,柏拉图提出了这样一个问题:一个人,作为一种既具有高贵的冲动也具有卑鄙的冲动、还具有处于支配地位的理性所拥有的能力的复杂存在者,如果他让他的情欲肆无忌惮而完全阻塞了他的理性本性,我们能说他做了智慧的选择吗?

"难道所谓高贵的事情不就是使我们本性中的兽性部分服从我们本性中的人性部分或者更准确地说服从我们本性中的神性部分,所谓卑鄙的事情不就是使我们本性中人性的部分服从我们本性中兽性的部分吗?他几乎不可能不承认这一点——那么,他能承认这一点吗?如果他对我的提议略加考虑,他是不会不承认的。但是,如果他承认这一点,我们可以问他另外一个问题:如果他以使他本性中的最高贵部分做他本性中的最卑鄙的部分的奴隶为条件而接受金和银,这能使他获得益处吗?谁能想象,一个人为了钱,不管他收到的钱的数目多么大,而把自己的儿子或女儿卖为奴隶,特别是若把他们卖到一个性格暴烈而邪恶的人手里?谁会说那个把自己本性中的神圣部分卖给自己本性中那个最渎神的、最可恶的部分而

---

① 柏拉图:《高尔吉亚》(*Gorgias*),491及以下诸页。

且没有怜悯之心的人不是一个可怜的卑鄙之人呢?厄律斐勒(Eriphyle)为了得到一条项链而出卖了她丈夫的生命,他为了走向一种更糟的毁灭而接受贿赂。"①

假如我们暂时不考虑"什么是高贵的?"这一问题,承认人生的目的就是快乐地生活,或者换句话说,如果正如前面有人极力主张的,正义不是有益的,因此,追求至善的个人将通过其他的路而不是通过充满荆棘的路去追求至善,那么,我们就必须承认:就什么类型的快乐是更可取的这一问题而做的决定,将依赖于下判断的那个人的品格。

那么,我们可以假设有三类人——爱智者、爱胜者和爱利者吗?
确实可以。
那么,存在着三种快乐,分别是这三种人的目标吗?
非常正确。
因此,如果你轮流问这三类人,哪种生活是他们想过的最快乐的生活,你就会发现每一类人都称赞他们想过的那种生活而贬低其他两类人所想过的那种生活。爱利者会把荣誉或研究的空洞与金银这样实实在在的好处相比吗?
确实会这样,他说。
那么,爱名誉者,他会怎么想呢?难道他不会认为财富的快乐是低俗的,而没有荣誉作为奖赏的研究之快乐像轻烟一样

---

① 柏拉图:《理想国》,第九卷,589及下页。

毫无意义吗?

确实会这样,他说。

我说,难道我们不会设想哲学认为其他的快乐与认识真理、栖息在真理之中、在对真理的追求之中持续学习这种离快乐的天堂实际不远的快乐相比什么都不是吗?哲学家贬低其他的快乐,称它们出于必然性,也就是说,如果不存在着对它们的必然性约束,他是不会要它们的。

这一点是毫无疑问的,他回答道。

那么,既然每一类快乐和每一类人的生活都在争论之中,而且,问题不在于哪一类生活是较荣誉的或较不荣誉的、较好的或较坏的,而是哪种生活是较快乐或较少痛苦的——我们应当怎样才能知道?

我说不清,他说。

那么,标准应当是什么呢?有什么东西比经验、智慧和理性更好吗?

不存在更好的,他说。

如果财富和收益是评价标准,那么,爱利者所称赞和指责的东西肯定是最真实的了?

肯定是的。

或者,如果荣誉、胜利或者勇敢是标准,那么,在这种情况下,雄心壮志或争强好胜就将被认为是最好的了?

显然如此。

但是,由于经验、智慧和理性都是判官,那么,这一过程的推论就是:最真实的快乐就是为热爱智慧和理性的人所赞成的那种快乐。①

因此，显然，即便我们着手在快乐中寻找善，我们也需要某种测度的技艺。我们需要一个"适用于快乐的标准"，而这个标准只能在智慧中找到。这迫使我们主张：归根到底，智慧才是善。不仅仅只是理智的满足———一种没有感觉的理智生活，就像牡蛎的生活一样，不是真正的人类生活。柏拉图所展望的个人生活是一种从内在来看的生活，它包括科学与艺术，包括美所具有的纯净快乐，而且是由智慧、权衡和对称来管理的。

亚里士多德的善的概念从根本上讲是相同的。善就是人所具有的能力的充分发展，即在理性的与和谐的生活中达到顶峰。亚里士多德说，如果我们要找到至善，若有可能我们就必须努力去寻找某一作为目的本身而从来不是作为其他东西的手段被追求的目的，适合于指称这一最高目的的那个最概括性的词就是幸福（eudaimonia），"因为我们追求幸福，还只是为其自身，而从来不是为了其他的东西。"幸福的本质是什么？依据亚里士多德的看法，这可以通过追问人的功能是什么来发现。营养和生长这样的生活是我们与植物共有的；感性生活是我们与动物共有的。我们必须在理性本性的生活中寻找人的特有功能。"人的善就是依照其应有的卓越而运用其能力。"外在的善是有价值的，因为在走向人的潜能完全实现的路上它们可能是工具。快乐应当被珍爱，因为"它使人的行动完美，使人的生活完美，而生活之完美正是人之欲望的目

---

① 柏拉图：《理想国》，第九卷，第581及下页。

的"——但不是作为目的本身而被珍爱。没有一个人会选择一生都在具有儿童的理智这一条件下生活,尽管他可能在最高程度上享受一个儿童可具有的一切种类的快乐。①

作为理想生活之理性尺度的智慧所具有的极端重要性及其与以美和比例为内容的古希腊传统之间的密切关系,也在亚里士多德的以"中道"为卓越(或德性)的理论中被说明了。"中道"这个词语在某种程度上是含混的,因为一些段落似乎是在说中道只是命中在两种过度之间的一个平均,可以说是寻找一种适度的情感或行为;但是,在这里恰恰也包含着关于尺度的旧思想。一方面,正如在柏拉图那里一样,尺度蕴涵着依据适宜的、高贵的和公平的东西来进行评价;另一方面,尺度蕴涵着理智之较多的分析活动,"中道就是正确的理由所规定的东西。"不是每一个人都能发现中道,只有那些拥有必不可少的知识的人才能发现中道。因此,至上的卓越或德性就是智慧,它能够为行为找到真正标准。②

---

① 亚里士多德:《伦理学》,第十卷,第2—4章。
② 在亚里士多德列举用来作为例子说明中道这一原则的几种卓越中,上智(high-mindedness)这种品质就是智力超群,而且可以看作是在雅典的有教养的人中最为人称赞的那种品质的具体化。上智之人要求得多,应得的也多;在他关于荣誉和卓越的标准中突出的特征是,他接受来自好人的称赞作为他应得的,但是轻视出于平常人的或基于琐碎理由的称赞;好运和厄运同样是相对不重要的。他既不追求危险也不惧怕危险,他时刻准备施恩于人和忘记自己所遭受到的不义,不乐意索取恩惠或求人帮助;他毫无畏惧地爱和恨、讲真话和特立独行;他"不会容易地被感动到去羡慕什么,因为在他看来没有什么东西是伟大的。他喜欢拥有不会带来利益的美丽事物,而不喜欢拥有能够带来利益的有用之物;因为这就是那种其资源在于其自身之中的人所具有的特征。再者,上智之人的品质看来要求他的步态要缓慢、声音要深沉、言语要中规;因为一个人在他深感兴趣的东西数量微乎其微时急急忙忙不大合适,在他根本就不拥有非常重要的东西时兴奋不已也不大合适;这些正是人们之所以高声说话、行动快速的原因。"——《伦理学》,第四卷,第4—7章。

最后，美德是智慧这种观念，也清楚地显示在稍后的古希腊思想中的三个著名的学派——怀疑主义学派、伊壁鸠鲁学派和斯多葛学派——的理想之中。在怀疑主义学派中，智慧之人就是那在不可能确定的地方悬置判断的人。在伊壁鸠鲁学派中，智慧之人就是那选择最精细、最确定和最长久之快乐的人。在斯多葛学派中，智慧之人就是那克服自己的情感的人。但是，在这三种情况下，理想都是用"智慧之人"这同一个词来表达的。

这样，我们就看到开始向一切社会的法律和标准挑战并把它们交与知识来审视的古希腊思想如何在真正的社会和道德的秩序中找到一种更深层的价值和一种更高的合法性。它所诉诸的是理性的主宰，而在其最充分的意义上被理解的理性使我们超越当下的和转瞬即逝的东西而进入到更广泛和更长久的善。柏拉图极力主张，寻找善的理性不会满足于生活和社会的表面事实。将会发现和实现自己的全部功能和充分发展的那个人，必然更进一步扩展他的视野。因为他自己的独特生活只是那个更大的世界的不断前进的一部分，而这个更大的世界的力量对他起作用，限制他，规定他的可能性，所以，不单研究他自己的目的和意图，而且研究宇宙的目的和意图，就成为绝对不可缺少的。人的善要求我们认识那个更大的善，即充分而完全意义上的那个善。实际上是宇宙之本质的这个完全的善只是用来述说上帝的另外一个词，柏拉图经常把"全善"与"上帝"这两个词当作可互换的词来使用。

因此，古希腊人的生活正在追求的"本性"（自然）获得了它最深刻的意义，并且重新解释人的生活应与看不见的力量之间的统一这一旧的宗教要求。稍后的斯多葛派在它的"追随自然"这一座右铭中更公开地承认了对这一循环的回归。因为古希腊科学的伟大著作已经完全明确地把自然这一观念发展成一种规律体系。宇宙是一个理性的宇宙,一种秩序;首先是一种理性存在者的人就这样发现了他与宇宙的同源关系。因此,追随自然就意味着认识遍及宇宙的自然法,并且在平静的接受或顺从中服从它。

"啊,宇宙,凡与您和谐的东西都与我和谐;您的季节带来的一切东西,于我都是果实。"①

6. 对"理想"的看法

我们已经概述的古希腊思想的两个阶段不只是调整古希腊人的生活使之适应于关于城邦和个人、善和本性的更深刻的观点。这一挑战和过程使人们公开地意识到道德生活所具有的一个新特征,即现实与理想之间的对立这一个因素,它是真正的道德意识的根本。我们已经看到:片面利益与政治制度之间的冲突,在柏拉图那里是苏格拉底所遭受的悲剧性的处决,迫使柏拉图和亚里士多德承认现存的城邦确实不能促进那些必须在社会制度中去追求的真正目的。因此,柏拉图和亚里士多德两人都描绘了一个应当为人类的圆满目的服务的城邦。再者,在个人生活中,人的最高可能性的发展和用于解决相互冲突的各种欲望和目的之间的尺度或标准这两个观念导向这样一个观念,它应当不仅包含现在的状况,而且还包含还未实现的意图所含有的目标。

---

① 马可·奥勒留:《沉思录》,第四卷,第23段。

第七章 古希腊人的道德成就

各种品质和抱负都被柏拉图包括在"理想"这一观念之中,而且,几乎就像古希腊给阿波罗神雕像的人把他理想中的光明和清晰赋予他所雕的阿波罗像,或者给阿佛罗狄忒神雕像的人把美惠这一观念赋予他所雕的阿佛罗狄忒像一样,柏拉图还用独特的古希腊智慧,把具体而明确的形式赋予"理想"这一观念。短暂的情感变化不定,一知半解的或琐碎的善影响甚小,理想的善与此截然不同,它被认为是永恒的、不变的、永远相同的。它是超人性的、神圣的。与人之子把他们的喜爱建立在其上的各种特殊的和部分的善截然不同,理想的善是对每个地方和每个时代的人都适用的普遍善。在为理想的善这一观念寻找适当的形象化描述的努力中,柏拉图借助了奥尔弗斯教和毕达哥拉斯学派的宗教观念,这些宗教观念强调灵魂的前生和来世以及灵魂与肉体的相异。柏拉图说,在前生中灵魂就看到了现世生活不能提供合适范例的美、真、善。灵魂用存在于记忆之中的以前已经看到的东西,审视现世的各种不完满的和有限的善,渴望再次飞离现世,与神同在。理想与现实对立,在柏拉图的一些著作中有时转向了灵魂与肉体的对立;这一思想在斯多葛学派和后来的柏拉图主义学派中继续得到日益的强调,进而构成了可以在希腊化时期和中世纪的道德中发现的二元论和苦行主义的哲学基础。

当理想与现实之间的真实伦理对立被变成了灵魂与肉体之间的形上对立或者不变的东西与变化的东西之间的形上对立时,这一根本思想就意义非同寻常了;因为它纯粹以客观的形式象征着每一道德判断的特征,而所谓的道德判断就是依据某种标准来检验和评价某一行为;它还以客观的形式象征着甚至更为重要的东西,即我们用来检验行为的那种标准的形成。即便是亚里士多德,通常被认为只是一个对事物之所是进行纯粹描述的人而不被认为是一个在对事物之应是进行理想刻画的人,虽然他在坚持理想的重要性方面一点也不逊色于柏拉图。事实上,亚里士多德把反思或理论(theoria)与公民美德分开,这一点被中世纪教会用来把"沉思生活"(contemplative life)理想化。像柏拉图一样,亚里士多德认为理想是人的本性中所具有的神性要素:

"有人建议我们作为人和有死者不要去想那些高于人和有死者的东西,但是我们应当做的,不是听这些人的话,而是尽可能不去考虑我们的有死性,竭尽全力去生活在对我们能力中的那一最高贵的部分的操练之中。因为,虽然它只是我们能力的一小部分,但是在力量和价值上却远远超过其他一切部分。"①

7. 对自我、品格和责任的看法

从个体欲望的激烈竞争、个人野心之间的冲突、个人与城邦之间的矛盾以及对个体的本性日益深刻的理解中,还出现了对较为高度发展了的反思性道德生活来说非常重要的另外一组观念,即对道德人格、道德品格和道德责任的看法。除了在哲学家中以外,我们还可以在诗人中追溯这一组观念的发展。埃斯库罗斯使人对抗诸神,在他那里,虽然人服从诸神的法律,但是对于人的品格或人有意识的自我指导来说,诸神几乎不起什么作用。在索福克勒

---

① 亚里士多德:《伦理学》,第十卷,第7章。

斯（Sophocles）那里，这一悲剧性的处境被更直接地带进人的品格这一领域之中，虽然命运以及人具有显著的缺点这样的看法依然是居于主宰地位的调子。在欧里庇得斯那里，人的情感和品格被带进了前台。勇敢（stouth-eartedness）这种在受难或以死求胜中存在的高贵精神，不但出现在他笔下的英雄身上，而且出现在他笔下的波吕克塞娜（Polyxena）、美狄亚（Medea）、菲德拉（Phaedra）、伊芙琴尼亚（Iphigenia）①这些女人身上；这说明自我意识在日益增强——这是一种将在斯多葛派的自豪而自足的忍耐中得到进一步发展的意识。在更坦率的伦理思想中，我们发现人们日益承认在为评价人的行为而确立的主题和为评价人的品格而形成的观点中都存在着自我。在早前的诗人和道德家中，良心在相当程度上是由这样两个方面形成的一种复合物：一方面是惩罚（Nemesis），是神罚之外在象征和信使；另一方面是敬畏（Aidos），是对公共意见和诸神之更高权威的尊重或敬重。但是，在悲剧作家中，我们已经发现了一些以更私人的和个人的观念为内容的含义。由宙斯在梦中送致的痛苦可能引导个人去沉思，因而可能把个人引向较好的生活。在索福克勒斯的作品中，涅俄普托勒摩斯（Neoptolemus）②说："一个男人，如若离开其自己真正的自我，做不适当的事情，那么，一切

---

① 这些女人都是希腊神话中的女人。波吕克塞娜是特洛伊国王普里阿摩（Priam）之女；美狄亚（Medea）为科尔喀斯国王之女，以巫术著称，曾帮助过伊阿宋取得金羊毛；菲德拉（Phaedra）为米诺斯（Minos）之女；伊芙琴尼亚（Iphigenia）是迈锡尼王阿伽门农（Agamemnon）之女，被其父作为牺牲供神。——译者
② 涅俄普托勒摩斯，希腊神话中阿喀琉斯（Achilles）的儿子。——译者

东西对他都是有害的。"菲罗克忒忒斯（Philoctetes）①答道："孩子，看在诸神的面上，可怜可怜我吧，不要以恶搞我的方式使你自己蒙羞。"索福克勒斯的整个《安提戈涅》就是在描述两种顺从之间的斗争，一种是对政治统治者的顺从，另一种是对更高的法律的顺从，后者作为"以敬畏为内容的法律"实际上已经是以义务为内容的内在法律。"我知道我在使诸灵愉悦，我也应当使其愉悦。"

在这里，正如在理想这一观念的表达中，宗教比喻帮助柏拉图为他对道德判断和道德品格的看法找到了一个比较客观的表述。在对死后灵魂的最后审判中，柏拉图让剥去了美貌、等级、权力或财富等一切外在的装饰、赤裸地站在没有任何掩饰的审判官面前，接受其应得的赏罚。这一赏或罚的本性说明人们关于自我和道德品格的内在本性的观念在日益深化。对不义的真正惩罚不再表现为任何外在的东西，而是表现为这样一个事实：作恶者成为卑鄙的和邪恶的：

苏格拉底：他们不知道不义的惩罚是什么，而这正是他们首先应当知道的东西，不义的惩罚，不像他们所认为的那样是鞭笞和死亡，这些是作恶者时常可以逃避的；不义的惩罚，是一种不可能被逃避的一种惩罚。

塞奥多洛：这种惩罚是什么？

苏格拉底：事物的本性有两种，一种是敬神和真福，另外一种是不敬神和不幸。这两种本性都摆在他们面前，但是，由

---

① 菲罗克忒忒斯，希腊神话中大力神赫尔克勒斯（Hercules）的儿子，在特洛伊用他父亲遗留下来的毒箭射杀了特洛伊王子帕里斯（Paris）。——译者

于他们的极端愚蠢和迷恋于物欲,他们不能明白:由于他们自己的恶行,他们正在变得越来越像后者而越来越不像前者。不义的惩罚就是:他们要过一种与他们所效仿的模式相应的生活。①

但是,正是在斯多葛派那里,我们发现内在反思这一观念得到了几乎最清楚的表达。塞涅卡(Seneca)和埃皮克泰德(Epictetus)一再重申这样一种思想:良心比任何外在的判断都更为重要——因为良心的判断是无可逃避的。在这几个观念中,我们看到了亚当·斯密(Adam Smith)描述的良心之形成过程的第三个阶段。②首先在他同胞的判断、在习俗和法律中、在荣誉的规章中、在宗教所持有的对诸神的看法中读到自己应尽的义务的人,将再次在诸神和法律中、在习俗和权威中、在生活的真正理性法则中认识到自己应尽的义务,但是,这再次被认识到的义务,现在是自我的法则。这个自我,不是特殊的或个别的自我,而是同时把人和神纳入自身之中的那个自我。宗教的、社会的、政治的判断现在变成了一个人加诸其自身的判断。"义务",无论是应该履行的,还是必须履行的,作为一种确定的道德观念,获得了其地位。

---

① 柏拉图:《泰阿里泰德》,176E—177A。
② 斯密认为,良心之形成有这样三个阶段。(1)赞成或不赞成他人的行为;(2)像他人看待我们一样看待我们自己,从他人的立场来判断我们自己;(3)最后,形成一种真正的社会准则,也就是"中立的旁观者"的准则。这种真正的社会准则是一种内在的准则,也就是良心。

文　献

提供了有价值的资料的, 除了柏拉图（特别是《申辩》［Apology］、《克里托》［Crito］、《普罗泰戈拉》［Protagoras］、《高尔吉亚》［Gorgias］和《理想国》［Republic］）、色诺芬（Xenophon）（《回忆苏格拉底》［Memorrabilia］）、亚里士多德（《伦理学》《政治学》）、西塞罗（Cicero）（《论目的、法律和义务》［On Ends, Laws, Duties］、《论诸神的本性》［On the Nature of the Gods］）、埃皮克泰德、塞涅卡、奥勒留（M. Aurelius）、普鲁塔克（Plutarch）的著作和几位斯多葛派、伊壁鸠便派和怀疑主义者的著作残篇以外, 还有埃斯库罗斯、索福克勒斯和欧里庇得斯的悲剧作品和阿里斯托芬（Aristophanes）的喜剧作品（特别是《云》［the Clouds］）。

所有的哲学史家都讨论了哲学理论中的伦理学这一方面；其中, 应特别提到这样几个人：冈珀兹（Gomperz）（《古希腊思想家》［Greek Thinkers］, 1900—1905）, 策勒尔（Zeller）（《苏格拉底》《柏拉图》《亚里士多德》《斯多葛派》《伊壁鸠鲁派》《怀疑论者》）, 本·文德尔班（Ben Windelband）（《古希腊哲学》［Philosophy of Greece］, 1898, 其中的第一章和第五章）。

讨论道德意识的：琼斯（Jones）,《古希腊道德》（Greek Morality）；施密特（Schmidt）,《古希腊伦理学》（Ethik der alten Hrieken, 1882）。讨论社会状况和理论的：波尔曼（Pöhlmann）,《古代共同体主义和社团主义的历史》（Geschichte des antikan Kommunismus und Sozialismus, 1893—1901）; 道因（Döring），

《社会改革家苏格拉底的生平》(*Die Lehre des Sokrates als sociales Reformsytem*, 1895)。讨论宗教的,法耐尔(Farnell),《古希腊城邦的崇拜》(*Cults of the Greek States*, 3 vols., 1896);罗德(Rohde),《灵魂》(*Psyche*, 1894)。

讨论政治状况和理论的:纽曼(Newman),《亚里士多德的〈政治学〉导读》(*Introd. to Politics of Aristotle*);布拉德利(Bradley),"亚里士多德的城邦理论"("Aristotle's Theory of the State" in *Hellenica*)维拉摩卫兹-摩伦道夫(Wilamovitz-Möllendorf),《亚里士多德和雅典》(*Aristotle und Athen*),巴尔克(Barker),《古希腊政治理论》(*The Greek Political Theory*, 1918)。

论自然和自然法的:利奇(Ritchie),《自然权利》(*Natural Rights*, 1895);伯内特(Burnet),"自然法简介"(Int.),载于《伦理学》杂志(*Journal of Ethics*)1897年第七期第328—333页;哈迪(Hardy),《自然概念》(*Begriff der Physis*);沃伊特(Voigt),《论自然法》(*Die Lehre vom jus naturale*)。

一般文献:泰勒(Taylor),《柏拉图,生平和著作》(*Plato, the man and His Work*, 1926);罗斯(Ross),《亚里士多德》(*Aristotle*, 1928);默里(Murray)等人,《古希腊人的遗产》(*The Legacy of Greece*, 1924);维诺格拉多夫(Vinogradoff),《法律史纲要》(*Outlines of Historical Jurisprudence*)第二卷《古希腊城邦的法律》(*Jurisprudence of the Greek City*, 1922);波纳尔(Bonner)等人,《法治:从荷马到亚里士多德》(*Administration of Justice from Homer to Aristotle*, 1930);丹尼斯(Denis),《古代伦理理论和观念的历史》(*Histoire des Théories et des Idées Morales dans l'Antiquitē*,

1879）；泰勒（Taylor），《古代的观念》（*Ancient Ideals*, 1900）；凯尔德（Caird），《古希腊哲学家中神学的演变》（*Evolution of Theology in the Greek Philosophers*, 1904）；珍尼特（Janet），《道德风俗中的政治学史》（*Histoire de la Science Politique dans ses Rapports avec la Morale*, 1897）；格罗特（Grote），《古希腊史》（*History of Greece*, 4th ed., 1872），《柏拉图以及苏格拉底的其他同伴》（*Plato and the Other Companions of Socrates*, 1888）；马其斯·温特（Max Wundt），《古希腊伦理学史》（*Geschtichte d. griechischen Ethik*, 1908）。

第八章 古罗马对现代道德意识的贡献

如果说现代世界应当感谢希伯来人是因为他们的宗教在道德上强调内在的动力和上帝之国这一理想，应感谢古希腊人是因为他们给我们提供了科学地探究善的各种方法，那么，应感谢古罗马人则是因为道德意识中的第三个因素——法律以及从中派生出的各种观念主要是由古罗马人给我们提供的。如果我们今天非常频繁地谈论道德法则、正义、平等、诚实、忠诚、善意、合乎理性的标准，这正是因为古罗马人，他们或者原创地提出了它们，或者从古希腊人那里把它们吸收过来，把拉丁的言说和心智烙在它们身上，并在某种程度上把它们具体地表现在永久的制度之中。

1. 古罗马社会

就我们的目的而言，特别注意古罗马社会所具有的这样三个特征是很重要的。（1）它在很大程度上是一个政治社会，也就是说，是一个由政府管理着的社会。关于权威和权力的问题是第一位的。（2）它是这样一个社会，一方面是阶级差别，另一方面是具有深远影响的、世界范围的统治，这两方面同时存在。贵族权力和奴隶制度得到充分的体现；同样，一方面是广泛的宽容，另一方面是壁垒，文化壁垒把希腊人与野蛮人分隔开来,宗教壁垒把犹太人与非犹太人分隔开来。(3)它是这样一个社会,在其中,财富获得了与政治权力比肩的地位。不论是在希腊城邦还是在犹太国都不曾有过如此巨大的财富。另一方面,也不曾存在过通过贸易对世界的如此开放,以及如此发达的商法和财产法。

古罗马人的意志和性格所具有的这些突出特征被他们的艺术和文字,特别是他们的建筑表达或显示出来了。希伯来人最好的艺术,一方面是他们的抒情诗或先知诗,另一方面是对恶这一问题的戏剧性的陈述。古希腊人在所有的艺术领域都表现他们的美感,但是,在建筑和雕塑方面,占主流的美不是富丽堂皇。它们不是被表现在不是过于令人畏惧的或远离人类生活的宗教仪式中,就是被表现在为奥林匹亚竞技运动会中的获奖者这样的令城邦振奋的人物而举行的庆祝仪式中。古罗马建筑的主体确实包括绝大部分出于古希腊模式而建造的诸多神庙,但是,最为典型的建筑或者是为了公众使用而建的,比如桥梁、引水渠、广场;或者是为了称颂和征服而建的纪念性的见证,比如宏大的凯旋门;最后还有为了奢侈和公众表演而建的,比如浴池、剧院、竞技场,这后一类建筑中的罗马圆形大剧场是世界七大奇观之一。在文字方面,大部分学生被引导着透过它们去研读的拉丁文的那些著作,实际上是罗马人在恺撒的领导下进行征服的缩影。在各种典型的演讲中这通常被称为一场政治危机。但是,古罗马文艺最有生命力的部分,通常认为是它的讽刺作品,那个时代的奢华、邪恶和政治问题为它们提供了丰富的素材。

1. 不论是在不同民族所具有的独特特征上,还是在这些特征在何种程度上依赖于身体的和生理的原因或者在何种程度依赖于地

第八章 古罗马对现代道德意识的贡献

理的或其他的环境条件上，我们都所知甚少，因此，不可能带着任何自信谈论为什么古罗马人早熟性地显示出他们在治理民众方面具有非凡程度的能力。就古罗马人从其而出的族群而言，人们在总体上认为它与欧洲的其他族群——希腊人、凯尔特人、日耳曼人——是同源的。就我们目前所能够知道的而言，古罗马人开始是非常小的族群。这个由强壮的战士构成的、在其中胞族或父权制大家庭得到极大发展的小族群，与邻近的部族一直处在冲突之中，有时是征服，有时是由于相互调适而合并，直到它强大到足以向其主要的商业对手迦太基挑战并战胜之。之后，罗马象拥有不可抵抗的力量的机器一样前进，不仅征服，而且有条理地管理被征服的地区和民族，直到地中海成为罗马的内湖，整个帝国，从不列颠的北部地区一直延伸到印度的边界，在它的范围内囊括了在它之前的埃及帝国、亚述帝国、波斯帝国和马其顿帝国的全部领土。商路变得安全，公路伸到遥远的地区并且把它们统一起来，一种共同的语言使得欧洲能够在文化和文明上实现统一，即便它不能在帝国的东部地区取代希腊语。

治理和管辖拥有各种不同种族和文化的这一巨大的领土，要求形成过去未曾有过的一个规模空前的政府。代表较老的贵胄之家的元老院，补入新血液而得以扩大。新的官员不时被选拔出来。形成了两套法律，一套法律适用于全体公民，另一套适用于罗马和边远地区的那些没有公民身份的各色居民。能干的年轻人看到参政是通往荣耀之路。其中富有者花巨额金钱以求被选为官，甚至那些没祖产可依靠者也能借到大笔的钱来求官。他们满怀期望，因为在罗马当上一段时期的官后，成功的候选者依据正常的情况会被授予省督之职。这将提供还清由求官而欠下的债的机会,而且还能攒下一大笔产业。

我们对帝国之下罗马政府管理的看法,可能由于它的一些最坏的统治者的邪恶名声所产生的强烈影响而不怎么好。尼禄(Nero)比马可·奥勒留更广泛地为人所知。但是,在考察罗马和政府管理能力时,我们不得不记住:虽然西欧帝国最终在野蛮人的入侵下灭亡了,但是,它在奥古斯都之后毕竟持续存在了四百多年;即便在生来就是罗马人的人不再支配政权时,它的模式还继续存在了几百年;它的形式和结构以及罗马创立的许多法律在欧洲依然是一种力量,在美国也是这样,只是程度稍微小了一些而已。

2. 从早期时代起,出于征服者族群的那些古老的家族和贵族就使他们自己凌驾于他们的仆人或受他们保护的人以及那些被允许在征服者的统治之下从事农业和各种手艺的被征服者之上。这些次等族群,即平民,为在权力中占一席之地而进行斗争,多多少少取得了一些胜利。这些罗马人在总体上是自由的,因为被征服或依据相互调适而合并在一起的各个部族和族民被承认拥有公民身份。但是,以贵族官员为中心的那些贵族大家族在把主要的权力掌握在自己手中这一方面非常圆熟,乃至在主要由贵族高官组成的元老院丧失了这种支配性权力之后,这种社会差别依然续存。元老院能够如此长久地维持自身存在,部分原因在于这样一个事实:虽然不大情愿,它还是允许来自较低等级的那些更有勃勃生气的人作为新鲜血液不断地补充进来,特别是来自大商业阶层的人,这些人通常被称为爵士。

处在底层的是奴隶。早期的罗马公民大部分是拥有小块土地、用自己的双手与他们的仆人一同劳作的农夫。获胜的战争导致大量被征服的族民成为奴隶，在许多情况下奴隶被严酷地虐待。老加图（the elder Cato）教导人们，只要奴隶没有睡就应当使他们不停地干活，而且尽可能辛苦地干活，奴隶若太老了而不能长时间工作，就把他们卖了，或者让他们死掉。在公元前74年，奴隶的数量已经非常大，乃至他们在斗兽士斯巴达克斯的领导下发动了一场叛乱，他们被打败后，有六千人被钉在从卡普阿城到罗马城的公路旁。一些奴隶是受过教育的人。哲学家埃皮克泰德就属于此类。许多奴隶以这种或那种方式获得了自由，他们被称为自由人（freedmen）。这些人可以从事贸易和零售业，那是较古老的公民被教导应当鄙视的行业。后来，主人被剥夺了决定其奴隶生死的大权。但是，作为古罗马的产业的一个柱石和古罗马社会之一部分的奴隶制度却被保留了下来。

尽管存在着严格的阶级差别，罗马在消除存在于种族的和语言的群体之间的壁垒方面还是变成了一个强有力的行动者。在商业和语言方面，古罗马人只是把由马其顿帝国的希腊人已经采取的行动所产生的影响加以推进。但是，当罗马人的行政管理一代又一代地持续进行时，意大利、高卢、西班牙的大量部族逐渐地忘记了他们古代的世仇，变成了这个伟大国家的成员，或者是公民，或者是臣民。这种罗马帝国统治下的和平（the pax Romana），虽然是由强权强加的，但却是一种使人向心的和促进和谐的氛围。这就是为我们将在本书第二部分所讨论的由西塞罗和罗马法学家们大声宣布的全人类的统一和平等所准备的基础。

3. 罗马人的征服把大量的财富带给了某些公民阶层。一方面是各省的省督,另一方面是纳税的商人,发现西西里和小亚细亚各省是一座金矿。省督依赖他攫取的财物来偿还巨额债务,并且为未来的需要积聚资源。因为获得和保住官位是很花钱的。候选者可能花巨款给大量的人提供面包和娱乐活动(panem et circenses)。富有的公民还在庄园、别墅、奢华的洗浴、工艺品、宴饮以及那个时代能够提供的所有能够使身体或心灵获得快乐的一切手段上豪掷金钱。在罗马城,人们不仅像在雅典城一样看到壮丽的公共建筑,而且还会看到在档次上超过了世界上以前曾经有过的任何东西的奢华的私人住所。讽刺作家们描绘了超豪华的宴饮,哀叹其中包含着的品格败坏。

但是,财富所带来的,除了这些坏的后果,还有一些好东西。其中一个就是:拥有财富间接地帮助妇女提高了社会地位,特别是已婚妇女的社会地位。在较前的贵胄之家和父权制大家庭中,结婚的女人是从父亲之手移交给丈夫之手的。已婚老女人拥有尊贵的地位,但是她在法律面前还不是一个"人"。用布赖斯(Bryce)的话说:"人们几乎不能想象一个不但自由而且受到尊敬和具有影响力的人对另一个人的比较绝对的臣服,但据我们所知,我们知道在老罗马,妻子正是这样的。"由于财富和财产的增长,父亲自然越来越不情愿看到自己女儿的嫁妆从自己的家带出而纳入其丈夫家。与夫权制婚姻不同的另一种允许妻子有更大自由和独立性的婚姻形式,逐渐取代了那种较旧的婚姻形式。霍布豪斯说:"与任何较早的文明中的已婚女人相比,甚至可以说,与其后直到我们这一代的任何一种文明中的已婚女人相比,罗马帝国的已婚女人更加充分地是她自己的女主人,只有埃及历史上的某个时期可能是个例外。"法学家乌尔比安（Ulpian）指出，像监护人的同意一样，男女双方的同意是婚姻的要件。其他因素无疑对妇女社会地位的这一自由化做出了贡献，但是，财富和财产的拥有是有影响力的。

2. 道德观念

在罗马这样的社会中，重要的道德观念自然地与国家管理或商业这样的问题密切地联系在一起的。在这些行动领域之外，当然还会被期望的是：家庭受财富增长影响，在私人生活方面，富人倾向于一种能够证明他们的奢华爱好是正确的哲学。为了找到一种主导的观念来解决他们所面临的问题，古罗马人向古希腊人求教。古罗马人自己天生就不是搞哲学的。当然，正如品格刚强的每一个凝为一体的族群都有自己的风俗一样，古罗马人也有他们自己的风俗。他们的家庭是父权制的，丈夫和父亲拥有凌驾于整个家庭的巨大权威，在更早的时期中，他们甚至拥有决定他们的孩子和奴隶之生死的权力。他们是严格的一夫一妻制，在较早的时期几乎不存在离婚。但是，就我们的目的而言，最有吸引力和最为重要的观念是那些从他们的政治活动和商业活动中成长出来的观念，而且这些观念在相当大的程度上是以斯多葛派的思想为基础的。那些表现在罗马法律之中并藉此而不仅作为我们的法律的要素而且作为我们的道德的要素传给我们这个时代的思想中，比较重要的有这样几个观念：（1）自然是普世法的一个源泉；（2）理性是自然的根本原则；（3）所有的人都具有理性因而是平等的；（4）正义是政府的合法标准；（5）义务。

1. 我们在前一章已经看到,古希腊人就政府和法律是自然的还是约定俗成的而争论不休,而且,亚里士多德指出,"自然的"这个词有两方面的含义,一方面指原生的,另一方面指得到充分发展的或完全完满的。从这里的第二种观点出发,亚里士多德认为,就人是在城邦里实现完全发展而言,城邦是自然的。一谈城邦,古希腊人可能立刻想到雅典或古希腊的其他某个城邦。亚历山大的征服极大地瓦解了这种乡土情感,古希腊的斯多葛派宣布他们自己不是雅典的公民,而是世界公民。当古罗马人实际上已经把世界置于一个政府的统治之下时,统治所有地方的普遍法这种观念就获得了一种具体的表达。人类不再是由有着自己不同的法律和习俗的部落和族民嵌合而成的东西,而是有着某种共同人性的东西;人类是具有共同人性的某种东西这一意识,不但表现在剧作家特伦斯(Terence)"我亦人也,人之事,岂能与我无涉?"(Homo sum, nihil humani a me alienum puto)之中,而且表现在西塞罗、塞涅卡和法学家们的哲学著作之中。为了找到适合那种可把整个世界联为一体的法律的权威来源,古罗马哲学家们采纳了古希腊人的自然观念,认为自然是整个宇宙涵摄一切的本质或秩序,如果可能的话,自然甚至是比诸神更为根本的东西;尽管在其他时候自然被说成是"永恒而不会改变的道德的神圣法则"。

2. 这种意义上的自然被斯多葛派认为是完全合乎理性的。因此,自然法是理性的和普遍的。

"真正的法律实际上是正确的理性,它与自然一致,统辖万物,始终如一,永恒存在;……改变这种法律,减损它或废除它,都是不合法的。……不会是罗马有一种法律,雅典有另一种法律;也不会是今天有一种法律,明天有另一种法律;只有一种法律,它是永恒存在的和不会改变的,适用于一切民族和一切时代;可以说,它就是万物的那唯一共同的神,唯一的主人和唯一的统治者。"①

统治一切人的普遍法则这一观念,被罗马实际的法律发展赋予了一个更为具体的背景。罗马这个城邦早期的习俗和法律自然是构成统治阶层的那些部落的习俗和法律。这些习俗的法律继续存在,被认为是公民法(the lex civilis)。但是,还有许多不是公民的人居住在罗马这个城邦中,除此之外,还有许多来自边区的民众,这些边区与罗马有着频繁的商业关系或在有争议的权利主张上不断地寻求来自罗马政府的裁决。为了治理所有这些阶层的人,罗马人逐渐形成了另外一种法律,他们称之为万族法或万民法(ius gentium)。为了寻求与这种法律形成某种协调,法官们自然而然地依赖于一种被称为"理性"的东西。随着时间的推移,在斯多葛派哲学的影响下,他们提出了他们认为是由理性颁布的几个原则,比如"好的信仰";而且,他们普遍地区分了"严格的法律"与那些公正的和善的或者合乎人性的东西。后者是理性的法则,也是自然的法则。这样,一个伟大的观念就诞生了,它在人类被分裂成地域性的族群时几乎是不可能的;这个观念通过中世纪而传递下来,对于一切受罗马文明影响的人而言,它是一笔永久的财富。它也具体地体现在著名的《查

---

① 西塞罗:《论国家》,第三卷,第22节。

士丁尼法典》(Code of Justinian)中,这说明它也是适用于东罗马帝国的法律。

3. 亚里士多德在《政治学》中指出,人分为两种类型,一种是有指导能力的人,另一种是需要被指导和控制的人;这就是奴隶制度存在的理由。在西塞罗和塞涅卡的著作中,可以发现一个显著的变化。正如前面已经说过的,斯多葛派的自然观念是:自然只是理性的另一个名称。诸神和人都分有理性,而理性使得他们:

"追随属于同一个城市和国家的公民。……人是为了正义而生的。……没有一个事物与另一个与其同类的、可加以比较的事物的相像,能够超过一个人与另一个人的相像。而且,如果习俗的败坏和意见的变化还没有使人愚蠢,使他们偏离自然的道路,没有一个人与其自我的相像会超过所有人之间的相互相像。不论我们给人下什么样的定义,这个定义是必然把整个人类都涵摄在内的。"①

塞涅卡也说:"我们所有人都出于一个共同的父母,它就是世界。是命运使得一个人成为奴隶。"奴隶制度只是外在的,只影响一个人的身体。奴隶的身体可能属于某个主人,但是,奴隶的灵魂却是属于他自己的。法学家们不得不承认奴隶制度是一个事实,虽然奴隶的状况由于主人的权力受到限制而不时在某种程度上得到改善,但是,没有一个人想到要废除奴隶制度。尽管如此,他们还是承认了

---

① 西塞罗:《论法律》(De Legibus)。

奴隶制度是与自然对立的。其中的一位法学家乌尔比安说，依据公民法，奴隶不是人而是主人所拥有的物（pro nullis）；但是，依据自然法，这种说法就不正确，在自然法看来，所有人都是平等的。另一位法学家写出了一句后来具有使美国人和法国革命党人兴奋得颤动不已之力量的话："依据自然法，从一开始所有人都是生而自由的。"有时，一些观念是由先知和思想家们说出的，它们命中注定要等上数年或数百年才能成为现实。但是，这些罗马思想家的荣耀就在于，他们写出的那些话，后来变成了为争取人类解放而进行伟大运动的口号。

4. 由于法律是自然和宇宙的根本原则，因此，法律和正义（正义只是为本身是真正自然法的那些法律所取的另一个名称）形成了我们称之为国家的那个人类共同体的基础。西塞罗说，国家是人民的事物，但是，不是任何人聚在一起形成的群体都可以称为人民，只有那些由法律这条纽带、通过参与公共活动而统一为一体的群体才可以称为人民。与在前面一个自然段中涉及平等和自由的那些观点类似，西塞罗所下的这个国家定义可以被看作是一个理想的定义，而不能被视为准确地与罗马帝国的实际状况相对应的定义。但是，在奥古斯都当政之后的两百年和平中，在帝国法律中确实存在着广大范围的正义，使财产、商业和产业可适当得到保护的那种公共福祉也在相当程度上变为现实。像平等和自由这两个观念一样，在后来的时代中，法律和正义是权威的试金石这一观念也得到了一种非常真实的应用。我们能够在两种思想中发现它的影响，一是法律是比国王本人还要高的权威——英国律师布拉克顿所说的"the lex facit regem"就是此意，二是基本法高于国王或立法机关的意志。

后一种思想在最近的时代中具有非常重要的作用。

5. 最后，斯多葛派的义务观在古罗马的道德中找到了适宜的土壤。义务实际上是那种使法律和政府至上的社会政治制度所拥有的一种内在关联。西塞罗指出，作为有理性的存在者，人应当承认理性的法则。作为人，一个人被自然赋予了秩序感、正直感和正当感，因此，他应当与自然法一致，回应使人荣耀的内在价值——也就是说，应当真诚（honestum），"honestum"是罗马人的拉丁文中与古希腊的"kalon"一词意义最为相近的词。作为社会的一员，拥有一个深深地根植于自然的社会地位，他不应当伤害自己的同胞，也不应做任何可能使社会纽带瓦解的事情。总而言之，义务是我们对我们的存在法则的回应。

文　献

西塞罗，《论法律》(Laws)，《论国家》(Republic)，《论公职》(Offices)；卡莱尔（Carlyle），《西方中世纪政治理论》(Mediaeval Political Theory in the West, Vol. 1, 191)；沃伊特（Voight），《论罗马的自然法、恶和善以及万民法》(Das jus naturale, aequum et bonum, und jus gentium der Römer, 1856—1875)。

ововед
第九章　近代道德意识中的因素与趋势

1. 中世纪——权威和统一

当西罗马帝国屈服于野蛮人的攻击时,基督宗教成为官方宗教已经有一百五十年了。罗马的主教们已经声称罗马教会是首席教会,圣奥古斯丁在他的《上帝之城》(Civitas Dei)中已提出上帝之城高于由于内在的分裂和外在的攻击而正在瓦解的尘世领域。在一千年中,教会声称自己有权统治欧洲,并且使自己日益强有力地统治着欧洲。罗马主教逐渐被承认为基督在地上的代理者。因为上帝是创造者和统治者,上帝的旨意就是法律,上帝的存在就是完满的善,因此上帝的代表也被授予要所有人都服从的权利。上帝的主权不是冷酷的或不合乎理性的——因为上帝既是爱也是正义。上帝的恩典给人提供拯救。作各种圣事的教会是这样一种机构,只有通过它,上帝的恩典才能及于人。教会使新出生的人受到其照顾,给他的婚姻祝圣,谴责他的过失,宽恕他的罪,在他临终时给他安慰,应许忠信者死后得真福。教会把所有的人都囊括于其中——而不仅仅是那些圣者。像新入学者一样,一些人被认为没有另外一些人先进,但是所有的人都被认为处在它的关怀之中。因此,教会声称自己是普世的,不仅是就它的统治及于所有人而言,而且是就它的教牧将所有人都纳于其中而言。它象征着人类的统一,因为所有人都是上帝创造出来的,在法律上讲都是上帝的臣民。

在上帝的恩典通过他们才得以临到人的那些教会人员中,存在着一个等级的序列。从教皇到主教,从主教到举行圣事的神父。类似地,一般的教会人员服从神父,神父服从主教,主教服从教皇,教皇服从上帝。

教会试图对政治和经济这两个庞大的领域拥有约束力量,并且在相当程度上对它们使用了其约束力量,这两个庞大的领域后来声称自己至少独立于那十条流行的道德标准。另一方面,家庭感到教会这一宗教共同体的支持是非常值得拥有的,因此,即便是在新教国家中,婚姻依然在很大程度上是由教会人员主持的,他们为了这一目的而跻身于政府公务员之列。

在政治领域中,教会不得不去反对那些桀骜不驯的部族首领和封建领主,他们不但在缺乏公认的权威之时频繁争斗,而且认为军事是男人唯一的职业、军事荣誉是最高的荣誉。面对如此频繁的野蛮争斗和几乎是持续不断的战争,教会一方面继承了先知和耶稣的精神,呼吁和平。另一方面,它还继承了爱的共同体这一理想,在爱的共同体中,主人对他的仆人的爱应当是在每个人对他的兄弟的爱中被激发出来的。它在数次大公会议上颁布寻求"上帝的和平"的教令;这些教会即便没有完全禁止战争,也志在限制战争的残酷性和损害程度,其手段就是以开除教籍这种惩罚来禁止如下的行为:私人战争,暴力攻击教会建筑,暴力攻击神职人员、朝圣者、商人、妇女和农民。上帝的休战(treuga Dei)首先禁止从星期六中午到星期一早晨这期间进行任何私人战争；11世纪中期，这一禁令扩展到从星期三傍晚到星期一早晨，而且在绝大部分地方，这一禁令也适用于四旬斋（Lent）和降临节（Advent）。它在法兰西、意大利和神圣罗马帝国都得到执行。在它达到它的极限时，一年四分之三的日子都为这一禁令所覆。十字军运动说明：在各个君王被集结于其下的使世界一体的目的与使那些远征成为一场空的嫉妒之间，存在着诸多的冲突。

在经济领域中，教会志在辖治对物的过分贪婪。它特别谴责高利贷。在那个时期，人们通常不会为了把钱投入可获利的事业而借钱。借钱者通常是那些遭受不幸的人。利用这样一个人的窘境是不公正的。每一个产品都被认为具有内在价值，因此，通过物品交换、贱卖贵买来赚钱不被认为是合乎伦理的。消费应当依据维持生活这一自然目的和帮助他人度穷这一考虑来评价。依据富人那一寓言，财富对灵魂来说是一种危险。依据基督宗教早期的教父，私有财产是不符合上帝的原初计划的。圣安布罗斯（St. Ambrose）说，大地应当是所有人的共同财产，应当把从地里所出产的东西配给所有的人；确立财产权是与此不相符的。12世纪教会法的编纂者格拉提安（Gratian）利用罗马斯多葛派的自然法观念提出了一种类似的看法。依据自然法，所有事物都是为一切人所共有的——只是依据习惯法或实在法，这件东西是我的，那件东西是另外一个人的——因此，救助处于困穷之中的人一致地被认为是一种正义之行，而不是一种仁爱之行。实际上，圣托马斯（St. Thomas）把财产权——作为获取和分配的权利——与为了自己而利用财产的权利区分开。第一种权利是合法的和不可缺少的；第二种权利就不是那样的了，因为一个人必须把自己的东西提供给公用。

要补充说明一下神职人员的声望，他们是有文化的阶层。他们能够读和写。他们既是基督宗教的圣书的监护者，也是残存下来的古希腊文化和古罗马文的保管者。

教会为了实施自己的教令和决定，主要依赖它在信仰的时代中作为上帝的代表所受到的尊重和敬畏。对于较为轻微的过犯，它使用忏悔、训诫、补赎；对于较大的和较严重的罪，它使用开除教籍，而这是没有一个人会轻率地招致的。但是，最为重要的事情是：道德生活是由教会的指导明确地规定的——道德法则就是上帝的律法。

2. 从文艺复兴和宗教改革到革命

在这一时期，民族主义、公民自由和宗教自由兴起，中产阶级和资本主义成长起来，新世界被发现并且得到开拓，现代科学诞生，油画、音乐和诗歌这些艺术繁荣起来。所有这些都影响道德。它们趋向于放松习俗和权威这些束缚，给选择和行为以更大的自由，使个体负更大的责任。它们增加了生活所提供的善的范围。

1. 主要是通过武力——通过鲜血和枪炮——帝国的那些较小的公爵领地和采邑被好斗的君王合并成民族国家。英格兰、法兰西和西班牙开了这个头；德意志和意大利直到19世纪才取得这种地位。我们将在本书的第三部分讨论民族主义当时所具有的道德价值和邪恶。在这里，我们只需指出民族国家的形成趋向于加强那些反对教会和教皇所支持的欧洲统一这一立场的政治实体的主权。

第九章 近代道德意识中的因素与趋势

这是与罗马的统治相决裂。亨利八世（Henry VIII）宣布自己是英格兰教会的首脑的那一法案就戏剧性地表达了这一意图。它趋向于用爱国主义取代作为最高权威的宗教。但是，对道德最为重要的影响，也许是由马基雅维里（Machiavelli）和国家的统治者们招致的后果，即政治就是政治——它不是道德。马基雅维里认为把意大利从外来力量的统治下解放出来是非常重要的，因此一个有此目的的君主为了获得和保住权力而使用任何必要的政策或手段都将被认为是正确的。这在许多人看来一直是一种可实行的理论，只是他们没有像马基雅维里那样坦率地说出来。在美国，它依然频繁地被认为是政党活动的一个原则。在欧洲，它一直被用于证明战争是合法的。

2. 中产阶级——商人、自耕农和手艺人——出现了，他们领导了一场争取公民自由和政治自由的斗争。在中世纪，来自各个等级的人都可能当神职人员并且上升到教会中的高层。但是，庞大的人口是由两个阶级构成的，一是地主，二是农奴或隶农。在英格兰，在《英格兰土地财产清册》（Domesday Book）——在1086年为征服者威廉而作的一份人口财产普查——所说的那一时间，贵族和神职人员有9300人，土地终身保有者和自耕农有35000人，半自由或不自由的隶农、佃农和家仆有259000人，奴隶有25000人。那时，自由人与不自由人之间的比例大约是一比六，也就是说，六个基本上没有什么权利的人对一个有权利的人。在早期的英格兰法律中，有107条是为了区分阶级而颁布的。但是，在14世纪和15世纪，过去的以提供劳役来换取使用土地的办法变成了用钱来支付工资，连同14世纪中期的黑死病还有许多其他的变化，摧毁了封建的土地所有制度,隶农变成了自由人。在同一时期,自由市的数量增加了,这标志着商人和手艺人在数量上的增长并且力量日益增强。由葡萄牙、西班牙、丹麦和英国的航海者开辟的新商路使海港城市繁荣起来。自由人被赋予权利,财富是他们所提出的要求的一个有力的保护。在与斯图亚特王室的斗争中,自耕农和伦敦是议会事业的主要支持;而乡村地区普遍地支持国王。

147　　与此同时,在比较古老的乡土习俗和部落习俗之外,在英格兰,由国王任命的法官们逐渐地为这一王国建立起一种"普通法";毫无疑问,这种"普通法"最初是以我们已经提到的阶级区分为基础的,但是,主要是由于它是"普通的",它逐渐地成为比较统一的,不但适用于这个王国所有的地区,而且适用于这个王国所有的人,并且被认为是一种保护力量,甚至可以反对国王本身的专断行为。到17世纪时,公民权已经得到普遍的承认,而且非常明确,乃至国王的被推翻和处决也能被认为是为维护英格兰人民的自由而必须采取的一项合法的行为。

弥尔顿(Milton)和洛克(Locke)是自由的雄辩维护者。他们既利用古罗马斯多葛派的自然法观念,也利用基督宗教的上帝颁布律法这一观念。但是,为了在对自由的维护中利用这些观念,17世纪和18世纪的人把强调的重点从法律转移到权利。天赋权利这一思想成了个人所具有的日益增强的力量的一个象征,它声称天赋权利是至上的,以此反对以前君王声称自己所具有的神授权利。

"所有人天生就是自由的。"弥尔顿写道。"为了正确地理解政治权力",洛克写道,"并从其源头将其推动力推出来,我们必须考察所有人天然地处在什么状态中。这种状态是完全自由的状态,当

第九章　近代道德意识中的因素与趋势

他们在自然法的范围内认为合适时,他们可完全自由安排他们的行动,处置他们的财产和人身,而无须请求任何他人的许可或依赖任何他人的意志。这也是一种平等的状态,在其中,所有的权力和司法权都是相互的。"自然自由和自然权利这两种思想在卢梭那里得到了雄辩的叙述;他们在1776年美国独立和1789年法国大革命所发表的大胆宣言中向旧的秩序发起了挑战。因为他们宣布:政府的建立,是要保护这些权利,政府的合法权力源出于被治者的同意。

这样维护以道德意识为基础的那些权利,其效果显然是它不大情愿接受道德中不能向理性和良心证明自己是正确的那些权威。

3. 这一时期重大的宗教事件是宗教改革。与中世纪教会所追求的基督教世界之统一不同,激烈的斗争在君王之间成为普遍的,激烈的争论在牧师之间成为普遍的。除了路德和加尔文推动的宗教改革,还出现了另外一种关于基督宗教和基督徒共同体的理论。甚至从一开始,对于基督宗教的精神,就存在着两种解释。天主教会认为它自己是上帝给这个罪恶的世界提供的恩典和拯救的代理者。它的目的是把一切人从出生到死亡都涵摄在教会的养护、训导、责难和宽恕之中。

另一方面,一些信徒珍爱教会缔造者的生活和行动所具有的那些比较私人的和个体的方面。山上宝训看来几乎没有为强行实行教阶制度和世俗权力提供任何支持。这些信徒不再要求建立一个普遍的、把一切人都囊括在内的教会,认为教会应当只由那些已经皈依、真诚地努力跟随主的信徒组成。在他们看来,这一爱的共同体包括那些爱主并且彼此相爱的人。他们使自己与俗世保持距离,但不是以修道士的苦修风格;这样不是为了抑制肉体欲望,而是为了追求一种完全不同类型的生活,不为野心、财富或贪欲主宰的生活。他们认为圣餐(the Eucharist)是由信者举行的一种纪念仪式,而不是再临在面团中的基督圣体。在中世纪,韦尔多派(Waldenses)已经宣布支持教会是由信徒组成的一个志愿团体这种思想;圣方济各会依据《马太福音》第10章的精神效仿基督,立誓守贫和服务穷人,虽然他们依然留在天主教会中。在14世纪,威克利夫(Wycliffe,1320—1384)组织"安贫的"或"纯洁的"牧师去向一般人宣讲,他还与他的同伴一起把圣经翻译成英文。他攻击神职人员拥有财产的权利,反对教会组织的政治观念,说它与基督和他的第一批门徒设立的较为简单的模式不符。他不但诉诸圣经的权威,将其作为高于教会权威的权威,而且通过他的圣经翻译请求普通人来检验他的立场。波希米亚的约翰·胡司(John Huss of Bohemia)主张类似的思想。罗拉德派(the Lollards)继续了威克利夫的传统。门诺派(Mennonites)、浸信会(Baptists)以及英国不从国教者中的斯克罗比小组(the Scrooby group of Separatists)(他们作为"天国朝圣者"从英国移居到荷兰、后来移居到美洲的波利茅斯、马萨诸塞),都主张教会是由信者组成的一个团契这一观点。贵格派(the Friends or Quakers)把内在的光视为权威。在所有这些团体中,比在路德教、加尔文教以及留在英格兰教会中的清教徒教会这些在宗教改革中产生的教会中更为紧近的事情是,他们对教会统治的拒绝迫使他们努力去证明这种拒绝是正确的。起初,圣经的权威通常是上诉法院。在造就圣经的个体解释者方面,印刷技术的发明是非常重要的。对基督徒共同体中个体自己的信念和成员身份的自愿选择的强调,有利于道德反思和个体责任。

第九章　近代道德意识中的因素与趋势

所有这些不从国教者团体都为它们自己寻求自由——寻求它们认为是真正教导的东西。几乎没有人想到宗教宽容或认为宗教自由是可允许的。在宗教自由方面，浸信会是开创者；在英格兰，洛克很有影响的《人类理解论》(1666年)和《论宗教宽容》在促进宗教自由方面属于具有最强影响的书籍之列。托马斯·杰斐逊(Thomas Jefferson)把他在宗教自由这一领域中所作的事情与他在公民自由和政治自由这一事业中、在教育中所作的事情联系在一起，他在自己的墓志铭中给自己选择的称谓是："《美国独立宣言》和《弗吉尼亚宗教自由法令》的起草者，弗吉尼亚大学的创建者。"

4. 在这一时期中，经济发展方面，可以看到封建的劳役地租制度变成了货币地租制度。这是迈向较大的经济自由的一个步骤。通向远东的新商路的发现、新世界的发现趋向于增加商人的财富，在某种程度上也增加了其他阶层的财富。当人们获得财富时，他们也就获得了力量。威尼斯、古老的弗兰德诸港口以及许多其他欧洲城市的宫殿和居所显示了这种力量的早期展示。它们还展示了人们对营造世俗生活之精致而美丽的居所的兴趣；而在中世纪，工匠的技艺以及民众的资源都被用于建造大教堂，这些大教堂非常好地表现了沙特尔(Chartres)、兰斯(Rheims)、坎特伯雷(Canterbury)和伦敦这些城市被建造时什么东西是被看作最有价值的。

伴随着经济和工业的增长，在国家生活中贸易的地位和管理经济事务方面，出现了新的理论。一种经济自由政策逐渐地形成了，而经济自由与公民自由和政治自由极其相似。在中世纪，贸易是被控制着的。一些最初不被包括在普通法之内的惯例和准则被商会执行。在一些情况下行会为诚实经营负责。"诚实"这个在古罗马准确地指称光荣的事情的词,现在特别地指称良好信仰的维持和在贸易或金钱交易方面公平的活动。社会努力设立一种道德标准,藉之以控制商业和工业。它意在通过一些办法来找到合理的价格。在工业制品方面,这有时能够由作为会员的工匠们的共同意见来确定。在一个公共的市场中买者和卖者相遇和讨价还价的地方,某种"共同的估价"可能被认为给出了公平的价格。但是在城镇中,对于饮食,设立了一个最高限价。或者,还有这样一种情况,惯例规定:什么样的以前以某种方式或为了满足某个人的需要而被造的东西应当是等价于要付的钱。有一种类型的管理还以高利贷法律的形式在今天继续存在。

近代经济生活的一个独特的特征一直就是这样一种趋势:放弃由外在的道德标准加在其上的一切限制,代之以自由讲价、自由订立契约的制度。这是被称为资本主义的那种复杂的制度的一个方面,尽管在这个时期资本主义还没有得到充分的发展。

一方面为了防止过高的价格,另一方面为了防止过低的价格,资本主义所依靠的手段一直是竞争和一般的供求原理。如果一个面包烘烤师为他的面包索要过高的价格,其他的人就会建立新的面包店并且卖较便宜的面包。如果一位金钱出贷者要求付太高的利息,人们就不会向他借贷或者去其他地方贷款。如果工资太低,劳动者会到其他地方去;如果工资太高,资本将不能够获得利润,因而不会再雇用劳动者——那种理论就是这么运作的。如果不在此分析那种理论所具有的道德价值,那么我们就会注意到:就它假定要保护公平的讨价还价和公平的分配而言,它假定参与订立自由契约的各方在实际上都是自由的。这意味着,他们站在几近平等的基

第九章 近代道德意识中的因素与趋势

础上。在手工劳动和小作坊的年代,也就是说,在工业革命之前,这是一种看似有理的假设。

这种自由讨价还价的理论非常适合于在18世纪兴盛的自然权利思想。亚当·斯密在其中倡导在商业和工业中摆脱以前时代的各种限制的那种自由的《国富论》与美国的《独立宣言》出现在同一年,即1776年,这是一种饶有趣味的巧合。亚当·斯密进一步说:他认为,虽然一个富人可能只追求他自己获利而完全不考虑公众得利与否,这个富人仍然会"像在那只不可见的手引导之下一样为公共的善做出贡献"。如果这是正确的,为什么还要担心对利益的自私追求所拥有的那种道德呢?这当然并不意味着在经营中不存在着被评说的道德原则。恰恰相反,经营活动形成了一些对维持经济关系来说是绝对不可缺少的规则,比如,欠债还钱,信守一切契约,至少在某些方面信守良好的信仰。但是,资本主义的道德问题所具有的全部力量之展现,还要等到工业革命之后。

就我们现在谈到的工业而言,其中部分是用双手劳动的工人构成的中产阶级的兴起,导致人们对手工劳动的态度发生了变化。武士和他的后裔以及绅士们的阶级理想,与手工劳动者的阶级理想是完全相反的。"军队"、法院或教会是他们固有的职业,狩猎、垂钓或运动是他们恰当的娱乐。这一观点或多或少是与这样一个事实联系在一起的,它就是:在原始的条件下,劳动主要是由妇女或奴隶进行的。男人们的事务或"长处"就是战争或管理。古代文化加强了这一偏见。另一方面,教会一直在维护劳动的尊严和道德价值。不但代表了社会之自感低贱阶层的绝大部分人的身为基督宗教的缔造者和他的早期门徒被奉为榜样,而且劳动所具有的内在价值也受到称赞。特别是,对美国的北部和西部具有广泛影响的清教徒一直坚持从事工业生产,这不只是为了获得产品——他们在消费方面是节俭的,而且是在表现一种类型的品格。游手好闲和"得过且过"不只是没有效率的,而且还是有罪的。"若有人不作工,就不要让他吃饭",这句话本身透彻地表达了这一阶层的理由。再者,像相信神圣的拣选这一教义的良好的加尔文信徒一样,清教徒强调这样一种观念:每一个人——不单是神职人员——都有一种使命,一种角色,在上帝之改造这一世界的计划中作工。

劳动者为共同财富贡献许多东西而游手好闲者却不得不从他人那里获得给养,这种观念是一种更进一步的强化因素。随着中产阶级和穷人变得越来越有影响力,他们自身是劳动者和商人这一事实又增添了一种阶级动力。虽然在此前的一个时代中,"光荣的劳动者"这样的措辞听起来像"光荣的隶农"一样可笑,但是劳动阶层应当把劳动看作是"光荣的",此时已经是自然而然的。在美国,还有一个有效的影响因素,它就是在这片新的土地上阶层的区分是不稳定的。在边疆受人尊重的那个人可能就是那个能够连续射击、自己伐树和垦地的人。边疆的影响在很大程度上站在称赞劳动和批评游手好闲这一边。

5. 文艺复兴使人看到了近代科学的曙光;18世纪见证了思想的进一步喷发。如果认为在中世纪的世界中不存在着探究,没有使用理性,那将是在给出一种错误的印象。由于继承旧世纪的宗教和政治而造成的那些问题,迫使它们自身依靠建造城堡和大教堂、制定法律和教条的人。大学是讨论中心,在其中,杰出的人物时常挑战被认为是标准的看法。像罗吉尔·培根(Roger Bacon)那样

第九章　近代道德意识中的因素与趋势

的人努力发现自然的奥秘，大学者为了为信仰辩护而研究古希腊哲学。但是，神学上的兴趣限制着自由和主题的选择。直到个体在政治自由、艺术的使用和商业发展中扩张，那曾经作为古希腊之特征的纯粹知识兴趣才得以觉醒。一种充满可能性的新世界，看来在意大利人伽利略、法国人笛卡尔和英国人弗兰西斯·培根这些人的基础上开始出现。思想的工具已经由学校的辩证法打造得相当锋利；现在要用它们来分析我们生活在其中的那个世界。伽利略不再只观察自然，他使用实验方法，向自然提出明确的问题，这样就为一步步走向获得关于自然法则的实证知识预备了道路。笛卡尔在数学中发现了一种以前从来没有被领会的分析方法。在他的解析几何中，物体在曲线中的那些看来神秘莫测的路径，能够被给出一种简明的陈述。莱布尼茨和牛顿在对力的分析中应用这种方法获得了令人欢欣鼓舞的结果。理性看来能够发现和表达宇宙的法则——自然的"原理"。培根虽然在方法上做出的实际贡献要少一些，但是他清楚地说出了另一个同等重要的注意事项。人的心智在其行动中易于为某些根深蒂固的错误根源所遮蔽和妨碍。像欺骗性的幻象或魔障一样，或者由于本能，或者由于习惯，或者由于语言，或者由于传统，部落假象、洞穴假象、市场假象和剧场假象，使理性不能最好地做其工作。需要强劲的努力使心智摆脱这些假象。但是，这是能够做到的。这要求人从形而上学和神学上移开，转向自然和生活；要人跟从理性而不是跟从本能或偏见。"知识就是力量。"通过知识，人可能在自然王国之上建立起"人的王国"。培根在他的《新大西岛》(the New Atlantis)中预见了这样一种人类社会，在其中，技艺、发明和管理都将为人的幸福做出贡献。实验方法、理性通过数学进行的分析所具有的力量和为了人而改造自然的可能性,这三样值得注意的东西,是这一时期的特征。

理性与权威之间的冲突伴随着科学的进步。人文主义者和科学家时常使他们自己站在教条和传统的对立面。宗教改革不是以这种形式诉诸理性,但是权威之间的冲突促使人分别基于天主教的要求和新教的要求来推理。18世纪,在广泛的宗教宽容和智识的普遍增长这两者日益有利的影响下,理性与教义之间的冲突达到了顶峰。法国人称这一时期为"l'Illumination"——生活和经验为理性之光照亮。德国人称这一时期为"the Aufklārung"——"清理"(clearing-up)。什么东西要被清理?首先是无知,它限制了人的力量作用的范围,使人染上对未知事物的恐惧;其次是迷信,它是被习惯和情感封为神圣者的无知;最后是教条,它通常包含着不合乎理性的因素,试图通过权威而非真理的力量把它们强加于人的心智。这不单是一个理智批判的问题。伏尔泰(Voltaire)看到,教条时常要为残酷行为负责。无知意味着相信巫术和魔力。从文明之初开始,它就一直干扰人的进步,杀死了过去许多具有最杰出智慧的人。是时候把这些原始愚昧时代的遗留物一扫而空了;是时候接受理性之光的指导了。在政治权利的成长中,诉诸"自然"这种办法,是使人集合在一起的呐喊;在启蒙运动中,它的宣传者也利用诉诸"自然"这一办法,他们谈论"自然之光",说这是上帝为了指导人而置放于人之中的——"由主自己置放在心智中的蜡烛,人的呼吸或力量是不可能完全把它吹灭的"。自然的和理性的宗教应当取代假想的启示。

但是,在个人的智力发展中,18世纪的伟大成就是:人的心智开始认识到他自己在整个科学和行为领域中正在扮演的角色。人开始在内观看。无论一个人称他自己的著作为《人类理解论》《人性论》,还是《道德情操论》《纯粹理性批判》,他的著作的目的都是要研究人的经验。突然之间,人明白了这样一件事:如果人此时正在比动物和野蛮人要高的知识和行为层次上生活,那么这一定是因为人心智的活动。显然,人不再满足于"自然",而是开始用制度和道德、艺术和科学来建造一个新的世界。这不是本能或习惯的创造物,也不能只依据感觉、情感或冲动来解释,它是我们称之为理性的那种更积极、更普遍、更具有创造性的理智的作品。人,因为能够在科学和行动方面取得如此的成就,必须从新的角度去加以认识。因为一个人能够指导和控制他自己的生活,能够通过观念的力量而非通过强力来控制他人的生活,所以,他具有尊严,其内容就是道德人格和道德主权。他不但利用自然带来的东西,他还设立他自己的目的并且赋予它们以价值。在这方面,康德看到了人的精神所具有的至上尊严。

6. 艺术和文字展示日益增强的个体性并且为之服务。中世纪在为服务上帝而修建起来的大教堂中为这种精神找到了合适的表达;在这些大教堂中,基督徒们聚在一起向至上的权威鞠躬致敬,感受他们在上帝之城中的共同成员身份。近代世界,好像发现没有一种艺术能够很好地表现那种敬畏和团契精神,形成了许多艺术,来公开展示各种抱负、范围广泛的兴趣、历险中的快乐、急迫的热情以及近代生活之正在扩大的同情之心。起初,十字军东征,以及先是通过十字军东征后来通过商业与阿拉伯文明的接触,对古希腊和古罗马的文学和艺术的日益熟悉,是实际起作用的媒介。文艺复兴,或者说对世俗生活之兴趣的重生以及在其中所获得的欢乐,在意大利显示在油画、雕塑和爱情小说中;在英格兰显示在莎士比亚的戏剧中。其后是低地国家和西班牙的油画,法兰西的戏剧以及德意志的音乐。最后,小说,这种特别用来描述个体品格的艺术形式,风行整个近代世界。

艺术表现和文学表现的这种丰富发展,声称其主题和方法不受道德控制,而在主题和方法上受道德控制却正是中世纪的特色。文艺复兴以其对强有力的人格的描写而闻名。王政复辟时期的戏剧(the Restoration drama)反对清教主义。狂飙运动(the Storm and Stress movement)不但激烈地反对文学传统,而且还反对被认为是束缚个人的那些制度和习俗。

艺术和文字的另外一个影响是造就一种更实在的本性。这一时期人道主义的增强有许多源泉,但是艺术既表达了更广泛的同情也促进了更广泛的同情。艺术传达感受。戏剧和传奇把我们带进其他人的生活中。在文艺复兴时期,男英雄和女英雄中的绝大部分主要是由上层阶层提供的,但是,随着时间的推移,中间阶层也要求受到注意。伦勃朗(Rembrandt)在一位年老的男人或女人中发现了人物的对白,但是,其中的人物描写要求人们不要去问这位主人公是君王还是农民。贝拉斯克斯(Velasquez)笔下的君王和酒徒,在品格上是同样的残酷和坚定。农夫伯恩斯盼望有这样的一天:

> 四海之内人皆兄弟,
> 无论世间情况怎样。

3. 革命之后

1. 美国革命和法国革命标志着政治中的危机；工业革命在欧洲和美国的一般人的生活中导致了更加影响深远的变化。美国革命和法国革命把以解放农奴和中产阶级的兴起为其开端的自由事业向前推进一步而使之成为一场运动。英国在其内战期间和1688年已经实现了议会政治。它们在1832年通过改革酷刑和扩大选举权而向前进了一大步。使得美国革命较为引人注目的东西，是它明确地宣布自由以及其结果是形成了一个新的国家。法国革命之所以比美国革命更为引人注目，是因为它具有更为激进的特征。它更深远地影响着欧洲人的观念，其中的一个原因就是它发生在离欧洲人的家园更近的地方。它被反映在那个时代的文艺之中。美国革命和法国革命都强调：民主不但在于它的自由和自治的特征，而且它具有另外一种含义，即平等。对于夷平因为出身而被固定在不同阶层之间的那些区别，做出了强有力的贡献。用林肯的话说，美利坚这个国家"是在自由中孕育的，它被命定要去实现所有人都是生而平等的这一主张"。法国人把自由、平等和博爱奉为他们的座右铭。

在革命的持续中，具有这两个方面含义的民主成为被普遍接受的政治理论，在很大程度上成了社会生活的一个标准。詹姆斯，也就是布赖斯子爵，在他的那本出版于1921年的《近代民主制度》中对过去一个世纪中发生的这种变化进行了评论。一百年前，在旧世界，只有一小块土地（瑞士的几个行政区）处在民主政治之下。到1921年为止，"在整个地球上有超过一百个代表大会正在为建立自治的共同体进行立法"。不仅如此,在美国、加拿大和北欧,妇女已经被承认具有选举权。依据布赖斯子爵的看法,一般态度的变化同样重要。"七十年前,民主这个词激起不高兴或恐惧。现在,它是一个褒义词。"自治和平等的扩展,对道德、乃至于对权威的一般态度已经产生了根本性的影响。人们在制定自己的法律时,他们不会轻易地接受以某个统治阶层、某些长老、某一教会或某一学派的权威为基础的任何一种道德标准或法律,除非它能通过其他的检验证明它自己是正确的。

159　在政治民主的后果中,有一项就是受教育机会的扩大。扩大受教育的机会,诉诸两种普遍的观点:这既是有智慧的投票所不可缺少的,也是每个孩子所具有最低限度地分享人类普遍遗产的权利。教育使阅读新闻和参与讨论成为可能。这是有利于反思性道德的另外一种有影响的事情。

政治民主的增长和受教育机会的扩大有利于深化和扩展道德意识。另外一项政治发展只是增加了其复杂性。民族主义的力量增强了。文化传统,经济优势,对民族力量的自豪,对其他国家的恐惧,大规模的军备,来自军事部门的持续压力,强国的帝国性扩张,所有这些因素都在促进一种战争精神,它在世界大战中达到顶峰,现在仍然在威胁着世界的和平和文明的存在。我们这个时代还没有什么问题能够在道德判断方面激起如此激烈的冲突。我们将在本书的第三部分讨论道德判断方面的这些冲突所具有的一些特征。

2. 与美国革命和法国革命不同,我们不能确定工业革命发生的准确年份。工业革命是从大规模地引入由水或蒸汽的力量驱动的机器开始的,现在依然在用于大规模生产的新设备上延续着。在发

第九章 近代道德意识中的因素与趋势

明中、在对新型自然力量的发现和使用中进行的庞大经济活动,一直伴随着工业革命。工业革命具有一种副产品,它就是对公司所有制度的组织和对工业的控制。由于银行和其他金融机构的扩张,它还获得了对在货币和信用方面的巨大资源的指挥。它把大量人口从乡村转移到了城市。它把家族和家庭功能以前所具有的功能中的多项功能与其剥离开了。它把美国从一个由独立的农夫和手艺人构成的国家变成一个由为雇主工作的大量男人和女人构成的国家。它创造了巨额的财富。在美国,它使快速开发自然资源和有效管理处在一个单独的联邦政府之下的这样一片广阔的国土成为可能。

通过交通和运输方法的改进,工业革命正在打破横亘在不同族群之间的由语言、传统和政治孤立构成的各种壁垒,并且正在以另一种形式把中世纪教会所寻求的那种统一带给世界。它已经使得构成美国的那些相距遥远的部分在政治上形成统一成为可能,如今这些地方读载在早报上的同样的新闻,或者听收音机播送的同样的新闻。工业革命促进了政治上的民主化进程,并且把自治带进了工业之中。它使男人的价值尺度发生了变化,并且使各种机构的相对力量和特权发生了变化。使男人动心和为之忠诚而努力的最为重要的东西,在中世纪是教会和上帝的荣耀,在18世纪是国家权力和个人自由,在工业革命之后是民主和财富。

本书的篇幅只允许我们简单地提到工业革命所产生的决定当前和未来道德问题的重要影响中最突出的三个,它们就是:新的阶级联盟,自治的或寡头制的经济制度,对所产生的巨量财富的不平等分配。比这三者中任何一个都更微妙、也许也是更为根本的,一直就是这样的变化:对诸种好东西的评价,以及在我们的精力一直指向的、到目前为止还不可预料的自然资源已经带来的好生活、成功和卓越这些东西所具有的意义。在本书的第三部分我们将考察这些问题。

3. 这一时期影响道德和道德问题的第三个主要的方面是自然科学和社会科学的进步。化学、生物学、人类学和社会学诞生了。物理学、心理学、体质学、医学、经济学和政治科学形成了新的方法。物理科学的运用已经增强了舒适和奢华,并且使这些舒适和奢华可以被更普遍地享用。所有类型的物品的产量都得到极大的增加,这就提出了公平分配方面的问题。但是,科学对道德更为直接的影响来自科学探索的一般精神和方法,特别是由达尔文和斯宾塞提出的进化论,而进化论在被提出之后就在许多领域被当成一种方法使用。科学探索的一般精神已经导致人们去质疑许多教条;实验方法不仅导致了知识的拓展,而且在它对推理和观察(质问大自然)的结合中,建立起了对真理的检验,这种检验具有广泛的用途;进化这一观念取代了任何特定时代或处在某种立场上的特定族群的道德,它把任何特定时代或特定族群的道德与其他时代或其他族群和道德加以对立,使道德变得不大绝对了。

4. 今日道德观念的源泉

我们对道德事实的看法几乎全都出于群体关系或群体关系之逐渐被明确意识到的法律特征和宗教特征。正如前面已经提到的,源于古希腊语的"ethical"、源于古拉丁语的"moral"和德语的"sittlich"都说明"ethos"这个词的含义是"用来言说使一个群体在品格上被其他群体相区分开并得以个体化的说法、观念、标准和规则的总称"。①

一些特别的道德术语直接出于群体关系。友善的（kind）人像家族（the kin）的一员一样行动。当处在统治地位或具有特权的群体被与一个不属于任何一个家族或出身低贱的人相比时，我们就得到了蕴涵着出身"高贵"或"低贱"以及此类的具有一般价值的大量术语。这可以归因于也可以不归因于上层阶级的某些天生的优越，但是，这至少表明上层阶级在规定语言和称赞的标准方面一直是最有影响力的。因此，"noble"（高贵的）和"gentle"（文雅的）这两个词，在具有道德价值之前，是指出身的；现代语言中的"duty"（职责）这个词，看来一直主要指因某种高贵而产生的东西。用于道德批评的许多词具有非常突出的阶级情感。"caitiff"（胆小的，胆小鬼）是俘虏，意大利人普遍用来指道德败坏的那个词"cattivo"就出于这种观念。"villain"是采邑的佃户，"blackguard"是照看水壶的人，"rascal"是一般民众的一员，"knave"是仆人，"base"和"mean"与"gentle"和"noble"相对。"lewd"指与神职人员相对的平信徒所具有的特征。

另外一组观念反映了旧的群体称赞，或者把这些旧的群体称赞与和出身有关的观念结合在一起。我们已经提到在古希腊语"kalokagathia"（美且善的东西）有两个语源。"honor"和"honesty"是群体所称赞的东西；相反，在古希腊语和拉丁语中"aischros"和"turpe"，就像英语中的"disgraceful"或"shameful"一样，是群体所

---

① 萨默（Summer），《社会习俗》（Folkways），第36页。

诅咒的东西。"virtue"是男性的卓越,它使人们想起好战时代的称赞;而古希腊语中用来指称道德败坏的词中,有一个原本指胆怯,我们现在所说的"scoundrel"可能具有相同的词源。"the bad"可能就是"the weak"(软弱)或者the womanish(女人气)。合算的(the economic),表现在"merit"(价值)中,指我挣得的东西;表现在"duty"(职责)和"ought"(应当)中,指应做的事情或欠下的东西——虽然职责,正如前面所说,看来使它自己感受到是特别针对一个高贵者的。在实践事务方面的预知和技艺构成了"wisdom"(智慧)这个观念的内容,而在古希腊人看来,智慧是最高的德性,正如"prudence"(明智)在中世纪的道德体系中为人的最高德性。这样,合算的交换,如果不是创立,至少也是增加了评判并进而形成关于较好和较差的某种永恒的标准这样一种观念。柏拉图的话,与新约的"人若赚得全世界,赔上自己的生命,有什么益处呢?"[①]这一挑战,几乎是用同样的话说出来的。[②]尺度、秩序与和谐这几个观念可能就出自制作精致的或有用的工艺品的过程。考察道德生活的整个模式是法律模式。"道德法则"、"权威"、"义务"、"责任"、"正义"、"正直"这些术语使人们想到了群体控制以及更为明确的有组织的政府和法律。最后,刚才说到的那几个词还承载着宗教的印记,而且,大量的道德观念出自宗教领域,或者从它们的宗教用法中获得其独特的特点。关于"灵魂"的诸观念为这样一种关于善的理想——即善是永恒的,它是通过人的友谊实现的,而不是通过感官的满足实现的——做出了贡献。"纯净",开始是一种巫术的和宗教的观

---

① 《马太福音》第16章第26节。——译者
② 柏拉图的话,请看本书的第129页。

念；后来，它不但象征不受玷污，而且象征目的的单一。"贞洁"把其宗教的神圣性借给了一种在很大程度上源出于所有权观念的美德。"wicked"（邪恶的）一词源出于"witch"（女巫）。

我们确实有一些观念出于个人对冲动的体验或个人的反思。感受到有些东西偏离是非，产生了"邪恶的"这样的观念；对适合眼睛或肌肉感觉的东西的亲和性想象，产生了"坦率的"、"正直的"、"坚定的"这类观念。从思想的过程自身，我们获得了"良知"这一观念。在古希腊语和拉丁语中，"良知"这个词是一个指称意识的一般词语，它提示了道德所具有的一个独特特征，也许是道德所具有的一个最为独特的特征。因为它暗含着一种"自觉的"思想态度，这种态度不但在形成意图方面起作用，而且通过它赞成的那些准则在估量和评价行为方面起作用。但是，显然，到目前为止，我们的道德术语中的较大部分源出于广义上的社会关系。

5. 各种伦理学体系对近代各种趋势的解释

显然，如果伦理学体系要解释近代个体延着这几条线的形成，它们就必须为道德生活的权威（如果道德生活要有某种权威的话）寻找某种新的基础，而且，必须一方面正确对待个体的私人利益，另一方面正确对待个体与他的同胞日益密切的联系，以及由于新的阶层的思想水平和对民主的关注日益上升而日益成长的民主制度。在上世纪中叶由达尔文的著作和进化论思想引起的思想大变化之前，出现了四种这样的伦理学体系：利己主义体系，道德感理论，康德的理论，功利主义理论。

1. 所谓的利己主义是早期的个人主义的最简单的形式,特别是在它在为野心和掠夺或者为使私人利益处在国家权威的保护之下而导致的战争中表达自己之时。利己主义之最著名的倡导者是英国人托马斯·霍布斯(1588—1679年),他的伟大著作是《利维坦》(Leviathan)(又名《论政府的质料、形式和权威》)出版于1651年,刚好在欧洲大陆的三十年战争以及英国的以查理一世被处决而结束的内战之后。在霍布斯看来,自我保护是第一条自然法;所有的社会都"追求获益或荣誉"。与古罗马和格老秀斯的自然法不同,霍布斯看到的只是每个人通过他掌握的一切方法保护自己的自然"权利",因而他看到的只是以明智为其内容的自然法。这导致个人与他人联合起来以建立一个权威或主权来保持和平,使得每个人都可以在实际上遵守他所订的契约,不使自己与自己的同胞处在战争状态和密谋伤害之中。从这一点出发,我们可以把它看作这样一种企图:它要说明,即便我们把上帝的一切律令和传统所建立的一切规则都抛在一边,如果我们希望活下去,我们还是要被迫为道德寻找一个新的基础。如果我们去掉其他任何东西,直面自我保存这一最后的终极事实,我们发现,为了保护我们自己,我们必须创建某种道德制度。

2. 这种利己主义体系以其露骨地把人的生活简化成一场为自我保存而进行的赤裸裸的战争而看起来令人震惊。人性是如此地简单、如此地自私吗?道德感学派的思想家(沙夫慈伯里[1671—1713年]、哈奇森[1694—1747年]、休谟[1711—1776年]、亚当·斯密[1723—1790年])的回答是:不。除了自我保存,人还有其他的冲动;他还有"合群的本能",这引导他寻求同胞的合作。他还有

第九章　近代道德意识中的因素与趋势　　*197*

友善的冲动和情感；当他在慷慨的行动中满足这些冲突时，他感到幸福。此外，他看到他人友善而慷慨的行动时，他感到愉快和高兴。他不是必须首先计算某种高贵而慷慨的行为是否将使他个人获益；而是立即就赞赏这样的行为。他同情受到帮助的人；他不那么同情慷慨的行动者。他对高贵、慷慨而正当的行为的赞成，和对残酷、不义、卑鄙和错误的行为的谴责是如此的直接和快速，乃至我们可以正确地称这些赞成和谴责的源泉为一种"感觉"——道德感。即便一个人否认在他之上有任何权威，他也不可能摆脱他自己的感觉。因此，个体之所以是道德的，乃是因为他的道德感觉和情感是他自己的本性的不可分割的组成部分。

3. 康德的理论把自己的立足点放在人性的另外一个部分上，康德认为人性的这一部分和情感一样根本但更适合于解释道德看来拥有的那种权威。这种理论的提出者哥尼斯堡的伊曼努尔·康德（1724—1804年）在1785年和1788年出版了他最重要的伦理学著作。在政治生活、宗教领域和智性领域中整个奔向自由的运动，在他身上打上了深深的烙印。同时，他彻底而坚定地相信以秩序和法则为内容的必然性。在他看来，道德的核心事实是义务的声音"我应当"。我们如何能够正确地对待这一事实以及个人的自由和独立？一方面，我们越多地考察道德的本质，我们就越是发现道德以某种约束着我们所有人的某种东西为前提条件，而且（与利己主义理论相反）这是将把和谐带给人类生活的某种东西。道德感理论在第一个要求方面是不足的，因为观察者可能极力主张"我没有你所描述的那些感受，因而，我没有感受到做正义之事或慷慨之事的冲动"。利己主义在第二点上不足，因为：如果每个人都为他自己着想,结果将是一种自私的混乱和无序,而非和谐。在这一基础上达成的唯一协议将是:结婚的双方完全同意在婚姻中每个人都以自己想要的方式行事。那些控制生活以使生活和谐的道德和法则的根源,不应当在利益或感觉中寻找,而应当(像古代的斯多葛派一样)在理性中寻找。这为我们解决使权威与自由结为一体的问题提供了一条线索。因为,在对理性法则的服从中,人不是在服从外在的权威,他是在服从由他自己加于自己的法则。自律,像自由一样,是一条自明的法则。在这一陈述中,康德正在用不同的话重述卢梭的这样一种主张:合法政府之基础是它是人出于自己的意志而建立起来的。最后,康德把他对道德本质所做的解释概括成这样一句最精致也最有影响力的观念:每个人都是存在于他自身中的目的,每个人都具有内在价值——"因此,要这样对待人,不论是对你自己还是对待他人,都总是要把他当成目的,而不仅仅是当成工具。"

4. 第四种伦理学理论是功利主义,像前两种一样,它是在英国诞生的。持这种理论的人,既有18世纪的人,也有19世纪的人,但其中最著名的有:边沁(Bentham, 1748—1832年,著有《道德与立法原理导论》[Introduction to the Principles of Morals and Legislation],1789年出版);佩利(1743—1845年,著有《道德哲学和政治哲学》[Moral and Political Philosophy],1785年出版);约翰·斯图亚特·密尔(1806—1873年,著有《论自由》[On Liberty],1859年出版;《功利主义》[Utilitarianism],1863年出版)。功利主义者主要感兴趣的,不在于为权威寻找一个新的基础,而在于寻找工作标准来检验法律和制度中现存的权威诉求。他们认为道德感可能是武断的;个人被强烈束缚于某些观察事物的习惯和方法，最后认为它们是唯一正确的方法。另一方面，功利主义者怀疑"理性"；因为他们认为，当理性实际上是维护自身的某种偏见或老的既定习惯时，人们容易宣称理性宣布这个合法或禁止那个。因此，他们质疑他们称之为先验方法的那种东西，主张更合乎近代科学精神的是为了寻找人们认为有价值的东西而直面人的观察和经验。他们不用感情或直觉来判断行为，而是判断行为产生的结果。他们认为最为重要的那种特殊类型的结果是这一现代发展的某些方面的产物。他们认为，每个人实际上都在追求高于其他任何东西的幸福，因此，如果我们要在人实际上认为有价值的东西中寻找某种道德标准，我们就必须不在头上的天空中去寻找，而在人的幸福中去寻找。但是，这就出现了对上层阶级所具有的特权的反感，以及民主制度对人的一切类型和条件的同情性关怀——当我们把幸福当成我们的标准时，它就必然是最大多数人的最大幸福，"每一个人都当成一个人"。

就像柏拉图和亚里士多德解释贵族制度的古希腊社会的尺度、秩序和共同体精神，自然法解释罗马帝所隐含的精神，中世纪教会要求那个时代的生活要恭敬上帝律法的权威、崇敬彼岸世界的价值，这四种伦理学体系也解释近代世界的精神，努力通过新的表达形式来自由地过人自己的生活，同时承认指导人的生活的发展和审视人的生活既是必要也是重要的。

文　献

兰德尔（J. H. Randall）的《近代思想的形成》（*The Making of*

the Modern Mind）广泛地提及了这一时期的文献。

哲学和伦理学的历史提供了理论的一面。除了前面提到的那些由霍夫丁、法尔肯伯哥、费希尔所写的著作之外，还应提到以下著作：斯蒂芬，《十八世纪英国思想》(English Thought in the Eighteenth Century) 和《功利主义者》；费希特 (Fichte) 的《当前时代的特征》(Characteristics of the Present Age)（由史密斯翻译，收在大众丛书中）；施特因 (Stein)，《哲学视野中的社会问题》(Die sociale Frage im Lichte der Philosophie, 1897)；孔德 (Comte)，《实证哲学》(Positive Philosophy, tr. by Martineau, 1875, Book VI)；杜威，《哲学的重建》(Reconstruction in Philosophy, 1921)；特洛尔奇 (E. Troeltsch)，《基督宗教各宗派的社会思想》(Die Sociallehren der christlichen Kirchen und Gruppen, 1913)；怀恩 (Wyon)，《基督教会的社会思想》(Social Teachings of the Christian Churches, 1931年的英译本)；默兹 (Merz)，《十九世纪欧洲思想史》(History of European Thought in the 19th Century, 1904)；罗伯逊 (Robertson)，《自由思想简史》(A Short History of Free Thought, 1899)；波那尔 (Bonar)，《哲学和政治经济学的历史关系》(Philosophy and Political Economy in Some of Their Historical Relations, 1893)；伯里 (Bury)，《思想自由史》(History of Freedom of Thought)；施莱德 (Schneider)，《清教精神》(The Puritan Mind, 1930)。

在对中世纪和文艺复兴的态度方面：泰勒，《中世纪思想》(The Mediaeval Mind, 1914)；斯托尔 (Stawell) 和马文 (Marvin)，《西方思想的形成》(The Making of the Western Mind, 1923)；格兰金特 (Grandgent)，《但丁》(Dante, 1916)；莱基 (Lechy)，《欧洲风俗

史》(*History of European Morals*, 3rd ed., 1877);亚当斯(Adams),《中世纪文明》(*Civilization during the Middle Ages*, 1895);拉斯道尔(Rashdall),《欧洲中世纪的大学》(*The Universities of Europe in the Middle Ages*, 1895);艾肯(Eichen),《中世纪世界观的历史和体系》(*Geschichte und System der mittelaterlichen Weltanschauung*, 1877);布克哈特(Burckhardt),《意大利文艺复兴时期的文明》(*The Civilization of the Renaisance in Italy*, 1892);德雷珀(Draper),《欧洲思想发展史》(*History of the Intellectual Development of Europe*, 1876)。

在工业和社会的发展方面:托尼(Tawney),《宗教与资本主义的兴起》(*Religion and the Rise of Capitalism*, 1926);韦伯(Weber),《新教伦理与资本主义精神》(*The Protestant Ethics and the Spirit of Capitalism*, tr. by Parsons, 1930);霍尔(Hall),《美国文化的宗教背景》(*Religious Background of American Culture*, 1930);阿什利(Ashley),《英国经济史》(*English Economic of History*, 1888—1893);坎宁安(Cunningham),《从经济的角度看西方文明》(*Western Civilization in Its Economic Aspects*, 1900),《英国工商业的发展》(*Growth of English Industry and Commerce*, 3rd ed., 1896—1903);霍布森(Hobson),《近代资本主义进化论》(*The Evolution of Modern Capitalism*, 1894);特雷尔(Traill),《合群的英格兰》(*Social England*, 1894);兰波(Rambaud),《法国文明史》(*Histoire de Civilization Française*, 1897);赫尔德(Held),《两部论英格兰社会史的著作》(*Zwei Bücher zur socialen Geschichte englands*, 1881);卡莱尔(Carlyle),《过去与现在》(*Past and Present*);齐格

勒（Ziegler），《十九世纪在思想和社会方面的变迁》(Gie Geistigen und socialen Strömungen des neunzehnten Jahrhunderts, 1901)。

在政治发展和法律发展方面：哈德利（Hadley），《民主政治演变中的自由和责任》(Freedom and Responsibility in the Evolution of Democratic Government, 1903)；波罗克（Pollock），《普通法的扩展》(The Expansion of the Common Law, 1904)；利奇（Richie），《自然权利》(Natural Rights, 1895)，《达尔文和黑格尔》(Darwin and Hegel, 1803, ch. vii)；戴西（Dicey），《关于十九世纪期间英国法律与舆论之间的关系的演讲》(Lectures on the Relation of Law and Public Opinion in England during the Nineteenth Century, 1905)；布赖斯，《近代民主制度》(Modern Democracies, 1901)。

在文学方面：布兰迪斯（Brandes），《十九世纪主要的文学思潮》(The Main Currents in the Literature of the Nineteenth Century, 1905)；弗兰克（Francke），《德国文学中的社会力量》(Social Forces in German Literature, 1895)；卡里尔（Carrierer），《从文化发展与人的观念之间的内在关系看文学》(Die Kunst im Zusammenhang der Culturentwicklung und die Ideale der Menschheit, 3rd ed., 1877—1886)；帕林顿（Parrington），《美国思想中的主要思潮》(Main Currents in American Thought, 1927—1931)。

第二部分

道德生活论

第二部分的一般文献

对道德理论具有最大影响的著作：柏拉图对话集中的《理想国》（Republic）、《法律篇》（Laws）、《普罗泰戈拉》（Protagroras）和《高尔吉亚》（Gorgias），亚里士多德的《伦理学》（Ethics），西塞罗的《论目的》（De Finibus）和《论责任》（De Officiis），马可·奥勒留的《沉思录》，埃皮克泰德的《论说集》（Conversations）；卢克莱修（Lucretius）的《物性论》（De Rerum Natura），托马斯·阿奎那（St. Thomas Aquinas）的由里卡比（Rickaby）选择编译的《伦理学》（Ethics）；霍布斯的《利维坦》，斯宾诺莎的《伦理学》（Ethics），沙夫茨伯里（Shaftesbury）的《品格》（Characteristics）和《美德研究》（An Inquiry concerning Virtues）；哈奇森（Hutcheson）的《道德哲学体系》（System of Moral Philosophy），巴特勒（Butler）的《布道集》（Sermons），休谟的《论说文集》（Essays）和《道德原理》（Principles of Morals），亚当·斯密的《道德情操论》，边沁的《道德与立法原理导论》，康德的《实践理性批判》（Critique of Practical Reason）和《道德形而上学的基础》（Foundations of the Metaphysics of Ethics），孔德的《社会物理学》（Social Physics, in his Course of Positive Philosophy）；密尔的《功利主义》，斯宾塞的《伦理学原理》，格林的《伦理学序论》（Prolegomena to Ethics），西季威克的《伦理学方法》

（*Methods of Ethics*），塞尔比-比基（Selby-Biggi）的《英国道德学家》（*British Moralist*, 2 vols.）（这是一本使用方便的选集）。关于当代的著作和历史，请看第一部分第一章所列的文献。

第十章　道德理论的本性

1. 反思性道德与伦理学理论

习俗性道德与反思性道德在智性上的区别是清楚明了的。前者把行为的标准和准则放在祖先传下来的习惯之中，后者诉诸良心、理性或者某些涵摄着思想的原则。这一区别是明确的，也是重要的，因为它转移着道德的重心。但是，这一区别是相对的，而非绝对的。某种程度的反思性思想必然已经偶然地进入那些主要是建立在社会习惯和功用之上的道德体系，而在当代的道德中，即便是在批判性判断之需要被最广泛地承认的时候，也存在着大量的只是与社会功用相符的行为。因此，在后面，我们将在原则上强调习俗性道德与反思性道德之间的这一区别，而不是企图去描述历史的和社会的分期。在原则上，当希伯来先知和希腊预言家断言，一个行为除非是出于内心、个人的欲望和情感或者个人的洞见和选择，否则就不是真正的行为，这时，一场革命就发生了。

这一变化是革命性的，不仅是由于它把习俗从至上的地位上排除了，而且甚至更是由于它带来了从一个新的观点出发批判现在的习俗和制度的必要性。被追随传统的人认为是义务和责任之基础的那些标准，被先知和哲学家贬为道德败坏的渊薮。他们宣布外在的合乎标准是空虚，坚定地认为内心的洁净和心智的澄明是任何真正善行的前提条件。

西方世界之所以对古希腊思想有着最大的兴趣，其中一个根本的原因就是：它非常清楚地记录了使得道德从习俗性道德变为反思性道德的那场斗争。比如，在柏拉图的对话中，苏格拉底被描述为在不断地提出美德是否可教这一问题。某位其他的思想家（比如，在以普罗泰戈拉命名的那篇对话中的普罗泰戈拉）被引进来，这位思想家指出现在的道德习惯的培养实际上是可教的。父母和教师不断地告诫年轻人，"指出某一行为是正义的，另一行为是不正义的；某一行为是光荣的，另一行为是可耻的；某一行为是圣洁的，另一行为是不圣洁的。"当一个年轻人不在父母的监管之下时，城邦接管了这一任务，因为"这一共同体强迫他们学习法律，按照法律许可的模式生活，而不要依照他们自己的爱好生活。"

在回应中，苏格拉底质疑这种教育的基础，并质疑这种教育称自己为真正的美德教育的权利，他实际上指出：对道德的需要应当是稳定而安全的，因为道德必须建立在持续而普遍的原则之上。父母和教师，其命令和禁令各不相同；不同的共同体具有不同的法律；同一共同体随着时代和政府的更迭而改变习惯。在这些教育者——不论他们是个人还是城邦，我们如何才能知道谁是正确的？除了这类变动不居的东西，道德就没有其他的基础了吗？称赞和斥责、奖励和惩罚、命令和禁止是不够的。这意味着，道德的本质是认识这些习俗性教导的理据，确定一种可以保证这些习俗性教导是正确的标准。在其他的对话中，频频地提出这样的主张：即便大众必

第十章 道德理论的本性

须遵从习俗和法律而不思思想,那些制定法律和把习俗固定下来的人,应当明确地洞察到不朽的原则,否则那将是瞎子领着瞎子。

在体系性的道德理论(这是我们在本书第二部分中研究的主题)与个体在他努力发现用来指导他的行为并证明其行为是正确的时候所进行的那种反思之间,不存在根本的差别。从来源上看,道德是从人们开始问这样的问题开始的:为什么我必须这样做而不能以其他样子做? 为什么这是正确的而那是错误的? 一个人有什么权利拒绝这种行为方法而强加另外一种行为方法? 孩子们至少在他们开始声称年长者的命令是专横的、只是由于处于一种优越地位而发出的时候开始其理论之旅的。成年人是在这样的时候进入理论之旅的:在面对道德困惑,开始怀疑如何做是正确的或最好的,开始通过那种将把他引到他认为是可靠的某种原则的反思来寻找其行为方法。

在就什么是正确的和什么是错误的有着肯定的信念时,道德理论不可能出现,因为那时不存在反思的需要。当人面对这样的处境,在其中,不同的欲望期许对立的善,不相容的行为方针看来在道德上都可被证明是正确的,此时,道德理论就出现了。只有这样的时候善的目的之间的冲突,关于对与错的标准和准则之间的冲突,才要求个人对道德的基础进行思考。关键的时刻可能这样出现,比如,一个人从受到保护的家庭生活中走出,投入到竞争性事务的压力之中,结果发现适用于一个领域中的道德标准不适用于另一个领域。除非他随波逐流,不管社会压力如何大,都调整自己使自己适应它,否则,他就会感受到一种冲突。如果他试图在思想中面对它,他就会寻找其他某种理性的原则,藉之他可以决定哪者是正确的。在做这样的事情的时候,他就进入了道德理论领域,即便他做得如此笨拙。

所以,被称为道德理论的东西只是更有意识和更系统地提出这样的问题,它占据着任何一个面对着道德冲突和怀疑而正在通过反思寻找行为方法的人的心智。简单地说,道德理论只是被包含在一切反思性道德中的那种东西的一个扩展。有两种道德斗争。一种是在道德著作和演讲中最受强调的斗争,它是在个人被诱惑着去做某种他坚信为错误的事情时发生的冲突。这样的例子在个人生活中特别重要,但是,它们不是道德理论发生的契机。一家银行的雇员在被诱惑着去盗用公款时,他可能实际上在努力使自己寻找理由以说明对他来说盗用公款可能不是错误的。但是,在这种情况下,他并非真的在做道德思考,而只是允许他的欲望来管辖他的信念。当他努力去寻找某些理由来证明他决心做的事情是正确的时候,对于他自己应当做的事情,在他心中不存在着真实的怀疑。

另一方面,以一个刚对另外一个国家宣战的国家的一个公民为例。他深深地依恋他的国家。他已经养成了忠诚和遵守法律的习惯,但是,现在他的国家对他所下的命令就是他应当支持战争。他还感受到了他对庇护和养育了自己的这个国家的感谢和热爱。但是,他认为这场战争是不正义的,或者也许他坚信一切战争都是某种形式的谋杀因而是错误的。在他的本性的一面,一套信念和习惯引导默许战争;而他的存在的另一个深层部分却抗议战争。他被夹在两种义务之间,被它们撕裂了:他体验到由他作为一个公民而具有的习惯和由他的宗教信念分别提交到他面前的两种不相容的价值之间的冲突。在此之前,他从来没有体验过这两者之间的斗争;它们极为相似,而且相互加强。现在,他不得不在相互竞争的道德忠诚

第十章 道德理论的本性 *211*

和信念之间竟要作出选择。这场斗争不是存在于对他来说明确是一种善的东西与另外一种吸引他但他却知道它是错误的东西之间。它存在于两种在其各自的领域中都是无可置疑的、但现在却以各自的方式发挥作用的价值之间。为了作出决定,他被迫进行反思。道德理论就在于他现在正在进行的那种思考的一个一般化的扩展。

在历史中有这样的时期,那时,整个共同体或一个共同体中的某个群体发现自己面临着新的、其旧时的习俗无法合适地处理的问题。在过去形成的习惯和信念不适合当代生活所提供的机会和所提出的要求。古希腊之追随伯里克利的那个时代属于此类;被掳之后的犹太人的情况也属此类。中世纪世俗利益大规模地被引入以前的宗教的和教会的利益之中,亦属此类;现在是典型地属于这样一个伴随着巨大的社会变化的时期,这些变化跟着机器时代的工业扩张。

对反思性道德和道德理论之需要出于各种目的、责任、权利和义务之间的冲突这一点的认识,明确了道德理论可能提供的服务,还可以使学生免受关于道德理论之本性的那些错误的观念之苦。习俗性道德与反思性道德之间的区别恰恰是:明确的概念和规则以及决定性的命令和禁令出于前者而不可能出于后者。若对合乎理性的原则的诉诸被看作似乎只不过是习俗的一个替代物、不过是把道德的权威从一个源泉转到另一个源泉而已,那么,混乱就接踵而来了。道德理论能够:(1)概括出现的道德冲突的类型,使困惑而有疑的人能够藉着它把他的具体问题放到一个更大的背景中而澄清它;(2)由那些已经思考过此类事情的人陈述能够用来理智地处理这类问题的一流方法;(3)使个人的反思更为系统和更有见

175

识,建议可能被忽视的替代方案,使人们在判断上更为一致。但是,道德理论不会以教理的方式提供一张诫命表,不会使对问题的回答象被提出的问题一样地明确。它能使个人的选择更明智,但是,它不能代替个人作决定,而在有道德困惑的每一种情况下都是必须作出决定的。至少,这是以后讨论的立足点;期望从道德理论中得到更多东西的学生将会失望。这一结论是出自反思性道德的本性的;任何得出随手可用的证成结论的企图,都是与反思性道德的本性相矛盾的。

2. 道德行动的本性

由于从习俗性道德到反思性道德的这一转变把强调的东西从与普遍盛行的行为模式一致转移到个人的倾向和态度,因此,道德理论的首要任务就是纲要性地获得关于构成个人倾向的那些因素的一个观念。在一般特征方面,反思性道德处境所具有的特征一直是清楚明了的;怀疑和争论主要发生在这些因素的相关关系方面。亚里士多德很好地陈述了这种公式。道德行动的作为者在做事情时必然具有某种"心智状态"。首先,他必然知道他正在做;其次,他必然选择了它,而且是为了它自身选择了它;第三,行为必然是对某种已经形成的和稳定的品格的表现。换言之,行为必然是自愿的;也就是说,它必然显示了某种选择,而且,至少就完全的道德而言,这种选择必然是对一般要旨和某种人格的表现。它必然包含着对一个人是为了什么而做事的意识;它必然包含这样一个事实,这个事实具体地说明:肯定存在着某个意图、某个目标和某个已经提出来的目的,具体行为就是为了这种东西的缘故而做的。婴儿、弱智者、在某些情况下神智不正常的人所做的行为不具有道德性质；他们不知道他们是为了什么而做事。孩子们在生活中早就学会了求助于偶然，也就是说，求助于他们自己没有意向和意图，以作为他们所做的具有坏结果的事情的推脱之辞。当他们以为他们并不是"要"去做某种事情为由来自己推脱罪责时，这说明他们已经意识到意向是道德处境的一个构成部分。再者，当一个人在不可抗拒的物理力量的强制之下时，就既不存在选择，也不关涉个人倾向。甚至在强力采取威胁而不是立即加于其身的形式时，"威胁"至少也是一种可考虑从轻处置的因素。人们承认，对生命和肢体受极端伤害的恐惧会胜过除具有英雄性格的那些人之外的一切人的选择。

行为必然是某种已经形成的和稳定的品格的表现。但是，品格的稳定性是有程度之别的，不能被视为绝对的。但是，不论是多么地成熟，没有一个人具有一种完全形成了的品格，而任何一个孩子就他已经获得的态度和习惯的程度而言，在那个范围内，都具有一种稳定的品格。包含这一限定的观点是：它说明有着某种流动的行为级别，其中一些出于自我的较深层，而其他的是比较偶然的，可更多地归因于偶然的和多变的环境。我们以做事者在那个时候"不是他自己"为理由忽视那些在巨大的压力或身体缺陷的条件下做出的行为。但是，我们不应当夸大这一解释。行为可能是古怪的和反复无常的，因为一个人在过去已经形成了那种倾向。不稳定的品格可能是预先谨慎选择的行为所造成的结果。在极度兴奋的状态中，一个人不是他自己。但是，对于一个有节制的人因为饥酒而极度兴奋这种情况，以及一个人因为极度兴奋已经成为习惯性的乃至极度兴奋已经成为他的由选择和品格而形成的习惯的一个标志的情况，还是应当加以区分的。

行为可能是自愿的,也就是说,可能是道德上中立的、中性的欲望、意向、选择和习得性的倾向的表现吗? 显然,回答必然是肯定的。我们在早上起床、穿衣、吃饭、去从事我们通常的事务,不用把道德意义与我们正在做的事情联系起来。有常规的和通常的事情要做,而我们的行为,尽管其中的许多是有意地、在知道我们正在做什么事情的情况下做出的,却都是理所当然的事情。学生、商人、工程师、律师或医生的日常事务也是如此。我们认为,如果道德问题是在与每一个行为的关联中被提出来的,那么,这肯定是一种病态;如果真是那样,我们可能怀疑出现了某种心理的无序,至少是在做决定的权能方面出现了某种缺陷。另一方面,我们谈论的是正在履行着他们的日常义务的人。如果我们对在完成日常职责、满足不再发生的需要、履行责任过程中做出的那些本身看来微不足道但整个来看却数量巨大的所有事情都不进行道德品格上的评价,那么,道德将实际上成为一种虚弱而病态的东西。

这两种观点的不一致只是表面的。许多行为被做出,不但没有思考过其道德性质,而且实际上没有思考其任何类型的性质。可是,这些行为是其他的具有重要价值的行为的前提条件。一个罪犯以他自己的方式犯下罪行,一个仁慈的人以他自己的方式做许多仁慈之事,他们两人都不得不走路或骑车马。这些孤立地看是非道德的行为,从它们所导向的目的派生出其道德意义。如果一个经营着重要事业的人在品格上不断堕落乃至非常懒散地起床,那么这一表面上看来无意识的行为所具有的间接的道德性质却是显而易见的。大量的行为被做出来,它们就自身看是微不足道的,但实际上却是作为我们的道德思考所考察的对象的那些行为的支撑物。一个人，如果他完全忽视大量的几乎是常规的行为与少量的、其中含有明确的道德问题的行为之间的联系，那么，他将是一个完全不可信赖的人。

3. 行为和品格

这些事实是为在通常的谈话中使用"行为"（conduct）这一词时所隐含地承认的。"行为"这个词，表示连续的"行动"（act），我们在关于稳定而形成了的品格这一概念中已经遇到了这一观念。哪里的行为，哪里就不只是存在没有关联在一起的一系列行动，而是每件被做的事情都在展现某种隐藏在背后的倾向和意向，从根本上讲，行为是指向进一步的行动，指向最终的实现或完满。在由他人提供的训练和一个人为了保证自己而接受的教育之中，道德的发展，其内容就是意识到我们的行动是相互地联系在一起的；这样，行为的目标就被孤立之行动的盲目而没有思想的进行代替了。甚至在一个人已经养成了某种程度的道德稳定时，这一诱惑也通常采用这样一种形式：幻想这一具体的活动将不算数，它只是一个例外，因为这只是一个偶然因此它不会造成任何伤害。他的"诱惑"就是无视一个行动在其中走在另一个行动前面并且导致累积效果的那个序列的连续性。

我们在各种欲望和冲动的影响下，在对热和冷、舒适和痛苦、光明、嘈杂等直接刺激的直接回应的影响下开始我们的生活。饥饿的孩子抢夺食物。在他看来，这一行动是率真的和自然的。但是，他把责骂招到了自己身上；他被告诫这样做是没有风度的、欠思考的和贪婪的，他应当等待，直到他被提供食物，直到轮到他取食物。他被要求意识到：他的行动，除了他已经赋予它的那种联系——立即解除饥饿——之外，还有另外一种联系。他学习不把一个单独的行动看成是孤立的，而是看成是处在一个链条之中的、与其他行动关联在一起的。这样，序列的观念——这种观念是行为的本质——逐渐地取代了由没有关系的行动所构成的纯粹的排列。

行为是一个顺序排列的整体这一观念解决了道德上中性的行动这一问题。每一行动都具有潜在的道德意义，因为它是一个较大的行为整体的一部分。一个人起身去打开窗户，因为他感到需要使房间通风透气——没有一种行动是比这更为"自然"的，从表面上看，也没有一种行动在道德上更为中性。但是，他想起他的同事是一个病人而且对小股气流敏感。现在，他在两个不同的方面来看待他打开窗户这一行动，拥有两种不同的价值，因此，他不得不做出选择。一个看似无意义的行动所具有的潜在的道德重要性开始呈现到他面前。或者，如果我们要练习一下，我们会看到，摆在他面前的有两条路。通常情况下，这只是一个事关他愿意选择什么的个人品位事情。但是，他现在想起来，两条路中较为令人愉快的那条将是较为长久的，如果他不选那条令人愉快的路，他可能将不能够保住他那个重要的职位。他现在不得不把他的活动放到更大的连续性背景中，决定他最珍爱哪一种后果：是个人的快乐，还是合乎另外一个人的要求。因此，尽管不存在在所有环境中都必然具有可意识到的道德特征的单个行动，但是，由于任何一个活动都是行为的一部分，所以，不存在可以不具有确定的道德意义的行动。在

第十章 道德理论的本性

道德中性和道德意义之间,不存在刚性而固定的界限。马修·阿诺德(Matthew Arnold)在说行为——在道德意义上——占据了生活的四分之三时,他表达了一个流行的观念。虽然他赋予行为的权重比大部分人赋予行为的权重都要高,但是,这一说法表达了一个被广泛接受的观念,它就是:道德与我们生活中一个被明白地突出的部分相关,除此之外的其他东西是中性的。我们的结论与此不同。这就是:在潜在的角度看,行为是我们的清醒生活的全部(百分之百)。因为一切行动都被那样联在一起,乃至其中的任何一个行动都不得不被判断为是对品格的表达。另一方面,没有一个行动可能在某些环境中在道德上是中性的,因为若有一个行动在某些环境中在道德上是中性的,那么,这个时候就没有必须考虑它与品格的关系了。对于一种已经形成的良好的道德品格来说,最好的证据莫过于有这种品格的人知道何时提出道德问题和何时不提出道德问题。毫无疑问,许多人是如此铁石心肠或漠不关心,乃至他们足够经常地不提出道德问题。但是,还有其他的人,他们是那样的精神失常,乃至他们因为沉溺于某种接近狂热怀疑的状态而妨碍行为和使行为不能正常进行。

仅仅说明行动紧密结合在一起使得它们趋向于并且相得益彰地构成行为,这是不够的。我们还必须考察这些行动为什么以及是怎样结合成一个整体,而不是像在物理事件中那样排列成一个纯粹的序列。答案就在于:使那被用来形成情操和品格的暗示成为清楚明白的。如果一个行动被与其他行动关联在一起,但却只是以一根火柴的火焰被与火药的爆炸关联起来的那种方式,那么,这就将存在着行动,而不存在着行为。但是,我们的行动不但使随后的行动作为其效果而走向随后的活动,而且还在做这些活动的人身上留下持久的烙印,强化和弱化行动的长久倾向。这一事实,我们在习惯的发生中是熟悉的。

但是,我们可能拥有一个需要加以深化和扩展的习惯概念。因为我们倾向于认为习惯只是一种经常发生的外在行动模式,比如,吸烟或发誓,在衣着方面简洁或不修边幅,做健身运动或玩游戏。但是,习惯甚至更为重要地深入到自我的结构之中;它意味着一些欲望的建立和修正,表示对某些刺激有了更强的敏感性和回应性,说明对一些事情的参与能力和思考能力得到了巩固或受到了削弱。换句话说,习惯涵盖着欲望、意向、选择和倾向的构成,给一种行动赋予了自愿的特征。而且,习惯的这个方面比一般所说的重复外在行动的倾向要重要,因为后者的意义在于个人倾向(它是外在行动的真正原因)的长久和外在行动的彼此相似。行动之形成行为本身,不是因为它们被联结在一起,而是因为它们与某种不朽而唯一的条件具有共同的关系,它就是作为永久统一体的自我或品格,在自我或品格中,不同的行动留下了它们长久的踪迹。如果一个人屈服于一时的冲动,那么,重要的东西就不是随后发生的某一具体的行动,而是那种冲动的力量得到了强化——这种强化就是我们称之为习惯的那种东西。在这一屈服中,这个人不是只把自己交给了那个孤立的行动,而是还把自己交给了一种行动方针,交给了一种行为方针。

有时,一个关节点是如此关键,乃至一个人在决定他将采取什么行为路线时他感到他自己的未来、他的存在本身都处在危险之中。这样的情况对于那个当事者来说显然具有巨大的实践意义。它们对理论来说也是重要的,因为在这些重要情况中显而易见的东西，某种程度上在每一个出于自己意志的决定中都可以发现。实际上，它还属于未经深思熟虑的选择而冲动性地做出的行动。在这样的情况下，使我们意识到包含在稍前做出的一个行动之中的严肃关系的是后来的经验。我们发现我们自己正处在令人难堪的混乱之中，通过反思，我们追溯导致我们难堪的原因，发现那是我们漫不经心地、未经反思地、没有明确意图地做出的一件事情。这样，我们就对整个这类行为所具有的价值进行反思。我们认识到在一个行动被做出之前的那种思想与那一行动做出之后我们对他的体验这二者之间存在的区别。正如戈德史密斯（Goldsmith）非常正确地说出的话："首先，我们把食材摆到自己的欲望面前，然后，本能为我们烹调它。"首先，我们在冲动的推动下、在欲望的牵引下投入行动。后来，我们做了行动，而那些未经预料的和我们不想要的结果自己就出来了，于是，我们开始反思。我们评价我们几乎或者根本就没有思想就采用的那一路线所含着的智慧或正确性。我们的判断回头转向那一行动的内容，发现其中有些东西不同于我们所预想的，因此我们回想以发现事情到底是怎么回事。但是，那一判断的内容是从过去而来的，真正关切我们的东西是下一次我们应当做什么；反思的功能是前瞻性的。我们想决定是继续采纳已经做出的那一行为所含有的路线，还是采用其他一条路线。为了使自己未来的行动明智一些而对自己过去的行动进行反思的那个人就是那个本着良心行事的人。但是，总是存在一种诱惑，它使人寻找某种外在于自我的东西，以便在事情出错时把过失归咎于它；我们不喜欢把错误的原因追溯到存在于我们自身中的某种东西。在这种诱惑攫住一个人时，这个人就变成了不负责任的；他不会使自己固守任何一致的行动方针,也不能为其他人押在任何一致的行动方针上,因为他在他的品格和他所做的事情之间不会确立任何因果关系。

结论是:行为与品格是严格地相互关联的。连续、一致而一贯的一系列行动表现了态度和习惯的长久统一。行动之所以连为一体,是因为它们出于一个独一而稳定的自我。习俗性道德倾向于忽视或模糊品格与行动之间的这种关系;反思性道德的本质是对一个持续存在的自我之存在和它在外在地做出的那些行动中所起的作用的意识。L.斯蒂芬把这一原则表述如下:

> 清楚明白地表达一个原则,看来是所有伟大的道德革命的一个特征。这一认识几乎等同于一个发现,也可以说标志着道德法则第一次成为显著不同于其他法则的那个点。这也许可以用简单的句子表达为:道德是内在的。我们可以说,道德法则必须以"成为这"这种形式而不是"做这"这种形式表达。以这种形式表达任何一种准则的可能性,可以被认为是在决定它是否可能具有独特的道德品格。基督教突出了这样一种思想:真正的道德法则是"不要恨人"而非"不要杀人"。旧时代的人禁止通奸,这位新的道德导师禁止好色;他作为一位道德导师,其伟大不表现在别处,就表现在他清楚明白地说出了这一思想。要说明这同样的思想一直如何以各种形式深层地与世界许多世纪中的其他道德的和宗教的改革密切地联系在一起,那是不难的。①

---

① 《伦理学研究》(*Science of Ethics*),第155页。

4. 动机和后果

在得出行为和品格在道德上实际上是同一件事、首先是被当成结果、然后是被当成具有因果关系的和具有创造性的因素这一结论的过程中,我们实际上已经处理了道德理论中争论的一个突出问题。这个问题就是:一些人认为动机是唯一具有道德价值的东西,另一些人认为后果是唯一具有道德价值的东西。持前一种观点的人——比如康德——说获得的结果根本不具有道德上所说的重要性,因为结果并不仅仅取决于意志;只有意志能够成为道德意义上的善或恶。持后一种观点的人——比如边沁——认为道德就在于产生为公共福利做出贡献的后果,动机除了碰巧以这种或那种方式影响后果之外根本不具有道德意义。一种理论只强调态度,强调那被选择的行动是如何被设想和激发出来的;另一种理论只强调实际上做了什么事,强调那已经做出的事情所具有的对他人的影响这一客观内容。我们的分析说明这两种观点都是片面的。不论我们从哪一端开始,我们发现我们自己在理论上都被迫考虑另一端。我们正在对待的,不是两种不同的事物,而是同一事物的两极。比如,边沁学派并不主张每一种后果在从道德方面判断一种行动时都具有意义。我们不会说一个外科医生因为其所做的手术导致了一个病人死亡所以他的行动必然是要受谴责的。它把理论限定于被预见到的和可欲的后果。那个外科医生意向的后果、他的本意是拯救生命;从道德上看他的行动是行善的,尽管由于他不能控制的原因,他的行动是不成功的。他们说,如果他的本意是正确的,那么,他的动机是什么也就无关紧要了；推动他行动的，不论是仁慈的情感，为获得职业身份的欲望，为展示他的医术的愿望，抑或收取报酬，都是不重要的。唯一具有道德意义的东西是他意在产生一定的后果。

这一立场中包含着的对把道德安放在伴随着一种行动的那种自觉的情感中的做法的抗议，是有价值的，也是有根据的。人，不论是孩子还是成年人都一样，在证明某种有坏结果的行动是正确的过程中经常说它们是本着好意而做的；他们宣称某种纯洁的或亲切友好的情感是那一行动的"动机"。最可能真正的事实是，他们冷静地仔细思考着他们建议做的事情可能导致的后果。他们把自己的心思放在那些被设想要去追随的任何有利后果上，忽视或屏蔽它所导致的那些不合需要的后果。如果"动机"指碰巧存在于行动那一刻的意识之中的那种情感状态，那么边沁的观点就是完全合理的。因为动机这种观念几乎盛行，他不是在树立一个稻草人来攻击，而是在攻击一种在道德上危险的思想。因为这种理论鼓励人忽视他们的作为的意图和关系到的事物，鼓励人们以他们在做某种事情时他们的情感是纯洁的和亲切友好的为理由来证明他们倾向于做的事情是正确的。

但是，那隐藏在背后的把动机与人的情感等同起来的做法是错误的。推动一个人做事的不是情感，而是固定的倾向，情感充其量只是那固定的倾向的一个模糊的指示。正如"情感"（emotion）这个词所暗示的，情感推动着我们；但是，与未加修饰的"感受"（feeling）相比，情感是一种好的表述，愤怒是以破坏性的方式对任何激怒它的东西发起行动的倾向，但它不是那样一种具有明确感受的状态。如果一个的人意识到吝啬的感受，那是可疑的；他相当珍爱他积聚的东西并且被推动着去增加和保存他所珍爱的东西。正如一个愤怒的人可能相当真诚地否认他在生气一样,一个雄心勃勃的人可能没有感受到他的雄心。他有着激起他的能量和他把自己全身心地投入其中的目标和目的。如果他要解释他的行动,他会说他做他所做的事情,不是因为他个人的雄心,而是因为我们正在谈论的那些目标是那样的重要。

在承认"动机"只是体现在行动中的指向目的的态度和倾向时,严格区分动机和意向(对后果的预见)的一切理由都显得单薄。对后果的纯粹预见可能是冷静而理智的,就像对日月食的预测一样。对结果的预见,只有在有对那种结果的欲望相伴之时才推动人去行动。另一方面,某种倾向和品格使人预见到某种后果,对于行动所具有的没有预见到的其他影响置之不理。一个粗心的人可能想到发生在一个谨小慎微的人身上的后果;如果这些后果没有被提交给思想,他就不会把那使这样的结果得以发生的力量与那个细心的人所做的事情联系起来。一个狡猾的人会预见到那些后果不会发生在一个坦率而心胸开放的人身上;如果这个坦率而心胸开放的人碰巧想到了这样的后果,那么,他将因为想到那将吸引狡诈而搞阴谋诡计的人的注意而不快。奥赛罗(Othello)和埃古(Iago)预见到不同的后果,因为他们具有不同类型的品格。因此,意向和意图的形成是那导致人行动的人性所具有的力量所具有的功能,被预见的后果只是在它们同时还被珍爱和欲求时才推动人行动。动机与意图之间的区分,不是存在于事实本身之中,而只是我们的分析所产生的结果,因为我们或者强调行动的情感方面,或者强调行动的理智方面。功利主义立场的理论价值就在于这样一个事实:它提醒我们不要忽视对后果的预见这一理智因素在行动中的根本地位。强调动机的那种理论所具有的实践价值就在于：它提醒我们注意品格、个人的倾向和态度在规定那一理智因素所采取的方向这件事情上所起的作用。

但是，正如边沁的意图理论一样，动机理论走向了极端，也同样因为其片面性而变糟，虽然是在相反的方向上。要很正确地理解"在道德上有意义的是意志而非结果"这一命题，是可能的。但是，只有当我们承认意志是指去预见结果、形成坚定的意图、尽一切努力去在事实上实现那意向的结果，正确地理解那一命题才是可能的。"后果在道德上是不相干的"这一观念，只是在任何行动总是可能具有某些没有被预见到的、甚至具有世界上最好的意志也不可能预见到的后果这一意义上是正确的。我们建成的东西，总是比我们所知的还要好或还要糟；精心制订的计划，不管是出于胆大的人，还是出于胆小的人，在付诸实施以求实际后果时，几乎都由不可控制的无常环境摆布。但是，意图具有这样的局限这一事实不能被转换成这样的一种思想：存在着与对后果的考虑和忽视后果之努力分离的动机和意志这样的东西。"意志"是冲动、欲望和那进行预测和计划的思想的统一体，这种意义上的意志之所以是道德的核心，恰恰是因为：就本性而言，在对后果的控制中，意志是最持久、最有效的因素。

对品格的强调不是任何具体类型的道德所特有的。我们的主要兴趣是人格的彰显和相互作用。戏剧也有着同样的兴趣，除了在闹剧和怀旧剧中以外，对事件的多彩展示就是精彩人性的展示。政治思想趋向于过多而不是过少地关心人格，付出的代价是事务荒废和原则丧失。哈姆雷特（Hamlet）、麦克白（Macbeth）、罗拉（Nora）

和答尔丢夫（Tartuffe）属于剧场，罗斯福、威尔逊、利奥·乔治、墨索里尼属于政治。为了实践的理由，我们必须关心我们日常事务中的品格。无论我们买东西还是卖东西，把钱借出还是投资有价证券，呼叫医生还是咨询律师，接受或者拒绝一个朋友的建议，恋爱和结婚，最终的结果都取决于其中涵摄的品格。

5. 当前对理论的需要

前面我们已经提到，当前的时代是一个特别需要反思性道德和可操作的道德理论的时代。科学上对世界和人生的整体看法已经而且依然在经历激烈的变化。组织产业以及进行商品的生产和分配的方法已经完全变了样。人们在其上交往和联系、工作和娱乐的基本条件也已改变。较旧的习惯和传统极度混乱。旅行和移居之普遍，犹如以前之不普遍。大众所受的教育，已经使他们能够识文断字；众多的报刊提供了廉价的阅读材料。学校教育已经不再是少数人的特权，它已经成为权利，甚至成了许多人必须履行的义务。社会的那每个几乎同质的阶层已经被打碎。和与我们养育孩子的方式相异、与我们的传统相异的个人和人群的交往领域也得到了极大的扩展。美国一个大城市的一个选区可能拥有来自十二到十五个族群的人。曾经把国家隔离开来的那些高墙和深垒，由于铁路、汽船、电报、电话和收音机的出现，已经变得不大重要了。

我们只是提到了社会条件和利益方面比较明显的变化中的少数几个。其中的每一个变化都提出了包含着不确定的、有争议的道德价值的新问题。国家主义和国际主义，资本和劳动，战争与和平，

189 科学与宗教传统,竞争与合作,经济上的自由放任和国家计划,政治上的民主和专制,乡村生活和城市生活,个人的工作和控制,与前者相对的投资和通过股票与证券获得的财富,土生的与外来的,犹太人与异教徒、白人与有色人、天主教和新教徒以及新宗教的信徒之间的关系:大量这样的关系带来了旧的习俗和信仰都没有能力应对的全新的道德问题。除此之外,社会变化的快速带来了道德的不确定,而且趋向于摧毁许多曾经是习俗性道德之主要拱卫者的纽带。在世界历史上还不曾有过这样一个时代:人的关系、与这些关系相伴的权利和义务、机会和需要,呼唤有识之士持久而系统地加以注意,正如他们现在所做的那样。

有人倾向于极力贬低道德生活中反思的重要性。他们认为:人更多的是道德地认识而非更道德地实践,而且人们就所有的道德原则有着大体一致的认同。这样的人通常一定是坚持某种特定的传统,他们认为这一传统的教条是终极的和完全的权威。但是,事实上人们在道德原则上的一致在相当程度上只涉及那些被模糊地采用而且脱离了实际运用的概念。正义肯定是其中的一个;所谓正义,就是给每个人以其应得的。但是,个人主义的、竞争性的资本主义是正义的制度吗?继承巨额财富却不向社会提供服务,这是正义的吗?什么样的税收制度是正义的?什么构成一种正义的国民收入分配制度?几乎没有人质疑贞洁的要求,但是,对于贞洁却存在着许多解释。贞洁意味着独身比结婚更能令上帝高兴吗?今天人们已经不再普遍地持独身比结婚更能令上帝快乐这种观念了,但是,在以前这种观念却是很流行的,而且,它现在还依然影响着男人和女人们的信仰和实践。作为一种道德观念的贞洁,与离婚、节育和国家对文学作品的审查制度,有什么样的关系?人的生命是神圣的。但是,现代社会的那些摧毁健康和导致意外的实践该如何呢?战争以及把现代国家的大部分岁入都吸了进去的备战活动,又该如何呢?

因此,我们可以开出一张清单,列举所有因古老而受尊重的美德和义务,进而说明:条件的变化使它们所指的东西对人的行动来说已经成为不确定的和备受争议的事情。比如,经济中雇主和受雇者之间的根本区别是具有道德标准和道德含义的一种区别。雇主和受雇者因为具有不同的优先考虑的要求而追求不同的价值。同样的情况,对于坚定的民族主义者和国际主义者、和平主义者和军国主义者、世俗主义者和威权型启示宗教的虔诚信徒,甚至是更为正确的。此时此刻,我们不是在说:对于这些问题,道德理论能够给出直接的和最后的回答。我们是在说:无论是坚守纯粹的传统,还是把自己交给偶然的冲动和一时的激情,都不可能解决这些问题。即便所有的人都真诚地同意依照作为行为之至上法则的金规则来行动,我们依然还需要探索和思考,对在复杂而变动不已的社会条件下就具体的实践而言金规则到底意味着什么,达成一个尚可接受的观念。对金规则这一抽象原则的普遍同意,即便存在,其价值也只是作为进行合作性的调查行动和思想性的计划活动的一个准备工作,也就是说,是为系统而持续的反思作准备。

6. 道德理论的源泉

没有理论在虚空中运作。像物理理论一样,道德理论需要大量可靠的资料和一套在理论上有效的假设。道德理论到哪里能够找到合乎这些要求的东西？

1. 虽然就生活的所有条件方面发生的那些变化的内容所说的一切都是真实的，但是连续性还没有被完全损坏。从人类生活的开端开始，就在人的关系中什么是正确的和合理的，人们得出了一些结论；而且，人们一直在制定行为的规则。那些制定行为规则的人，不论是依据传统来做，还是通过他宣称是自己独有的某种特别的洞见来做，将从许多相互冲突的规则中挑选出他认为最合乎他所接受的教育和风尚的规则。真正反思性的道德将把所有规则视为可资利用的材料，它将考察这些规则在其下得以产生的那些条件，以及那些有意识或无意识地决定着这些规则的形成并且使它们得以被接受的方法；它还会探讨这些规则在当前条件下的适用性。它既不会教条式地坚持其中的某些规则，也不会漫不经心地把所有这类规则当作没有意义的东西弃置一边。它会把它们当成一个资料室，当成对现在什么是正确的和善的一种可能的象征。

2. 与由规则和信念这些东西构成的这类材料有密切关系的，是由法律史、法庭判决和立法活动构成的那些被更为有意识地说明的材料。在为人类的行为方向制定原则方面，我们已经有了悠久的实验。此类中的一些东西，适用于一切伟大的人类制度的活动。家庭、经济、财产制度、政府和国家、教育和艺术，它们的历史充斥着关于人的行为的规则和采纳这种或那种行为规则所导致的各种结果的各种教导。在传记中，特别是已经被选作人类的伟大道德导师的那些人的传记中，有着大量的同类信息材料。

3. 人很晚才使用而且到目前为止几乎还未开始充分地使用的

一种资源,是存在于各种科学中的资源,特别是那些与人类关系最密切的科学,比如生物学、生理学、卫生学和医学、心理学和精神病学,还有统计学、社会学、经济学和政治学。后面的这些科学,从整体上看,是在提出问题,而不是在提供解决问题的方案。但是,使那些问题在思想上更为清楚明白,也是有益的;而且,这些社会科学通常独立于道德价值思考来处理它们的材料,这一事实确实在智识上具有对道德学家的优势。因为虽然道德学家不得不把经济学和政治学的陈述转换成道德陈述,但是由于这些社会科学在处理它们的主题时更多地不受预先存在的和既定的道德价值的影响,这一事实在某种程度上保证了它们在智识上的客观性和中立性,因为那些预先存在的和既定的道德价值可能只是传统或性格的偏见。生物科学和心理科学给我们研究人的问题和社会问题以及向新的前景开放提供了令人满意的、非常有价值的技术。比如,对已经受这些科学影响的个人和大众的身体得以健康的条件以及身体健康所具有的后果的发现,为走向一种相对新型的合乎道德的利益和责任,开启了一条道路。再把健康和影响健康的那些条件仅仅只视为一种纯粹的技术性的或身体性的事情,已经是不可能的了。它对道德上的秩序和混乱所具有的影响,已经得到清楚的证明。

4. 大量的可明确地说出的理论方法和结论,构成了最近两千年的欧洲历史的特色,更不用说有着更为悠久的思想史的亚洲思想家们的思想了。敏锐的理智一直在用于分析和发展建立在理性基础上的指导性原则。替代性的立场和它们的含义一直在被挖掘和系统性地发展。乍看之下,已经被理论家采用的各种逻辑上不相容的立场在学生看来可能只是展现了一个由混乱和冲突构成的场景。

但是，在被更切近地研究时，它们就揭示了道德情境所具有的复杂性：它们是那样地复杂，乃至每一种理论都可能被发现忽视了某种应当考虑的因素和关系，每一种理论也都可能被发现说明了道德生活的某一片断，这一片断需要反思性的关注，若非这种理论，它可能依然隐藏着而不为人所见。由此得出的应有推论，不是我们应当把不同道德理论加以机械式地调和或折中式地结合，而是：每一个伟大的道德思想体系都给我们提供了某种观察的角度，我们可以从这些角度观察和研究道德事实，也就是我们自己的处境。道德理论至少给我们提供了一套问题，我们可以用这套问题，来应对当前的条件，并向它们挑战。

7. 问题的分类

在第二部分余下的内容里，我们将主要精力用于考察已经在我们的文明上打上道德烙印的几种主要的古典道德理论。对这些理论的概览揭示出它们在强调的重心和因此而导致的智识问题上的根本不同，使学生自己在理解这些观念之前就知道它们。精略地讲，道德理论之所以各不相同，主要是因为：有的道德理论认为意图和目的最重要，把善的概念当成最高的概念；有的道德理论认为法则和规则最重要，认为义务和正当概念是最高的概念；第三类道德理论认为赞成和反对、称赞和斥责是基本的道德事实，结果把美德和恶德看成是核心的概念。在每一种倾向之内，对善是什么以及义务、法则和正当的本性是什么，还有不同美德的相对地位，有更多观点上的区别。

第十章 道德理论的本性

1. 人形成意图、努力使各种目的得以实现，这是一个既成事实。如果被问到为什么他们这么做，那么，对这一问题，除了说他们无理由地这么做是出于纯粹盲目的习惯以外，唯一的回答就是：他们努力实现某些目的，是因为他们认为这些目的具有它们自身的内在价值，它们是善的、可使人的欲望得到满足。理性在实践事务上的主要功能就是分辨看起来是善的目的和那些真正善的目的——似是而非的、欺骗性的善与永恒真实的善。人具有欲望；直接地讲，与反思无关，他们想要这件东西和那件东西，想要食物、同伴、钱、名声和荣誉、健康、与众不同、权力、朋友之爱、对手的尊重，等等。但是，为什么他们想要这些东西？因为这些东西被赋予了价值，因为它们被认为是善的。正如经院主义哲学家所说，我们欲求从属的善；在所有被追求的目的的背后，存在着一个共同的善的观念，即可使欲望得以满足。因此，把目的看成是道德中重要东西的道德理论把善的概念当成核心概念。由于人经常在先行的判断中把事实上不是善的东西看成是善的事物，所以，这类理论就存在着这样一个问题：规定真正善的东西是不同于仅仅看起来是善的东西，或者，把永恒的善与转瞬即逝的和短暂的善区分开。从态度和倾向这一方面看，根本的东西是那能够把欺骗性地向人许诺满足其欲望的目的与真正地使人的欲望得到满足的目的区分开来的洞见和智慧。在这一点上，道德理论的大问题是正确知识的获得。

2. 在其他的观察人类生活的人看来，对欲望和爱好加以控制是比使它们得到满足更为根本的。其中的许多人怀疑以欲望的满足和目的的实现为内容的原则。在他们看来，欲望是非常个人化的，而且，欲望趋向于自己的满足，这是诱惑之渊薮，是导致人偏离合乎法律的行动方针的原则。从经验上看，这些思想家迷恋于通过命令、禁令和所有可用来规范情感和欲望之行动的工具来进行运作的人间政治所起的作用。在他们看来，道德的大问题是发现某种深层的、可以控制目的和意图之形成的权威。低级动物因为没有规范性法则的观念而追随欲望和爱好；人意识到自己被一种高于冲动和需要的原则约束着。道德上正确的东西和以自然的方式满足人的欲望的东西，二者时常处于冲突之中，因而，道德斗争的核心就是使善从属于义务。把目的当成至上概念的理论被称为目的论（源于古希腊语τελος），把法则和义务当成至上概念的，被称为义务论。

3. 还有另外一群思想家认为目的原则和理性洞见过分强调人的本性中的理智因素，而法则论和义务论过于强调法律的、外在的和严格约束人的东西。他们迷恋于下面的事实在人的生活中所起的作用，那些事实就是：赞成和谴责，称赞和斥责，奖励和惩罚，对某些行动方针的鼓励和对其他行动方针的不同意，那些迫使人不采纳那些被人们看不惯的方针的压力。他们在人的本性中发现了支持某些行为路线而指责和惩罚其他的行动方式的一种自动倾向，这种倾向有时从行动扩展到行动自其中而出的那些倾向。关于美德和恶德的观念出自大众的赞成；而被全社会推荐和鼓励的那些倾向构成了应当培养的品格的卓越，恶德和缺陷构成那些被谴责的倾向的标志。那些主张这种理论的人在证明推荐和不支持在习俗性道德中所具有的重要地位这件事上根本没有什么困难。反思性道德和这里所说的这种理论是要点破隐含在时下流行的社会认可和批评之中的准则或标准。一般而言，他们同意人所喜欢和称赞的东西就是趋向于为他人服务的行动和动机，而那些被谴责的行动和动机就是给他人带来伤害而不是带来好处的行动和动机。反思性道德使大众道德判断的这一原则成为自觉的、一个可以被理性地采纳和践行的原则。

在随后的几章中，我们将考察这三种类型的道德理论和从它们演化出来的各种分支。我们的目的不是要去规定哪一类型的道德理论是正确的、哪一类型道德理论是错误的，而是去看：对于反思性道德的澄清和发展方向，每一类型的道德理论可以贡献的、具有永久价值的因素。

文　献

除了第一部分第一章后面所列的那些参考资料之外，请看下列参考资料：夏普，《伦理学》，第一章；马蒂诺，《伦理学理论类型》，第一卷，导论；索利，《伦理学中近来的趋势》(Recent Tendencies in Ethics, 1904)；摩尔，《哲学研究》(Philosophical Studies, 1922)中的论文"道德哲学的本性"(The Nature of Moral Philosophy)；布罗德(Broad)，《五种伦理学理论》(Five Types of Ethical Theory, 1930)；菲特，《道德哲学》第一章；詹姆斯的"道德哲学家和道德生活"(Moral Philosopher and Moral Life)，收于《信的意志》(The Will to Believe, 1912)；奥托(Otto)，《事物和理想》(Things and Ideals, 1924)，第五章；列维-布里尔(Levy-Bruhl)，《伦理学和道德科学》(Ethics and Moral Science, trans. 1905)；埃弗里特，《道德价值》，第一章。

一般地讨论行为与品格的资料，请看：包尔森，《伦理学体系》,第468—472页;麦肯齐(Machenzie),《伦理学手册》(*Manual of Ethics*),第一卷,第三章;斯宾塞,《伦理学原理》,第一部分,第二至七章;格林,《伦理学导论》,第110—117页和第152—159页;亚历山大,《道德秩序和进步》,第48—52页;斯蒂芬,《伦理科学》(*Science of Ethics*, 1882),第三章;梅泽斯,《伦理学》(*Ethics*, 1882),第四章;塞思(Seth),《伦理原则》(*Ethical Principles*),第二章;杜威,《人的本性和行为》(*Human Nature and Conduct*, 1922)。

讨论动机与意图的文献,请看:边沁,《道德与立法原理导论》,第八章和第十章;密尔,《人的心智分析》(*Analysis of Human Mind*),第二卷,第十二章和第十五章;奥斯汀(Austin),《法理学》(*Jurisprudence*),第一卷,第八至十章;格林,《伦理学导论》,第315—325页;亚历山大,《道德秩序和进步》,第36—47页;威斯特马克,《道德观念的起源和发展》,第八章,第九章,第十三章;里奇,《国际伦理学杂志》(*International Journal of Ethics*),第四卷,第89—94页和第229—238页,那里提供了更多的参考资料;杜威,《人的本性和行为》,第118—122页。

第十一章 目的、善和智慧

1. 反思和目的

人为了什么目的而活着这一问题不是作为习俗性道德中的一个一般问题被提出的。它是由一个人发现既在的关于他应当怎样的那些习惯和机构垄断着的。其他人、特别是年长者正在做的事情提供了一个人应当为之而行动的目的。这些目的被传统赋予合法性：它们是藉着那些确立这些习俗的祖先所具有的半神的品格而成为神圣的，它们被那些智慧的长者阐述，并被统治者加强。个人违反这些目的，偏离这些目的，但是他们在这样做时确信他们会因此被社会谴责，随之而来的是由神圣的存在所强加的超自然惩罚。今天，还有大量的男人和女人从他们所观察到的在他们周围发生的事情中来获得他们生活的目的。他们接受由宗教导师、政治权威以及在其所属的共同体中具有威望的人所提供的目的。在许多人看来，没有能够采纳这样的路线是某种道德上的反叛或无序。许多其他人发现实际上强加于他们的目的。因为缺乏教育和经济压力，他们多半只做他们不得不做的事情。在不可能进行实际选择时，对意图和企图进行反思以形成某种关于目的和善的一般的理论这样的事情看来是毫无意义的奢侈品。

但是,除非人严格地问他们应当用什么目的来指导他们的行为、为什么他们须这样做以及什么东西使得他们的目的成为善的,就不可能存在着反思性道德这样的东西。在习俗不能够提供所需要的指导时,对目的的这种理智的探索就一定会出现。在旧制度崩溃之时,在外敌入侵和内部的发明和创造彻底改变了生活路线时,习俗就不能提供所需要的指导。

如果习俗不能提供指导,那么唯一可以替代任性和随意的就是反思。对一个人应当做什么事情加以反思,就等于在形成目的。再者,当社会变化巨大时,有大量相互冲突的目的被提出来,此时,反思就不可能被局限于从由环境所建议的诸多目的中选择中一个。思考不得不创造性地运作以形成新的目的。

每一习惯都把连续性引进了行动;它提供一条长期的线索或轴心。在习俗崩溃时,能够把各种行动联接成一个序列的唯一东西就是贯穿在各个单独的行动之中的共同目的。一个已经计划出的目的提供了统一和连续,不论这个目的是获得某种教育、开展一项军事运动还是建造一座房子。一个被考虑的目的越是包容,它所实现的统一也就越广泛。包罗万象的目的可能把数年期间所做的行动都联在一起。对于一位通常的士兵或一位正在指挥岗位上的将军来说,赢得一场军事运动的胜利可能是一个足够包罗万象的目的,足以把为此进行的行动统一成行为。但是,有人可能还会问:然后呢?已经获得的胜利应当如何加以利用?倘若人们在思想上对他们自己的行为感兴趣并且不受偶然性和那正在成为过去的那一时刻的压力之辖制,那个问题至少是极可能被问到的。包罗广泛而持久的目的的形成是把反思运用于行为之中的必要条件;实际上,它们是同一事实的两个称谓。在人们不关心一个行动被导向的目的时,就不可能存在反思性道德这样的东西。

正如每一事件都会具有某种效果,习惯和冲动也会产生后果。但是,纯粹作为习惯、冲动和欲望,它们是不会导致人们预见什么事物会作为它们之运作的一个结果。动物被饥饿推动,其结果是吃食的欲望得到满足和身体得到滋养。人的情况则是,对于在满足饥饿的道德上所遇到的挫折和障碍以及在寻找食物方面所遇到的困难,他有成熟的体验,这种体验将使一个人意识到他需要什么——结果是他有了一个已经计划的目的,即他所欲求和追求的东西。在具有了把一个目的加于那个具体的行动这类结果的意义上,行为是有目的的;在某一特殊的后果被预见到、被预见到是被欲望所采纳并且被深思熟悉地当成行动的指导性目的时,一个被计划好的目的就出现了。目的是一种渴望,一种推动力,它可以被转变成关于某种客体的观念,正如饥饿经由对所需食物(即面粉)的思想被转变成一个目的,然后又变成对要被播撒的谷种和要被耕作的土地的思想——一整个系列的要被理性地做出的行动。

因此,一个已经计划的目的,一方面不同于对结果的纯粹预想或预测,另一方面不同于纯粹的习惯和欲望所具有的推动力量。已经计划的目的与前者的不同在于它包含着某种需要、某种冲动性的力量和使人向前的推动力;已经计划的目的与后者的不同在于它包含着某种理智的因素,即对那把意义和方向赋予那个推动力的某种目标的想法。目的与欲望之间的这一联系是整个道德问题的源头。知识、专业技能、财富和力量的获得,若非想到了与自我的某种急迫需要联结在一起的某种结果,是不会激起目的的,因为它接纳思想,把某种冲动转变成了居于某个目的之中心的某种欲望。另一方面,强烈的欲望趋向于排斥思想。强烈的欲望急于实现自己。强烈的欲望(比如渴)诉诸直接的行动而根本不去想其后果,正如海上一个非常渴的人会去渴咸水而不考虑其客观结果。另一方面,深思熟悉和探索要花时间;它们要求推延,妨碍立刻采取行动。强烈的欲望不会越过当下时刻去看,而看到某种遥远的结果却正是思想的本性。

2. 目的与善

因此,存在着一种发生在自我内部的冲突。反思的动力在被激起时就会预测未来,努力找出较为遥远的结果并且对此加以重视。但是,强烈欲望的力量和当下需要的冲动让思维回到某种不远的目标,需要将在这样的目标中得到快速而直接的满足。由此产生的犹豫和冲突就是那种认为在处在欲望与理性之间的道德生活中存在着一种内在的福利的道德理论的理由;这种理论认为,嗜好和欲望倾向于用似是而非的善来欺骗我们,导致我们偏离真正的目的,那是理性要引导我们去考虑的。结果,有些道德学家走得太远,乃至认为嗜好和冲动内在地是恶的,只是肉体贪婪的表现,是拉着人偏离理性所赞成的那些目的的一种力量。但是,这种观点是不可能成立的。任何观念或目标,除非被与某种需要联系在一起,是不可能作为一种目的来运作,也不可能成为一种目的的;否则,它就将只是一种没有任何推动力量的观念。

第十一章 目的、善和智慧

简言之，在存在着冲突时，那种冲突不是欲望与理性之间的冲突，而是追求一个不远的目标的那种欲望和追求一个通过思考而被认为将存在于一系列作为中介的条件所具有的后果之中的目标（或者说"长远目标"）的那种欲望之间的冲突；这是两个被呈现在思想之中的两个目标之间的冲突，其中一个目标与孤立地呈现自己的某种欲望或嗜好相对应，另一个目标与在与其他欲望的关系中被思考的那种欲望相对应。恐惧可能在应追求的目的这一问题上对一个人说谎；进一步的思考可能使一个人坚信：坚定和没有疑心将会保证他获得某种更大、更持久的善。在每一种情况下，都有一个观念；在第一种情况下，是人身安全的观念；在第二种情况下，是这样一种观念：他人的安全只有藉着坚守某种岗位才可实现。在每一种情况下，都存在着一种欲望；在第一种情况下，是密切地与自然冲动和本能联系在一起的某种欲望；在第二种情况下，是若非思想观察到遥远的后果就不会被激起的某种欲望。在一种情况下，原初的冲动支配对目标的思考；在另一种情况下，这一原初的冲动由于思考所看到的那些目标而被转变成了另一种不同的欲望。但是，不论思考的目标是如何地详细和合乎理性，若它没有激起欲望，它就是无力的。

换句话说，在自然的冲动和欲望中，不存在着任何内在地是恶的东西。只是与那些其目标包含着更广泛和更长久的后果的欲望相比，它们是恶的。在一种首先就如实地展示自己的欲望中，在道德上是危险的东西，是它所具有的把注意力限定到它自己直接的目标、使对更大的行为整体的思考不能进行的倾向。

威廉·詹姆斯正确地描述了这种情形：

如果某种情感真是不明智的,那么,一个正在苦干的人要在这种不明智的情感下行动,他的困难是什么?……他的困难是心理困难,也就是说,困难就在于在心中根本找不到关于明智行动的观念。只要某种强烈的情感状态临于我们,那么来到我们的心上的就不是观念,而是与这种强烈的情感状态相一致的那些东西。如果他人碰巧提供了这样的观念,它们也会被抑制和排挤。……通过我们的情感所拥有的某种自我保护的本能,它认为这些冰冷的事物一旦在心中获得一席之地就会一直运转直到它们把出于我们意愿的非常重要的热情都冻结为止。因此,情感的暗示总是处处防止人那平静而微弱的声音被听到。①

202　　冲突并非存在于以冲动和需要为一方和以理性目的为另一方的这二者之间,而是存在于呈现在思想的两个欲望和目的之间。这一结论与我们的实践经验是一致的。有时,已经受过片面道德训练的人,因为心中有了某种邪恶的或愚蠢的想法,他们就感到羞耻和悔恨,即便他们没有依照这样的观念而行动而且还特别地不考虑它。暂时的冲动通过所有类型的渠道进入我们的内心。除非一个人要为那些此前已经养成的、现在正在活跃和加强的习惯负责,他就没有理由因为关于某个目的的那个观念"突然出现在他的头脑中"而在道德上谴责自己。他的道德状况取决于他在那个观念呈现

---

① 《心理学原理》,第二卷第562—563页。应当参看第561—569页的整个一节。还应参看第一卷的第284—290页中就感受的选择性运作所说的话。

第十一章 目的、善和智慧

其自身之后依据那个观念所做之事。这就是说,道德判断的真正对象是思想与有意的欲求之间的那种结合。当然,还有这样一种诱惑,即人们以只要那些被认为没有价值的欲望被保持在空想的领域之中而没有付诸公开的行为就不会造成任何伤害为理由,人们就可以自由地沉溺于这些欲望的想象性满足之中。看待事情的这一观点忽视了这样一个事实:让人们去思考一种欲望之令人快乐的满足,实际上就是在加强这种欲望的势力,给它增添力量,使它在未来的某种场合终究会变成公开的行动。在道德上不存在欲望与思想的分离,因为正是思想与欲望的结合使得一种行动成为自愿的。

当我们考虑压制欲望和任意地屈服于欲望时,我们会得出同样的结论。存在着不同类型的压制,而且,它们具有不同的道德价值和后果。其中一种压制是深思熟虑地把那个欲求和冲动从思想和观察的领域中排除出去;还有一种压制是简单地把那个欲望驱进隐蔽的意识区域。在这种情况下,就没有削弱那个欲望所具有的力量,而只是进行了一种转移,使得那个欲望间接地运用它所具有的力量。另一方面,一切思考都藉着它的本性发挥着一种压制性的影响。它延迟欲望的运作,意在唤起新的思考,以改变一个人认为他原本被驱使着要去做的那种行为的性质。这种压制性的活动不是在抑制或者压制欲望,只是将欲望改头换面,变成一种更明智的欲望,因为这种欲望对关系和支撑物有着更多的认识。

实践经验对此的第三个肯定可以在与放纵相反的牺牲这一问题中发现。在此,我们也发现,解决这一问题的真正办法在于使思想与欲望统一而非使它们彼此对抗。有时,牺牲被当成了目的本身。这相当于把一种冲动当成本身就是恶的。这类牺牲,在生命伤残、力量削弱、行动的机会变小时,也就终止了。但是,还有另外一种克己,它发生在某种目的被认为或被判断为更为价值而且欲望被与思考所揭示的这一较好的目的联系在一起之时。没有一个人可能拥有他想要的每一样东西;我们的力量太有限,我们的环境也太刚性,这不允许出现一个人拥有他想要的一切东西那种情况。结果,我们必须放弃和牺牲欲望提交给我们要我们去追求的某些对象。不情愿做任何牺牲只说明了品格的不成熟,就像一个假定他自己能够把他心中欲望的一切东西都网罗手中的年轻孩子的品格一样。道德反思具有洞察欲望的各种对象所具有的相对价值这样一种道德功能,因此,当我们放弃一种善时,我们这样做是因为我们看到了另外一种善,这另外一种善具有更大的价值,能够产生出一种内容更为广泛、时间更为持久的欲望。于是,我们就避免了歌德(Goethe)称之为亵渎的那类克己,也避免了把那种较大的善当成善本身。因为正如歌德所指出的,克己易于成为轻率的。"要是下一个时刻我们能够抓住其他的事物,我们就因为绝对地欠考虑而放弃当下的那一事物。我们只是用一种情感取代另一种情感:在事务、倾向、娱乐和兴趣方面亦然。我们尝试所有的东西,一样接着一样,只是为了在最后大叫'一切都是虚空'。"再者,深思熟虑的欲望既能替代对欲望的压制,也能替代在欲望开始呈现其自身中就对它的屈服。

  认识在欲望所具有的推动促进力量与思想对视野的扩展这二者之间存在的关系,能够使我们认识"意志"(will)到底指什么,特别是"坚强的意志"(strong will)这个词到底指什么。有时,坚强的意志被混同于纯粹的硬脖子的顽固——不论正在思考的新因素可能有怎样的结果,盲目地拒绝改变自己的意图。有时坚强的意志被混同于强烈而短暂地展示令人震颤的指向外部的能量,虽然这种强有力的展示一点也不比强烈的无事自扰好。实际上,"意志的坚定"(或者更认真地说,品格的力量)在于冲动与思想的持久结合,在这一结合中,冲动提供驱动力,思想提供连续性、耐心、坚持,形成一种统一的行为方针。意志坚定不同于顽固,因为它不是坚持重复同样的行动,而是善于观察情况的变化而且灵活做出新的调整。即便提出的具体目的变了,但正是思想在坚持;而顽固的人,甚至在思想已经揭示出一种较为明智的方针时,还是坚持同样的行动。在前面所引的那同一段话中,詹姆斯说:在一种强烈的情感出现在我们身上时,在坚持一种方案这件事上存在的困难是心理的困难。它就是难于坚持一种观念,难于使注意一直敏锐而连续。但是,仅有思想不会导致行动;思想要获得实体并且在行动中发挥作用,就必须与生气勃勃的冲动和欲望相结合。

从自愿行为中欲望与思想的具体结合中,可以得出:试图规定行为目的的每一种道德理论都有两个方面。从与欲望的关系方面,它要求一种关于善的理论:善就是这样一种东西,它能满足要求和欲望,使那激起行动的需要得以实现或完满。在与思想(关于要实现的目标的观念)的关系方面,它把必不可少的理性洞见或道德智慧加到关于行动的那些思想上。正如我们已经看到的,经验表明:并不是欲望的每一次满足结果都是善;在我们处在一种强烈情感的影响之下时,许多目的看起来是善的,而在实际的经验中、在冷静的时刻我们再次去想时,它们实际上却是恶的。因此,道德理论的任务是:建构一种关于善(作为欲望之目的或目标)的理论,并且建构一种关于真正的善(不同于似是而非的善)的理论。实际上,后面那个要求意味着去发现这样一些目的,它们既满足不偏不倚的和高瞻远瞩的思想所提出的要求,又满足急迫的欲望。

目的的这两个方面给我们考察已经提出的道德理论提供了一条线索,也给我们判断它们的价值提供了一个标准。从表面上看,一个理论可能看似提供了一个善的观念,这个观念能够以一种令人满意的方式把善与欲望联系起来,但是却不能提供这样一些条件,仅仅通过它们就能够使目的为行为提供合乎理智的方向。这对于我们将开始讨论的第一种理论是特别正确的。

3. 快乐既是善也是目的

在许多人看来,不但有理而且实际上也自明的是:使得任何欲望和追求的任何目的成为善的那种东西就是那一目的给具有那种体验的人提供的快乐。我们发现人在追求许多东西,追求不同的目的。但是,为什么人会这么做?什么样的共同性质使得所有这些不同事物成为可欲的?依据我们这里讨论的这种理论(它被称为快乐主义[Hedonism],这个词源于古希腊语的ἡδονή,其含义是快乐[pleasure]),这一共同性质就是快乐。这一理论的依据被认为可以在经验自身中找到。若一个人不认为某一对象能够使他快乐,为什么他要去追求它,为什么他应当追求它?若一个人不认为某一对象将使他痛苦,为什么他要将它作为恶的加以回避呢?贝恩(Bain)和约翰·斯图亚特·密尔的话是典型的。贝恩说:"对于幸福是一切人类行动的固有目的这一命题,不可能提供任何证据。……它

第十一章 目的、善和智慧

是一个要诉诸人的个体判断来检验的终极的或最后的假设。"密尔说："对于一件事物是可见的,能够给出的唯一证据是人们确实看到了它。同样,对于任何事物是可欲的,能够给出的唯一证据是人们确实在欲求它。"

无须详细讨论这一观点,我们就可以预见到有许多讨论在相当程度上接受这样的说法：这样的陈述存在着一种致命的含混性。幸福可能是善的,但是,幸福并不是与快乐相同的东西。再者,词尾"able"在不同的词语中有两种含义。当它出现在"visible"一词中时,它指"能够被看见"。但是在其他的词语中,比如在"enjoyable"和"lovable"这两个词中,它指适合的、恰当的。"desirable"一词,指的不是能够被欲求的(经验表明它是每一事物所具有的那种在某一时刻被某一人一直欲求的东西),而是在中立的观察者看来应当被欲求的东西。当然,有人可能真的会愚蠢到把实际上没有被欲求的或不能够被欲求的东西当成欲望的目的或可欲求的。但是,在对被欲求的事物的合理性进行决定性的检验之前,就假设对人们实际欲求的东西的一次单纯的检验就可以规定什么东西是应当欲求的,那同样是愚蠢的。因此,在已经使人快乐的东西与可使人快乐的东西之间,还是存在着差别。

接着,我们要审视两种快乐主义,一种是关于欲望的理论,另一种是关于在选择应追求的目的这件事中的实践智慧或审慎的理论。目的这一观念隐含着某种遥远的事物,隐含着前瞻和判断的要求。它给欲望提的建议是：考虑后果(Respice finem)。想一想,如果你依照你现在感受到的欲望行动,你会出现怎样的后果；计算成本。估算一个时期中会有的后果。细心、审慎地估计即将发生的整个系列的后果,是欲望得到满足或者说善得到实现的前提条件。一切蠢笨愚行都在于因为某种当下的强烈欲望所发挥的使人全神贯注和盲目的力量而没有能够考虑遥远的、长期的后果。

我们的第一个批评就是说明:如果快乐被当成目的,那么快乐主义这种理论所要求的那种对结果的冷静而有远见的判断都将是不可能的;换言之,它使它自己失败。因为在快乐和痛苦方面的后果正是在后果方面最难以估计的东西。审慎这一方针就是在采纳欲望所建议的那一方针之前考虑后果,计算成本。但是,快乐是如此外在地和偶然地与一个行动的做出联系在一起,乃至为了寻找可能被采用的行动方针而预见快乐的任何一种企图,都可能是最愚蠢的方针。假设一个人想去看望一位生了病的朋友,试图通过计算快乐和痛苦来规定善。假设他对看见人受苦特别敏感,假设在他们的交谈中在某一主题上会出现观点上的不可调和的分歧,假设某一令人讨厌的人或物出现在他出访期间——总而言之,就一个人应当做什么,考虑与做出一个明智的判断完全没有关系的快乐和痛苦所具有的许多偶然特征。数量不明的外部事实影响着出于某一行动的快乐和痛苦,它们所产生的后果与这个行动所具有的内在的、可预见的后果迥然相异。

但是,我们还是要对我们的推理路线稍加修正,并且把这一理论的范围加以限定,只考虑与某种行为的本性十分内在地相伴的那些快乐和痛苦。我们所有人都因为做了与我们的禀性相符的行动而获得某种快乐;依据概念,这样的行动是令人愉快的;它们与我们自身的倾向一致或者说匹配。在网球方面擅长的人喜欢打网球,艺术家喜欢画画,科学家喜欢做调查研究,哲学家喜欢沉思,宅心仁

第十一章 目的、善和智慧

厚的人喜欢做慈善，勇敢的人喜欢去看需要忍耐和坚持不懈才能看到的风景，等等。在这样的情况下，如果给我们提供了某种品格结构和才能倾向，我们就有了预见快乐和痛苦的一个内在基础，我们就可以把这一理论限定到这样的后果上，把纯粹偶然的后果排除。

但是，在以这种方式修正这一理论时，我们实际上已经把这个人现在的品格当成了标准。一个狡诈的、不择手段的人会完全顺着他自己的心意去获得快乐。当他思考一个将使一位大方而坦率的人遭受痛苦的行动时，他会发现这种思想是其快乐的一个源泉，并且做一件（依据这一理论）是善的行动。同样类型的事情，对于残酷的、放荡的、邪恶的人，也是真实的。每一个人都会预见到的痛苦将是那些与他目前的品格一致的快乐和痛苦。设想一下现在正在被向过去以不好的方式对待自己的人猛烈复仇这一想法攫住的两个人。在这个时刻，两个人都至少从对那个过去以不好的方式对待自己的那个人被打翻和受苦的想象中获得暂时的快乐。但是，其中那个心地仁慈的人很快就会发现自己一想到那个被复仇的人遭受的伤害就感到痛苦；那个冷酷而具有报复心的人，越是时间长地细想他的敌人遭受的苦难，就会越来越快乐地喜形于色——如果快乐就是善的标志，那么，他的这一活动在他看来将显然是善的。

因此，在这一理论中存在着两种错误的观念。它无意中陷入了这样一个错误：把可能使一个品格已经为善的人高兴的那种快乐当成了标准，也就是把被认为是正常的那种快乐当成标准。同样的其他事情是，它认为快乐肯定是一种将使人享受的善，而不是一种将被人回避的恶。但是，"同样的其他事情"这一短语涵盖大量的理由。一个人可能不想放荡的、不诚实的、卑鄙无耻的和吝啬的人所具有的快乐，只想美的享受、友谊和好伙伴、知识以及诸如此类的东西所具有的快乐。但是，不可否认的是，我们在道德上谴责的那些人从他们的行为方针中获得了实际的快乐。我们可能想，而且非常正确地想，他们不应当那样做，但是，他们做了。确实存在着某种幸福，它是善人所喜欢的，内心邪恶的人却不喜欢——但是，相反的情况也是真实的。对于那种认为快乐就是善、因为正是善把一个确定的目的规定为行动的目的理论来说，这一事实是致命的。

另外一个错误在于：它混淆了可预见的、未来的快乐与在对目的的思想中当下体验到的那种快乐。无论何时，只要一个未来的目标被认为是目的，这种思想就会激起一种当下的快乐或不安。任何快乐或不快都会加强或削弱它特殊的目标对我们的注意力的控制。它增加或削弱那被思考的目标所具有的推动力量。如果我沉溺在对我的某种欲望的想象正在我心中激动中的那些快乐之中，那么我的这种欲望就可能被加强到实际上不可控制的程度。但是，这一目标所具有的那种不断变化的推动力量的这种增强，与如果我把这一目标当成我自己的目的而将产生的那些结果所具有的善性的判断或预见，一点关系也没有。实际上，在许多情况下，它与对未来后果的合理判断实际上恰恰是敌对的。我们能够说的至多是：在一个人已经认为某一目的是要追求的善之后，就他而言，明智的活动是促进令人快乐的联想。以这种方式，他的决心将得到巩固而避免心烦意乱。一个已经决定把晚上用于研习的学生，如果连续地允许他的心去细细地想他做其他事情可能使他拥有的状况，就会发现他的决定被削弱了。

黑兹利特（Hazlitt）说："快乐是那种其本身就是如此的东西。

善是这样一种东西,它基于对何者是满足的源泉的反思或者关于何者是满足之源泉的观念而称赞自己。因此,从道德上讲,所有的快乐都不同等地是善;因为并不是所有的快乐都同等地承载着反思。"

真实的情况是:对我们来说是善的东西无一不包含着某种快乐因素,对我们来说是恶的东西无一不包含着某种令人不快的和可恨的东西。任何行动或目标,倘若既不包含令人快乐的因素也不包含令人不快的因素,那它就纯粹是与道德无关的;它在道德上是可被忽略的。但是,"所有善都有快乐作为其成分"与"所有快乐都是善"这两个陈述并不是相同的。前面所引的黑兹利特的话已经指出了这一差别。如果我们判断,我们就经常发现我们不可能称赞某种快乐。这不是因为那种快乐本身是恶的,而是因为判断发现了那一给人快乐的行动与我们道德上要避开或者引以为耻的目标之间的关系。一个行动因为令人快乐而吸引我们。如果我们停下来想一想,我们就可能发现:那种快乐是由于在我们自身中存在的某种我们认为是没有价值的东西,比如某种卑鄙的或淫荡的特征。或者,我们判断时,我们称赞一种快乐,不是因为孤立地看它是一种善,而是因为经过审视我们发现我们愿意支持与这种快乐联系在一起的那些条件和效果。事物给予我们快乐,是因为它们与内在于我们品格之中的某种东西相合。当我们反思时,我们意识到这一联系;因此,在判断一种快乐所具有的道德价值时,我们实际上正在判断我们自己的品格和意向。如果你知道一个人认为什么种类的东西是令人愉快的和令人不快的,你就获得了关于他的本性的一条确信的线索——而且,这一原则不仅适用于他人,也适用于我们自己。

因此，从目的的善与恶这一方面看，构成主德的审慎或远见，就是由一个中立的、不受干扰的观察者所运用的那种审慎或远见，也是当一个人不在强烈欲望的驱使之下而处在平静的反思时刻中所运用的那种审慎或远见。在后一种情况下，这个人是把他的那一欲望和其满足作为由行为和品格构成的一个更大的整体的一个要素加以判断的。在这两种态度之间存在着许多差别，正如在在一个被强烈的欲望驱动下去做犯罪活动的人与一个对他的这一犯罪活动进行审判的法官之间存在着许多不同一样。由存在于快乐与善之间的那种关系所传达的那一重要真理是：我们应当把那一法官（即反思）的职责整合进我们自己的欲望的形成之中，由此学会在为反思赞成的那些目的中获得快乐。

在此我们得出的结论是：在各种快乐的内在特征中存在着重要的区别，不"承载反思"的快乐在种类上不同于承载着反思的快乐。大部分快乐主义者认为快乐都是相似的，其区别只在强度和持续性；密尔引入了质的区别这一观念。他说："人具有一些远远高于动物的欲望，一旦它们被意识到，不包含它们的满足的任何东西，就都不能被认为是幸福。"

> 很少有人因为许诺他可以让其充分地享受兽性的快乐而愿意被变成某种低级动物，没有一个聪明人愿意变成一个愚人，没有一个受过教育的人愿意成为一个文盲，没有一个有感情和良心的人愿意成为一个自私而下流的人，即便有人劝他们说愚人、蠢材或流氓能够比他们现在更好地满足其欲望。……无可争辩的是，那些快乐能力低的人有更大的机会使他们充分

第十一章 目的、善和智慧　　　　　　　　　　**251**

地满足,而那些天赋高的人将总是感到,由于世界是这样的,他能够寻找的任何幸福都不是完美的。……做一个不满足的人要好过做一头满足的猪,做不满足的苏格拉底好过做一个满足的愚人。如果愚人或猪有不同的意见,那是因为他只知道处在他自己那一边的问题。与此相对的另一方知道这问题的两边。

这样一段话赢得了来自道德常识的由衷赞同。但是,它的含义不是完全清楚明了的。有一些人既"知"高级的快乐也"知"低级的快乐,但是,他们依然选择了低级的快乐;我们完全可以说,他们愿意当猪。当猪通常比像苏格拉底那样判断和行动要容易得多——有人可能提醒自己,苏格拉底赴死,是他的"智慧"所造成的结果。为了使密尔的陈述成为可接受的,我们必须把"领会"(understanding)当成"知"(know)的含义的一部分。孤立地看,一种快乐不可能被说成是比另一种快乐高或者低。在绘画的快乐或阅读一本好书的快乐中不存在比享受食物的快乐内在地高级的东西——也就是说,在它们的满足被与作为一个关联的整体的生活中各种目标所具有的支撑物和关系分开之时。有时,解除饥饿优先于其他欲望的满足;在那个时候——对于那个时候的那个人来说——饱食之乐是"较高的"。我们得出这样的结论是,包含在密尔的那一陈述中的真理,不是某种"能力"内在地高于另一种,而是:那种通过以广泛的经验为基础的反思而被发现以一种和谐的方式与他的欲望体系统一的满足,在质上高于只是在与某种孤立的特殊需要关联在一起的那种善。密尔的那一陈述的整个含义是:完整的自我在任何目的和目标中的满足,与某一单个而独立的欲望的满

212

足,在种类上非常不同的。说前面一种满足就是"幸福"一词所指称的东西而后面一种满足是"快乐"一词所指称的东西,并不是在违反日常的说法;因此,密尔的论证不是那样地指向不同快乐中不同的性质,因为它所指向的,是完整的自我的持久满足与自我之中的某一孤立的部分的暂时满足这二者之间存在的质有区别。

因此,我们不仅可能而且必须依据事实,在快乐和幸福(well-being,亚里士多德称作eudaimonia)二者之间做出区分。不存在严格地称作快乐的东西;快乐是可乐性(pleasantness),一个指称快乐的或令人快乐的对象的抽象名词。不论一个人可能是怎样的,与这个人的现存状态相契合的任何一种事务状态,都是快乐的或令人快乐的。

在一段时间是令人快乐的东西,在另一段时间却令人不快;在健康时令人快乐的东西,在生病时却是使人不愉快的;在吃饱喝足的状态中使人心烦或反感的东西,在人饥渴之时却是使人高兴的。在更高的级别上,那在一个有着慷慨性情的人看来是令人快乐的东西,在一个吝啬小气的人那里却激起了厌恶。在一个孩子看来是令人快乐的东西,可能使一个成年人烦心不已;使一个学者满意的东西,在一个乡下佬看来可能是令人讨厌的。因此,可乐性(pleasantness)与不可乐性(unplesantness)象征和表现着那些在一个特殊的时间契合某个人和某种品格所具有的特殊性质的事物。在一个表现着它与其适合的那种品格的性质的象征中,不存在任何可欲的目的,但是,这一象征还是可能作为某种指导或警告而发挥着些许作用。

在仅仅只是使人快乐和高兴的东西中,存在着某种偶然的东西。它们发生在我们身上。一个人因为在街道上捡到一笔钱、吃一顿好饭和意外地遇见一位老朋友而获得快乐。或者，有人失足摔倒，伤了自己，遭受痛苦；或者，一个人虽然自己根本没有犯错，却经历了一场强烈地令其不快的失望。把在任何道德意义上的善性或恶性赋予这些与深思熟虑的行动没有任何内在关系的事情，那将是荒唐可笑的。不存在比失去一位亲爱的朋友包含着更多苦楚的事情，但是，没有人会认为那个遭受这种损失的人因此而在品格上受到了损害。一个"幸运的"人可能以不同寻常的程度发现令人快乐的目标，但是，因为这一事实，他可能只是变得迟钝、没有思想和被人欺骗。

与快乐相反，幸福是一种稳定的状态，因为它不是依赖于暂时发生在我们身上的事情，而是依赖于自我所具有的长期有效的品性。一个人可能在令人讨厌的人或事中发现幸福；如果一个人的灵魂勇敢而平静，那么，尽管有着一系列令人不快的经历，他还是可能心满意足和兴高采烈。可乐性取决于具体的事件触及我们的方式；它倾向于使人把注意力集中于自我，因此，喜爱快乐本身易于使一个人变得自私或贪婪。幸福是与我们主动地拿来以应对各种处境的那些品性，以及我们用来回应和解释的心智和心情的性质有关的问题。即便如此，在事先有意地追求这个意义上，幸福并不是直接地就是欲望和努力的一个目的，它只是品格的一种产品，是品格的一个不可缺少的伴随物，而品格只对那些长久而内在地与某种正处在优势的和扩张性的本性联系在一起的事物感兴趣。正如乔治·艾略特（George Eliot）在他的小说《罗慕拉》（Romola）中所说："凭十分关心自己狭隘的快乐就能获得的那种幸福，只是一种贫乏的幸福。只有通过拥有广阔的思想和把世界上的其他人与自己一视同仁,我们才能拥有最高级的幸福,与伟人并肩;而这种幸福时常伴随着那么多的痛苦,乃至我们把它与痛苦分开的办法,就是说,它是我们将在其他任何事物之前优先选择的,因为我们的灵魂认为它是善。"①

不同于快乐的幸福是自我的一种状态。平静的快乐不同于内心的平静;存在着对外在环境的心满意足,因为它们为我们提供当下的快乐;在不利的环境中,也能维持品格和精神的满足。能够给出一个把完全暂时的满足与真正的幸福区分开来的标准。真正的幸福出于本身就是令人快乐的但同时又在加强和扩大那些是幸福之来源的其他欲望和倾向;在快乐中不存在这样的使各种欲望和谐和得到扩大的倾向。在我们之内,存在着这样的力量,它们的运用确立并加强那些持久而稳定的目标,排除那些在暂时满足的时候会使人不得安宁和烦恼不已的目标。和谐以及与其他价值结成一体的意愿是幸福的标志。孤立和走向冲动与干扰的倾向,是那些在可使人快乐方面已经空空如也的状态的标志。

4. 伊壁鸠鲁派关于善和智慧的理论

现在,我们来讨论关于欲望和思想的应有目的的另外一种理论,它被称为伊壁鸠鲁主义。我们现在一直在讨论的那些理论,专注于未来的快乐和那应当规定当下欲望和努力的思想。它们依赖

---

① 被如此思考的"幸福",形成了判断的一个标准而非欲望的一个目的,我们在论赞成的那一章将讨论这个事实。请看本书第269—272页。

于所有种类的外在环境,而这些外在的环境,即便是最为根本的条件即生命本身的继承存在,也是极其不确定的。因此,对生命之流逝的反思导致一些观察者认为对未来的关注是烦恼和焦虑的一个来源,而不是获得要追求的那种善的一个条件。在依赖于不受我们控制的环境的东西中寻找善,是不明智的;这样的行为只说明了愚蠢。这样,明智的做法就是抓住当下,把它与当下可能产生的快乐完全分开。活在当下(Carpe diem)。这一观念被以诗意地表达在埃德娜·圣文森特·米莱(Edna St. Vincent Millay)这几行诗中:

> 我的蜡烛两头烧,
> 不等天亮就完了,
> 周遭不论敌与友,
> 可爱烛光皆照耀。

"吃吧,喝吧,乐吧,因为明天我们就要死去"这句话,也粗略地表达了这个意思。

但是,依据这一理论,在对当下快乐的无思想的把握与反思性的规定过程之间,还是存在着巨大的不同。经验告诉我们,有些快乐是极其短暂的,随后就是由不舒服和痛苦构成的反作用力。所有极端而激烈的快乐都有这种情况。沉溺于激烈的快乐几乎没有什么益处;它是一种包袱而不是一种资产。因为经验说明这样的快乐通常使我们陷入伴有麻烦和痛苦的各种境地之中。那些最后是善的快乐是温和而宁静的快乐;经验说明这样的快乐出于理智与优雅的源泉,这些源泉处在我们自己之中,处在我们的控制之中。

肉欲之快乐,比如性快乐,可能比较强烈,但是,它们过于短暂,因而不大可能像来自书籍、朋友和培养优雅情趣这些快乐那样提供未来的快乐机会。我们的感觉和肉体欲望与外在的事物联系在一起,因此,就使我们陷入了我们不能控制的处境。但是,在那些感性快乐中,耳目之乐比鼻舌之乐更值得培养。因为耳目之乐更密切地与理智快乐联系在一起,而且与自然中更平常、更广泛地分布的条件更密切地联系在一起。阳光、流水和清新空气给人提供的快乐是宁静的和容易获得的。把一个人的满足托付给奢侈品,就是让一个人的自我交给烦恼不断的寻求和极其可能的失望。简单的生活就是善的生活,因为它是一种最可能保证人获得当下快乐的生活。私人的友谊胜过公共生活。因为朋友自然而然地聚在一起形成和谐。参与公共生活就是把一个人的命运交给不受自己控制的东西,使自己陷在激烈的变化之中或至少处在持续的动荡之中。

这一理论构成了最初形式的伊壁鸠鲁主义,人们时常以此名称呼这一在很大程度上排除了屈从感性快乐的思想。它的原则是:珍惜当下那些最能得到保证使人快乐的东西,避免陷在外在的环境之中。在伊壁鸠鲁主义的思想中,对保证当下快乐的那些条件的强调,既是其长处,也是其弱处。

这一理论避免了预测和计算未来的快乐和痛苦这一难题,正是这一难题宣布我们前面所讨论的那种类型的理论不能成立。个人经验和社会经验都告诉我们,温和而宁静的快乐比过分让人激动的强烈快乐要更完全和更长久。喜欢阅读书籍和进行智力工作、有与人结成友好伙伴关系之倾向的人,比那些沉溺于感官快乐或追求金钱与名誉的人,在其自身中更整体地拥有满足的源泉。到目前为止,在这一原则中显然存在着合理的意义。在忙碌、匆匆和奢华的时期中，人们在对外在的和转瞬即逝的事物的兴趣中忘乎所以，专注于机器和商业所带来的物质成果，迷失了自我，此时，这种训诫是特别需要的。

另一方面，从根本上讲，这种思想是一种撤退和束缚，即便它采取了高度理智的"不动心"（disinterestedness）、远离实践事务所具有的忙碌和混乱这一形式。即便把当下与未来分离开来是可能的，也可能找不到实现幸福的更好的有效规则。但是，自私地专注于个人自己的快乐这样一种看来遵守了这一思想的品质，是排除对未来之关心的企图所导致的必然结果。究其根本，这种思想是一种退隐和消极。它不但忽视了与不利条件作斗争、努力克服所遇到的困难可能带来的快乐，而且要求大众从他们不可避免地投入其中的战场中撤退出来。这种思想，只对那些已经被有利地安置了的人有吸引力。它假定了这样的前提条件：有其他人正在做这世界上的辛苦而粗重的活，因此，少数人能够过一种宁静优雅的生活。这是自私的，因为它排除了多数人。倘若社会状况混乱而残酷，乃至有修养的人退进他们自身之中，使他们自己专注于理智的和赏心悦目的优雅之中，此时，这种思想总是会流行，虽然它可能采用不同于伊壁鸠鲁主义的其他名称。

5. 作为目的的成功

主要的道德需要是寻找选择目的的那种智慧这一理论的第三个变种是这样一种理论，它认为最高目的就是在明智的自利这一意义上所理解的"成功"。这种理论,不能被归于关于快乐和痛苦的任何一种具体的理论,而且很少象被其他原则那样被在理论上精确地表达。但是,它在实践中被广泛地奉行。它被暗示在"诚实是最好的策略"这一格言之中。在称为实际事务的东西中它容易流行,比如商业、政治、管理,在这些地方,成功和失败可以依据外在的权力、名誉、所赚的钱和所获得的社会地位来评价。这一理论非常重视效能,注重已经做了的事情;它承认节俭、精明和勤奋,谴责懒惰和愚蠢。它怀疑艺术,除非它是实际成功的一种装饰;它不相信独特的理智追求,除了在它们结出实际的实践上的成果之时。

尽管事实上道德学家们对这种生活观普遍地持一种批评的态度,但是,还是要为它说几句话。明智的自利、对成功的计划和计算作为动机,看来地位并不很高。但是,当一个人考虑由完全的无知、愚蠢和粗心以及屈从于暂时的奇想和冲动所造成的伤害的数量时,他可以完全有把握地下这样一个结论:如果更多的人是在对外在成就的合乎理性的兴趣的推动下,世界的状况可能要好得多。而且,倘若我们考虑一个以自己是道德的而自豪的人在多大程度上满足于其纯粹"平庸的好"、满足于好意(依据格言,好意铺就通向地狱的路),一个人在多大程度上在行动上没有精力、在实际执行方面没有效率,此时,我们就会忍不住要对这种强调成就的理论表示些许尊敬,即便它的成就标准并不高。再者,几乎没有人能够承受轻视对行动中成功的参照要付出的代价。学生、工程师和有职业的人在他们的生涯中坚定地考虑成功。审慎——被解释为指称活动方面的合算——这一原则至少趋向于使人坚守工作,并且使他们免得分心,免得浪费时间和精力。

但是，在所有的好话都已经说出来时，这一理论所具有的缺点依然是非常明显的。它几乎不能超越生活的那些较为外在的方面；它鼓励"上升"(rising)、"发迹"(getting on)和"取得成就"(making a go)这样的想法，但是，它不加质疑地接受对这些东西所包含的事物的流行评价。它不批评碰巧(比如，在一个人们专注于赚钱的时代中)流行的价值观，它鼓励人们用可触摸的物质条件来思考得失。在一般意义上的成就这个角度上所说的成功观念是不空洞、不局限于纯粹的内在感受状态的一切道德的一个不可缺少的构成部分。但是，现在讨论的这种理论使它自己委身于一种表面的、习俗的、未经审视的成就观。它把自己的信仰放在某些价值上，但却牺牲了其他更合乎人性的和更为重要的价值。道德必须"世俗"到足以考虑这样一个事实：我们生活在一个在其中有些事物必须去做的世界之中。但是，这并不是说应当把成就理解为求名求利。

6. 作为目的的苦修

对在形成目的和对善加以判断这样的事情中智慧的本性还有另外一种解释，它是在古希腊由犬儒学派提出来的。正如我们已经看到的，涉及目的的那个大问题是区分那些以近期的和片面的观点看是"善的"东西与那些从长远的眼光和全面的观点看是"善的"东西。前者是显而易见的，后者依赖于对反思的运用，而且时常只能通过耐心和彻底的反思在思想中被发现和保持。即便如此，众所周知，与那些直接诉诸当下急迫的冲动和欲望的比较温和和近期的善相比，那些被简单地断定为善的东西是苍白的，没有力量推动我们。

因此，犬儒学派认为它作为用来对待出于稳定习惯的实践活动的道德智慧的一部分是非常重要的。艺术家和工匠熟练而持续地追求目的，但却不是因为反思和理论，而是因为由练习形成的习惯。这一原则为何不能普遍地进入道德之中呢？重要的事情是指挥当下的爱好和欲望。在提供这种指挥方面，思考是相对无力的；养成的习惯是强有力的。因此，道德原则是践行正确的行动，直到习惯稳固。

在由犬儒学派提出来的那种理论的准确形式中，这还没有具有巨大的影响。但是，这样一种根本的观念——智慧就在于驯服和训练欲望、欲望的这种服从是通过深思熟虑的练习而非通过反思实现的——已经成为一切具有清教色彩的道德观念的一个重要的部分。它的极端形式被称为苦修主义（Asceticism，出于古希腊语ασκησις，意为"练习"［exercise］、"操练"［displine］）。在通俗中，这种观点被认为是与幸福论和满足论相对立的。它确实以怀疑的态度把所有通常的满足形式当成在道德上是危险的。但是，它这样做是因为它对一种完全不同类型的终极满足感兴趣，正如一名殉道士在彼岸世界中对永恒幸福报以期盼在此岸世界中忍受苦难；或者，若不是那样，它这样做是因为他感兴趣的，是要通过他对他的原则的忠守来获得的那种满足。平常的快乐是欺骗性的，它们误导判断和行动。它们的欺骗性质就是那处在我们与那了解真正善的智慧之间的东西。平常的欲望所欲求的那些快乐非常强烈，乃至我们若要忠贞不渝地在实际上去满足后者，就必须驯服前者。驯服欲望的方法，就是在练习中系统性地与那些在本性上不友好的东西战斗，以此使我们自己能够经受痛的考验，使我们自己坚定地对抗欲望的诱惑。一再重复的练习削弱欲望的强度。

第十一章 目的、善和智慧

约翰·洛克不是苦修主义者,但是,在他的"在我看来清楚明了的是:所有美德和卓越的原则,就在于它具有这样一种力量,在我们的欲望不被理性许可时,使我们自己不去满足那些欲望"这一陈述中,包含着某种苦修的因素。而且,他继续说,"这种力量是通过习俗获得的,通过早期的训练而变得易行和为我们熟虑。因此,如果我可能被听说过我极力主张与这种通常方式相反的东西,那么,孩子们甚至从他们的摇篮时期起就应当习惯于使他们的欲望顺服,并且在不带任何激烈欲望的状态下成长。"[①] 威廉·詹姆斯也不是苦修主义者。但是,他在讨论习惯时说,"每天通过一些不必要的练习使努力的能力在你之中保持活力。也就是说,在不必要的时刻系统地做一些苦修或英勇行为。每天或每两天不为任何理由做某种你若非必要就不愿去做的事情,这样,在悲惨的时刻来临时,你就可能发现你不是在烦恼不安地和未经训练地去经受检验。"[②]

不承认在这样的建议中存在着真理的成分,那是不可能的。只在思想中被沉思的目的,与激情所具有的急迫性相比,是软弱的。我们对善的反思性判断需要一个处在反思之外的同盟者。习惯就是这样的一个同盟者。而且,除了通过练习之外,没有办法保持习惯;习惯不是自我生成的。只有通过持续存在的一种行为方针,才能产生习惯;而且,这里所要求的那种持续存在,不可能留给机会。我们没有必要走到苦修思想的极端,认为在忍受痛苦和压抑快乐中存在着某种内在地有益的东西。但是,在第一次做那些为了形成一种强大的习惯而必须做的事情时,几乎肯定会有某种程度的不快乐

[①] 《论教育》(*Of Education*),第38节。
[②] 《心理学原理》,第一卷,第125页。

相伴随，却是一个事实。人尽皆知，承受"操练"是艰难的。

对这一理论的批评，在原则上类似于针对伊壁鸠鲁主义和把成功当成目的的那种理论的批评。在操练对于形成坚强得足以抵制激情之诱惑的习惯是必不可少的这一观念中，存在着某种真理的成分。但是，正如在培养最贴近的温和快乐和以成就为目的这两种情况中一样，这一真理的成分应当被肯定性地规定，而不应当被否定性地规定。它不是把压制欲望当成目的本身，而是把此当成是在形成将造成一种更全面和更持久的善的欲望方面一项不可缺少的措施。实际上几乎没有人走向早期苦修者的那种极端，那些早期的苦修者以怀疑的眼光贬低家庭、国家、艺术和科学，因为这些东西可能迎合性欲、尘世对权力的野心，或者使人沉溺于眼目之欲和理智的骄傲。但是，职业的道德学家们有时依然使其他人特别是年轻人厌恶道德，因为他们把道德等同于为了否定而进行的否定，把道德等同于被当成目的本身的约束。

在现代社会中，在绝大部分领域中都不存在着把苦行原则当真这样的危险；但是还是存在着这样一种真实的危险：苦行原则影响某些地区的道德教育到了这样一种程度，乃至那些被教育者被抛到一个相反的极端，使他们因此被激怒而接受这样一种思想，认为所有的抑制都是危险的，每一种冲动都应当得到"表现"，每一种欲望都应当得到满足。危险的东西不是抑制而是这样一些努力实施抑制的方法：事实上不是在抑制或控制欲望，而只是使欲望处在意识之外，把它们强行地排除在观察和思想之外，鼓励欲望以间接的、病态的方式运作。如果一种欲望的价值还没有被追问，就只有对这种欲望的抑制，那么，所有的思想就都含有抑制；在通常情况下，它包

第十一章　目的、善和智慧

含着某种进一步的控制,在这样的控制中,起初的欲望被纳入某种较大的目的而成为从属的。

苦修理论和"自由表现"理论所具有的错误是相同的。这个错误,就是没有能够看到约束这一否定的成分,作为在形成一种新的目的和构建一种新的善这样的事情中的一个要素,是有价值的。重要的事情是这种新的善成为现实,是通过肯定的手段而非通过刻意地努力剔除相反的冲动而获得某种东西。被单独思想的那个较大的善具有力量去削弱与其对立的那些倾向所具有的力量。真正的危险在于:拖延和玩弄,用当下急迫的冲动去阻滞那代表着受到称赞的目的的决定性行动。正如詹姆斯所说,"不管一个人所拥有的原则仓库是多么充实,……如果他没有利用每一个具体的机会去行动,他的品格就依然是完全没有变化的,没有走向更好。……在这个世界上,表达是最小的事情——亲切地对自己的阿姨说话,或者在马车上把自己的位置让给别人,如果没有更勇敢的行动的话——但是,也不要让这样的小事情没有能够发生。"弥尔顿称之为"难以捉摸的和与世隔绝的美德"的东西,之所以是难以捉摸的,就是因为它是与世隔绝的,因为当行动的时机呈现它自身时它没有决定性地被影响。真正的力量的获得,不是通过为了它们自己的目的而做过的那些练习,而是通过在为了获得结果而这样的力量实际上被需要的领域中所进行的练习。

在我们现在讨论的这种理论中居于主宰地位的那种目的观念,其极端的和逻辑的形式,并没有成为现在大的时尚。但是,对它加以讨论依然是重要的,因为它的根本观念被保存在把道德看成是一套特别的和独立的性情这一倾向之中。道德上的善非常普遍地被与对那些使生活更充实的对象的兴趣分割开来,被限制到一套狭隘的目标,这些目标之所以被珍视,只是因为它们包含着对欲望的抑制和压制。经验表明,这种态度的影响就是把人们的注意力固定在那些被认为是恶的东西上。心灵充满着罪感,总想着如何去回避。结果,就形成了一种腐酸而阴郁的性情。在这种方式中被影响的个人就被变得苛责他人,要在他人中寻找恶。以对人性的相信为基础的那种对他人的大度之心被扼杀了。与此同时,对那些可使人精力充沛的目的的积极兴趣变弱了。在正常情况下,操练是作为对具有积极价值的那些目的的坚定追求的一种结果而出现的。专注于一个目的的一个人——不论这一目的是属于艺术、职业还是使命方面的目的——将忍受苦难和不利的条件,因为它们只是追求善的东西这一过程中的插曲。他将在他追求的过程中发现足够的机会来操练更坚硬的美德。那些能够以苦为乐来摧毁一个坏习惯的人将获得成功,而失败将恭候那些把他的努力集中于纯粹的节制这一否定观念的人。在本性的善(那些诉诸当下欲望的善)与道德的善(它们在经过反思之后会被赞成)之间存在着差异。道德的善是某种本性的善,但是,它是通过把这种本性善放在其所处在关系中加以思考而得以维持和发展的;与道德的善相冲突的那种本性的快乐是这样一种快乐,伴随着某种顽固存在的欲望,这种欲望被允许凭其自身使行动动摇,与反思可能揭示的那些关系分开。

7. 结论——培养作为目的的兴趣

我们已经看到,关于目的和善的观念与品格和行为所具有的理

第十一章 目的、善和智慧

智方面相对应。在获得和保持实践智慧这条道路上所遇到的难题就是当下的冲动和欲望的急迫,它们一再增强,直到把对遥远而全面的善的一切思考都排挤出去。这一冲突是一个真实的冲突,而且,它就处在我们的那些重要的道德斗争和过失的核心。简略地讲,在没有出现相互冲突的欲望时,我们可以在对一切可能的场合的利用中找到办法去培养对我们在进行反思的那些平静的时刻赞成的那些善的兴趣。密尔说,"有教养的人……在他周围的一切东西中都可找到不竭兴趣的源泉,不论那东西是自然对象、艺术作品、诗意的想象、历史事件、人类的各种方式,还是过去、现在和他们对未来的展望。"这些兴趣的培养有许多时候不会遇到强大的障碍。在这样的状况下建立起来并得到强化的习惯,在反思性或"真正的"善与由暂时而强烈的欲望追求的善相冲突时,是对抗软弱和投降的最好堡垒。因此,正确的行动方针是:增加由这些目的带来快乐的机会,延长和深化与这些快乐联系在一起的经验。这样,道德就成为肯定性的,而不是要进行的一场反对较小的善所具有的诱惑力的战斗。这一行动方针不能保证我们能够避免冲突境遇的出现,也不能保证我们在维护较大的善的行动上不会失败。但是,当这些目的本身在较早的场合中已经成为我们在通常的生活过程中所享受的本性之善时,由理性所表现的、与这些目的联系在一起的反思就会被大大地增强。那些得到思想支持的理想目的,在它们被直接地欣赏时,并没有丧失它们的理想特征;就它们变成了实际兴趣的对象而言,它们所具有的控制和推动行为的力量得到了加强。

这一事实说出了可以在我们本章所讨论的各种理论中发现的那个共同因素。隐含在快乐主义对道德智慧的看法(道德智慧就是预见和计算未来的快乐和痛苦）之中的真理是：当下的快乐在被放到心智面前时，就可能与对遥远目标的思考为伴。它的错误在于，它认为在反思中我们的观念走向未来的快乐而不是走向未来的目标。一个人不会为了良好的健康而去想良好的健康将给他带来的快乐；在思考可能由于良好的健康而来的各种目标和行动的过程中，他体验到当下的快乐，这种快乐增强他为了实现良好健康而采取的努力。正如柏拉图和亚里士多德在两千多年以前所说，道德教育的目标在于形成这样一种品格，它发现在正确的目的中存在着快乐，在错误的目的中存在着痛苦。

  类似的评价也适用于那本身是权宜之计或"好策略"之标志的被视为对目的的判断的智慧或审慎。就其原则强调为获得成就所不可缺乏的手段和条件、把道德与由情感激荡和幻想所构成的领域分开而言，这一原则是合理的。错误在于它限制价值的领域，认为在这个领域价值构成的实现是可欲的。它的成功观念只包含有形的物质产品，排除了文化、艺术、科学和与他人的同感关系，这是愚蠢而不是智慧。一旦一个人以具体的、直接的方式体验到这些类型的善，他将宁可在外在的成就中失败，也不愿放弃对它们的追求。努力的热情本身就是一种被保证的快乐，没有这种热情，生活就是贫乏的。正如密尔所说，"被称为权宜之计的某些东西并不是有用的，实际上只是一种有害的东西。"在正确的反思面前，某些有时被认为是"切实可行的"事情实际上是极其不可取的和短视的。但是，消除人们对狭隘而短视的权宜之计的偏爱的方法，不是把它与精神性的理想相比，指责它所具有的这种实践性是低级的和唯利是图的，而是为从那些反思性的价值中获得实际的快乐创造一切可能的

第十一章　目的、善和智慧　267

机会,积极地投身于实践之中,扩大它们的范围。

与此相应,这类理论所说的那种道德上的智慧领会了做或者说"练习"的必要性。它们认识到了习惯作为一个堡垒在对抗由当下的欲望和急迫的情感所建议的那些善对人的欺骗这件事上所具有的重要性。而且,它们还正确地认识到,为节制而节制,为克制血气之欲而克制血气之欲,并不是合乎理性的目的。在做事的过程中,重要的同盟者是力量感,而且,这种力量感伴随着人们在肯定性的善的实际实现中所取得的进步。还有一样东西,虽然不能说它是同等重要的(在某些性情中还是优先的),它就是优雅。一个打高尔夫球或网球的人,可能因为他欣赏"形式"所具有的价值而以他的练习为乐。爱默生(Emerson)谈论节制所具有的高雅。中庸是节制的同盟者,而且不存在没有尺度的艺术。由于对比例适度的感受而进行的节制,在质上不同于为了节制本身而进行的节制。发现过度是令人讨厌的,比发现过度虽然是诱人的但却是错误的,可更有效地使人节制。

最后,被称为伊壁鸠鲁主义的那种思想背后的真理,包含着一种我们一直坚持的思想:重要的事情是享受有价值的事物所具有的当下快乐,而不是为了一种未知的和不确定的未来而牺牲当下的快乐。如果这一方针被通俗地认为是纯粹的自我放纵,是自私的,对于连续努力来实现遥远目的来说是毁灭性的,那么,这是因为它强调快乐这一赤裸裸的事实,而不是强调人们所享受的那些价值。在此,正如对我们已经讨论的其他原则一样,结论就是要求为人直接享受那类为反思所赞成的善提供尽可能多的机会。不承认欲望的直接满足在道德中具有任何地位,只是在削弱为思想所赞成的那些善所具有的推动力量。

我们的讨论一直集中在这样的善上，它们是那些有思想的或道德上"有智慧的"人在考虑了它们与那些当下而强烈的愿望、冲动和嗜好的满足之间的关系后所赞成的。我们已经看到，反思的职能形成一个价值判断，在这个价值判断中，具体的满足是被作为行为的不可分割的部分对待的，而行为就是一个一贯的和谐整体。如果价值不是以另外一种方式实现的，也就是说，如果一种欲望的实现并不是与另外一种欲望的实现不相容的，那就没有进行反思的必要。我们应当在每一事物出现时就领会和享受它。智慧，或者如它在人们以日常的层面被给予的称呼——审慎或合理的判断，就是这样一种能力，它以这样一种方式预见结果，乃至我们形成了这样的目的，它们彼此转换，彼此加强。道德上的愚蠢就是为了较小的善而放弃了较大的善；它以这样一种方式紧紧地抓住一种满足，使我们不能拥有其他的满足，结果使我们陷入烦恼和不满。

至此，我们还没有考虑影响人的智慧而审慎的态度形成的那些社会条件。但是，显然一个人所接受的教育（正规的学校教育所具有的影响，没有一个人生活在其中的那个共同体的传统和制度以及一个人所属的那个社群的习惯所具有的影响那么大）是一个具有深远影响的因素。最易于理解的例子就是被宠坏的孩子。这样的一个人，在每一个欲望出现的时候都被鼓励着去满足它，在他想要任何东西时都不断地接受他人的帮助去获得他想要的那些东西，因此，如果他要形成进行反思性评价的习惯，他就需要拥有非同寻常的智力。一般的社会秩序，就其重视对于那种粗糙的、粗俗的、"物质性的"满足以及没有耐心地急切去抓住任何看似眼前的善的那种态度而言，就是如此。这种状况是今日美国生活的许多方面的特色。

对凌驾于他人之上的权力、炫耀和奢华以及金钱形式的财富的爱,被我们的经济制度促进着。比较理想的、优雅的、理智的价值以及胜过表面同志关系的友谊这些善,被变成从属的。因此,培养那种对品格加以反思和深思的态度,也就成为更强烈的要求。最为重要的是,存在着这样一种要求:重造社会条件,使它们可能会几乎自动地支持更充实和更长久的价值,抑制那些社会习惯——它们或者支持未经思想秩序化的、任凭冲动随意做事,或者使得到满足的人陷入纯粹的例行公事和惯例。在判断价值这件事上,最大的智慧堡垒是一种正义而高贵的社会秩序。桑塔耶纳(Santayana)说:

> 如果一种较好的制度能够在我们的生活中获胜,那么,一种较好的秩序也能在我们的思考中确立它自己。人类一再倒退到野蛮和迷信之中,不是因为人缺乏敏锐的感觉、个人的才智或外在世界中的持续存在的秩序,而是因为缺乏好的品格、好的榜样和好的政治。只要人能彼此提供机会,在人之中就存在着一种可使人过高贵生活的情感能力。政治完美这种观念虽然模糊而遥远,但它肯定是可企及的,因为它像人的本性一样是确定的和持续存在的。[①]

最后,我们指出,这一讨论使我们能够给与物质价值相对的理想价值这一概念提供一种经验上可证实的意义。理想价值和物质价值是两种不同的善,理想价值是这样一种善,当它们把自己呈现

[①] 《科学中的理性》(*Reason in Science*),第320页。

给想象时,反思在对它们所具有的关系进行广泛的审查后会赞成它们;物质价值是这样的善,它们之所以是善的,只是因为它们所具有的更为广泛的联系还没有被加以考察。我们不能画一张表,说这样一些善是内在的而且总是理想的,其他的善因为是物质性的因而内在地是低级的。有这样一些环境,在其中,对一种价值的享受,因为是与宗教联系在一起而被称为精神性的,但实际上却只是放纵;换言之,它的善变成一种感性的情感。也存在着这样的场合,那时,对物质环境的注意构成了理想的善,因为那正是彻底的追问所赞成的行动。当然,一般地,我们某些善在品格中是理想的,比如艺术、科学、文化,还有知识和观念的交流,等等。但是,之所以这样,是因为过去的经验表明,它们是依据探索性的反思可能被赞成的那种价值。因此,在对它们的赞成中存在着一个预设,但是在具体的情况下,它只是一个假设。假设高级的价值内在于它们本身中,将导致一种浅薄而唯美生活的养成,将把在自然的生活方针中经验到的一切善都贬到某种非道德(non-moral)的或反道德(anti-moral)的领域中。事实上,存在着这样的地点和时间——换言之,存在着这样的一些关系——在其中,那通常被称之为肉体性的和感性的正常欲望的满足,具有某种理想的性质。在规定真正的善时,反思这一事务不可能毕其功于一役,比如,不可能列出一张以高级和低级这样的等级秩序来安排的价值表。这需要依据具体的处境出现时所具有的条件来一再地做。总之,对反思和洞察的需要会永久地反复出现。

第十一章 目的、善和智慧

文　献

关于善与幸福，请看：亚里士多德，《伦理学》(*Ethics*, trans. by Peters, 1884)，第一卷以及第十卷的第6—9章；包尔森，《伦理学体系》，第268—286页；利卡比(Rickaby)，《阿奎那伦理学》(*Aquinas Ethicus*)，第一卷，第6—39页；拉斯道尔(Rasdall)，《论善与恶》(*The Theory of Good and Evil*, 1907)，第4章；伊顿(Eaton)，《奥地利的价值理论》(*The Austrian Theory of Values*, 1930)，第4章；帕利(Perry)，《道德经济学》(*Moral Economy*, 1909)和《一般价值论》(*General Theory of Value*, 1926)，特别是后者的第1—4章、第20章、第21章；哈斯汀斯，《伦理学和宗教辞典》，特别是由肖里(Shorey)撰写的辞条"总论善"(Summun Bonum)；霍布豪斯，《合乎理性的善》(*The Rational Good*, 1921)；罗素(Russell)，《成为幸福的权利》(*The Right to Be Happy*, 1927)；斯特尔特(Sturt)，《人的价值》(*Human Value*, 1923)；帕尔玛，《善的本性》(*The Nature of Goodness*, 1903)；夏普，《伦理学》，第二卷"论善"和第22章和第23章的"论自我牺牲"；鲍德温(Baldwin)的《哲学和心理学辞典》(*Dictionary of Philosophy and Psychology*, 1905)第三卷所列的论幸福的参考资料。

关于快乐主义，请看下列历史资料：沃森(Watson)，《从阿里斯提卜到斯宾塞的快乐主义理论》(*Hedonistic Theories from Aristipus to Spencer*, 1895)；华莱士，《伊壁鸠鲁主义》(*Epicureanism*)；佩特(Pater)，《伊壁鸠鲁主义者马里厄斯》(*Marius the Epicurean*)；西

季威克,《伦理学史》,第2章和第4章。批评和解释快乐主义的,请看:格林,《伦理学导论》,第163—167页,第226—240页,第374—388页;詹姆斯,《心理学原理》,第二卷,第549—559页;西季威克,《伦理学方法》,第34—47页,第二卷,以及第三卷的第13章和第14章;贝恩,《情感和意志》(Emotions and Will),第二编,第8章;卡尔金斯(Calkins),《善人和善》(The Good Man and the Good,1918),第5章;埃弗雷特,《道德价值》(Moral Values,1918),第3章;斯泰普莱顿(Stapledon),《一种现代的伦理学理论》(A Modern Theory of Ethics,1929),第4章。

深刻地陈述了包含在伊壁鸠鲁主义中的真理的,请看:菲特(Fite),《道德哲学》(Moral Philosophy,1925),第13章。

关于苦修主义,请看:莱基(Lecky),《欧洲道德史》(History of European Morals, 3rd ed.,1916);李普曼,《伦理学导论》。

关于成功伦理学,请看:柏拉图,《高尔吉亚》(Gorgias),《理想国》第一卷;萨默,《社会习俗》,第20章;尼采,《权力意志》(The Will to Power)。

第十二章　正当、义务和忠诚

1．"正当"观念

　　上一章讨论的那些理论各不相同。但是，它们在把善看成是道德中的核心事实和认为道德的最大问题是确定哪些东西是真正的或合乎理性的善、是欲望和行动的目的。但是，在道德中还存在着一些因素，它们看来是独立于任何形式的满足的。比如，孩子们被不断地教导要正当做事，因为那样是正当的。成年人发现他们自己要履行一些义务，这些义务是命令，而且妨碍他们满足自己的欲望。我们发现自己要服从权威，遵守法律，承担我们没有选择但我们却必须履行的责任。在道德中存在着权威和义务，权威和义务，至少从表面上看，是不能被归于那含义为欲望的满足、即便是合理欲望的满足的善的。从更大的范围看，我们被教导，法律的要求优于欲望的要求，那使我们把幸福放在对这些要求的忠诚前面的自私原则是一个不合乎道德的原则。

　　由于这些要素在行为中是那样地突出，因此，正如我们所期望的，存在着一种以它们为中心的理论。这种理论的支持者并不排除对善的参考，但是，他们给善赋予了一种完全不同于前面所考察的那些理论赋予它的意义。他们承认那种其内容在于欲望之满足的善是存在的,但是,他们认为这是一种与道德无关的善(a non-moral good);在这一理论的极端形式中,欲望之满足甚至被认为是一种反道德的满足。依据他们的看法,道德的善就是正当,就是合乎法则,就是服从义务的命令。人应当在对正当发出的命令的听从中发现满足。但是,这样一种满足不同于出于本能冲动和情感之满足的那种满足。

在社会要求与个人欲望对立的情况下,正当与善之间的冲突是非常明显的。一个小孩想在一块草地上跑,他被告知那块草地属于另外一个人,他不能践踏那片草地。花朵吸引了他的注意力,他想摘下它们。他被告知,它们是另外一个人的财产,他不应偷盗。这样的例子都属于日常发生的事件。一个人所属的那个共同体的制度和法律规定反对这个人的那些欲望及其满足,把命令和禁令加到他身上。

在每天的经验中,在法律和它所强加的义务之间的这种冲突所引发的冲动,多于我们在上一章所讨论的因为以当下欲望为内容的善与由反思规定的善之间的不同而导致的冲突。比如,服从父母和老师,在不断地被要求给年轻人。他们发现自己处在权威之下,这权威既有个人的,也有规则的。这些道德原则临到他们,更多的不是作为智慧的远见所展示的意图和目标,而是作为禁令和命令,它们以正当、法律和义务之名声称自己是权威。在它们看来,道德上的善是被允许的、被许可的、合法的东西;道德上的恶是被禁止的、不合法的东西。道德所确立的占支配地位的目标和意图,就是服从规则,尊重权威,坚守正当。

第十二章 正当、义务和忠诚

那些认为目的、善和洞见这些概念优先的人，可能合理地反思以较为粗糙的形式出现的这种道德理论；他们可能说，它在反思性道德中没有地位，因为它只是代表了由习俗提供给某些人的用以指导他人行为的那种力量。无须论证，我们就可以承认，对目前权威和服从的许多使用来说，这一反驳是有效的。但是，这一根本原则是不可能被那么容易地被驳倒的。有人主张，"正当"只是指通向善的那条道路。它的权威被认为只是从正当为之服务的那种善中借来的。有人主张那种冲突不是善与正当之间的冲突，而是较小的善与较大的善之间的冲突，因为法律代表着社会的善，而社会的善是优先于个人的善，因此，问题是使人们明白那种社会的善就是他们的真正的善。第一种形式，即正当是通向善的道路，与把正当等同于正确的和恰当的道德这类说法是一致的；我们必须利用各种手段来实现目的，而某种手段适合于那个目的，其他的手段不适合那个目的。适合于那个目的的手段是正确的、适合的，是正当的；不适合于那个目的的手段是错误的、不正确的，是不当的。另外一种形式的"善是优先的"理论强调这样一个事实：所有的人类经验都说明，如果没有具体体现在法律和制度之中的人类经验，个人是没有能力判断什么是善的。个人的经验是狭隘的，全人类的经验是广泛的。一个共同体的法律主要表达这个共同体在什么东西对个体来说是真正的善这个问题上所作的冷静而深思熟虑的判断；正是在这个基础上，法律的权威是那全面的、经过反思而被赞成的善的权威。

考虑到正当是实现善的手段这一观念，也许可以说：我们肯定希望被正当地做出的行动事实上是在促进善。但是，这一考虑并不能取消这样一个事实:在许多情况下,"正当"这个观念独立于满足和善这类观念。当双亲之一说"这是正当的,因此你应当做"时,被期望的是:那个行动的做出将实际上导致某种善。但是,作为一个观念,"正当"引入了一个非常外在于"善"这个观念的要素。这个要素就是强权(exaction),要求(demand)。捷径,意思是笔直的、最好的方针;但是,它还指被规定的、被安排好的方针。一个人可能在理智上承认:某一行动是愚蠢的,因为它包含着为一种较小的善而牺牲一种较大的、重要的善。但是,他可能接着问:如果我愿意那样,为什么不蠢一次呢?"错误"这一观念引入了一个独立的因素:一种行动,从道德权威的立场看,是在拒绝满足一种法律的要求。为了把善转换成正当,就必须有一个关于什么东西是合乎理性的权威性主张。

如果有人说,那一表面上的冲突,是存在于社会的善与私人的善之间的冲突,或者是存在于一种大而全面的善与一种较小的善之间的冲突,在此选择较大的满足而不选择较小的满足是合理的,那么,此时我们就可以向他说几乎同样的话。真正的难题在于:陷在冲突中的那个人并没有认识到那种社会善在任何意义上对他而言是一种善。为了使他认识到那种社会善对他而言是一种善,他就必须先承认那种社会善具有一种凌驾于他的注意力之上的独立的而且具有权威性的要求。善是那种吸引一个人注意力的东西,正当却是这样一种东西:不论某一事物自然地吸引我们与否,正当都要求我们应当趋向它。

因此,与以欲望和满足为基础的那种理论相对立,这样一种类型的理论颠倒了那种构成了以欲望和满足为基础的理论之特色的观念秩序。比如,它时常更多地诉诸理性（Reason）或合乎理性的观念（Rational Ideas）。但是,在这两种类型的理论中,与这种措辞联在一起的意思却有根本不同。在这种类型的理论中,"理性"没有被认为是对欲望之全部而遥远的后果的理智洞察,而是被认为是这样一种力量,它与欲望对立,而且通过发布命令把限制加诸欲望的运作之上。道德判断不再是审慎和细心的一种运用,而是一种能力,它通常以那使我们意识到正当和义务之要求的良心来称呼。这一类型的许多理论并不满足于声称正当这一概念独立于善,而且还主张正当作为道德上的善是某种完全独立于一切自然的欲望和满足的。因此,它们属于我们在前面（第224页①）批评过的那些观念,这些观念把行为分成道德的和不道德的两个领域,用怀疑的眼光看待一切自然的情感和冲动。相应地,我们的讨论将被引导着去说明:不用把正当观念与出于那些内在地属于人性的欲望和情感的目的和价值分开,宣称正当这一观念是独特的,那是可能的。

2. 道德要求的根源

为我们服从的那些要求所具有的道德权威找到这样一个独特的地位,一方面不同于纯粹的强制,不同于肉体的和心理的压力,另一方面不确立与自然欲望和我们人的心理倾向没有关系的义务和正当法则,这可能吗？这就是摆在我们面前的那个问题。因为,一方面,纯粹的冲动没有道德身份。人确实可能仅仅因为若不向专横

---

① 此处为原书页码,即本书边码。——译者

力量屈服专横的力量就会伤害人而向专横的力量屈服。但是,这样的屈服,在那些没有力量的人中可能形成一种奴性的软弱,在那些拥有力量的人中可能形成一种对他人权利的一种嚣张的无视。另一方面,如果我们说存在着与我们正常的冲动和意图没有任何关系而且处在它们之上的法律和义务原则,我们就把人劈成了两个没有联系的部分。

解决这一问题的办法,就在于认识到:这些要求的运用,就像人生活于其中的这个世界中的任何其他东西一样,是自然的。在这个世界中,人不是彼此孤立的,而是生活在不断的联系与相互作用之中。一个孩子可能服从来自父母的要求,这些要求表达的可能只是后者的专横要求,外加这样一种力量,倘若这个孩子不服从,他就会受苦。但是,这个孩子服从的那些命令和要求,不必要出于专横的意志;它们可能出于家庭生活的本性,而家庭生活处于存在于其父母和后代之间的关系之中。这样,它们加于这个孩子,就不是作为一种外在的和专横的力量,而是作为这个孩子本身也为其一员的那个整体的表达。这个孩子被他对自己父亲的热爱、被他对他们的父亲的判断的尊重推动着去回应那个要求;即便那个要求与他最重要的欲望相对立,他还是把这一要求当作某种不完全异己的东西来回应。因为人们彼此承受的那些内在关系,他们直面他人的期盼、直面他人的要求,因为那些期盼在这些要求中被明显地看到。

如果我们把孩子的父母看作也要服从一些命令的人,这种情况也许就更清楚明白了。这些命令不必由孩子以公开的形式说出来,它们也不是有意识地出于这个孩子。但是,本着良心行事的父母感到这些命令是被包含在亲子关系中的。因为这种人间关系,某些东西是归功于孩子的,即便(或者更多地是因为)孩子不能够清楚地表达以任何形式表现的那一命令所要求的东西。因此,由于朋友关系的本性,朋友把某些东西归功于对方。生活在一个正义国家之中的公民,不顾个人的麻烦响应国家的要求,不是因为国家对他们施加了肉体的或心理的压力,而是因为他们是这个有序社会的一员;而说他们是这个社会的一员,是就二者具有这样的亲密关系而言:即便国家的要求与个人欲望所追求的那种善对立,这些要求对于这些人来说也不是从外在强加的东西。友谊的要求并不总是令人愉快的,有时它们是极其令人厌烦的。但是,我们应当毫不犹豫地说,任何人若仅仅因为友谊的那些要求是令人厌烦的就拒绝按这些要求行事,他就不是真正的朋友。如果我们概括这样的例子,我们就会得出这样的结论:正当、法则和义务出于这样的关系,人在其中彼此亲密地支持;它们的权威性力量,出于那些把人们紧密地联系在一起的关系的本性。

如果我们比较详细地考察在其他基础上解释道德权威和正当性的那些理论,这一结论将会得到加强。这些理论中,有些把上帝的意志看成是权威的来源,其他的理论(比如托马斯·霍布斯的理论)把权威的来源从上帝那里转移到政治国家;康德,在对任何外在权威的反对中,在实践理性的法则中找到了权威的来源,实践理性的法则处在人之中,但是有完全不同于人的冲动和情感的来源和结构。这同一根本观念的世俗形式是这样的:人具有双重本性,既是灵性的,又是血气的,血气应当顺从灵性的法则。从历史的观点看,注意到下面一点是有价值的:古希腊人提出了善和道德洞见这样的观念,而使由法律授予的权威这一观念成为核心的,却是具有高度的法律才能和管理才能的古罗马人。古罗马的道德学家和法学家们用来概括道德规则的那三个原则,全都采取了义务的形式。给予每一个其他人以其应得的。以不伤害他人的方式使用属于你自己的东西。诚实生活,也就是说,如此生活,可使你保存来自他人的好名声。这些原则被说成是"自然法"的根本内容,而人类的制度和法律的正当性就出于"自然法"。

3. 康德的理论

权威和法则是第一位的,道德意义上的善这一概念是第二位的,这信念在逻辑上的最为极端表述毫无疑问是康德的说法。善对正当的从属,被概括在这样的话中:"善恶观念不可能在道德法则之前被规定,只能在道德法则之后被规定,而且是通过道德法则来规定的。"但是,康德并没有在此就停下来。他把存在于那些使欲望得到满足的各种价值与我们在前一章(第200页[①])里提到的道德上真正的善之间的对立这一观念推向了其逻辑上的极端。在欲望方面,他承认快乐主义的心理学。从欲望的立场看,所有的善都是快乐,而快乐是个人的和私我的。那些允许欲望——即便是对他人的爱——指导自己行为的人,最终只是追求他自己的善,也就是说,追求他自己的快乐。所有欲望的支配性原则是自爱(Self-Love),它是自我保存本能的一个发展,而依据康德的观点,自我保存本能主宰着一切肉体欲望和冲动。因此,道德上的善不但不同于人在生

[①] 此处为原书页码,即本书边码。——译者

活的日常路线中体验到的那些自然的善,而且与这些自然的善相对立。道德斗争的本质就是用对道德法则的考虑取代寻求满足的欲望,将此作为主导的原则和行为的动力。道德之所以是一场斗争,正是因为人在其素朴的天性和能力上自然地去努力满足他们的欲望,而他们的高级本性却对此倾向加以完全的控制。

康德那么符合逻辑地表达了法则和义务这两个概念具有至上的权威这一观念,乃至他的观点只须通过几个例子就值得特别关注。本能的冲动告诉一个母亲要照顾她的婴儿;但是她的行为要在道德上是善的,其行为的动力必须是对那使照顾孩子成为她不可推卸的义务的道德法则的敬畏。这一观点一直被讽刺,他们说,依据这一观点,一个母亲照顾自己的婴儿,其行为要真正地是合乎道德的,就必须压制她对孩子本能的爱。可是,那一观点并不包含这一极端的结果。但是,如果说依据康德的观点,这位母亲必须压制其本能的爱以防其成为其做各种关注其后代的行动的动机,那么这就不是讽刺了。就对她的行动的动力源泉而言,她必须使她对其孩子的本能之爱置于对她所做行动所具有的义务本性的仔细评价之下。她的行动如果出于本能之爱,在道德上就不是善的;如果在后果上促进了她年轻孩子的福利,在道德上也不是善的。再者,如果一个人在为其客户提供服务,若他的行动,或者是为职业成功这一雄心所推动,或者是由其养成的尽其所能为信赖他的客户提供最好的服务这一职业习惯所推动,那么他的行动在道德上就不是善的。只有当推动他行动的那些动机,包括为他人提供服务这样的愿望在内,都从属于对道德法则的敬畏时,他的行动才在道德上是善的,也就是说,是正当的,这种性质与令人满意完全不同。再者,一个商人可能向顾客提供合适的商品,给予诚实的价钱,以热情的态度服务,但只是因为他认为这是好的策略。他只是在追求自身利益,只有在他是因为以这种方式行动是道德上的义务而做这些事情时,他才做了他应当做的事情。

在前面(第184页①),我们已经偶然地触及了康德理论的一个方面,即存在于被规定为动机的意志与后果之间的那一对立,道德上的善性完全被归于前者。在这里,我们将依据为康德的立场所特有的那一个要素——即这样一个观念:对法则和义务的敬畏是唯一正确的动机——来约束我们自己。依据康德的观点,法则是命令性的;这种命令性的指挥是绝对的、无条件的——为了把它与审慎和技艺的要求这些只是假言性的命令区别开来,康德称它为"定言命令"。假言命令采用这种形式:如果你想有良好的健康或职业上的成功,你必须如此这般地做。道德命令这样说:在任何情况下,你的行动必须出于义务这一动机。康德在陈述关于不同于善的正当以及法则和义务的原则时所采用的那一极端的、逻辑的形式,在把正当完全与欲望和情感的满足分开的一切理论中都产生了一个难题。若我们不理会康德理论中的那些技术性的东西,那么,这个难题就是:在对结果的考虑和对欲望摆在我们面前的一切目的的考虑都被排除时,还有什么具体的内容被留下来的、被包含在义务这一观念之内?如果一个人被劝说而相信他的义务就在那里,他为何不沿着那种行为方针而前进呢?一旦他不考虑后果就断定某种事情是他的义务、是为道德法则所命令的,什么东西可将他从自我

---

① 此处为原书页码,即本书边码。——译者

第十二章 正当、义务和忠诚

欺骗、狂热和对他人利益的冷酷漠视中拯救出来？如果以准确的形式提出这一问题，那就是：一个人如何才能从一般的义务观念出发进到关于具体的、合乎义务的某种具体行动或行为方式的观念？

康德承认这一难题，而且他认为他充分地回答了它。他没有忽视一般的义务观念自身没有任何具体内容这一事实。在他看来，我们不可能意识到任何特殊的行动是义务性的；我们只能意识到，在行为中把义务法则成为至上的，这是我们必须遵守的义务。他宣称而不是承认，义务法则就其本身而言，是形式的和空无的。因为所有的目的都不得不与后果有关，而且被与欲望联系在一起。因此，在哪里存在着一条路，沿着它，我们可走出一般义务，认识到追求某种实际而具体的目的是我们的义务？

他的回答采用了下面这种形式：对义务的意识是由我们的道德理性加于我们自身的。我们并不仅仅是有着爱好和欲望、感官和本能的动物，在我们之中还有一种理性能力，它处在欲望和本能之上。理性的本质，就是以普遍而必然的方式表达自身。这一特征向我们暗示，理性是完全一贯的或普遍的。它不在一个时间说一样东西而在另外一个时间说另外一样东西；它不因环境的变化而变化。因此，在任何一种具体情况下认识我们的义务，所要求的一切只是问我们自己：那一行动的动机可能被当成普遍的而不陷入自我矛盾吗？比如：

在苦难中，我可能许下一个我没有意愿去遵守的诺言吗？……对于一个有意不遵守的诺言是否与义务一致这个问题，要发现其答案，最简捷的、不会出错的方法就是问你自己：

我愿意我的这个（意在通过一个有意不遵守的诺言来使我摆脱麻烦的）准则作为一个普遍法则像对别人一样对我自己有效吗？我能够对自己说，任何一个人在他发现自己处在一个他自己没有别的办法来摆脱的麻烦之中时可以许下一个欺骗性的诺言吗？此时，我个人就会意识到，虽然我可能愿意说谎，但是，我决不可能愿意说谎成为一个普遍法则。因为，如果说谎成为一个普遍法则，那就不可能存在诺言这样的东西。没有人愿意相信这一被提出来的意愿；或者，如果他们草率地那样做，那么，任何人一有机会就会以其人之道还治其人之身。

如果某一原则一旦被普遍化就只会其与自身相矛盾，那么这就说明它根本就不是原则，因为它是不合乎理性的。将这概括成一个公式，我们就得到了作为我们的正确行动之准则的那个原则："你应当如此行动，使你的行动所遵守的那个法则，通过你的意志成为一个普遍的自然法则。"

若不考察"理性"在康德的整个体系中所占据的地位，要正确地对待康德的公式，那是不容易的。但是可以指出，在从理性的这个一般的和形式的命令过渡到对具体情况所具有的正当性或义务性进行判断的过程中，在理性的工作这一概念中存在着一个无意识的但却是完整的改变。完全正确的是，如果一个人孤立地看待他的行动的目的或动机，好像他的这一行动不是那个作为一个连续在一起的行动序列的行为的一员（第179页①）似的，那么，在他的行动中

---

① 此处为原书页码，即本书边码。——译者

就不存在合理性（rationality or reasonableness）。由于不存在把不同的行动联系在一起的东西，也就不存在原则或法则。每一行动都是一个加在其自身之上的完整的法则，这与完全没有法则是同一回事。理性的作用就是引导我们去判断：我愿意总是在一切条件下都为了这一目的而行动吗？我愿意在类似的条件下其他人也依据它来对待我吗？用康德的语言说；我愿意它成为普遍法则，还是只是在特殊的条件下为我自己寻找某种特殊的例外？

但是，这种方法不是要排除对后果的一切参照，而只是要保证不偏不倚地、从总体上考虑后果。它没有说：不要管后果，只履行你的义务，因为道德法则通过理性的声音命令你这么做。它说：尽可能广泛地考虑以这种方式行动的后果，想象一下如果你和其他人总是像你这样被诱惑着去实现你的目的去依据这样的目的而行动，看你是否愿意支持。如果你以这种方式前行，你就会在一瞬间明白你的具体意图的真正特征。在发现你的义务在哪里这件事上，你将得到帮助。而且，如果一个人通过反思发现就他是一个公正的人（在通俗的用法中，公正与判断的合理性是同义词）而言他不会喜欢被"以其人之道还治其人之身"，他就会意识到他被建议去做的那一行动的错误性质。

康德陈述的道德法则的另外一个公式表明，康德的普遍性虽然不是以正式理论的形式，但在实际上暗含着对社会后果的考虑，而不是不考虑一切后果。依据他的观点，道德意志或理性意志就是目的本身，而不是其他任何东西的手段。每个人都同等地是处在他自身之中的一个目的。实际上，这正是把一个人与纯粹的物区分开来的那个特征。我们把物作为手段来使用；我们使物理的对象和能量,比如石头、木材、热和电,服从我们自己的具体意图。但是,当我们把另外一个人当成实现我们目的的一个手段时,我们就亵渎了他的存在;我们把他当成一个奴隶对待,把他降低到纯粹的物理对象或马、奶牛这样的家畜层次上。因此,道德法则可能被以这样的形式表述:"你应如此行动,不论是存在于你自己的人格之中还是存在于任何其他人的人格中的人性,始终把它当成一个目的,而不仅仅当成工具。"那个向他人许下自己不想遵守的诺言的人,是在把他人当成实现他自己的利益的工具来使用。那个想自杀的人是在把他自身中的人格仅仅当作避免不适和麻烦的工具来使用。这第二个公式与第三个也是最后一个原则是等价的:因为所有人都同等地是人格,对于一切人的行为都有同样的要求,因此遵守义务的合乎理性之行为这一理想导向了目的王国这一理念。道德法则要求"不同的理性存在者通过共同的法则统一在一个体系之中"。

如果我们在心中牢记这一结果,并且思考他人对在社会关系中与我们联结在一起的人提出的要求,我们就能够明白:在什么方面正当和义务的观念不同于善的观念,以及它们二者是如何被联系在一起的。

在个人的善与他人的善相冲突的情况下,绝大多数人都有这样一种强烈的倾向,认为他们自己的满足具有更高的价值。毫无疑问,当我们因为与我们自己的欲望一致而判断为善的那种东西与如果我们自己的利益没有深度地纠缠其中则被我们认为对他人是善的那种东西发生了冲突时,严重的道德问题就出现了。把自己看成是处在他人之中的一个人而不看作是看作"海滩上的唯一一块石头",并且把这种评价运用到实践之中,这可能是我们不得不学会的最难的课程。如果他人没有提出他们的主张，如果这些一般的主张没有被体现在由一般的社会期望、要求和法律构成的体系之中，那么他可以是一个例外的人，在他被自己的欲求和意图命令时，他只须把与他赋予他人之善相同的权重赋予他自己的善。我们自己的善所具有的那种急迫性、直接性和切近性强有力地发挥作用，妨碍我们注意他人的利益；相比之下，他人的利益在他看来是苍白的、遥远的和微不足道的。

但是，完全的孤立这一假设是与事实相反的。他人不会让我们自由自在。他们积极地表达他们对存在于那些加于我们每个人身上的要求之中的善所进行的评价。在他们进行评价时，如果他们的期盼得到满足，他们会用实际的提供帮助和支持的许诺来回应；如果我们在形成控制我们自己的行为的意图的过程中没有把那些要求纳入考虑，他们的回应就是威胁撤销帮助并且加以实际的处罚。而且，他人的这些要求并不是非常多的不同个人所提出的非常多的具体要求。它们被概括成法律；它们被表达为"社会"的固定要求，与处在各自的孤立状态中的个人所提出的要求迥然不同。当它们被作为要求和期望被考虑时，它们构成了不同于善的正当。但是，它们的终极功能和影响是引导个人去扩大他的善的观念；它们发挥作用，引导个人，使个人认识到：任何东西，若对他而言不是善的，那么，它对其他人来说也不是善的。它们是刺激物，激发人们在形成目的和决定什么东西是善的这件事上，把要纳入考虑的后果领域加以扩大。

这一结论把一种独立的身份加在正当观念之上，同时清楚地说明它与善的观念有着根本的道德关系。它防止正当成为专横的和形式的,防止善成为狭隘的和私我的。但是,整个问题还是没有被解决。反思性的道德问:由社会、特别是那些处在权威地位的社会提出的具体主张和要求,其正当性何在?当它们是被以具体的形式提出时,它们是应当被奉行的主张和期望吗?例如,在父母或政府官员提出的具体命令或禁令与它声称体现了的那个一般的正当观念之间,存在着什么样的关系?这一要求的道德证成是什么?

4. 要求的证成

这个问题不是一个纯粹的思辨问题。家庭中的孩子、国家中的公民和团体可能认为他们在社会中服从的那些要求是专横的,缺乏真正的道德权威。他们可能认为,当下的法律出于已经过时的过去的习俗,或者只是代表了当权者的力量而没有代表道德理想。父母、教师和统治者的一条"做这事"的命令,在反思中可能被当成是在表达命令者的冲动,或者是在处在他自己的权力和特权范围内的个人利益的表现,而支持这种表现的,是他高高在上的地位,而非伦理原则。顺从时常是通过使用奖励和惩罚、应许和威胁而实现的,也就是说,是通过在道德理论中被称为"认可"的那种东西实现的。如果遵守法律和尊重义务的根本"理由"在于希望获得奖励和担心受到惩罚,那么"正当"就只是私我的满足这一快乐主义目的的一个旋转木马。道德变成了奴仆,表面服从的一个条件可能事实上只表示一种恐惧的心态。此外,这种处境导致一种聪明的虚伪。一个人可能聪明到足以为所欲为,同时掩盖他的方针,使他看起来是在忠于被指定的权威。

当这种处境被颠倒过来看时,同样的观点也会出现。一个精明地观察政治生活的人说道,权力是毒药。一个处在权威地位的人要使自己在有权力强行实现他的要求时避免假定他所想要的东西是正当的,那是困难的。即便他是这世界上有着最好意志的人,他也会喜欢使自己与他人的真实需要分离开来,因此,无视他人的真实需要可能具有的危险总是被包括在自私可能带来的危险之内。历史揭示了把私人特权与公职地位加以混淆的倾向。追求政治自由的斗争史在很大程度上就是这样一种记录:人们总在努力摆脱这样一些压迫以获得自由,这些压迫以法律和权威之名被实施,实际上把忠诚等同于受奴役。随着被假定的道德权威被集中在极少数人手中,在多数人方面就相应地存在着判断力和接受责任的力量上的弱化。"道德"被贬低为遵守秩序。

　　这一讨论说明了一个根本问题。道德权威的根本本性是什么?是什么将道德与习惯性的习俗或权力的命令区别开来?正如我们已经看到的,这个问题不只是理论上的,它还有实践上的一面。有事务的人,那些掌握权力、处在管理部门和行政部门中的人,不断地受到诱惑,把法律看成是目的本身,认为正当是通过颁布规则和条令并使人的行为与它们一致而得到保证的。甚至在统治者是人民大众时,比如在民主制度中,这种危险也依然存在。不是存在着"民之声即神之声"(Vox populi, vox dei)这样一句谚语吗?法律是为人而存在的,人不是为法律而存在的,这不是一个能够轻易学会的教训;即便是在对看来是压迫性的和专横的权威的反对之中,还存在着对无序的个人欲望和冲动的求助,此时,困难也不会减轻。

　　总而言之,虽然正当作为一个观念是一个独立的道德观念或

"命令",但是,这一事实没有解决在具体情况下正当是什么这一问题。法律(Law)与合法性(lawfulness),和一部法律(a law)完全不是同一回事。法律是必不可少的,因为人出生并生活在社会关系之中;一部法律总是可质疑的,因为它只是实现一般而言的法律所具有的功能的一个具体手段,而一般而言的法律,是由那些存在于人们之中的、有利于一切人的利益和自由的关系构成的制度。

个体的人是相互依赖的。无一例外,所有人生来就依赖他人。没有来自他人的帮助和哺育,他将悲惨地消失。他的智力生活的材料,像他的身体生活的材料一样,都是从他人而来的。在他长大成人时,他在身体方面和经济方面更为不独立;而且,只有通过与他人的合作和竞争,他才能开展他的职业;他有需要,但只有通过与他人交换服务和商品才能得到满足。他的休闲,像他的成就一样,依赖于与他人的分享。个人生来就是单独的、孤立的、只是通过某种人为的手段才被带入社会,这种观念只是一个纯粹的神话。社会纽带和联系,是出于本性的、必然发生的,就像它是肉体性的一样。即便一个人独处,他也在用从他与他人的联系中派生出来的语言思考,他在思考出现在与他人的相互关系中发生的那些问题和事件。在品格和判断上的独立是受人称道的。但是,这种独立并不表示他与他人的分离;这种独立是被展示在与他人的关系之中的某种东西。比如,没有一个人在独立的探究、反思和洞见方面比在科学和哲学方面都非常杰出的思想家更为独特。但是,除非他思考那些根植于悠久传统之中的问题,除非他愿意与他人分享他的结论以赢得他们的赞同或引出他们的修正,否则他的独立性就是一种无用的怪癖。这样的事实是人们熟悉的和平常的。它们的意义并不是被明

第十二章 正当、义务和忠诚

确地认识到——也就是说,人之所以是个体,是因为他人和他与他们的关系。否则,他就只是像一根木棍一样是一个个体,也就是说,只是在空间上和数量上是个别的。

这些关系中有许多是持久的或者频繁地重复发生的。比如,孩子与父母的关系持续许多年,引起了保护、养育的要求以及注意、尊重和爱的要求。表现这些关系的那些义务是内在于那种处境之中的,而不是从外部强加的。一个当了父母的人被其当父母这一事实设定了许多责任。即便他认为这些责任是一种负担因而想努力回避它们,他所要逃避的还是属于他自身之构成部分的某种东西,而不是在逃避由外在力量强加于他的某种东西。我们的一般法律体系中承认的许多义务就出自在人们的经济关系中非常频繁地重复发生的关系,比如地主与佃农之间的关系,供应商与采购商之间的关系,主人与仆人之间的关系,信托人与受益者之间的关系。从这一事实并不能推导出表现这些关系的那些义务可能一直是单方面的而非互惠的。而且,解决办法不是废除一切义务,而是改变关系的特征。

因此,尽管具体的正当和义务可能是专横的,但是在正当和义务的实体中却没有任何专横的东西。古罗马人把义务说成是公务职责(offices)。一个公务职责可能是一种具有代表性价值的功能;也就是说,它代表着某种处在其自身之上的东西。一个男人或女人把义务强加于其孩子,是作为这个孩子的父或母,而不仅仅是作为一个单个的人;这些义务出于父母所承担的那种公务职责或功能,而非出于单纯的个人意志。当它们只是在表达一个与另一个意志相对立的意志而不是出自把人们联结在一起的纽带时,它们就亵渎了它们自己的基础。在这些人是通常所称的公务人员的情况下,这一点就更为清楚。立法者、法官、估税员、治安官运用权威,不是在作为私人身份,而是作为许多我共享的那种关系的代表。他是具有利益和意图的一个共同体的喉舌。因此,在原则上,正当表示着这样一种方法:用这种方法,由内在纽带联结在一起的许多人的善,在对这个共同体的成员进行管理方面是有效的。

但是,正当观念或原则具有这样一个自然的基础和不可规避的作用这一事实,既没有暗示它不会与个人判定为自己的善和目的的那种东西相冲突,也没有暗示它保证以正当之名提出的一切主张和要求都是正当的。恰恰相反,一个人可能会利用某种代表性的能力授予的权力和特权来增进其个人的利益,增加其个人的享受,提高其个人所得。父母可能把其为人父母的职责蜕化为增加他个人的舒适、展示他个人的奇思怪想、实现他对凌驾于他人之上的权力的爱的一种手段。公务员和政治官员,也有这样的情况。这样的行为是不忠诚的,但是,不幸的是,这样的背叛是一种通常的事件。邪恶扩展了,它激起了人们对一切权威的反对;而且,这样一种感受出现了,它认为一切义务都是对个人自由的限制,都是在上的当权者专横于强加于人的。

这一冲突影响到人们对法律所具有的意义的解释。一方面,法则被认为是与处于低下和受奴役地位的人的意志相对立的那些高高在上者的意志的表现。另一方面,法则被安放到一种非人格的、独立的、处在所有人意志之上的实体之中。康德实际上就是以这种方式规定道德法则的,虽然他公开地以合乎理性的意志之名这样做。毫无疑问,这样一种倾向已经出现了,它就是:把法则看成某种存在于其自身之中、处在所有人间关系之上的东西,而不是把它看成是对这些关系应当为之服务的那种目的和善的一种表现。这样一种倾向之所以出现,部分原因就在于人们认为人间的关系是变动的,而且是从欲望出发去寻找某种稳定而持久的东西。在人们谈论法则的"庄严"（majesty）和"崇高"（sublimity）时,这一动机是不公开的。但是,如果我们依照这种信仰而行动,那么,其逻辑后果和实际影响就是使道德成为严厉的,因为它无视法则、义务与善的获得之间的那种关系。它使大众服从那些宣布和强加他们认为是法则的东西是属于自己权力之内的事情的人所具有的欲望。

这一讨论的结果是:虽然一般而言的正当由于那些关注人际关系的社会要求而具有一种独立的地位,但是,任何具体的要求都应当经受审查和批评。宣布正当因为其自身而具有权威,是被授权的吗？它真的是正当的吗？要回答这样的问题并指导在批判中的判断,就必须为具体的法则和义务的合法性找到一个标准。康德提出的那一主张的实质就是:即便被强加于某人的那种东西并没有作为他的善而诉诸它被指向的那个人,但是,他应当自愿地认为它是善的;总而言之,即便他那时并没有把它判断为对他来说是善的,他还是应当成为他的善。使正当观念区别于善的观念的,正是"应当"（should or ought）这一要素。但是,这一要素并没有把正当观念与善的观念完全分开,因为"应当"做的事情正是一个人应当发现的那一被要求做的行为的善。解决存在于现在没有被判断为善的东西与应当被判断为善的东西之间的这一明显冲突的办法,指向了我们正在寻找其标准的那条路。那一被假定为义务性的、被假定在其背后存在着道德法则之权威的行为,会实际地增进那个被要求行动的人将享有的善吗？那个把义务加于其自身的人可能对他人提出一些要求；他期望从其他人那里获得利益；因为他努力去实现他的目的和价值，他把其他人都拴在他们欠他的那些义务上。因此，如果这一要求是他自己提出来的那种要求，如果这一要求是为他自己所重视的某种善服务的，那么他就必须在他公正的程度上承认那种要求是一种公共善，因而把它绑定到他的判断和行动上。

如果我们问什么东西使得某一行动成为错误的，那么这一点可能最清楚地得到说明。我们的理论使我们相信这一结论：一种选择和需要，不能仅仅因为它们没有能够与当下的法则和习俗性的义务准则相一致，就是错误的。因为这些法则和准则可能是错误的，因此，一个人拒绝与它们相符，就可能是正当的。在一个时期被作为道德反叛者加以镇压的人，可能在之后的某一个时期被当成道德英雄加以称赞；孩子们可能为被他们的父亲用石头打死的人建立纪念碑。但是，这一事实并没有使人们相信这一结论：除了个人的主观意见有时不恰当地称之为私我良心的东西以外，根本不存在对与错的标准。即使不存在由一个人加诸财产的价值，他也不应当偷盗；甚至一个盗贼也不同意他偷来的东西被从他这里取走。如果不存在好的信仰这样的东西，那也就不可能存在欺诈。做错事者依赖存在于他人之中的好信仰和诚实；否则，在对这些纽带的损害中就不存在对他有利的东西了。错误在于：做错事者在判断和追求对他而言是善的东西时，没有忠于他所依赖的东西。他背叛了他所依赖的那些原则；他把他自己的利益当成价值，而在面向他人时他在自己的行为中又拒绝承认他人的利益也是价值。因此，当他拒绝把他为自己追求的那种善扩展到他人时,他所违反的不是康德所说的某种抽象的理性法则,而是互惠原则。这样,道德上的非一致主义者的证明是:当他否认某一具体要求的合法性时,他这样做不是为了私我的利益,而是为了某种将更广泛而且更一贯地为一切人的利益服务的目的。举证的责任被加到他身上。在断言自己对"什么是合乎义务的?"所下的判断是正确的时候,他正在隐含地提出某种社会要求,这是有待由他人进行的进一步的审视来加以检验和肯定的某种东西。因此,他认识到,当他抗议时,他很可能因为他所抗议的那种东西所导致的结果而受到伤害;他将耐心地、心甘情愿地努力使他人相伴他。

如果耐心、心甘情愿、免受欺骗、自我展示和自怜就是道德上的非一致主义者所要求的,那么,就有一个与此密切相关的义务加诸一致论者身上,这就是宽容的义务。历史说明有多少道德进步一直归功于那些在他们所处的时代中因为被认为是反叛者而被当成罪犯对待的人。反思性道德的核心就是反思,而且反思肯定会导致对被普遍接受的一些东西和批评以及这样一种建议:对于时下被认为是正确的东西加以变通。因此,宽容不仅仅是善意幽默式的冷淡这样一种态度。它是一种积极的意愿,允许反思和探索在真正的正当应当通过质疑和讨论而被变得更有保证、而那些仅仅出于习俗而存在的东西是可以被修正或废除的这样一种信念之下进行。对道德判断中的分歧加以宽容,这是一种义务,但是,那些最一贯地坚持义务的人,却发现这是最难以认识的一种义务。探索和公共讨论的一个敌人刚被打败,新的敌人就带着新的看似可靠的进行思想审查和压迫的理由出现了。如果没有思想和表达自己观念的自由,道德进步就只可能偶然地和在黑暗中发生。人从整体上还是宁愿依赖暴力，也不愿意依赖智力去发现和坚持正确的东西，尽管现在暴力不再像以前那样直接地、在人身上实施，而是以隐蔽的、间接的方式施行。

5. 义务感

与要求在其中被做出的那种普遍化的形式相应，成长出一种普遍化的义务感——因为正当的东西所具有的正当性而被其约束的感觉。首先，义务是与具体的关系联系在一起的，比如一个孩子与其父母、兄弟和姐妹的关系。但是，随着道德日益成熟，就形成了一种义务感，它不同于任何特殊的处境。当一个普遍的观念从具体处境的反复出现中产生出来时，它就高于只是从那些处境中抽取出来的东西。它还形成了一种对更多的具体处境的态度。一个人可能连续地使用各种东西，好像它们是桌子一样。当他拥有一个关于桌子的一般观念时，他就拥有了一个行动的原则。他可能把他的这一观点当成理想来使用，通过它来批判现在的桌子，在已经改变的条件下通过它来发明一种新桌子。一个人可能上千次地用火来使自己暖和，但是这却没有使他想到在他冷时他可以生火，当他具有了关于火的一般观念时，他就拥有了某种与任何特定情况相分离、在根本没有火实际存在时可被用来产生火的某种东西。因此，一个具有了关于义务的一般观念的人将具有一种新的态度；他将展望那些在其中这一观念可以使用的处境。他将拥有某种理想或准则，他会把具体的情况都带到这种理想或准则面前加以评判。

虽然在行为的方向和扩展上，一般的观念是最有价值的东西，但是，它们也是危险的：它们容易被设立为自身固定不变的东西，根本不参照任何具体的情况。在"为义务而义务"这种观念形成时，情况就是这样。此时，义务这一观念被与具体处境的要求隔离开了，它被变成了一个偶像。与法则的字面含义相一致取代了对法则之精神的忠诚——法则之精神的用途就在于唤请人们注意比当下的便利或强烈的爱好所具有的善还要广泛的善。义务被变成优先于一切人间要求的东西，它不再是作为提醒人们以更广泛的方式考虑人的要求的东西在发挥作用。一般的义务感的恰当功能就是使我们去体认包含在具体处境中的那些关系和要求；这种体认，在欲望所具有的某种当下的诱惑趋向于使我们除了这欲望本身以外不再能看到其他任何东西时，是特别需要的。在充满诱惑的时代中，这种普遍的正当感是一个支柱；它给我们提供一种日益增强的动力，帮助我们去克服行为中的困难。一位母亲习惯性地注意其孩子的要求。但是，在她看来把她自己的舒适放在第一位是更快乐的时候，问题就出现了。这时，一种普遍化的对正当和义务的感受就是一种强有力的保护；它使一般的习惯成为被意识到是有用的。在这位母亲因为她被自己对孩子的直接的爱和她对自己孩子的利益的直接关心所驱使而忠于自己的职守时，这样一种普遍的义务感就从中产生出来了。当一种义务感不是一个在对包含在具体情况之中的那些纽带所具有的价值的一种全身心的体认中形成的习惯的产物时，这种义务感就是一个柔弱无力的依靠。

因此，对那把人们联结在一起的公共价值和利益的感受，就是通常的支柱和指导。但是，我们所有人都受制于这样的条件，在其中，我们都倾向于漠视这种价值，而对那应归功于他人的东西的感受，在与相反的倾向相比时，也是虚弱无力的。所以，其他人的要求就要在一般化的正当感和义务感中寻找一个有价值的同盟，而这种一般化的正当感和义务感一直是由于以前对具体关系的评价而形成的。

在我们对善和智慧所进行的讨论的这最后一个部分中，我们注意到：在增进好的实践判断所具有的力量这件事上，不同的社会环境以非常不同的方式运作。同样的事情对于要培养对正当的忠诚和信赖的那些社会制度所包含的关系来说也是正确的，可能在甚至更大的程度上是正确的。存在着一些社会制度，它们促进了反叛，或者至少可以说促进了冷漠。有些制度容易造成一种似是而非的、习惯性的甚至虚伪的忠诚。若一个人不遵从，那么对受苦的恐惧就是第一个要考虑的东西时，这就情形就出现了。一些社会条件培养了人们对义务的外在承认，其代价是牺牲了个人对目的和价值的批判性判断。其他一些条件诱导人去思考真正正当的东西，创造出新形式的义务。毫无疑问，在当前，社会环境是那样的复杂，其变化是那样的快，因而它的影响也是极其多样的。要找到一种能够给行为提供稳定指导的指南，那是很难的。结果，对真正反思性的、有思想的道德的要求也就从来不强烈。除了道德漂泊以及不经思考和教条式地坚持那些除了习俗和传统已经完全把其加诸我们之外没有任何理由被当作合乎义务的既专横又形式的准则，这可能是唯一的选项了。

可能总是存在着这样一种倾向：低估过去人们对道德准则严格坚守的程度，夸大当代人们散漫的程度。但是，家庭关系、经济关系和政治关系的变化已经导致了那些以明确而容易辨认的关系把人们联结在一起的纽带严重地松弛。比如,机器横亘在工人和雇主之间;遥远的市场横亘在生产者和消费者之间;人员流动和移民已经入侵了地方共同体的纽带并且时常打碎它们;过去在家中进行并且作为一个中心为大家庭联盟服务的工业生产,现在已经转移到工厂之中,并且使用非人的方法进行,除了父亲之外母亲也得跟从它们;在年轻人的教育方面家庭所承担的份额已经很少了;汽车、电话和新的娱乐方式已经把社会事务的重心放到不断在变化的、肤浅的接触之中。过去把人们联结在一起并且使他们意识到互惠义务的那些习俗性的忠诚,已经被无数的方法弄得元气大伤。既然这种变化归是由于条件发生了变化,那么,新形式的无法无天和奉持义务的轻浮方式,就不可能通过直接而普遍地诉诸义务感或某种内在法则的约束来解决。问题是要形成一些新而稳定的、义务和忠诚将从其中自然而然地生长出来的社会关系。

文　献

康德的义务论,请看:由艾博特(Abbott)翻译的《伦理学理论》(*Theory of Ethics*);布拉德利(Bradley),《伦理学研究》(*Ethical Studies*, 1904, 1927),论"为义务而义务"的那一章;克拉顿-布洛克(Clutton-Brock),《根本的信念》(*The Ultimate Belief*);奥托,《事物和理想》(*Things and Ideals*, 1924),第3章;格林,《伦理学导论》,第315—320页,第381—388页。与此对立的观点,请看:顾约(Guyau),《道德概要:没有义务,也没有惩罚》(*Sketch of Morals:*

without Obligation or Sanction）。

功利主义对义务的解释,请看:边沁,《道德与立法原理》;贝恩,《情感和意志》;斯宾塞,《伦理学原理》,特别是其中的第一卷第一部分第7章。

一般的讨论:麦克吉尔瓦里(McGilvary),《哲学评论》(*Philosophical Review*)第十一卷,第333—352页;夏普,《伦理学》,第一卷"论正当",《国际伦理学杂志》(*International Journal of Ethics*),第二卷第500—513页;阿德勒(Adler),《人生的伦理哲学》(*A Ethical Philosophy of Life*, 1918);卡尔金斯(Calkins),《善人和善》(*The Good Man and the Good*, 1918),第1章;德里奇(Driesch),《理论和实践中的伦理原则》(*Moral Principles in Theory and Practice*, trans. 1930),第70—190页;埃瑞弗特,《道德价值》,第9章"论义务"和第11章"论法则"。

第十三章　认可、标准和美德

1. 作为原初事实的赞成和不赞成

行为是复杂的。它是如此的复杂，乃至把它在理智上归结为一个单一原则的尝试都失败了。我们已经提到彼此抵触的两种重要因素：被判定是要满足欲望的目的，以及对禁止欲望的正当和义务的主张。

虽然不同的理论学派一直试图从其中一个推出另一个，但是它们在某些方面依然是独立的因素。还有一个学派的道德学家对存在于由行动构成的行为中的普遍性印象深刻，因为这种普遍性彰显着赞成和不赞成、称赞和指责、同感性的鼓励和反对。这个学派的理论家为这样的行动所具有的那种自发性和方向性深深地打动，因为在人看来表明对其他人行为的赞成或不赞成是很"自然的"（在"自然的"［natural］这个词最直接的含义上而言）。对其他人的行为的赞成或不赞成，是未经有意识的反思而进行的，既没有诉诸（作为应当要实现的目的的）善的观念，也没有诉诸（作为权威的）义务观念。事实上，依据这一学派的观点，善的观念和义务观念都是第二位的；所谓善就是那唤起人们的认可的东西，而义务是从被表现在奖励和惩罚、称赞和指责之中的他人的压力中派生出来的，它们自动地与行动联系在一起。

依据这种观点，反思性道德的问题就是去发现人们在其中无意识地表现其赞成和不赞成态度的那个基础。在把隐含在自动而直接的称赞和指责态度之中的东西揭示出来的过程中，反思把一致性和系统性带入了未经思考就发生的反应。具有重要意义的是，在道德中"judgement"这个词具有双重含义。在知识方面，这个词具有一种理智上的含义。"To judge"（判断）就在思想中权衡赞成和反对的理由，并依据证据所具有的力量来决定是赞成还是反对。这一含义只在逻辑理论中被承认。但是，在人间关系中，它具有一种明确的实践上的含义。To "judge"（论断）就是谴责或赞成，称赞或指责。这样的判断是实践上的反应，而不只是冰冷的理论命题。它们表示赞成和不赞成，而且，由于人们所具有的对他人的喜欢和不喜欢这样的感受而对这些判断施加着实际的影响。《新约》中"不要论断人"这一命令是判断的这种用法中人们所熟悉的一个例子；它还说明沉溺于这样的论断本身就是一个道德问题。一方逃避指责的愿望有着与其相对应的东西，它作为行为的一个动机，表现在通过沉溺于对他人的谴责来展示自己的优越。

没有什么东西是比称赞和指责其他人更为自发的和更为"本能的"。反思性道德注意到了在尊敬和不赞成的通俗表达中存在着的不一致性和随意的变化，努力去发现藉之可以使它们得到证明和变得清楚明白的一个合乎理性的原则。它特别注意到，非反思性的赞成和指责只是在重复和反映被包含在一个具体的团体所具有的社会习惯之中的那种价值体系。因此，一个好战的共同体称赞和颂扬一切与战争有关的功绩和特征;一个已经工业化了的共同体通过节俭、计算和持续的劳动来建立储备,夸奖那些展示出了这些特性的人。在一个群体中,"成功"指技艺高超;在另一个群体中,"成功"指财产的积聚;相应的判定就是称赞和指责。在古希腊人的生活中,存在于为雅典人和斯巴达人各自重视的行动体系和情操之间的对立,是道德学家们的一个常备的主题。近来,一些批评家一直在"美国精神"(Americanism)和"欧洲精神"(Europeanism)之间建立起类似的对照。

这些不同不可避免地迟早导致人们去问这样一个问题:由什么样的称赞和批评构成的计划是本身应当被赞成和采纳的?由于在塑造情操的过程中对其他人的态度具有重要的影响,这个问题比较尖锐。习惯性的赞成和不赞成态度,是习惯性道德的武器,它们时常被表达在不公开的惩罚和实实在在的奖励之中,而且总是表现在对特权的嘲笑和授予之中。此外,它们被深深地植于人的本性之中,乃至有人说,反思性道德和道德理论的全部事务就在于规定一个合乎理性的原则,使其成为它们运作的基础。通过诉诸美德与恶德这样的观念,这一观点可能得到说明。我们现在讨论的这一理论认为,道德上的善不同于使欲望得到满足的那种善,它与高尚的东西是相同的;它认为正当的也就是高尚的,而道德上的邪恶和错误就是伴随着邪恶的那种东西。但是,高尚的东西首先指被我称赞的东西;邪恶的东西首先指被人谴责的东西。在习俗性道德中,人的行动和特征不是因为它们是高尚的而受人称赞;恰恰相反,它们因为受到社会称赞和颂扬的支持而是高尚的。因此,美德在尚武的社会中指勇敢,在一个已经工业化的社会中指敬业、节俭和勤奋。在一个把对超自然事物的奉献视为至高的善的共同体中,它可能指贫穷、穿破衣服和克己的习惯。反思努力颠倒这一顺序:它想去发现应当被称赞的东西,使得赞成将出现在被断定为值得称赞的东西之后,而不是以在一个具体的社会中碰巧被特别地仰慕和奖励的东西为基础来规定美德。

2. 标准的本性和功利主义的本性

以其为基础来合乎理性地分配称赞和指责的那一标准,构成了被称之为标准的那种东西。在实践的意义上,它是判断的根基。在这种类型的理论中,标准这一概念占据了在前面已经讨论过的其他理论中分别由善和义务这两个概念占据的那个地位。称赞和指责应当依其来控制的那一原则,被当成支配性的伦理命令,既优先于善的观念,也优先于正当观念。因为依据这一理论,在道德上是善的东西就是那被称赞的东西,正当的东西就是那应当被称赞的东西。义务从由社会压力所要求的东西构成的纯粹事实领域转入由那些只是因为与称赞之标准相一致而被正当地要求做出的行动构成的合法领域;若非如此,它们就是强迫性的,是在限制自由。正确就是应当被称赞的,错误就是应当受惩罚的,而惩罚是指责的一种形式,只不过是它的公开的或细化的形成。

具有重要意义的是,从总体上看,赞成或不赞成这种观念及其恰当的标准是英国道德理论的特色,正如目的观念是古希腊伦理哲学的特色、义务观念是古罗马伦理哲学的特色。在古希腊的伦理理论中它隐含在古希腊人在对行动的判断中和在规定善与美的倾向

第十三章　认可、标准和美德

中对尺度和比例的特别喜爱上。但是，在英国的道德理论中，表现赞成和谴责以及它们对品格形成的影响，第一次被当成核心。在沙夫慈伯里那里，应当称赞的东西就是与在审美方面的"好的品位"极其类似的道德感的当下直觉；在休谟看来，应当称赞的东西就是"从一般的观点看令人快乐的东西"，它是在不同于第一次个人的反应的反思性概括之后为我们所知的；亚当·斯密的思想——应当称赞的东西就是那使"中立的观察者"满意的东西——是同一个观念的一个变种。

在边沁看来，他的前人的绝大部分解释依然太深地为"武断"（ipse dixitism）所感染，而在他看来，武断是一切直觉性理论的缺点。他要寻找一个一般的、不受个人影响的、客观的原则，来控制个人对好的品位或不论什么东西的反应并判断其对错。他在斯密那里，特别是在休谟那里，发现了这样一个隐含的思想：一种行为或者一种品格的特征对其他人的有用性是称赞的根本理由，而不便和有害性是谴责和贬低的理由。人们自发地称赞有助于他们、能够增进他们的幸福的那些行动；不必为这一事实寻找任何解释。同情也是人性的一个根本特征。因为同情，我们称赞那些帮助他人的行动，即便我们自己的利益没有被包括在其中；由于自愿地把第三方所遭受的苦难加到我们心上，我们因为同情而被激动得发怒。同情本能地把我们移到他人所处的地位上，因此，我们分享他们因为喜欢而产生的喜悦和他们因不满而产生的怒火，好像我们亲身处在其中似的。只有那些非同寻常地心肠坚硬之人，才会在情感上被对于为他人的利益而奉献自己的英雄行为或卑鄙的忘恩负义和蓄意伤人之类的恶行无动于衷。

但是，在对同情性的称赞和指责的这种自发的、习惯性的运用上，还是存在着明确的缺陷。它几乎不能扩展到那些与我们密切接触的人——我们自己的家庭成员和我们的朋友——之外。对于那些我们看不见的人或陌生人，它几乎不起作用，更不用说对敌人了。其次，非反思性的称赞和指责都是肤浅的。它们考虑了帮助和伤害这类异乎寻常的和引人注目的情况，但没有考虑更微妙、更敏感类别的情况；它们注意到了帮助和伤害方面在短时间内会自身显示的后果，但没有注意那些在后来才会出现的后果，即便后来出来的后果实际上是更为重要的。最后，在某些行动已经完全变成习惯性的行动时，它们就像自然现象一样被视为当然，因而完全不被判断。比如，法律和制度所具有的有利的和有害的后果，就不被习俗性道德考虑。

因此，关于称赞之标准的功利主义理论引起了一些变化。当人们承认对普遍幸福或福利的贡献是称赞和颂扬的唯一理由时，他们就排除了前面提到的三个缺点。这一标准是被一般化的，必须就一个行动对所有有感知能力的人造成的幸福和不幸这样的后果做出判断。对一般的或广泛的后果所做的强调，把平等观念提到了前台，而且，它这么做的方式，改造了习俗上对称赞和指责、同情和讨厌的判定。因为后者并没有把自我的幸福与他人的幸福、家庭成员的幸福和外我的幸福、伙伴的幸福和陌生人的幸福、高贵人的幸福和普通人的幸福、地主的幸福和农民的幸福、卓越者的幸福与默默无闻者的幸福、富人的幸福和穷人的幸福放在同样的地位下。但是，功利主义理论除了坚持考虑最广泛的、最全面的范畴内的后果以外，还坚持：在以有益和有害、快乐和痛苦这样的方式评价后果时，每个人都应当被算作一个人,而不考虑其出身、性别、种族、社会地位、经济条件和政治地位上的差别。具有重要意义的是,功利主义在英国的兴起和其主要影响在社会方面与慈善情感的大规模彰显是一致的,在政治方面与民主理想的出现是一致的。[①] 它在实践上的主要影响是修改出于不平等并且在维护不平等的那些法律和制度,这绝不是偶然的。

3. 功利主义与快乐主义的混淆

到此为止,我们已经忽视了功利主义的一个重要特征。我们以一般的说法谈论了福利、好处和伤害,但却没有详细说明它们是由什么东西构成的。但是,边沁本人引以自豪的是这样一个事实:功利主义对于福利、好处和伤害这些东西的本性持有明确的、可测度的概念。依据边沁的观点,福利、好处和伤害是由快乐和痛苦的单元构成的,只是快乐和痛苦的算术总和。因此,依据他的追随者的看法,他把关于福利和幸福的那种含糊不清的观念变成了能够以量化的陈述表达的准确事实。[②] 但是,依据快乐和痛苦的单元来下定义,还有另外一种结果。它把功利主义暴露在能够用来反对快乐主

[①] 边沁生活在1748年至1832年之间;他的高徒约翰·斯图亚特·密尔生活在1806年至1873年之间。

[②] 因此,密尔说:"他把那些思想的习惯和调查的方式引进到了道德和政治,那些思想的习惯和调查的方式是科学观念的根本。……他第一次把思想的准确性引进到了道德的和政治的哲学中。"1874年伦敦版《自传》(Autobiography)的第65—67页,以及《专题论文和讨论》(Dissertations and Discussions)中的"论边沁"(On Bentham)。

义的一切异议（请看第208页①）的面前。但是，如此对它们加以的规定，其后果并没有在此止步。正如功利主义的批判者毫不迟疑地指出的，这使功利主义陷入了一个特有的矛盾。依据功利主义对欲望和动机的看法，一切行动的唯一目标和目的就在于获得个人的快乐。但是，判断行动所具有的道德性的那个恰当的标准却是这一行动对他人的快乐所做出的贡献——是给予他人的好处，而不是给予行动者自身的好处。因此，功利主义者就遇到了这样一个问题，动机和行动具有严格的个人和自私的特征，而称赞的标准却具有广泛社会性的和慈善性的特征，二者是矛盾的。作为行动的唯一动机的对个人快乐的欲求，与作为称赞之原则的普遍的善意彼此争战。边沁的主要兴趣是判断的标准，他对快乐主义心理学的接受在广泛的意义上只是历史的偶然。他没有能够认识到这两个原则的不一致，因为他自己的兴趣是他那个时代的法律和制度在对幸福和不幸的总体分派方面所具有的不平等的后果。他认识到了在何种程度上这些法律和制度表达阶级利益和在偏袒的驱动下为特殊利益服务、只有利于有特权的极少数人而把伤害和苦难带给大众。法律和制度只能被与个人无关地看待，只能从它们的后果看待，因为不可能把动机赋予法律和制度这类东西的。

边沁的追随者约翰·斯图亚特·密尔除了对社会改革和政治改革感兴趣，对个人道德也感兴趣，但却不是以边沁那样的方式感兴趣。因此，他把个人情操和品格这一问题提到了前台，虽然他从来没有正式地放弃快乐主义心理学。但是，在具体地考察密尔的贡

---

① 此处为原书页码，即本书边码。——译者

献之前,我们还是将说一说情感与它产生的一般形式的有利社会后果之间的关系这一问题。假如我们不考虑快乐主义对快乐和痛苦这些状态的强调,用更宽泛、但也可能更模糊的安乐、福利和幸福这样的观念来取代它,作为称赞的恰当标准。那么,这一标准与个人情操之间的关系这一问题依然存在。摆在每个人面前的道德问题就是对总体幸福和他人的幸福的关心而非对自己的关心,如何可能在自己的行为中成为一个支配性的意图。即便是在纯粹的理论上的评估中,也难以使对总体幸福的关心成为正确和错误的标准。因为这样一种称赞的方法与我们的首先关心我们自己的幸福其次关心与我们关系密切的那些人的幸福的那种倾向相反。但是,与凡在对一个行动的理智评价与我们偏向自己利益的这一自然的倾向相冲突时如何使那一理智的评价在我们的行动中发挥作用这一问题相比,这一困难只是一个小小的困难。

显然,只有直接的个人情操才可能使我们有能力解决这些问题。我们倾向于当作标准的那些客观后果越重要,我们越是将被迫退守个人的情操,将其作为这一标准发挥作用的唯一保证,不论它是在我们的评价中起理论上的作用,还是在我们的行为中有实际上的作用。边沁被因其而称赞的那种假想的精确性把一种不可能性引进到了实际行动之中。一个人可能以他对一个被打算做的行动影响幸福和不幸的那种总体趋势的体验为基础做出评价;没有一个人能够预先计算出一个行动可能产生出来的快乐和痛苦的一切单元(即便快乐和痛苦能够被还原为数元)。我们可以肯定,个人的友善、热忱和公平这类态度使我们对一个被打算作的行动对他人的善可能产生的影响的判断,比他人的憎恨、虚伪和自私这类态度使我们对一个被打算做的行动对他人的善可能会产生的影响的判断，更可能非常地正确。一个仅仅相信外在后果之细节的人可能极容易使他自己相信某人被谋杀者除掉了将有助于总体幸福。人们不可能设想一个诚实的人使他自己坚信漠视人类生命的那种情操将具有仁慈的后果。另一方面，判断行动的根本标准是它们的客观后果，这是真实的；后果构成了一个行动的意义。但是，同样真实的是，判断之正确性和判断之具有的在行为中产生影响的力量，其保证在于品格的内在成分；相信一个具有友好而诚实之情操但却没有多大算计能力的人，总比相信一个心怀恶意而冷漠但却对未来有着较强的前瞻能力的人，要安全一些。另一方面，在我们判断法律和制度所具有的道德价值（也就是说，从它们对总体福利产生的影响这一角度出发来评价它们）时，客观而仔细地考虑后果是合理的，因为法律和制度是不以个人意志为转移的，它们没有这个方面或那个方面的内在情操。

因此，当密尔说"你愿意别人如何对待你，你就要如何对待别人，要爱人如己，构成了理想完满的功利主义道德"时，他使功利主义与人类没有偏狭的道德感更密切地一致。因为这样一个陈述把情操、品格放在首位，把对具体结果的计算放在第二位。因此，依据密尔的观点，我们可以说"法律和社会安排应当使每一个个体的幸福尽可能地与整体的利益相和谐，对人的品格具有非常广泛的力量的教育和舆论应当这样使用，使它成为这样一种力量，使每个人在自己的内心之中都建立起一种使自己的幸福与整体的善不可分割地联系在一起的关系。"总而言之，我们有了这样一个原则，通过它，可以判断社会安排所具有的道德价值：它们趋向于使这个共同

第十三章 认可、标准和美德

体的成员在把幸福带给他人的那些目标和意图中寻找他们自己的幸福吗?还有一个为教育过程——不论是正式的还是非正式的教育——提供的理想。教育应当在所有人中建立起一种增进总体幸福的兴趣,使得所有人将发现他们自己的幸福会在他们所做的那些能够改善他人状况的行动中得到实现。

对个人情操的强调也出现在密尔看到这样一些态度的欲求中,这些态度是为它们自身而被养成的,好像它们就是存在于自身之中的目的,根本不需要有意识地去思考它们的外在后果。我们内在地、依据我们自己的性格,不用任何计算,珍视我们与他人的朋友关系。我们天生地

"希望与我们的同伴团结在一起。……对人来说,这种社会状态既是非常自然的,也是不可缺少的,还是非常习惯性的,因此,除非在某种非同寻常的情况下或极力在意愿上不注意它们,除了把他自己设想为一个团体的一员,他不可能设想自己是别的东西。……因此,对一个社会的某种状态来说是根本的任何一个条件,越来越成为每一个人对他出生在其中并且是一个人的命运的那种事物状态的认识的一个不可分割的组成部分。"社会纽带的这种增强导致个人"越来越把他自己的感情等同于其他人的善"。"他仿佛直觉似地意识到他自己是一个理所当然地关心他人的存在。对他来说,其他人的善,就像我们生活的物理条件中的任何一种一样,成了一种自然而然地、必然被注意的东西。"最后,这种社会情感,不管多么地弱,都不针对把自己表现为"一种对教育的迷信或者一项被无缘无故地专

横强加的法律,而是把自己表现为一种属性,若无这种属性,人将不会正常地存在。……只有极少数其心灵完全是一片道德的空白地的人可能活着这样去安排他们的生活方针,除非他们的个人利益迫使他们去关心他人,否则他们就根本不关心他人。"①

甚至在同情这一题头下,边沁的观点也被这样评价:

"他的认识也没有扩展到更复杂形式的情感——对爱的喜爱,对同情性支持的需要,或者对称赞和敬畏对象的需要。"②"自我文化,通过具有自己的情感和意志的个人自身进行的训练……在边沁的体系中也没有涉及。其他同等重要的部分,即对他的外在行动的控制,若没有第一项,就必然是完全磕磕绊绊的和不完满的;因为:如果我们在考虑一个行动在控制我们自己的或他人的情感的欲望这件事上产生的影响时不把对个人的外在行为的控制作为问题的一个部分,我们怎么可能去判断这个行动将以什么样的方式影响我们自己或者其他人的世俗利益呢?"③

换言之,密尔明白边沁理论的一个缺点就在于他假设构成情操的那些要素只是在推动我们去做产生快乐的具体行动时才是有价值

---

① 《功利主义》,第三章,各节。
② 早期论文,第354页。(由Gobbs重印的1897年伦敦版。)
③ 同上书,第357页。

的；在密尔看来，它们作为幸福的直接来源和要素具有它们自身的价值。因此，密尔说：

"我认为，只是通过改变外在条件而不伴随着欲望状态方面的变化，来大大地增加人的幸福，那是不可能的。"① 而且，在他自己的《自传》中谈到了他第一次反对边沁主义时，他说："我第一次在人类幸福的那些最重要的不可缺少的东西中，给个人的内在文化提供了恰当地地位。我不再把几乎排他性的重要性给予外在环境的秩序。……在我的伦理的和哲学的信条中，情感的培养变成了基点之一。"②

幸福与品格的特征之间的这种密切关系也出于这样一个事实：快乐有质上的差别，而不仅仅是在量上和强度上不同。欣赏诗歌、艺术和科学，产生了这样一种满足，它不能与出于纯粹的感性来源的那种满足相提并论的。有效标准被密尔从快乐转移到品格（因为快乐的质是以依据快乐所伴随的个人品格的本性来排列的），其程度在下面这句话中是明白无误的："没有一个聪明人愿意成为一个傻瓜，没有一个受过教育的人愿意成为一个无知的人，没有一个有情感和良心的人愿意成为一个自私而卑鄙的人，即便有人劝他们说傻瓜、蠢材或无赖将比他们现在能够更好地满足他们的欲望。……做一个没有得到满足的人胜过做一头得到满足的猪。"

我们已经用于相当篇幅来讨论功利主义从边沁而密尔的这一

---

① 早期论文，第404页。（由Gobbs重印的1897年伦敦版。）
② 《自传》，第143页。

变化,在历史的不同和资料方面却没有用那么多,因为后者的立场包含着这样一个密尔从来没有在语言上承认的事实：在功利主义中存在着对快乐主义的一个让利。因为这个快乐主义因素是这样的一个因素,它使功利主义在理论上易受批评,使功利主义在实践中是行不通的；所以,重要的事情是认识到关心社会福利（这是可以被广泛地、不偏不倚地加以评价的）这一观念可以作为一个评价标准被肯定,虽然历史上的功利主义总是与在理论上站不住脚的快乐主义纠缠在一起。密尔的这一修正了的功利主义承认内在于自我的那些因素在创造一种有价值的幸福中起着重大作用,同时它还为从道德上评价法律和制度提供了一个标准。因为坏的社会安排,除了给人带来的直接苦难,还腐蚀那些有益于高级而纯粹幸福的情操。

制度是好的,不仅因为它们对福利的直接贡献,而且甚至主要是因为它们有益于那些有价值的情操的形成,高贵的享受正是从这些有价值的情操中产生出来的。

4. 目的与标准的关系

意图、目标和预想的目的是与标准不同的,可也与标准密切地联系在一起。预想的目的和欲望联系在一起；它们是面向未来的,因为它们是欲望将在其中被满足的那些对象的投射。另一方面,标准面对着已经做出了行动,或者已经在想象中被思考的行动,好像它被思考的行动已经被做出了似的。一个对象,如果它被视为目的或者被认为是欲望的实现,那么,这是善的程度,与它被认为是欲望

第十三章 认可、标准和美德

的真正满足或实现的程度相当。从某个标准的立场看,如果一种行动能够激起并且维持赞成,那么它就是善的。起初,我们所讨论的赞成是出于其他人的。如果我这样做,我所属的这个团体或者这个团体的某些特别有影响的成员,将会容忍我、指责我,还是鼓励我、称赞我? 其他人的称赞和指责是一面镜子,他的行动所具有的道德性质被这面镜子反射回到他眼中,使他看到他的行动所具有的道德性质。由于这种反射,行动者能够从一种不同于直接应许给他的某种满足这一立场的另外一种立场出发来判断他自己的行动。在他考虑到他人的反应时,他就被引导着去拓展和概括他自己的关于他自己行动的观念;在他接受了标准的那个立场时,他就能客观地看待他自己的行动;在他判断自己的行为所依据的东西只是某种目的时,他是在个人地看待他自己的行动。

后来,对某一特殊的社会群体或某一特殊的个人的赞成或不赞成的反应趋向于退到背景之中。某种理想的观察者被设想出来,做出一个行动的人通过这个中立的、具有远见的、立场客观的法官的眼睛来看待他自己经过打算做出的行动。虽然目的和标准是两个有着不同含义的不同观念,但是,要求那依据标准而是可赞成的东西应当成为一个目的,却是标准的本性。换句话说,它要求设立一个新的目的,或者,在由欲望所建议的那个目的被赞成的情况下,它要求设立一个具有新的性质的目的,而且,这种新的性质是已经得到赞成印可的。标准观念,除非出于一种不同目的之来源的来源,并且具有一种出于目的所具有的那种意义的不同意义,它对于目的就不可能具有操控性的关键影响。标准的重要性就是:它包含着方法这一观念,所有被接纳的目的都应当是依据那种方法而形成的；也就是说，目的应当是这样的，它们是因为追求它们应当有助于总体福利而值得赞成。

认识到这一事实，使我们能够去处理一个伴随着许多困难的问题。这个问题可以以所谓的快乐主义的悖论来说明，这个悖论就是：追求快乐的方法并不是追求快乐。这一说法与另一个悖论相似，它就是：实现美德的方法并不直接地瞄准美德。因为标准与欲望之目的并不是相同的。因此，对总体福体的贡献可能是反身性赞成的标准，但却不用是那个预想的目的。实际上，几乎不能设想标准被变成了欲望的目的；作为某种被瞄准的直接对象，它可能是非常地不确定、非常地模糊，乃至如果不明确地指出行为应当如何被指导和被指向哪里，它就只会激起一种散漫的情感状态。另一方面，欲望指向要某种明确而具体的对象，那是它要追求的。在这一目的出现在心灵中后，它就被从另一个角度来审视和检验：要实现它的那一行动将增进所有相关者的福利吗？

幸福这一观念原本出于欲望被实现这种情况。它是一个一般的词，用来指称这样的事实：虽然欲望是不同的，可用来满足这些欲望的对象也是不同的，但是，在所有的欲望中都存在着一个共有的相同的东西，这就是它们之被满足这一事实。这是一个形式的特征。只是因为有"幸福"这个单独的名就认为在幸福中存在着质料或内容上的同质性，那是错误的。有人可能还认为所有被命名为Smith的人因为他们有着相同的名就是相似的。没有两个具体的幸福例子在实际材料和组成方面是彼此相似的。它们之相似，只在于都是欲望被满足，都满足了由某种欲望所设立的那些要求。吝啬鬼在攒钱中发现满足，慷慨的人在花钱把幸福送给别人这样的行为中发现满足。一个人在自己某些微不足道的方面领先于别人时感到幸福,另一个人在帮助其他人摆脱某种麻烦时感到幸福,这两种情况是根本不同的;但是,在形式上,它们是类似的,因为两者都占据了相同的地位、起着相同的作用——使某种欲望得到满足。

因此,标准所具有的功能就是分辨满足的各种在质料上的差别以规定何种幸福是真正道德的,也就是说,是可称赞的。它说,在各种不同的幸福中,被称赞的、同时又把满足带给他人或者至少就它与把苦难加于他人而言是与他人的福利相和谐的那种幸福,是真正道德的。它没有告诉我们什么东西是应特别追求的。它告诉我们如何把谴责或赞成加于那些因为我们的欲望而独立地出现在我们心中的那些目的和意图。当这一点被清楚地认识到时,我们就可以鉴别出那一经常被提出来的问题的虚假本性。那一问题断言一切道德理论的轴心是个人幸福与总体幸福之间的关系。它断言作为正义的道德要求这二者是完全等同的,我们不可能满意于这样一个世界,在其中,那把善带给其他人的某一行为却把苦难带给一个增进了其他人的善的人,或者在其中,使其他人受苦的行为却把幸福带给了一个伤害其他人的人。许多才智一直被用在解决这些频频出现的矛盾上。甚至有人提出,虽然极端自私的孤立状态是不利于幸福的,但是,这种状态也是极其广泛而敏锐的情感;甚至还有人说,那个处在幸福的最好展台上的人是这样一个人,他审慎地控制自己的同情,并因此而避免卷入其他人的命运。我们一旦认识到标准与目的之间的这一不同,把个人幸福与总体幸福等同这一问题就被看作一个不真实的问题。标准说我们应当欲求那些对象,我们应当在除了把善带给我们还把善带给我们与其联系在一起的人的那种东西中发现幸福,在友谊、同志、公民权以及对科学、艺术等等的追求中发现幸福。

许多个人解决了这一问题。他做了这一点,不是通过在理论上证明给他人提供幸福的那些东西也会使他自己幸福,而是通过对那些把善带给他人的对象所进行的自愿选择。他因为自己的欲望被满足而获得个人的高兴和幸福,但是他的欲望已经首先被变得合乎一种明确的样式。这一高兴在持续时间上可能是较短的,而且比那些他可能以其他方式得到的快乐相比强度要低。但是,它具有一个独特的标志,而且对于这个人来说,这个标志可能胜过其他的东西。他获得了一种对他来说本身是被称赞的幸福,而且不用与其他人相比,被称赞的幸福这一性质可能使它成为没有价值的。通过个人在由与社会关系的要求相一致的那些对象性的欲望所建议的目的中进行的选择,一个人获得了一种与其他人的幸福相和谐的幸福。这是存在于个人幸福与总体幸福之间的等同中的唯一一种意义,这也只是道德上被要求的唯一一种意义。

5. 正义和仁心在标准中的地位

在对共同善的贡献被人认为是称赞的标准时,与正义和标准的关系有关的一个问题就出现了。首先,似乎仁心若被称赞到这样一种高度,正义就几乎跌出道德的图景。无论如何,标准的本性这一概念一直受到攻击,其理由是:正义是至上的美德,总体福利这一标准从属于正义,标准被说成是自足的,只是在它被孤立地看的时候。从根本上讲,这里所说的这个问题实际上是我们在前面已经在另一种形式——即后果在道德行为中的地位——谈论的那个问题。那些认为对后果的考虑是在贬低道德的人，把他们的立场建立在几个抽象的正义原则上。"即便天塌了，也要让正义得到伸张"（Fiat justitia, ruat Coelum）是这一观点的经典表达。不论后果如何，甚至到了天都塌下来的程度，也要让正义得到伸张。这种观点认为，对后果的关心，即便是对那些作为共同且共享的善的关心，也会把正义变成便利，损毁它的权威和庄严。

对这个异议的回答有两个。首先，把行动的后果这一道德标准排除，将只给我们留下一种形式的原则；它建立起一种抽象，认为道德仅仅是合乎这种抽象，而不是积极努力去实现重要的目的。经验表明，使人间的善附属于一种外在的和形式的规则容易走向严厉和冷酷。正义应当与仁慈相调和这一通常的说法是这样一种通俗的方法，人们用它来表达他们对设立一个与对人间后果的一切考虑都分离的行动原则这种做法所具有的铁心的、从根本上看是不公正的特征的认识。把正义当成目的本身，就是以手段应当为其服务的目的为代价从手段中树立起一个偶像。第二，正义不是人的福利的外在手段，而是与它为之服务的那个目的有机地整合在一起的一种手段。有许多手段是它们使其得以存在的那些后果的构成部分，正如石头既是音乐得以出现的手段也是音乐的构成要素，又如食物是它为之服务的那个生命体的一个不可缺少的组成部分。基于这一理由，已经把公平和公道纳入其自己的态度中的那个人，那个自我，将不仅具有一种可阻止人残酷无情地应用原则的人道情感，而且还将避免这样一种诱惑，即为了获得某种短期的特殊的善而无视原则。与这里所表示的东西大略相似的是：虽然饮食卫生的规则出自食品对生命体的福利提供的服务,因而不是以它们自身的缘故的抽象目的,但是,一旦它们被放在它们与它们为之服务的那个目的的关系中被认识,这种认识就能够使我们不把食物当成是某种短暂享受的纯粹工具。在有怀疑的情况下,我们转而求助于规则。

在正义可以与行动和态度对人类福利的影响分离这一观念中,还存在着一个内在的困难。这一分离,使正义这一标准的实践意义,或者成为武断的,或者容许不同的解释。正义有时被解释为意指对等的报复,即以眼还眼,以牙还牙。赫伯特·斯宾塞把另外一种含义赋予正义原则,并利用这一含义来判断在社会事务中采取的彻底的自由放任政策。他把正义原则等同于生物学含义上的原因与结果之间的关系,也就是说,等同于生存斗争中的自然选择和不适者灭亡。他断言,"正义"就是低贱者承受由其低贱导致的后果,高贵者收获由其高贵给予的奖赏。因此,干预自然选择的活动就是违犯正义法则。换句话说,斯宾塞用这个抽象的正义原则来保证极端个人主义的政策,让竞争社会中自私之"合乎自然的"比赛依着它自己的方针进行。对于正义的其他解释,还可以举例说明。但是,这里所举的两个例子应当已经说明,正义具有其明确的含义这一普通的观念是完全错误的。真理站在另外一边。在具体的情况下,正义的含义是这样一种东西,要通过看什么样的后果将以合理而公平的方式增进人的福利。

把社会福利作为称赞的标准,还遇到了另外一种异议,说这把情感抬升到了道德中的至上地位。因此,卡莱尔(Carlyle)指责功利主义是"由温情的废话构成的一个普遍纲领"。在广泛的福利这一标准与同情态度之间存在着一种密切的关系,这是正确的。但是,对后果的关心并不鼓励人们向被体验到的每一种可怜和同情的情感让步。恰恰相反，它说我们应当克制自己依照这类情感活动的意向，直到我们已经考虑如果我们让这类情感让步将对人类幸福造成什么影响。同情这种情感在道德上是无价的。但是，同情这种情感，只有在它被用作反思和远见的一个原则而不是作为直接行动的一个原则时，才能恰当地发挥作用。理智的同情拓展和深化我们对结果的考虑。把我们自己放在他人的地位上，从他人的目标和价值这一角度出发看待事物，使我们对我们自己的要求的评价低到它们在一个中立的观察者眼中呈现出来的那个水平上，这是评价在具体情况中正义所要求的那些东西的最可靠的方式。情感主义的真正缺点就在于：它没有能够考虑依据客观福利而行动可能导致的后果，它使直接放纵某种居于支配地位的情感变得比结果更为重要的。

此外，把社会福利作为一个标准，这一倾向使我们在理智上对法律、社会安排和教育对人的幸福和发展所具有的影响更为敏感和审慎。历史上的功利主义，即便具有其快乐主义的心理学这一缺陷，在使人们摆脱法律和行政上的不平等、使大众意识到存在于政治压迫和政治败坏与大众的苦难之间的那种关系方面，在大不列颠确实做了很多工作。

从道德的观点看，被赋予改革和改革家这一观念的那一意义提供了对称赞的标准的一个好的检验。在某种意义上，改革几乎是与爱管闲事的干预同义的，而且，它有着这样一个假定：自许的改革家比其他人更好地知道什么东西对他们是善的，因而能够采取行动把更多的福利提供给他们。但是，"最大多数人的最大的善"（the greatest good of the greatest number）的真正含义是：社会状况应当是这样的,所有人都能够在一种能够发展他们的个人能力并且能够对他们的努力予以奖励的社会平台上发挥他们自己的主动性,换言之,它关心的是:提供这样一种客观的政治、经济和社会状况,它们能够使最可能多的人因为他们自己的努力而在生活的价值方面拥有一个充实而体面的份额。当然,在其他人处在疾病、身体失能、金钱极度缺乏等诸如此类状态的时期中时,直接帮助他人也被要求的。但是,这一标准的主要运用是在对客观社会状况所具有的影响进行的思考方面。因此,这一标准使在它的名号下进行的意在使社会发生变化的努力,免受抢劫和个人干预这样的污名。它通过与个人没有关系的正义来达成仁慈的目的。

频繁地被设立在仁慈与正义之间的那一对立,其基础是一个狭义的正义观和一个情感主义的仁慈观。如果仁慈被用来指超出了法律义务所提出的要求的那些行动,正义被用求指严格字面含义上存在的道德法则,那么,在二者之间当然就存在一条宽阔的鸿沟。但是,实际上,正义的范围宽广得足以涵盖可增进社会福利的一切条件,而在被当作仁爱和慈善的东西中,大部分只是一种权宜之计,用来弥补由于缺乏正义的社会条件而造成的局面。经典的正义观念出自罗马法,而且具有罗马法的形式上的条文主义特征。它的含义就是"把属于一个人的东西交给他本人"。依据属于一个人的东西这一法律观念,正义这一观念就被局限到相当外在的东西,如物质财产、名声、荣誉、对好品格的尊重,等等。但是,在正义这个观念的宽泛的含义上,"把属于一个人的东西交给他本人"这一表述只是提出了一个问题,而没有提供解决方案。什么东西属于一个作为人而存在的人?在道德上应归于一个人的东西应当如何被测度?能够依据传统的考虑来把它固定下来吗？或者，除了有机会成为一个能够成为的一切之外，还有什么东西是应当归于这个人的？设想一个人被发现违犯了社会规则。就正义而言，应当归于他的东西，是依据以眼还眼、以牙还牙这一原则，尽可能恰好与他所犯的罪比例相当的某种报复性的惩罚吗？或者，这样的对待往往将激发他努力进行道德改进吗？"正义"之被测度，是依据现在的社会地位，还是依据发展的可能性？这样的问题说明：社会功利主义，在摆脱了其快乐主义的缺陷时，使正义成为对个人成长和成就的客观条件的一种考虑，这种考虑是不可能与从根本的和客观的意义上而言的慈善分开的。

6. 作为道德力量的称赞和指责

在前面（第195页①）我们已经提到美德观念与称赞的运用密切地联系在一起。说在原始的道德中品格的特征不是因为是合乎美德的而被称赞，而是因为被称赞而是合乎美德的，凡被普遍指责的都是根据行为本身（ipso facto）被认为是邪恶的，这一点也不为过。反思性道德颠倒了这一态度。它要去发现品格的何种特征是应当被称赞的，它不把美德等同于被称赞的那个行动（de facto），而是将其等同于那可称赞的东西，应当被称赞的东西。但是，正如我们已经时常注意到的，习俗性道德所具有的强大约束在从理论上看在反思性的道德中依然存在。准确地讲，"习俗性道德"正是一种以

---

① 此处为原书页码，即本书边码。——译者

在一个特定时期在一个特定的社会群体中流行的评价规则为基础的称赞和指责为基础的道德。凡符合（至少是外在地符合）流行的实践、特别是符合公共机构的流行实践的，无一不受到评价，或者至少无一是未经审查而被批准的；凡误入歧途者，无一不受到指责。这在实践上的后果就是一种否定性的道德；美德被等同于"得体"（respectability），而得体就是说这样的行为不会受到公开的指责和批评，而不是说它是内在地值得尊重的。多数人的道德理想就是做不会激起不利评价的行为，正如一个孩子太经常地把"正确"等同于不会受到训斥而被允许的东西。

因此，这就是便利的立场，我们最初用来思考我们最初置之不理的那个观点，即称赞和指责在道德中恰当的地位和功能。

乍看之下，对习俗上对称赞和指责的用法进行的反思可能看来好像依然把称赞和指责当成基本的要求保留了下来，只是给它们提供一个其运用应当依据的准则。但是，实际情况并非如此。反思不但起来改变称赞和指责的风格以及对它们的使用。后者趋向于使那个被称赞或指责的人把其注意力集中到对他能够以之得到称赞并避免指责的方法上。因此，它们的影响是把注意力从使行为值得赞扬和值得批评的那些理由和原因上分散。对称赞和指责的习俗性展示使一个人去思考怎样能够使他自己免受指责和得到赞成。重视利用指责的道德培养着一种辩护式的和护教式的态度；受制于这种道德的人去思考如何申辩，而不是去思考什么对象是值得追求的。再者，它把人的注意力从对客观条件和原因的思考上分散，因为这趋向于使一个人因为把指责转移到其他人身上而变得更应当被批评。一个人想通过把指责转移到其他的人身上而使自己免受指责。在更强烈的本性中,怨恨被制造出来,乃至到了一个受到批评的人认为他反对一切权威是在做一件勇敢的事情。在其他的本性中,它制造了这样一种感受,这种感受若用语言说出来,就是:"它有什么用?它对我所做的事情不加区分,因为不论我如何做,我都会被指责。"

反思性道德,除了把称赞和批评置于一个合乎理性的基础下以外,没有让称赞和批判留在它们的原位;它趋向于把强调的重心转移到以客观的方式对行为加以审视,也就是说,依据行为的原因和结果对行为加以审视。可欲的东西就是:一个人应当为他自己明白他正在做什么事情以及他为何在做这件事情,他应当能够分析那些使他像他确实行动的那样采取行动的力量。因此,称赞和批评本身都不应被视为终极的,都应当依据标准而被判断。从整体上看,一种以称赞和批评为基础的道德的盛行,就是一个证据,说明习俗和传统的力量依然在影响一种名义上是反思性道德的程度。已经拥有的反思性道德标准检查和指导称赞和批评的应用,正如它检查和指导人的其他倾向的运用一样。它使用认识到奖励和惩罚、称赞和谴责依据它们的后果是好的还是坏的,认识到它们既可以被有益地运用,也可以被不道德地运用。

我们已经注意到了被认为是合乎美德的和邪恶的那些特征的反身性根源。它们最初出于关于优点和缺点以及应得赏罚的观念;而值得称赞性和应得性是依据其他人的反应来评价的。正是进行称赞和批评的那些人在裁定荣誉、声望和功劳。由于这个原因,正如我们前面已经提到的,只要习俗居于支配地位,美德和恶德就严格地与一个特定团体中居于支配地位的制度和习惯关联在一起。它的成员被训练着去赞扬和赞赏与既定的生活方式相符合的东西；因此，不同文明的评价行为的体系有着巨大的分歧。它们的共同要素是形式的而不是质料的——也就是说，遵守习俗。法律（Nomos）确实是"万有之王"，特别是那被视为美德和恶德的行动或品格的王。

因此，发现称赞和批评、尊重和轻视以之为裁定基础的那个标准的尝试，对关于美德和恶德的整个观念具有一种革命性的影响。因为它包含着对盛行的评价习惯的批评。标准这个观念恰恰是理智的，这暗示着某种可被普遍地运用的东西。它没有把对某些行为模式的喜欢和憎恨这样的因素排除掉。但是，它通过某种高于这些表现本身的东西引进了对这些东西的控制。习俗性道德自然而然地使那些违犯其准则的人脸上发烧，使那些符合其准则的人心安理得。反思性的道德使个人对其用来表现喜欢和讨厌的那些方式负责。它突出这样一个事实：在判断中，在称赞和指责中，我们正在判断我们自己，揭露我们自己的口味和欲望。称赞和批评，这两种把恶德和美德归于某人的态度，依据它们被行使的方式，本身也可能成为一恶德或美德。

7. 反思性道德中的美德观念

在习俗性道德中，开列一张恶德和美德的清单是可能的。因为美德反映了某种明确的习俗，而恶德反映着对习俗的偏离或违犯。因此，被称赞和批评的行动，就它们属于它们所参照的那些习俗来说，具有同样的明确性和不变性。在反思性道德中，美德的清单就具有相对较多的不确定性。贞洁、友善、诚实、爱国、谦和、宽容、勇敢等等,都无法被赋予一种固定的含义,因为其中每一个都在表达着人们对不断变化着的对象和制度的兴趣。从形式上看,就像兴趣一样,这些美德是永久的;因为没有一个共同体能够存在于一种不存在公平交易、公共精神、对生命的关心和对他人的信实的状态之中。但是,没有两个共同体认为那些对象是与这些特性以完全相同的方式联系在一起的。因此,要定义它们,只能以兴趣所独有的特征为基础,而不能以兴趣在其中被对待的那些长久而始终如一的对象为基础。比如,这对节制和贞洁来说就是真实的,节制和贞洁是以关心生命为内容的,但对生命的关心在一些共同体中并没有涵盖女婴和年老的人,而且在所历史上存在的有些共同体中,对生命的关心被与敌对共同体的战争限制着。

因此,我们将通过列举方法来讨论平等,但是我们要列举的东西是属于那种真正地是一种兴趣的态度的那些特征,而不是好似离散实体的美德。(1)一种兴趣必须是全心全意的。美德是整全,恶德是表里不一。真诚是这一品质的另外一个名称,因为它指对某一对象的奉献是没有杂质的和纯粹的。这一品质具有的范围,比其乍看之下可能具有的范围要广泛得多。

有意识的虚伪是极其少见的。分裂的和不一致的兴趣却是常见的。那种完全的、毫无保留和例外的奉献是极难达到的。当我们把自己抛进一种令人愉快的行为方针、而在障碍出现时却没有能够注意到我们在放弃或追求一种不相容的利益时,我们认为自己是全心全意的。全心全意非常不同于一时的狂热和激情。它总是具有一种情感的特征,但是它完全不是对我们把自己热情地投入其中的一系列东西的一系列非常强烈的情感上的喜爱。因为它要求意图和努力的一致性、连续性和协作性。但是，这一条件不可能被满足，除了在一个接着一个的各种目标和目的已经被对它们的每一个的本性和承载进行的反思形成一个有序的统一体之时。除非我们一心一意，否则我们就不可能全心全意。

因此，(2)使一种情操合乎美德的那个兴趣必须是连续的和坚持不懈的。一燕不成夏，一个短暂正确的兴趣，不论如何强有力，都不可能构成美德。风风雨雨的"美德"有一个不好的名称，因为它暗示着缺乏稳定性。在条件不利时，比如在有遭受其他人恶意对待的危险之时，或在要求投入比通常所付出的精力更多的精力去克服障碍时，它要求一个人坚持下去。在被反应性地称赞的兴趣中存在的生命力，是被依据不利条件下的坚持不懈来检验的。

完全的兴趣，除了持久之外，(3)还必须是不偏不倚的。兴趣，脱离了通过反思而形成和加强的品格，就是偏爱的，而且在这个意义上它也是分裂的，并且还是不真诚的，虽然这种不真诚是无意识地。一个人可能欣然地去表示他对自己的朋友和自己的家庭成员的福利的兴趣，但对那些没有藉着感恩或情感的纽带与他联系在一起的人却漠不关心。人们容易在决定对自己国家的事情上的兴趣时采取一种尺度而在考虑另一个种族、肤色、宗教或民族的事情时采用另外一种完全不同的尺度。当然，在强度的相等或数量的匹敌这样的意义上，兴趣的完全普世性是不可能的；也就是说，设想一个人对一个与他相距甚远、几乎没有任何联系的人的兴趣与他对一个与他处在不断的沟通之中的人的兴趣是一样的，那可能只是纯粹的虚伪。但是，兴趣的公平或不偏不倚是关于质的问题而不是关于

第十三章 认可、标准和美德

量的问题,因为极不公正不是关于多或少的问题,而是关于使用不公正的判断标准的问题。公正要求:当一个人必须在与他人的关系中采取行动时,不论他人是朋友还是敌人,同胞之人还是陌生人,只要其他人的利益进入考虑,他都必须使用一个平等而公开的价值尺度。在当下的或情感性的意识中,爱我们的敌人如同爱我们朋友,那是不可能的。但是,爱我们的敌人如同爱我们自己这一准则指的是:在我们的行为中,在考虑敌人的利益时我们所采用的评价尺度,应当是与我们考虑我们自己的利益时所使用的那一评价尺度相同。这个原则是用来调整我们对我们自己的行动对其他人的幸福所具有的影响所进行的判断的。

意图的一心一意,若不是与兴趣的广泛和不偏不倚统一,就可能是狭隘的。美德存在于对被称赞的对象的根本而一贯的兴趣之中这一观念,有着比仅仅使我们不把美德等同于在一个具体的共同体或社会环境中被习惯性地、当前被珍视的任何一种东西还有多的功能。因为它防止我们幻想性地把一种合乎美德的特征与另外一种合乎美德的特征分离开。不同美德的目录这一纯粹的观念交给我们这样一种看法:各种美德是可以分开的,可以被分放在密不透水的隔间之中。事实上,合乎美德的各种特征是彼此交叉解释的,这种统一被包含在品格的整全这一观念之中。在一个时期,在障碍面前坚持不懈和忍耐是最杰出的品性;这种态度是被称为勇敢的那种美德。在另一个时期,不偏不倚和公平是最重要的品性,我们称之为正义。在其他的时候,为某种综合性的善而放弃某种强烈欲望的当下满足,是一种显而易见的品性。这种情操,我们称之为节制或自制。当突出的方面是为了其他的品性可能发挥其作用而要求深思熟悉、要求连续不断而持之以恒的注意时,这种兴趣就获得了道德智慧、洞见和敬业之名。在每一种情况下,其差别只是强调什么方面。

这一事实既具有理论上的重要性,也具有实践上的重要性。各种美德是彼此独立的这一命题,在它对人产生影响时,就导致人们在行动上狭隘而不变通,而此类行为导致许多人认为一切道德都是否定性的和约束性的。例如,当一种独立的美德是由节制或自制构成的时候,它就变成了纯粹的禁止,成了一种不友好的约束。但是,作为一个相互解释的整体的一个相面时,它就是这整全兴趣所独有的一种肯定性的和谐。正义可被视为一种隔离的美德吗?若是那样,它就采取了一种机械的、量化的形式,恰像严格地给予称赞和指责、奖励和惩罚。或者,它可被认为在一种抽象的、与个人无关的法律辩护吗?若是这样,这种态度总是倾向于使人们成为有报复心的,导致他们要证明他们的严厉是一种美德。勇敢这一观念,依然坚持着它从其而出的遇到敌人时坚忍不拔这一最初观念所具有的某种东西。古希腊人拓展了这一观念,使它包括个人必须忍受但他可能逃避的一切令人不愉快的事物,只要我们认识到在维持和实现一个有时不会遇到困难和障碍但却令人不愉快的意图这样的事情上不可能存在着连续性,我们也就能够认为勇敢不是一种独立的美德。勇敢的范围,就像那把要使与其相连的对象得到实现要克服的困难都抛诸脑后而激发我们行动的走向了积端的积极兴趣一样广泛。否则,它就会萎缩成纯粹斯多葛式的消极抵抗,成为一种消极的美德,而非一种积极的美德。

最后,责任心有时被这样对待,好像它是对自己的德性状态的一种病态的焦虑。它甚至可能变成一种被升华了的利己主义,由于这个人把他的思想集中于他自己,所以,虽然他关心的是个人的"善性"而不是个人的快乐或收益,他依然是利己主义的。在其他情况下,它变成了一种焦虑性的顾虑,由于过于担心自己犯错,他尽可能地避免一切可能的外在行动。这样,对善的关心就沦为一种要使自己避免陷入错误的使人瘫痪的关心。应当投入于行动之中的精力就被消弭在对动机的打探之中。良心,道德上的深思熟虑,一旦被与勇敢分开,就会使我们成为懦夫。

这样对待美德,好像它们是彼此独立的,能够被一一单独列出来,其另外一个严重后果就是企图单独地培养每一种美德,而不是去培养一种全面而积极的品格。不管怎样,在传统的教导中还存在着许多使我们想到美德之整全性的东西。"爱是律法的完成"就是这样的一句格言。因为在其伦理意义上,爱指完全奉献于那些被认为是善的对象。这样一种兴趣,或者说爱,是以节制来标示的,因为一种综合的兴趣要求一种和谐,这种和谐只有通过使具体的冲动和激情顺服才可能实现。它包含着勇敢,因为一种积极的、真正的兴趣激励我们去直面和克服那横亘在使目的得以实现之路上的那些障碍。它包括智慧或深思熟虑,因为同情、对受到行为影响的所有人的福利的关心,是运用思考来全方位地审视一种被建议的行为方针的最切实的保证。而且,这样一种整全的兴趣是能够保证正义的唯一方法。因为它包含着把影响公共福利的一切条件都当作其自身的一部分加以不偏不倚的思考,不论这些条件是具体的行动、法律、经济安排、政治制度,或者诸如此类的东西。

在讨论善和义务这两者,我们都注意到了社会环境所具有的道德影响。这一原则同等地适用于（也许更显明显地）在规定检验行为的标准时对称赞的使用以及对美德和恶德的评价。正如我们已经有机会看到的，每个共同体都倾向于称赞与它在实践中珍爱的东西相一致的东西。与强大的社会倾向刚好相反的那些理论上的称赞容易成为完全微不足道的。在理论和口头的教导中，我们当下的社会是一个伟大的理想主义传统的继承者。通过宗教和其他的资源，爱邻人、严格地公道、行动和判断上的友好，一直在被教导，而且在理论上被承接。但是，社会的结构却强调另外一些品性。"商业"吞噬了绝大部分人生活的相当大的部分，但是人们从事商业活动，却是以了获得私我利益而进行无情竞争为基础的。国家生活是以排外为基础来组织的，容易产生对其他族民的怀疑、恐惧和经常性的仇恨。世界被分裂成阶级和种族；而且，尽管人们接受相反的理论，但是评价的标准却是以个人认同的阶级、种族和肤色为基础的。在个人道德中获得的信念在集体行为中被大规模地否定，由于这一原因，这些信念即便是在它们严格地运用于个人时也被削弱。除非它们被扩展到把包括经济环境、政治环境和国际环境在内的社会环境的重建也包括在其中，它们在实践中就不可能成功。

文　献

功利主义方面的文献非常多。关于功利主义的历史，请看：阿尔比，《功利主义史》(*History of Utilitarianism*, 1902)；斯蒂芬，《英国的功利主义者》(*The English Utilitarians*, three vols., 1900)；哈勒里（Halévy），《激进哲学的形成》(*Formationn du Radicalisme philosophique*, Vols. I and II）。

对功利主义的批评，可以在第十一章结尾关于快乐主义的参考文献中发现。对功利主义的解释和批评，还可以参看：莱基，《欧洲道德史》；斯蒂芬，《伦理科学》，第4章和第5章；霍夫丁，《伦理学》，第7章；格罗特，《审视功利主义道德》(*Examination of the Utilitarian Morals*)；威尔逊（Wilson）和福勒（Fowler），《道德原则》(*Principles of Morals*)，第一卷第98—112页，第二卷第262—273页；格林，《伦理学导论》，第240—225，399—415页；西季威克，《T.H.格林、赫伯特·斯宾塞和J.马尔提诺的伦理学》(*The Ethics of T. H. Green, Herbert Spencer and J. Martineau*, 1902)，他的《伦理学方法》(*Methods of Ethics*)，几乎自始至终都在批判性地审视和解释功利主义；夏普，《伦理学》，第12章；埃弗瑞特，《道德价值》，第5章。

一般地讨论美德原则的文献：柏拉图，《理想国》，第427—443页；亚里士多德，《伦理学》，第二卷和第五卷；康德，《伦理学理论》(*Theory of Ethics*, trans. by Abbott)，第164—182，305，316—322页；格林，《伦理学导论》，第256—314页（以及讨论责任心的第323—337页）；包尔森，《伦理学体系》，第475—482页；亚历山大，《道德秩序和进步》，第242—253页；斯蒂芬，《伦理科学》，第5章；斯宾塞，《伦理学诸原则》，第二卷第3—34页和第263—276页；西季威克，《伦理学方法》，第2—5页和第9—10页；理查比（Richaby），《阿奎那伦理学》(*Aquinas Ethics*)，第一卷第155—195页；费特，《道德哲学》，第3章，包含有对流行标准中各种变种的讨论。

关于自然的能力和美德，请看：休谟，《人性论》(*Treatise*)，

第二部分第三卷,《道德原则探究》(Inquiry) 附录4;波那尔 (Bonar),《理智美德》(Intellectual Virtues)。

对具体美德的讨论,请看:亚里士多德,《伦理学》,第三卷,第七卷第1—10章;对正义的讨论,请看:亚里士多德,《伦理学》,第五卷;理查比,《道德哲学》,第102—108页;《阿奎那伦理学》(索引);包尔森,《伦理学体系》,第599—637页;密尔(Mill),《功利主义》,第5章;西季威克,《伦理学方法》,第三卷第5章,并请看索引,还有他在《T.H.格林、赫伯特·斯宾塞和J.马尔提诺的伦理学》一书中的第272—302页中对斯宾塞的批评;斯宾塞,《伦理学原则》,第二卷;斯蒂芬,《伦理科学》,第5章。

关于仁慈,请看:亚里士多德,《伦理学》,第七至九卷(论友谊);理查比,《道德哲学》,第237—244页;《阿奎那伦理学》(请看索引中的论圣爱与施舍);包尔森,《伦理学体系》,第三部分的第八章和第十章;西季威克,《伦理学方法》,第二卷第4章;斯宾塞,《伦理学原则》,第二卷;还请看第十五章结尾在同情和利他主义下所列的参考文献。

关于正义,请看:斯宾塞,《伦理学原则》,第四部分;霍布豪斯,《社会正义的要素》(The Elements of Social Justice, 1922);塔夫斯(Tufts),"论心理学对正义观的几个贡献"(Some Contribution of Psychology to the Conception of Justice),载于《哲学评论》(Philosophical Review)第十五卷,第361页;卡尔金斯(Calkins),《善人和善》,第10章。

第十四章　道德判断和道德知识

1. 道德判断是直觉性的还是逐渐形成的？

反思性道德因为是反思性的，因而包含着思想和知识，这种说法是同语反复。但是，这个同语反复却提出了重要的理论问题。道德意义的知识，其本性是什么？它的功能是什么？它是如何发生和运作的？对于这些问题，道德著作家们给出了不同的回答。比如，那些把称赞和批评作为根本的道德要素加以仔细研究的人强调道德所具有的自发性和直觉性这两个特征——也就是说，强调其非反思性的本性——而给道德中的理智因素分派一个从属的地位。那些像康德一样把义务当成至上权威的人，把道德理性与把自己显示在通常的生活和科学之中的思想和推理区分开。他们设立了一个独特的能力，其唯一职能就是使我们意识到权威以及义务所具有的命令性地凌驾于行为之上的合法权威。那些坚持把善等同于欲求的目的的道德学家则与此相反，他们使道德知识——在洞察将带来持久满足的目的这一意义上而言——成为行为中的至上者，正如柏拉图所说，无知是一切恶的根源。可是，依据柏拉图的观点，对真正的目的和善的这一自信洞察暗示着某种合理性，这种合理性完全不同于包括在通常的生活事务中的那种合理性。只有极少数被赋予了那些使他们能够上升到在形而上学层次上认识宇宙的终极构造的人，才能直接地获得知识；其他人必须基于信仰而接受它，或者因为它被具体体现在法律和制度之中而以间接的方式接受它。不用研究与观点的冲突联系在一起的那些深奥问题，我们就能够说两个重要的问题出现了。首先，思想和知识是情感的纯粹仆人或助手，还是能够发挥一种积极的改造性的影响？其次，在与道德问题联系在一起使用的思想和判断，与在通常的实践事务中所运用的思想和判断，二者是同样的，还是两种独立的、各自具有排他性的道德含义的东西？把这个问题以19世纪期间在讨论中被假定的那种形式表达出来就是：良心是独立于人的经验的直觉所具有的一种功能，还是经验的产物和表现？

  这些问题可以用一种理论的形式来陈述。但是，它们具有重要的实践意义。比如，它们与我们在前一章所讨论的那个问题联系在一起。称赞和批评、颂扬和谴责，真的不仅是原初的和自发的倾向，而且还是最高的、不可能被思想的批判性和建设性的工作修正吗？再者，如果良心是一种独一无二的和独立的功能，那么它就是不可教也不可改的；若此，它只能被直接地诉诸。最为重要的是，从实践上看，某些理论，比如康德的理论，严格地区分道德行为与日常的行为，后者被认为是与道德无关的和中立的。

  对于实际的行为来说，很难找到一个问题比下面这个问题还要重要的问题，它就是：道德领域是与人类活动的其他领域相分离的一个领域吗？只有一种特殊类别的人的目的和关系具有道德价值吗？若认为我们的道德意识和知识在类别上是独一无二的，就必然

第十四章　道德判断和道德知识

导致这样一个结论。但是，如果道德意识不是独立的，那么，就不可能在行为之内划一条严格而刚性的界限，圈出一个与非道德领域没有关系的道德领域。我们以前的所有讨论都与后一种观点联系在一起。因为我们以前的所有讨论都在从自然欲望和存在于家、邻居和共同体之中的社会关系中发展出来的对象和活动中发现道德的善和美德。因此，我们现在要去把我们的结论与由其他几种典型的理论所得出的结论相比较，公开揭示这一观念对道德洞见之本性的影响。

道德判断，不论它们可能是别的什么东西，都是一种价值判断。它们断言人的行动和品性具有肯定的或否定的道德价值。价值判断不能被局限于那些显然具有道德意义的东西。我们对诗歌、绘画和风景的评价，从它们所具有的美学特性看，也是价值判断。商人在赋予信用等方面，是与他们的经济地位相称的。我们自己不满足于像天气被根据温度计或气压计科学地测量那样来外在地陈述天气。我们用好或令人不快来称呼它，而好或令人不快都是具有价值含义的词语。家具的款式被说成有用、使人舒服的或者相反。从科学的角度看，身体和心灵的状况都可以用某些物理的或化学的过程来描述，这些描述完全不管健康与疾病之间的不同。当我们宣布身体和心灵的状况"良好"或"有病"这样的判断时，我们就是在用价值术语来评价它们。当我们断言其他人的陈述是"真的"或"假的"而不管这些陈述是在偶然的交谈中做出的还是在科学讨论中做出的时候，我们也正在作价值判断。实际上，在详细说明价值判断的过程中，主要的尴尬是我们如此频繁地做判断。在通俗的意义上，所有的判断都是评价，鉴定，把价值赋予某一东西、辨别好处、适用性、对意图的适当性、可享用性等方面。

在作为判断的评价（它包含着把被评价的事物放在其所具有的关系和影响中加以思考包）与作为一种情感的和实践的活动的评价这二者之间存在着一个必须加以注意的区别。在颂扬和评价之间以及珍爱与鉴定之间，也存在着不同。颂扬就是珍爱、亲近、欣赏、称赞；评价是以理智的方式估量。颂扬是直接的、自发的，评价是反映性的、反思性的。我们在评价之前就颂扬，而评价的到来，是要思考某种东西是否、在何种程度上是值得颂扬的。这个对象是我们应当欣赏的一个东西吗？我们真的应当珍爱它吗？它具有可证明我们亲近它是正确的那些特性吗？在成熟方面的所有增长都伴随着从一种自发的态度变到一种反思的和批判的态度。首先，我们的情感在吸引或排斥的态度中走向某一事物；我们喜欢和讨厌。接着，经验提出了这样一个问题：在讨论中的这个对象是我们敬重的东西还是我们轻视的东西，是否能证明我们对它的态度是正确的。

这两种态度之间的明显区别是：直接的欣赏和珍爱是专注于对象，专注于某个人、某个行动、某种自然风景、某种艺术品或者不论什么东西，而不管这些东西所具有的地位或影响以及它们与其他事物之间的联系。一个恋人不把所爱的人看作其他人，这是众所周知的，而且，这一原则具有普遍的适用性。因为思考就是在一个事物与其他事物的关系中看待此事物，而且，这样的判断时常激烈地修正敬重和喜欢这样的根本态度。一个普通的例子是：对某种食材的自然喜爱不同于由它对我们不是"好的"、不是有利于健康的这种经验强加于我们的认识。一个孩子可能过分喜欢和珍爱糖果；一个成年人告诉他，这对他是不好的，因为这样会使他生病。在这个孩子看来,"好"(Good)指味道好,能够满足他当下的渴求。在更加有经历的人看来,"好"指有利于某种目的,是与结果处在一定的关系之中。价值判断就是用来指称那些寻找并考虑这些关系的行动。

在这一观点与我们在前一章里就同意与指责、赞成和批评所说的观点之间存在着一种明显的统一。一个常人肯定直接的回应或讨厌去见证一项极端残酷的行动;随即就会出现不满和愤怒。当一个孩子所喜欢的某个人被其他人伤害时,他将以这种方式做出回应。但是,一个成年人可能认识到:那个正在施加伤害的人是一位医生,这位医生正在做他为了病人的利益而应当做的事情。那个孩子考虑正在直接发生在他所喜欢的那个人身上的行动并且认为那个行动是坏的;其他人把这种行动解释为一个更大的整体中的一个要素,认为在那种关系中这种行动是善的。在这一变化中,一个过程就被以基本的方式说明了,通过这个过程,从赞成和不赞成这样的自发行动中,形成了赞成和不赞成应当信其而得到管理的标准观念。这一变化解释了这样一个事实:价值判断不是对前面所说的赞成和不赞成、喜欢和讨厌这些态度的简单登记(请看第278页①),而是通过规定值得尊重和轻视的对象,对它们加以重组和改造。

2. 直觉的价值评价及其局限

存在于珍爱某个对象或人并专注于它这个意义上的直觉评价

---

① 此处为原书页码,即本书边码。——译者

与以对某种全面而综合的计划的考虑为基础的作为反思性判断的评价之间的这一区别,对关于道德判断所具有的直觉特征的争论,有着重要的影响。我们对称赞和指责的直接回应可以被称为直觉性的。它们不是以任何深思熟虑的理由为基础的。我们只是欣赏和报怨,我们只是被吸引和被抵制。这种态度不仅是原初的和原始的,而且它们在已经形成的情操中继续存在。任何领域中的一个专家的反应,至少相对地讲,是直觉性的而不是反思性的。比如,一位真正的地产专家会迅速而准确地"判断"出一块土地和地产的金钱价值,这远远超出了一个外行的能力。一个在科学上训练有素的人会看到某种调查方针所蕴涵的意义和种种可能性,而未经训练的人要从中得出任何东西都可能需要数年的研究。有些人幸运地在直觉地评价人际关系方面很有天赋;他们因为机智而闻名,这种机智不是表面的亲切这个意义上的,而是在对人的需要和情感的真正洞察这一意义上的。这种包括先前有意思考在内的占了先机的经验,其产生的结果进入直接的习惯,而把它们自己表现在直觉的价值评价之中。大部分道德判断是直觉性的,但是,这一事实,不是说明存在着一种独立的道德洞察能力的一个证据,而是被积存在对生活事件的直接展望之中的过去经验所产生的结果。正如亚里士多德在很久以前实际上就已经说过的,一个好人对善和恶的直觉判断可能比不经事的人作出的许多精心推出来的评价更应当被相信。

道德判断所具有的直觉特征为儿童和青年人的教训加强。孩子们被不断地对行为进行价值判断的成年人所包围。而且,这些评价不是在理智中冷静作出的,它们是在含有强烈的情感本能的状况下作出的。痛苦使孩子们的反应浸润在通常的奖励和惩罚以及敬畏和神秘这样的要素之中，把自己的烙印打在孩子们身上。在它们开端的环境已经被忘记之时，这些态度依然存在；它们是那么深刻，乃至成为自我的一部分，使得它们看起来似乎是不可避免的和内在的。

这一事实，解释了反应的直觉特征，同时还说明了直觉性评价所具有的一个局限。它们时常是某种误入歧途的教育所导致的结果。如果它们开端的状况是理智的，也就是说，如果参与了它们之形成的父母和朋友在道德上是智慧的，那么它们可能是理智的。但是，专横而不相干的环境时常进入，并且肯定像合乎理性的要素一样留下它们的印记。这些伴随的直觉具有其早期的根源而现在却具有无意识特征，恰恰是这一事实在时常歪曲和限制。后来的反思要捕捉到那已经无意识地变成了自我的一部分的东西并且矫正它，那几乎是不可能的。那变形的和被歪曲的将看似是天生的。只有传统的和狂热的人总是直接地肯定行为中的对与错。

即使是对于我们一直在谈论的直觉性评价中那一最好的评价所具有的价值，也存在着一个永久的限制。在条件和尊敬的对象是完全始终如一的和一再发生的这一程度上，这些直觉性评论是可靠的。在新的和不熟悉的东西进入的情况下，它们并不同样确切地起作用。"新场合教导新义务。"但是，新场合不可能把新义务教给这样一些人，他们认为他们无须深入反思就能够自信地评价那被从过去带到新场合之中的善与恶。极端的直觉主义和极端的保守主义时常是相伴的。若一个人讨厌深思熟悉地思考新场合的要求，这时常是一种标志，说明此人害怕审视新场合要求的结果将是一种新的洞见，它将导致既有习惯的改变，会强迫人在行为中离开轻松的路——这是一个令人不快的过程。

就其本身而言,对什么是好和坏的直觉或者直接感受具有心理上的重要性而非道德上的重要性。它们是已经形成了的那些习惯的标示,而不是什么东西应当被称赞和指责的充分证据。在已经存在着的习惯属于一种好的品格、含着一种假定的正确性并且是具有指导意义的东西时,这些直觉至多提供了一些线索。但是,(a)没有什么东西是比根深蒂固的偏见是更为直觉的和本身更显得是确信无疑的。一个阶级、集团或种族的道德,在这个阶级、集团或种族与其他种族或民族发生关系时,通过非常确信它们自己对好与坏的判断是正确的,乃至它们非常狭隘,并且出现对其他种族或民族的误解或敌意。(b)在通常的环境下恰当的一个判断,在已经改变的环境中可能误入歧途。错误的价值观念必须被修正,那是更不用说的。当人们紧挨着其亲切性已经明白的其他财物时,它们就与他们的判断联系在一起了。在目前这个在工业、政治和科学中改变正在飞速进行的时代中,特别需要修正旧时的评价。(c)纯粹的直觉主义理论的趋势正处在边沁称之为武断(ipse dixitism)的那种不加质疑的教条主义这一方向上。每一个直觉,即便是最好的,也可能变成肤浅的和二手的,除非通过考察它的意义——即考虑从依据它而进行的活动可能导致的后果——才能恢复活力。在一个一般而言的关于对与错的信念与特殊而言的对与错之间,不存在必然的联系。一个人可能持有一种强烈的义务信念但却不明白他的义务在哪里。当他假定他是被对一般而言的义务的意识激励时,他可能不经反思性思索就把自己交给他对那是其义务的特殊东西的直觉观念,可能危害社会。如果他是一个具有坚强意志的人,他可能坚信他得到了正当权威和上帝意志的支持,努力把他的判断和标准以一种粗暴的方式强加于其他人。

3. 敏锐与深思

直觉理论中价值的长久因素在于它隐涵地强调对处境和行动所具有的品性的直接回应。耳聪目明本身不能保证我们正确地认识物理对象。但是,如果耳不聪目不明,我们就不可能正确地认识物理对象。没有任何东西能够弥补敏锐感觉的缺失。一个感觉迟钝的人是铁石心肠的、无情的。若对人和事没有一种直觉的、非反思性的评价,后来的思想用来作为索材的东西就会缺乏或被歪曲。因为一个人用手去感受对象的粗糙和光滑这些特性时,在他拥有去权衡的动机或他用来权衡的材料之前,他必然感受他自己的行动所具有的特性。如果思想将在行动中起作用,有效的反思也必然在一个被直接评价的处境中中止。"冷血"的思想可能得出一个正确的结论,但是如果一个人对以一种合乎理性的方式呈现给他的那些思考反感或漠不关心,那么这些思考就不会使他发起与这些思考一致的行动(第204页[①])。

这一事实解释了在那些认为道德判断在其根源和本质上是情感的而不是理智的理论中存在的真理成分。一个道德判断,不论它是多么地理智,如果它要影响行动,都至少被感情打上了烙印。怨恨,从激烈的憎恨到对轻微的不一致的厌恶,是作为一种真正知识

[①] 此处为原书页码,即本书边码。——译者

的对恶的认识的一个不可缺少的组成部分。爱,从强烈的爱到轻微的喜欢,是对善的所有可使人行动起来的知识、所有完全的领会中的一个组成部分。但是,若说这样的评价能够摒弃每一种认识要素,那就走得太远了。对于为什么一个特定的行动能够激起同情或反感,以及证明这些同情或反感所依据的理由,人们一无所知。事实上,一个强烈的情感性评价有时看起来就是它自己的理由和证明。但是,至少还是必然存在着一个关于被尊重或轻视的对象的观念,必然存在着某种被设想的原因,或者某个被关心的人,某个恳求所关涉的人。否则,我们就只有纯粹的无理性的愤怒,就像一头野兽的毁灭性的愤怒;或者只有纯粹的直接满足,就像一个正在进食的动物所具有的那种满足。

297 我们的眼、耳、手、鼻、舌的感官反应,给我们对棍棒、石头、果实等物理事物的特性的认识提供材料。人们有时认为它们还为我们对人的认识提供材料;这就是说,通过看某些形状和颜色、听某些声音等等,我们通过类比推断出:某个具体的肉身为一个有感知能力并且有情感的存在者所居,犹如我们与构成我们身体的那些组织和关节联系在一起。这种理论是可笑的。情感反应形成了我们对我们自己和其他的事物的知识的主要材料。正如关于物理对象的观念是出于感觉材料而成,关于人的观念出于情感的和情绪的材料而成。后者是直觉的,正如前者是直接的;而且后者因为更大的抓住注意力而更引人注目。原始生活的万物有灵论,把自然事件和事物人格化的倾向(这现在还残存于诗歌之中)是人的观念的最初本性的证据;依据我们是通过间接地利用类比来推出人格的存在这一理论,那就是不可解释的。凡在我们强烈地恨或爱的地方,我们都能直接地断言一个存在是可爱的和充满爱意的或者是可恨的和充满恨意的。若无情感性的行为，所有的人对于我们来说都将只是有生命的机器。因此，所有唤起活生生的颂扬或不喜欢的行动都被认为是人的行动，在这样的情况下我们不在行动者和行动本身之间做出区分。一个高贵的行动意味着一个高贵的人，一个卑鄙的行动意味着一个卑鄙的人。

由于这一原因，理性的行动和慷慨的行动关系密切。一个完全缺乏同情性回应的人具有敏锐的算计的理智，但是对于其他人满足他们自己的愿望的要求，他不会有自然的感受。一个具有狭隘同情心的人，必然是一个对于人类善的领域具有有限视野的人。唯一真正普遍的思想是慷慨思想。正是同情使思想超越自我，扩展思想的领域，直到思想接近作为其极限的一般性。正是同情通过使其他人的利益变得鲜活清晰，促使我们赋予其他人的利益以与涉及我们自己的荣誉、追求和力量的那些利益相同的权重，使我们对后果的考虑免于堕落为纯粹的算计。把我们自己放在他人的地位上，从他人的意图和价值观出发来看待事物，在相反的方向上使我们自己的主张和要求降低，直到我们自己的主张和要求低到它们在一位中立的、有同情心的观察者的眼中所处地那个水平上，这是保证道德判断之客观性的最可靠的办法。同情是道德判断获得生命力的模子，这不是因为同情的命令在行动中获得了胜过其他冲动的优先地位（其他冲动在行动中确实没有获得这种优先地位），而是因为提供了最有效的理智立场。它是适用于解决复杂形势的一个非常卓越的工具。因此，当它进入积极而公开的行为之中时，它非常密切地与其他的冲动融合在一起而不是与其他冲动隔离,因此而避免了感伤。在这种融合中,由于有了一个被扩大的人格,它广泛而客观地检验所有的欲望和计划。通过同情,功利主义的冰冷算计和康德的形式法则就被变成有生命力的、可变动的现实。

道德的最早发现之一是:行为中对好与坏的判断,与行为中对美与丑的认识,二者是类似的。对丑恶行动的厌恶之情和对高尚行动的向往之情都根源于美感。仰慕和厌恶之情都是天生的;在它们被加于行为时,它们就形成了给我们提供存在于道德感理论中的那个真理的一个要素。再者,正义感,在对称感和比例感中有一个强有力的同盟。"fair"一词有双重含义,这不是偶然的。古希腊语的"sophrosyne"(我们现在所说的源于拉丁语"temperentia"的节制,只是这个词的一个贫乏的表现),从根本上讲是一个艺术观念,其含义是爱与整体之美的和谐调和。自制是其必然的结果,但是,正如一项深思熟悉的事业在雅典人看来可能是令人讨厌的一样,自制可能被看作是一座建筑物或一个雕像之中的"控制",在建筑物或雕像中,控制所指的不是别的任何东西,而是整体的观念,这个观念弥漫于其所有的构成部分之中并且使它们有序,成为一个合乎尺度的统一体。古希腊人强调完人(Kalokagathos),亚里士多德把美德等同于合乎比例的中道,都说明准确地评价恩典、节律与和谐是善行的主导特征(第101页①)。现代人对一般的美的价值和具体行为中的美的价值已经不大敏感了。它们大多已丧失在对正当的直接回应之中。时常与道德联系在一起的沮丧和无情是这种丧失的一个

---

① 此处为原书页码,即本书边码。——译者

标志。

与对行动的直接敏锐的回应相伴随的直接评价,在慎重的、反思性的评价中得到了补充和扩展。正如亚里士多德指出的,只有善人在什么是真正善的东西这一问题上是好法官;它用一种好的、有着充分根据的品格直接地与正确的称赞和谴责结合在一起。当然,对这一陈述,还应加上两条限制。其中一条限制是,即便是善人,也只会在较简单的处境、在那些他已经几乎完全熟悉的处境中因为觉悟而相信他对价值的直接回应。他越是好,就越可能在新异而复杂的处境中要做的事情上困惑。此时,唯一的解决办法是审查、探究、仔细地在心中研究事物直到事物呈现它们自身,也许经过漫长的心理动荡之后,他就能直接地回应事物。另一条限制是,在绝对的意义上根本不存在善人这样的东西。直接的评价可能易于被可能只能通过探究和批评才能发现和探知根底的许多思考歪曲。要成为一个完全的善人,成为一个在正当问题上不会出错的法官,一个人就必须从婴儿时代中走出来,生活在一个免除了一切限制和歪曲影响的完全善良的社会环境中。看样子,喜欢和讨厌的习惯是在生活中早就形成了的,其形成先于使用有鉴别能力的理智的能力。偏见,无意识的偏爱,于此而生;一个人在他对颂扬和赞美的分配上是参差不齐的;他对一些价值过分敏感,对其他的价值相对冷淡。他被限在他的方法之中,他的直觉性评价在由他无意识地形成的习惯所建造的套子中旅行。因此,他对价值的自发"直觉"不得不通过个人对后果的观察和对它们的品性和范围的交叉质问,加以矫正、证明和修正。

4. 良心与慎思

这一过程的通常名称是慎思；当道德上的慎思是习惯性的时候，我们给它的名称是良心。这一品质是由对任何行动或设定的目标所含有的潜在性的严谨注意构成的。拥有良心是不允许自己被当下的欲望和激情不恰当地支配、不允许自己滑入老一套的行为方针之中的那些人的一个特点，那些靠在自己的桨上、允许自己被自己已经获得的正确习惯所具有的力量简单地推动的"善"人丧失了警惕性；他不再处在瞭望台上。由于丧失了警惕性，他的善性离开了他。实际上，还存在着一种名为"过度警惕"（overconscientiousness）的品性，但它离恶德不远。它表示这样一种品性：在一个人是否是真正善的人这样的问题上一直焦虑不安，那种导致自己在行为中局促不安、缩手缩脚的道德上的"自我意识"，还有病态的恐惧。它是对真正的警惕的一种夸张。因为真正的警惕并不是对动机的一种焦虑的窥探，不是要拨动行动的内在源泉去检测某个"动机"是不是善的。真正的警惕是一种客观的展望；它是从一个行动可能对总体幸福产生的后果这一角度来理智地注意和关心这一行动的品性；它不是对自己的德性状态的一种焦虑性的挂念。

也许，当下的敏感或"直觉"与作为反思性力量的"警惕"之间最显著的区别是：前者一般以已经获得的善这一平台为基础，而后者通常以某种更好的东西的展望为基础。真正警惕的人不但在判断中使用标准，而且对修正和改善他的标准也很关心。他认识到存在于行动之中的那一价值超出了他已经领会的任何一种东西，因此，在已经明确地表达出来的任何一种标准中都必然存在着某些不恰当的东西。他展望的不是已经获得了的善。只有通过深思，一个人才能对一个行动所具有的长远意义敏感；离开连续的反思，我们至多只能对具体而有限的目的所具有的价值敏感。

一个行动所具有的更大和更遥远的价值形成了通常被称为理想的那种东西。也许，没有什么东西比在理想的本性上的误解更为流行的了。理想有时被认为是某种固定不变的东西，被认为是遥远的目标，遥远到不可能在行为中得到实现；理想有时被认为是与在指导行为取代了思想的那种模糊的令人心动的灵感一样的东西。因此，"理想主义者"被认为要么是不切实际的人，只关心那不可实现的东西，要么是一个被属于某种含有不具体指向任何实际处境的含糊精神类型的某种不可理解的事物推动着的人。伴随着以遥远的"完满"为其内容的理想的那种麻烦是：它们易使我们疏忽我们必须在其中行动的那些具体处境所具有的意义；与完满这一理想相比，那些具体的处境被认为是微不足道的。真正的理想则与此相反，它们是这样一种观念：这些具体处境中的每一个都带着它们自己的不可穷尽的意义，它所具有的价值超出了它直接相联的局部生活。理想的本性，也许，乔治·赫伯特（George Herbert）所写的这两句诗，最好地表达了理想的本性。

> 打扫房间，无殊宣讲圣律，
> 使房间与行动都纯净。

正如我们已经说过的，反思在被指向实践事务、去决定该做什么时,它就被称为慎思。一位将军认真思考一场战役中其敌人和该敌所属的部队的可能动向,权衡利弊;一个商人对各种投资模式加以仔细的对比;一个律师认真思考他接手的案例中的行为,等等。在所有情况下的认真思考中,价值判断都进入了;一个进行价值判断的人致力于从发现较好的价值和避免最糟的价值这一角度来权衡价值。在一些情况下,思考的是目的价值;在其他的情况下,思考的是工具价值。道德慎思区别于其他形式的慎思的地方,不在于形成一个判断和获得知识的过程,而在于被思考的价值的种类。只要一个人认为某种价值是一个人只要拥有它和占有它就能够计划和实现的某种东西,被认为是将会获得或丧失的某种东西,那么这种价值就是技术性的、职业性的、经济性的,等等。准确地讲,同一个对象在被认为是在自我中造成某种差别、在规定一个人将成为什么而不仅仅是规定一个人将拥有什么时,它就将拥有道德价值。慎思包含着怀疑、犹豫,要求一个人下决定、作出一个规定性的选择。在道德慎思或评价中的紧急关头上作出的那一选择是这种和那种品格和情操所具有的价值。因此,慎思不能被等同于算计或对得失的一种准数学的计算。那样的计算使得自我的本性没有被考虑,而只是考虑了自我将在获得多少这种和那种价值。道德慎思不考虑价值的量,只考虑价值的质。

我们通过预测如果去满足任何一种当下的欲望或冲动将带来什么来评价它所具有的重要性或意义;从字面意义上说,其他的诸后果规定着它的一个后果,也就是说,其意义或重要性。但是,如果这些后果只是被认为是遥远的,如果对这些遥远后果的描绘没有在当下激起一种宁静感、满足感、不满足感、不完满感和愤怒感,那么,思考后果的这一过程就是纯粹理智的。它将像没有肉体的天使所进行的数学思考一样,对行为不会产生任何影响。任何以对行为的反思为内容的实际经验都将表明,任何被预见的结果都立即在当下激发出我们的爱、我们的喜欢和讨厌、我们的欲望和逃离。这里形成了一个持续运转着的评论,它即刻在对象上打上善或恶这样的戳印。最终决定一个行动对行动者所具有的价值的,是对价值的这种直觉,而不是对一般规则或终极目标的意识。因此,在这种直觉理论中,存在着一个不可解释的真理要素。直觉理论的错误在于:它认为这种直觉的评价性回应排除了反思,直接地依据这种直觉的评价性回应行动。慎思实际上是在思想中演练各种行为方针。我们在自己的内心中向某些冲动让步;我们在自己的内心中尝试某种计划。通过在思想中演练实现我们的事业要经历的各种步骤,我们发现我们自己在思想中出现在我们的行动将导致的那些后果面前;而且,由于我们喜欢和称赞、或者讨厌和反对这些后果,我们发现最初的那一冲动或计划是好的还是坏的。慎思是戏剧性的和有生气的,而不是数学性的和与个人无关的;因此,在慎思中存在着直觉因素。先于公开审判(因为从根本讲行动本就是一种审判,是对行动背后的那个观念的一种检验)的内心审判的优点就在于它是可回收的,而公开审判的后果是不可回收的。公开审判的后果一旦产生就不可能被收回。再者,在内心中短时间内就可以进行许多审判。各种计划在想象中被实行,这就为许多起初根本就没有显露出来的冲动提供了一显身手的机会。许多各不相同的直觉感受、评价也就发生了。在许多倾向被带进戏剧中时,自我所具有的那些被真实地需要的而且恰当的能力显然有更大的可能性被付诸行动,因此而导致一种真正合乎理性的幸福这样的结果。慎思之把各种行动方针多极地投入各种不同的行动选项之中、投入"非此即彼"地不相容的行动选项之中的倾向，是使人们清楚地认识所要做的那一事情所具有的重要性的一种方法。

5. 原则的本性和职能

显然，一个人被要求在其中进行慎思和判断的各种处境具有共同的要素，在它们之中发现的那些价值也彼此相似。还有一点也显而易见的是，在判断具体的情况时，一般观念是一个重要的帮助。如果不同的处境完全不彼此相似，我们就从一个处境中不可能学到任何可在其他一种处境中可能有用的任何东西。但是，由于有着相似点，经验从一种处境延续到另一种处境，而且，经验在理智上是累积性的。一般的观念是从相似的经验中产生出来的；通过语言、教导和传统，价值经验的总结成普遍的观点这样的事情就被扩大，最后在整个民族和种族的层次上发生。通过相互交流，整个人类的经验在某种程度上被汇集在一起并结晶为普遍的观念。这些观念构成了原则。我们利用这些原则对具体的处境进行仔细的思考。

这些普遍的观点在审视具体的处境时也有大用。但是，在它们被从一代传递到另一代时，它们容易变成固定的和僵化的。它们在经验中的起源被忘记，它们在较远的经验中的恰当使用也被忘记。它们被认为原本就自身存在的，好像为了规定什么是对的和错的，只是一个把行动置于它们之下的问题。在判断价值这一问题出现时，它们不再被认为是只是帮助进行价值判断的工具，而是被当成高于价值判断的东西。它们变成了处方、规则。真正的原则在两个方面不同于一个规则：（a）原则是在与经验方针的联系中演化的，它是关于那类容易在某种处境中被实现的那些后果和价值的一个普遍的陈述；而一个规则被认为是某种现成的和固定不变的东西。（b）原则首先是理智的，是用于判断的一种方法和规划，其次才因为它所揭露的东西而是实践的；规则首先是实践的。

让我们设想这样一种情况：一个人坚信，诚实这一规则本来只能通过一种具体的能力才能被认识，与对过去事情的回忆或对可能的未来环境的预测绝对没有一点关系。这样一条规则如何把自己应用于一个需要被判断的具体情况？敲什么铃，发什么信号，来指示正是这种情况是使用诚实这一规则的恰当情况？如果通过某种奇迹可以得到这一问题的回答，如果我们能知道这就是诚实这一规则适用的情况，我们如何才能知道什么方针是诚实这一规则具体地要求的？因为如果要成为可应用于一切情况的，这条规则就必须忽视那使一种情况区别于另一种情况的条件；它就必须只包含可能在所有诚实行为中发现的那些极其少的相似要素。减少到这个骨架，除了不论什么事情发生都会出现的要诚实这一干巴巴的命令之外，就没有多少东西留下来了，这样，发现在特定的情况下诚实到底具体地指什么，这个事情只能留给运气、个人的日常判断或外在的权威去做了。

这一困难是如此严重，使得所有使它们自己坚守这样一种信念——有几个刚性而可靠的规则，其根源或者在良心中，或者在上帝已经刻在人心之上或外在地启示给人的那些话语中——总是不得不诉诸一种越来越复杂的程序（如果有可能的话）来涵盖所有的情况。这样,道德生活最后就被它们变成一种精巧的形式主义和律法主义。

让我们以把十诫当成一个出发点为例。十诫只有十条,而且自然地把自己限定为一般观念,而且是主要以否定形式陈述的观念。再者,同一行动可能被放在一条以上的规则之下来审视。为了解决在这样的状况下不可避免地会出现的实践上的复杂性和不确定性,决疑论被建构了出来。(Casuistry一词,源于拉丁语casus,意思是case[情况]。)人们努力去预测在设想中可能发生的行动所具有的不同情况,并且预先为每一种情况提供一个准确的规则。比如,相应于"不可杀人"这条规则,可以开出一张由杀人可能发生在其中的所有不同处境构成的清单,这些处境有:意外、战争、执行政治当局的命令(比如绞刑吏)、自卫(保护自己的生命、保护其他人、保护财产)、有着不同动机(嫉妒、贪财、报复等等)的故意的或预谋杀人、有着可以忽略不计的预先策划而出于一时冲动、出于不同类型和程度的挑衅的杀人。这些可能情况中的每一种都被赋予准确的道德性质、准确程度的邪恶和清白。这一过程不可能以公开的行动结束;影响对生命的关心的那一行动的所有内在根源都必须被以类似的方式加以分类:忌妒、憎恨、一时愤怒、愠怒,怀着被伤害感,热爱暴君式的权力,铁石心肠或敌意,冷漠残忍——所有这些都必须被细分成它们不同的种类,并且给每一种都规定好准确的道德价值。在这一种类的情况下被做了的东西,是整个道德生活的每个部分和阶段中都必然要被做的东西,直到它被完全登记在册、编好目录并且被分纳到被明确地贴好了标签的鸽笼式分类架中。

危险和邪恶就与设想道德生活的这种方式相伴。(a)它趋向

第十四章 道德判断和道德知识

于以道德精神为代价夸大道德的字面含义。它没有把注意力专注地放在一种行动中的积极的善上,也没有把注意力专注地放在塑造其精神的行动者的情操上,也没有把注意力放在形成氛围的特殊时机和背景,而行动者的情操形成了行动者的精神,是把注意力专注地放在行动与规则A属I种I目(1)等的完全符合上。这样的后果是不可避免地限制行为的范围和降低行为的深度。(i)它诱惑一些人使他们的行动被归入那种对他们来说最便利或最有利的分类。在通俗的说法中,"决疑法"已经用来指这样一种判断行动的方法:把头发劈开,努力从中找到一种既有利于个人的兴趣和利益、又能把某种道德原则证明为正确的行动方式。(ii)在其他人看来,对字面含义的这种关心使行为成为形式的和迂腐的。它造成了传统上被归于古时的法利赛人和现代的清教徒的那种严格而铁面的品格——这两个阶层的道德体系都深深地浸泡在有固定不变的道德规则这一观念之中。

(b)这种伦理体系还趋向于一种法律的行为观的实践。从历史上看,它总是源出于把法律观念搬进道德中这样一种做法。在法律的观点中,由某种在上的权威从外面强加的指责和惩罚的倾向必然是重要的。行为被通过"要做这"和"不要做那"这样的具体命令和禁令控制着。我们在前面(第306页①)就杀人这一情况已经作出的那种分析恰恰是必要的,因此,可能存在着一种明确而常规的衡量罪行和分派指责的方法。在人生的行为中,倾向、惩罚和奖励都是重要的要素,但是,任何一种道德理论,如果它把避免惩罚这一

---

① 此处为原书页码,即本书边码。——译者

问题提到注意的前台上,或者倾向于仅仅因为合乎命令或规则这一事实就有一种法利赛式的自负,那么,它就是有错误的。

（c）也许,这种道德体系的最坏之处就在于,它趋向于使道德生活丧失自由和自发性,把道德生活降低到对外在地强加的规则的一种焦虑不安而卑躬屈膝的符合。作为对原则之忠诚的表现的顺服是一种善,但是,这种道德体系实际上使它成为唯一的善,并且认为它不是对理想的忠诚,而只是合乎命令。道德规则只是作为以它们自己理由为依据作出的独立判断而存在,而正确的事情只是遵从它们。这就把道德的重心移到了具体的生活过程之外。强调字面甚于精神、强调法律后果甚于活生生的动机的一切道德体系,都把个人置于外在权威这杆秤下。它们导致了一种被圣保罗描述为合乎律法而不合乎灵性的行为,与其一直相伴的重负,是焦虑、不确定的斗争和悬在头顶上的厄运。

许多人激烈地反对这些行为规划,反对藉着强调外在的命运、权威、惩罚和奖励来使其硬化为形式的一切东西,但是,他们没有看到,这样的恶在逻辑上是与把固定不变的规则作为终极事物加以接受联系在一起的。他们认为某些人民团体、宗教官员、政治权威或法律权威,应当为这些道德体系中为他们所反对的那些东西负责。他们没有看到：如果这就是其本性,那么那些努力提供可使那种体系在实践中发挥作用的机制的人,应当受到称赞而非指责。事实上,绝对的规则或戒律这一观念,除非由某些高高在上的权威宣布并加强,是不可能在实践上发挥作用的。洛克说:"给予一个人凌驾于另一个人之上做原则的独裁者和不可置疑的真理的导师,这根本不是小的权力。"

还有一个因为把原则等同于规则而导致的在实践中有害的后果。比如,以正义为例。有一个可能是被普遍同意的观念,即正义是行为的固有规则——它是如此的普遍,乃至除了罪犯以外的人都接受。但是,在具体情况中正义所要求的到底是什么?刑法学、监狱改革、关税、限制奢侈法、信托、劳资关系、集体谈判、民主政府、公共设施的私有或公有、与私有财产相对的公共财产,这些东西的当前状态说明具有同样善意情操的人发现在实际中正义意味着相反的东西,虽然所有人都声称他们自己在把正义当作行动的规则奉行。正义,作为一个原则,不是作为一个规则,指这样一种意愿:审查所有具体的制度和尺度,从把更大的不偏不倚和公道带到它们所产生的结果中去这一角度去看它们是如何运作的。

这一思考使我们看到有关真正道德原则的本性的一个重要事实。规则是实践性的,它们是做事情的习惯方式。而原则是理智性的,它们是被用来判断被建议的行动方针的最终方法。直觉主义者的根本错误是,他是站在自身将告诉行为者到底应当追求什么样的行动方针的那些规则所设的那一平台上的,而道德原则的目的是提供立场和方法,使个体能够为他们自己分析在他发现自己处在其中的那一具体的处境中善的因素和恶的因素。没有一个真正的道德原则规定某种具体的行动方针;而规则①像烹调的食谱一样,告诉人到底做什么和如何做。像慈爱、正义、金规则这样的原则,只给行为者提供一个用来观察和审查发生了的具体问题的基础。它把那一行动可能具有的某些方面摆在他面前;它警告他不要采纳某种

---

① 当然,"规则"(rule)这个词经常被用来指原则(principle)——比如在"金规则"(Golden Rule)这一短语中。我们正在谈论的不是语词,而是语词背后的观念。

短视的或片面的行动观。它通过给他提供考虑其欲望和意图可能造成的影响时要参照的那些主要的头绪，使他的思考经济；它通过向他建议他应当注意的一些重要的因素，指导他进行思考。

因此，道德原则不是一个行动命令，也不是一个禁止以特定方式行动的禁令：它是一种工具，用来分析具体的处境，以及由这种处境从总体上规定了的对或错（不是由规则那样规定的对或错）。

比如，我们有时听到人们说，金规则的普遍接受将立即解决产业工人的一切分歧和困难。但是，假设金规则真诚地为每个人接受，它不会立即就告诉每个人在他与其他人的关系中的一切复杂情况中具体要做什么。当个人对于自己的真正的善可能是什么依然不确定时，金规则也不会决定在哪些事情上告诉人应当把其他人的善当成他们自己的善。"金规则"并不意味着凡我具体地为自己追求的东西我都应当努力把它给予其他人。因为我自己喜欢古典音乐，由此不能推出我应当强行把这种喜爱尽可能地加于我的邻人。但是，"金规则"确实给我们提供了从其出发考虑行动的立场；它指出我们必须思考我们自己的行为如何地既影响我们自己的利益也影响其他人的利益；它倾向于阻止片面的关注；它警告我们不要仅仅因为一件事情碰巧影响我们而过分地评价痛苦或快乐的某种特殊后果。总而言之，金规则不发布具体的命令；但是它确实在澄清和详细说明那些要求理智慎思的处境。

同样的区别也暗含在我们在前一章里讨论的作为目的的幸福（总体福利意义上的幸福）与作为标准的幸福之间的区别中。如果幸福被看作是一个行动的直接目的，那么幸福就可能被当成某种固定不变的东西。作为一个标准，幸福更准确地说是一个值得注意的方向,它要说的是:在我们诉诸称赞或反对来判断一个已经完成或被建议的行动时,我们应当首先考虑其总体后果,然后再考虑它在什么方面影响了其他人的福利这类具体后果。作为一个标准,幸福提供了一个可在所有慎思中都采纳的一贯立场,而且它确实没有声称它能够预先准确地规定什么构成了总体的善或公共善。它为发现福利的新要素留下了余地,为在各种不同的处境中以不同的方式组合这些要素留下了余地。如果幸福这一标准被当成了一个处方意义上的规则,这就将意味着它用一个先验的、固定不变的、强求一致的、完全的关于由什么要素恰好形成了幸福的观念对付每一种情况,使得这一观念可以像一个数学公式一样被运用。被以这种方式解释的"标准"滋养着自义、道德欺骗和狂热。作为审视各种处境的出发点的标准允许想象自由行动以形成新的洞见。它要求,而不仅仅是允许,就具体情况中什么东西形成了幸福,不断有新的想法。

因此,我们得出的结论是:在对一个行为的道德特征方面的认识上,重要的东西是这个行为被实际认识的程度并不与行动者认识它的意愿——就一个行为对总体善的影响去审视它的那种积极欲望——同样地大。实际的信息和洞察力被出身、教育、社会环境等条件限制着。直觉理论的"所有人都拥有一种统一而平等的道德判断能力"这一观念是同事实相反的。但是,毕竟存在着共同的人类情感和冲动,它们把自己表现在每一种社会环境之中——每一个民族的成员都拥有这样一些价值信念:人生是有价值的,应当照顾后代,应当忠于部落的和共同体的习俗,等等;不论他们在运用这些价值信念时是怎样地有限和片面。在这一点之外,不论在什么样的文化层次上，总还是存在着为拓宽和深化现存的道德观念小心翼翼地提供机会的可能性。寻求什么是善这种探索态度可能在由种族、阶级和文化状态所构成的任何条件中被培养。在传统的教育意义上无知的人也可能展示出一种对发挥和思想什么是善的兴趣，而在有高度文化素养但却败坏了的人中，这种兴趣却荡然无存。就这种兴趣而言，阶级差别是不存在的。知识的道德品性，不在于拥有，而在于对成长的关心。固定不变的标准和规则，其根本缺点就在于：它易于使人满足于现在的事务状态，把他们已经拥有的观念和判断当成是充分的和最终的。

  之所以不存在一条把道德知识与非道德知识分开的鸿沟，一个重要的原因就是道德知识需要不断地修正和扩大。在任何时候，曾经被看作排他性地属于生物学领域或物理学领域的观念，都可能含有道德意义。只要在它们被发现对公共善有影响时，这种情况就发生了。当我们获得细菌和微生物以及它们的扩散与人的疾病之间的关系的知识时，公共的和私人的卫生设备就会表现出它们以前不曾表现出来的道德意义。因为它们被认为影响共同体的健康和福利。在他们各自的技术领域工作的精神病学家和心理学家，已经揭示出深刻地影响着旧时的关于惩罚和责任的诸多观念的许多事实和原则，特别是关于惩罚和责任在情操的形成过程中所起的作用的那些观念。比如，他们已经发现，"问题孩子"是由存在于家庭之中以及年轻人对父母的反应之中的那些条件造成的。精略地讲，可以说，后来形成的心灵和品格的大部分病态的状况都在早期生活中的情操抑制和失调中有其根源。这些事实还没有深入大众的理解和行动之中，但是，它们所具有的重大的道德意义是不可估量的。曾经在技术上被限于物理学和化学中的知识，如今被应用于产业之中，对个人的生活和幸福产生了无法估计的影响。这样例子的清单可以无限地扩展。重要的观点是，任何意在把道德知识和判断限制在一个有限的领域之中的限制都必然局限我们对道德意义的洞察。在那些在社会事务上迟钝和反动的人与在社会事务上真正进步的人之间存在的区别，大部分出于这一事实：前者认为道德是封闭的、固定的，处在一个由各种义务构成的场和一个由固定不变的和终极的价值构成的领域之内。当今时代的大部分严重的道德问题，要得到解决，都取决于一种与此情况相反的普遍认识。也许，当今时代的重要需要是打破科学知识与道德知识之间的那些传统的壁垒，使得可能有一种有组织的和建设性的努力，来为了高尚的和社会的目的而利用一切可用的科学知识。

因此，几乎不需要呼唤人们去注意我们在前面的几章已经得出的那个观点，即：社会环境影响着主要的道德观念。除非某种严格形式的直觉主义是正确的，否则，文化的状态和那些以通常被称为非道德的形式出现的知识的增长，对于独特的道德知识和判断，都不会是没有意义的。由于道德知识和非道德知识是联系在一起的，因此，每一代人，特别是生活在目前这样一个时代之中的人，都有责任去彻底审查我们继承下来的由道德原则构成的宝库，联系当代的条件和要求，重新思考它们。因此而假定这意味着所有的道德原则都是相对于特殊的社会状态而言的因而在任何一种社会条件下都没有约束力，那是愚蠢的。我们的职责是去发现什么原则适切于我们自己的社会。因为这一社会条件是一个事实，与之相关的那些原则是真实的和有意义的，即便它们没有被某种其他体系和类型的社会制度、文化和科学知识所采纳。正是坚持一种统一的和不可改变的道德法则、坚持它在一切时间和一切地方都是相同的，招致了人们极端的反感，导致人们说一切道德准则都是传统的和无效的。认识到道德准则与各种社会力量之间的密切而活生生的关系，将推动人们去探索在我们的今天真正适切的那些原则并加强它们。

文　献

314　　直觉主义的早期历史，原材料可以在谢尔比-比格（Selby-Bigge）编的《英国道德学家》（*British Moralist*）第一卷和第二卷中看到，特别是其中巴特勒和普赖斯（Price）的作品。从巴特勒、普赖斯和里德（Read）的著作中挑选出来的原材料，可在兰德（Rand）编的《经典道德学家》（*Classical Moralist*）中看到。关于"道德感"理论，请看：沙夫茨伯里，《品格》；哈奇森，《道德哲学体系》。同时请参看：西季威克：《伦理学史》；罗杰斯，《道德评论》（*Morals in Review*, 1927）。博纳，《道德感》（*Moral Sense*, 1930）包含着对英国思想中道德感理论的发展所作的一个极好的陈述。

　关于同情与道德判断之间的关系，请看斯密：《道德情操论》，特别是第三部分第1章和第4章，第四部分第1—3章；斯蒂芬，《伦理科学》，第228—238页。

　关于情感主义的道德判断理论与理性主义的道德判断理论之间的争论，请看：拉什德尔（Rashdall），《良心是一种情感吗？》（*Is Conscience an Emotion?*, 1914）。它为理性主义的道德判断理论辩护，反对麦克杜格尔在《社会心理学》（*Social Psychology*, 1909）和威斯特马尔克在《道德观念的起源和发展》中提出的情感主义的道德判断理论。费特的《道德哲学》突出强调了与道德生活中的洞见联系在一起的意义。同时,请看:亚里士多德的《伦理学》第三卷第2—3章和第四卷。杜威的《人的本性和行为》以较大的篇幅,在第189—209页中讨论了慎思的本性。杜威的《追求确定性》(*The Quest for Certainty*, 1930)的第3章讨论了价值直觉与价值判断之间的不同。

关于直觉主义,请看:考尔德伍德(Calderwood),《道德哲学手册》(*Handbook of Moral Philosophy*);莫里斯(Maurice),《良心》(*Conscience*);休厄尔(Whewell),《道德的要素》(*The Elements of Morality*);马蒂诺,《伦理学理论的类型》第二卷第96—115页;梅泽斯,《伦理学》第3章;西季威克,《伦理学方法》,第一卷第8—10章,第三卷全部,特别是其中的第1章;《伦理学史》第170—204页和第224—236页;《T.H.格林、赫伯特·斯宾塞和J.马尔提诺的伦理学》一书中的第361—374页。

第十五章 道德自我

1. 自我与选择

自我在我们以前的讨论中一直占据着一个核心的地位,因为善的自我的一些重要特征一直在其中得到展示。自我应当是智慧的或审慎的,寻求一种包容性的满足,因而使当下急迫的单一欲望的满足居于从属地位;它应当信实地承认那些被包含在自我与其他人的关系之中的要求;它对称赞和批评的裁定以及对认可和否决的使用十分关心而且深思熟虑;最后,它应当本着良心,具有一种去发现新价值和修正以前观念的积极意愿。但是,我们还没有审视自我的意思是什么。自我在道德中的重要地位,道德理论就自我已经发生的各种争论,使得进行这样一种审视是明智的。一些理论认为,抛开自我所做的事情不论,自我是至上而排他的道德目的。这一观点被包含在康德的这样一种主张中,即:善良意志,与已经做了的行动所产生的后果没有关系,是唯一道德上的善。无论何时,当道德的善被以一种排他性的方式与美德等同时,一种类似的观念就隐含在其中,因此,在被简略地概括时,可以说,一个善人的最高目的就是维持他自己的美德。在自我被以排他性的方式假定为目

第十五章 道德自我

的时,行为、行动和后果都被当作单纯的手段,作为维持善良自我的一种外在工具。与此对立的观点可以在早期功利主义者的快乐主义中找到,那时他们主张某种后果即快乐是唯一善的目的,自我和其品性只是产生这些后果的纯粹手段。

我们自己的理论给自我和后果这两者都予以不可缺少的地位。我们已经含蓄地主张自我和后果这两者中的任何一个都不可能被当作另外一个的单纯手段。存在的是一种环形的安排。自我不是产生后果的单纯手段,因为若后果是属于道德后果,它们就参与自我的形成,自我也就参与到后果之中。用一个有点机械的比喻,砖是建造一座房子的手段,但是,砖不是单纯的手段,因为它们最终构成了那座房子本身的一部分;砖,若是这座房子的一部分,其本身的本性又被这座房子修正;因此,这一比喻就将是非常恰当的。类似地,行为和后果都是重要的,它们不是与自我相分离的,恰恰相反,它们形成、揭示并检验自我。刚才已经以形式的方式述说的那一点,如果我们考察了选择的本性,就将被赋予具体含义,因为选择是一个自我的最具特色的活动。

先于可以在慎思的意义上被称为选择的那种东西的,是自发的选择或偏好。每一种欲望和冲动,不论多么盲目,都有一种模式:喜欢一个东西甚于另外一个东西,选择一件东西而拒绝其他的东西。它与对某些对象的吸引结合在一起,在价值上把其中一个对象置于其他对象之前。其他的对象被忽视了,虽然从纯粹完全外在的观点看它们都是同样易接近的和有用的。我们就是这样被构成的,乃至藉着原初的秉性和习得的习惯,我们趋向于某些对象不是趋向其他的对象。这样的偏好胜过对相对价值的判断;它是自然的而非自觉的。后来，就出现了欲望在其中得以完成的处境；我们被自发地拉到相反的方向中。不相容的偏好彼此相互节制。我们犹豫，而且犹豫变成了慎思：在我们已经谈论的那些偏好的彼此比较中权衡它们的价值。最后，一种为我们有意追求的、以慎思使我们具有的价值意识为基础的偏好就出现了。当我们追求两个对立的、其中每一个都是我们真实地追求的事物时，我们就不得不下决心了。那就是选择。我们自发地偏爱，我们慎思地、机警地选择。

每一次这样的选择都与自我保持着一种双重关系。它揭示现存的自我，塑造未来的自我。被选择的东西就是被发现与已经存在着的自我相一致的欲望和习惯。在这一过程中，慎思具有一项重要的功能，因为呈现给想象的每一种可能性都诉诸自我之构成中的不同要素，因此就给品格中的所有方面提供了在最后决定中发挥其作用的一次机会。由此导致的选择还塑造着自我，使它在某种程度上成为一个新的自我。这一事实在关键的时刻特别突出（第182页[①]），但是，它也在每一次选择上都留下了痕迹，不论这痕迹是多么地轻微。不是所有的选择都像选择生活的使命或选择人生伴侣一样重要。但是，每一选择都处在道路的分岔上，而被选中的那条路关闭了某些机会的大门而为其他的机会打开了大门。一个人在把自己托付给某一具体的方针时，也就为他自己的存在定下了一个持久的格局。因此，说一个人在选择这一目标而不选择其他的目标时实际上是在选择他将成为什么类型的人或自我，这是正确的。从表面上看，在选择中结束的慎思只与衡量具体目的所具有的价值相关。

---

① 此处为原书页码，即本书边码。——译者

在表面之下，它是这样一个过程：发现一个人最想成为什么种类的存在。

因此，个性或品格不是实现某些目的的纯粹手段或外在工具。它是一种达成后果的力量，正如在运动员、律师、商人用来在自身之中养成某种习惯的那些痛苦中所显示的，因为他知道这些痛苦是实现他所感兴趣的那些目的的关键条件。这些后果的实现反过来塑造自我。再者，正如亚里士多德所说，善人的善性通过其行为熠熠生辉。我们谈论另一个人的行为时说，"它真是独特！"在使用这样的措辞时，我们要表达的意思是，自我远不止在火柴是火的原因这个意义上是一个行动的原因；我们的意思是，自我已经内在地进入到已经做的那个行动之中，规定着这个行动的性质。自我在其选择的东西中揭示自己的本性。在结果中，对一个行动的道德判断也是对正在做这一行动的那个人的品格或性格的一个判断。每一次我们要求一个人对他已经做的事情负责，我们就在实际上承认一个可在道德上判断的行为与那个做这一行动的人的品格有着密切而内在的联系。以比喻来说，我们谈论一种药用植物的价值，意思是说它对于产生我们想要的那些效果是有效的，但是，自我的那些善良的情操参与了自我确实在做而且还继续在做的事情，赋予行动以具体的性质。

如果早期的功利主义者在认为具有高尚情操和邪恶情操的自我只是作为实现一切真正的善和恶在其中被发现的那些后果的一种手段而具有重要性这一点上犯了错误，那么，认为后果完全不具有道德意义、只有自我才在道德上是善的和恶的那个学派，也陷入了把自我与其行动分隔开来这样一种错误。因为依据这一理论，在一个人的情操投入行动之中时,善性与恶性只能被归于与出于其情操的后果相分离的自我。事实上,只有热烈地欲求和追求善的后果(也就是说,那些促进受这一行动影响的那些人的福利的后果)的那个自我才是善的。说一个正确的道德理论的关键就是认识到自我与其行动(如果其行动具有任何道德意义)的根本统一,绝不为过;只要一种理论把自我与其行动(和它们的后果)彼此分离,道德价值只被赋予其中之一而不被赋予另外一个,那么,错误就在其中出现了。

自我与行动的统一构成了在性质上突出于属于道德的一切判断的基础。正如我们在谈论一场温和的雨或一场毁灭性的洪流时一样,我们可以就一项意外事件的后果把它判定为有用的或有害的。但是,由于我们不能把与品格或与自我的关系赋予一场雨或一场洪水,所以,我们不能表示我们对一场雨或一场洪水的道德评价。基于类似的理由,我们不能把道德品性赋予一个婴儿、一个低能儿或一个疯子的行动。同时,在一个正常儿童的生活中也存在着其行动可以在道德上被判断的时刻。尽管如此,这一事实也不必然意味着这个儿童是在深思熟虑地有意去产生那已经产生的后果。如果这样的判断在塑造未来的行动将慎思地、有意地从中而出的一个自我这件事上是一个因素,这就足够了。一个孩子可能因为他饥饿而抢拿食物。他被告诫说他这样做是粗鲁的或贪婪的——这是一个道德判断。而在这位孩子的心中唯一的事情可能一直是抢夺食物可解除饥饿。在他看来,抢夺食物没有任何道德意义。在称他抢夺食物的行为是粗鲁的和贪婪的时,父母就已经在存在于这个孩子之中的某种东西与存在于这个孩子的这一行动中的那种品性之间建立起了一种关系。抢夺食物这一行动是以揭露存在于他的自我之中的某种不可欲的事情的方式做出的。如果他抢夺食物的行为被不加注意地忽略,那么,他的那种倾向就将会被加强;他的自我将在那个方向上被塑造。另一方面,如果能够使那个孩子明白那些关系以及他自己的存在与他的那一行动所具有的应受谴责的性质,他的自我就将呈现另外一种形式。

2. 自我与动机——兴趣

从道德方面看,自我与一个行动的统一,是理解动力(motives)和动机(motivation)之本性的关系的关键。除非这一统一在理论上被设想和承认,一种动力就将被视为影响个人和诱使他做某件事的某种外在的东西。这一观念被普遍化时,它就导致了这样一个结论:从本性上和内在地看,自我是惰性的和消极的,因此就不得不被外在于自我的某种东西打动或驱使着去行动。但是事实是:自我,像构成其生命力的基础那机体一样,总是积极的,它通过其品格活动,因此,不需要奖励之许诺或加恶之惩罚这些外在的东西来诱使其行动。这一事实是对自我与行动之道德统一的肯定。

对一个孩子乃至对一个小小的婴儿的观察都将使那个观察者相信一个正常的人在醒着的时候会从事活动,他是一座在不断地流溢着的能量库。这个生命体移动、伸手、触摸、推拉、撞击、流泪、塑模、打碎、看、听、等等。只要醒着,他就在不停地探索他周围的东西,建立新的联系和关系。静止和休息的时期当然是被要求弥补的。但是,对一个健康的人来说,没有什么东西比被长期地强制不动更令人不可容忍。需要解释的不是行动,而是行动的中断。

正如在之前的另外一处所宣布的,这一事实对于快乐主义的心理学来说是致命的(第209页①)。因为我们在有快乐和痛苦的经验之前就行动,因为快乐和痛苦的经验是行动的结果,所以,追求快乐是行为的源泉这一陈述不可能是正确的。再者,这一事实的含义还延伸到了整个动机观念。一个动力就是一种并非从外部加于自我的诱因这一理论混淆了动力和刺激。来自环境的刺激在行为中是非常重要的因素。但是,刺激之所以重要,不是因为它是行动的原因,也就是说,不是因为它是行动的发动者。因为这个生物体早已是活动的,刺激本身只是在行动的过程中出现和被体验到的。一个物体的让人有痛感的热使人把手撤回去,但是,那热是在人伸手去探索的过程中被体验到的。一个刺激的功能——正如刚才被引用的那个例子所说明的——是改变一个已经在进行的行动的方向。类似地,对一个刺激的回应不是行动的开始,而是行动的改变,是在被由一个刺激所指示的条件上的改变所做的回应中行动所作的改变。一艘船的领航员发现一个岬角,这可能使他修改他的船正在行进的路线。但是,他发现那个岬角却不是他航行的原因或"动力"(moving spring)。动力,与刺激相似,诱使我们改变我们行为的趋势和过程,但是,它们并没有唤起或发动这样的行动。

因此,"动力"(motive)一词是含混的。它指(1)那些构成自我之核心并且提供行为藉之而被认识的那个原则的兴趣。它也指(2)导致行动方向改变的对象,不论这个对象是否被意识到或想

---

① 此处为原书页码,即本书边码。——译者

到。除非我们在心中牢记与这里的第一种含义的根本特征相伴的这两种含义之间的这种关系，否则我们就将就自我与行为之间的关系形成一个错误的观念，而这一根本错误又将在伦理学理论的所有部分中产生错误。

行动中的自我与对象和目的的联合，其任何一种情况都被称为兴趣。孩子塑造着其父母的兴趣；绘画或音乐是艺术家的兴趣；一个法官的兴趣是温和地解决法律争执；病人的痊愈是医生的兴趣。总而言之，兴趣是活动的主要指挥；而且，在这一活动中，欲望是被与一个将在决定性的选择中被增进的对象联系在一起的。除非冲动和欲望得到赞助，否则是没有人关心行为的方针的；人们就会对它漠不关心、反对和没有兴趣。另一方面，兴趣是客观的；人心被放在某种东西上。没有一种兴趣是天马行空或处在虚空中的；每一兴趣都被命令性地要求一个它与其相连的对象，要求它积极地关心这个对象的福利或发展。如果一个人说他对图片感兴趣，他就会说他关心它们；如果他不走近它们，如果他不承受痛苦去创造观看和研究它们的机会，他的行动就会与他的言辞极不相符，使我们知道他的兴趣只是名义上的。兴趣就是对一个对象的关心、思考和帮助；如果它不被表现在行动之中，它就不是真实的。

因此，动力不是走向行动的驱动器，或者不是趋向于做某事的某种东西。它是作为一个整体的自我的运动，在其中，欲望被与一个对象非常彻底地整合在一起，乃至它被选择为非常强烈的目的。饥饿的人寻找食物。如果我们高兴，我们可以说，他是被饥饿所驱使。但是，实际上，饥饿只是用来称呼趋向取用食物的那种倾向的一个名称。在自我与对象的这种积极的关系之外建立一个实体，然后对待这种抽象,好像它就是寻找食物的原因,这是一种完全的混乱。当我们说一个人是被友善、仁慈或残酷、恶意所驱使时,情况也没有什么两样。这些东西都不是激发行动的独立力量。它们都是存在于自我与一类对象之间存在的那种积极的统一或整合的名称。恶意或友善的,正是存在于那个人的自我之中的他本身;而且,这些形容词的意思是:自我是这样构成的,使得自我以某些方式朝着某些对象行动。仁心或残酷不是一个人所具有的某种东西,不像他的口袋书中所夹的美元;它是他自己所是的某种东西;因为他的存在是积极的,这些性质是行动的样式,而不是产生行动的力量。

因为兴趣或动力是自我的某种需要和欲望在行动中与某种被选择的对象在行动中的统一,而这对象本身在第二种和派生的意义上可以被说成是行动的动力。因此,一项贿赂可以被称为诱使一位立法者投票支持某项具体的法规的动力,或者获利可以被称为一个杂货商不缺斤短两的动力。但是,显然,正是一个人的品质使一个行贿者或一个希望获利的人使此动力控制了他。贪婪者被那些对一个慷慨大方的人来说根本不算什么的对象激发着去行动;一个坦率而开放的人被那些只会使一个狡猾而诡计多端的品性的人退缩的对象激动。一个立法者被一个行贿者诱惑着去违反自己的信念来投票,因为他的人格已经是这样的,即在他看来收获钱财比信念和原则有更多的价值。在我们把整个处境都纳入考虑时,一个对象推动着一个人,那就是相当正确的;因为作为一种推动力量的对象把自我包含在其内。当我们把对象看成是完全外在于自我之品格的某种东西时,错误就出现了;这样的错误随后又发挥作用,推动这个与其不相干的自我。

第十五章　道德自我

把"动力"与导致行为进程改变的对象等同起来的第二种的和派生的意义,具有一种明确而重要的实践意义。在一个类似于我们的世界中,人们是紧密地联系在一起的,一个人所做的事情具有对其他人重要的后果,那些影响其他人之行动使他们去做某些事情而不做其他事情的企图,都是生活所具有的始终如一的功能。基于所有种类的理由,我们都在不断地努力着去影响其他人的行为。这样的影响是家庭教育最引人注目的方面;它激励着商业中的买者和卖者,激励着处在由当事人、审判官和法庭构成的关系之中的律师。立法者、神职人员、媒体人、政治家都在努力以明确的方式——导致行动中的改变和重新定向——影响其他人的行为。在所有这些情况中都存在着一个共同的运作模式。一些对象被呈现出来,它们被认为将诉诸那些被感动的人的品格中的一些要素,乃至这些人会以一定的方式改变自己的行动,也就是说,如果被谈论的那个对象没有被作为一个目的提交给这些人,在所有可能的情况下他们就不会改变其行动。这个对象就形成了在动力这个词的第二种和直接实践的意义上被称为动力的那种东西。它们在试图影响其他人行为的尝试中是非常重要的。但是,道德理论经常在思考那些要求改变行为方向上犯一个根本的错误,好像它们是在发动运动或行动的"动力"一样。那样的理论在逻辑上以使自我成为消极的而告终——好像人总是从外部被激发起来行动似的。

3. 利己主义与利他主义

暂且不论动机是以自我与行动的统一为基础这一正确观念的

内容,它与另外一个问题之间的联系是特别重要的。在英国的伦理学理论中,这一直是赫伯特·斯宾塞称之为"道德思辨之关键"的那个首先被考虑的问题的主要内容。这个问题就是利己主义与利他主义之间的关系,关心自我的行动与关心他人的行动之间的关系,自爱与仁爱之间的关系。这一问题涉及道德行动的动机;由于没有能够审视一切动机的本性这一根本问题,关于它的讨论一直是混乱的。认为人在本性上只被自爱或对他们自己的利益的关心所驱使的那些人,也许最显而易见地没有能够审视一切动机的本性这一根本问题。但是,它也影响到那些认为人也被仁爱之心推动着去行动的人,以及那些认为仁爱之心是唯一在道德上正确的动力的人。

正确的动机理论说明,自爱和利他都是获得的情操而不是我们心理构成中的原初要素,两者中的每一种都可能是道德上善的或应受谴责的。从心理学的角度看,我们天生的冲动和行为既不是利己的也不是利他的;也就是说,它们不是被对自己的善或其他人的善的有意关心所激发的。准确地讲,它们是对处境的直接回应。就自爱之被关涉而言,情况正如詹姆斯所说的那样。他说,"我为自爱所驱使,在有女士一旁站着时坐着不动,或者首先抓住某种东西而阻止邻人得到它,我实际所爱的是那个座位,我所抓住的是那样东西本身。我在根本上爱它们,就像母亲爱她自己的婴儿,或者像一个大方的人爱英雄般的行为。就像在这里一样,无论何时,只要追逐私利是单纯的本能倾向的结果,它就只是用来指称某一本能行动的名称。某种东西把我的注意力固定在一处,并且宿命般地激起'自私的'回应。……事实上,我越是以这种原始的方式彻底地自私,我的思想就越盲目地专注于那些对象和我自己贪欲的冲动,我也就越缺乏向内的观瞻。"① 换言之，在这些情况中，没有反思性品质，没有慎思，也没有有意识的目的。一个观察者可能观察这一行动而称其为自私的，就像在母亲回应其孩子的抢食行动的情况中一样。但是，在一开始，父母对孩子的抢食行动的回应就说明了那个孩子的抢食行动是在社会中被反对的一种行动，因此，批评和教导就被用来使我们讨论的这个问题中的那个孩子意识到他自己的抢食行动的后果，并以使其在未来追求另外一种后果为目标。

詹姆斯的这一分析可以同样好地应用到所谓的无私而仁爱的行动上，就像在说母亲回应其婴儿的要求时所引的那段话中所暗示的那样。一个关心其幼仔的动物这么做时，肯定既没有思考其幼仔的善，也没有以其幼仔的福利为目标。在许多例子中，人的母亲，正如我们所说，只是出于爱而去关心其后代；她可能从中得到相当的满足，正如那个"自私的"人在有机会时从抢占座位中获得的满足。换言之，存在着对具体处境的本能回应，这些回应，就其整体是非反思的而言，就其不包含关于善或恶之类的任何目的的观念而言，是缺乏道德性质的。

但是，一个成年人，在看到一个孩子的那些没有目的和"动力"的行动在其结果中显示出了对其他人的不关心或关心时，会批评或称赞这个孩子。这些行动趋向于阻止那个孩子采纳一种行动方针而鼓励他采纳其他的行动方针。通过这种办法，那个孩子逐渐地意识到他自己和其他人都是会因为他的行动而受到善与恶、利与害影响的存在者。对自己的利益和其他人的善加以有意识的考虑，可能

---

① 《心理学原理》，第一卷第320页，还应参照第317—329页的那整个一段。

明确地成为一个行动的目的的一部分。再者,关于两种可能性的观念一同形成。一个人只能在他意识到与自己的善并列的其他人的善时才可能把自己的善当成一个明确的目的意识到,反之亦然。只有在与其他人的不同中、被置于与其他人相对的地位上,一个人才有意识地思考他自己。

因此,最后出现的是真正道德意义上的自私和无私,而不是天生的"动力"。但是,这一事实远非意味着对自我的有意识的关心在道德上是恶的而对他人的有意识的关心在道德上必然是善的。行动之所以不是自私的,因为它们显示了对自我的未来福利的考虑。没有一个人会说对自己健康、效能和学习进步的仔细关心只是因为这些对象是自己的就是恶的。在这些方面为自己考虑,这是一种基于要求的道德义务。这样的活动,只是在只是关心他们自己乃至到了这种关心已经对其他人的要求形成了妨碍的时候,才获得了道德上的自私这种道德性质。一个行动不是因为它增进自我的福利而不是错误的,而是因为它对其他人的权利和正当要求不公平、不体谅。再者,自我维护和自我保护的行动是为其他人服务的一切行动的条件。任何一种理论,如果没有能够认识到有时必须伴随着对自我的特别而有意识的关心,那么,它就必然是自取灭亡的;不能关心自己的健康乃至自己的物质福利,可能导致一个人没有能力去为其他人做任何事情。不能主张任何一个人都自然地关心自己使得每一个人根本没有必要想到这一点。规定什么东西对一个人来说是真正善的,同发现其他人的善在哪里和什么样的手段可以增进其他人的善,二者是一样难的。甚至可以断言:天生的自我关心倾向于使我们盲目到看不到什么东西构成了我们自己的善,因为它使我们对我们自己的善持一种短视的看法；而看到什么东西对其他人是善的，却比较容易，至少在其他人的善不与我们自己的利益相冲突的时候。

真正的道德问题是：应当增进和塑造什么类型的自我。而且，这一问题之提出，既与一个人自己的自我有关，也与其他人的自我有关。对其他人福利的强烈关心，如果不受到审慎思考的节制，实际上可能导致对其他人的伤害。孩子因为亲人出于无法控制的"仁慈"而为他们做的那些事物而被惯坏；成年人有时被宠成慢性自残；人被鼓励着去对其他人提出不合理的要求，在这些要求没有被满足时觉得悲伤和认为受到了伤害；慈善活动可能使其接受者成为社会寄生虫，等等。后果的善性或恶性是要考虑的主要东西，这些后果，不管是与其他人有关还是只与行动者自己相关，是具有同样的本性的。自我所要求和选择的那种对象是重要的东西；这些目的的居所，不论是在你之中还是在我之中，本身都不可能使其道德性质有什么区别。

有时人们提出这样一个观点：一个行动是自私的，只是因为它显示着一种兴趣，因为每种兴趣都相应地包含着自我。对这一观点的审查肯定这样一个陈述：每个事情都依赖于被包含在其中的自我。说所有的行动都源出于自我并且影响自我，这是一个同语反复，因为兴趣规定着自我。就此而言，凡一个人感兴趣的事情都是自我的构成部分，不论他感兴趣的事情是集邮、绘画、赚钱还是交朋友、参与在剧院的首次公演、研究电力现象，或者不论其他的什么事情。不论一个人是通过帮助朋友获得满足还是通过不惜任何代价攻击竞争者获得满意，他自己的兴趣都被包含在其中。因此，所有的行动都是同样"自私的"这一观点是荒谬的。因为在不同的情况下"自我"并不具有同样的意义；虽然总是有一个自我被包含在其中，但是，不同的自我具有不同的价值。一个自我依据它所欲望和追求的对象来改变自己的结构和自己的价值；也就是说，每一个自我依据积极的兴趣在其中被采纳的那些对象的不同类型来改变自己的结构和价值。

自我与行动的统一，道德理论中的这一核心观点，在两个方面上发挥作用。它既被用于解释一个行动的性质和价值，也被用于解释自我的性质和价值。认为善人与恶人之间的不同是前者对他所做的事情没有兴趣或者不深入而直接地关心（导致私人性的直接满足）而后者在他自己的行动中拥有私人的重大利益，这是荒谬的。使善人与恶人不同的，是构成他们的行动之特色的兴趣所具有的性质。因为兴趣的性质是取决于激起兴趣并与兴趣联系在一起的那些对象所具有的本性，准确地讲，依据他们所欲望和追求的对象，他们的兴趣是微不足道的还是意义重大的，是狭隘的还是宽广的，是短暂的还是长久的，是排他的还是包容的。倘若人们认为，由于一个人是出于兴趣而行动，在兴趣的实现中并且因为兴趣的实现而获得满足和幸福，因而一个人总是在自私地行动，那么此时，人们所犯的错误就在于假定自我与被追求的目的是分离的。如果自我与被追求的目的是分离的，那么所谓的目的也就将在事实上只是可以给自我带来好处或利益的一种手段。这类事情确实会发生。比如，一个人可能会利用他的朋友，只是把朋友当作实现他个人职业生活中晋升的一个台阶。但是，在这种情况下，他对他的朋友感兴趣，不是把他们当成朋友，甚至不是把他们当由于其自身而存在的人。他所感兴趣的,是他可能从他们那里获得的东西;称他们是"朋友",只是一种欺骗性的伪装。总而言之,自私与无私之间的整个区别,其本质在于自我感兴趣的对象属于什么类型。"漠不关心的"(disinterested)行动并不是指不感兴趣(uninterested);在行动具有漠不关心这一意义时,行动是没有情感的、沉闷的、例行的、容易使人泄气的。可以被给予"漠不关心的"这个词的唯一理智的含义是:那兴趣在理智上是公平的、中立的。赋予相同的事物以相同的价值,不论它影响我自己的福利还是影响其他人的福利。

到目前为止,我们一直在讨论在其中行动显示和塑造自我的那些情况。在其中的有些情况中,自我的思考明确地影响着欲望和选择进入行动的进程。因此,就一个行动,我们可以说它显示着自尊,或者说它说明行动者不再有任何羞耻感。在赞成中使用自尊、尊严感、羞耻这样的词,足以说明:行为不会因为自我的思想在决定做什么事情上是一个重要的因素而必然是较坏的。但是,当我们说一个行为是欺骗或傲慢时,我们就在批评它。显然,结论是:问题不在于自我的思考是否是一个要素,而在于哪种自我在思考、以什么方式在思考、在思考什么意图。即便"自尊"这个词在某种程度上也是含混的。它可能指存在于人格之中的尊严感,它这种尊严感防止人做将玷污人格的行动。它可能指对一个人在共同体中的地位或荣誉的尊重。再者,它可能指与一个人所承载的家族名声的联系,或一个人对他感到他必须与之看齐的某种个人成就所具有的自豪。在后面那些形式中,自尊可能是明智选择的一个明确无误的支持和保证,或者可能变成一种虚伪的和空洞的假象。它所完全依赖的,不是被采用的一般的名称,而是具体情况的构成内容。可以被规定的唯一普遍命题是：公道和公平应当主宰一切。比方说，正确的自豪与骄傲之间的界限是由和与其他人相对而言的自我联系在一起的平等或不平等的权重决定的。它与客观而中立的理智态度有关。与欺骗、空洞等相联的麻烦是它们对判断的歪曲性影响。但是，谦卑、朴实，可能恰好是坏的，因为它们也可能摧毁判断的平衡和公道。

330　　关心他人，像关心自己一样，有双重含义。它可能指一个行动事实上增进他人的善，或者可能指对他人之善的思考作为一个决定性的要素进入了那个有意识的目的。一般而言，即便是在意识层面上，行为也可依据构成处境的那些要素来加以判断，而不用公开地参考他人或自己。学者、艺术家、医生或者工程师，开展其工作的大部分，不用有意识地问他自己他的工作是否将有利于他自己或其他某个人。他感兴趣的是工作本身；这样客观的兴趣是身心健康的一个条件。几乎不能设想一个比这样一种处境更为病态的处境，即在其中，一个人认为他所做的每一个行动都必须被明确地意识到是被对其他人福利的关心激发的。如果一个商人声称在他每一次的售货中他的动力都是他的顾客的利益，那么我们就应当怀疑这个商人是虚伪的。

但是，有些时候，有意识地考虑他人的福利是命令性的。也许令人惊奇，乍看之下，在当下的冲动是一个同情性的冲动时，对他人福利的这种有意识的考虑就是具体地被要求的。存在着憎恨犯有反社会行动的罪行的个人这样一种强烈的本能冲动，还存在着这样一种看法：报复性地惩罚这样一个人是维护社会利益所不可缺少的。但是，实际上正在起作用的利益这一标准，其内容就在于行为的后果；而且，毫无疑问，尽管被认为是为了社会正义，一些惩罚还是培养了一种对公共善的无情冷淡，或者甚至在一种惩罚中置入了一种其实现甚至反过来以攻击社会制度为手段的欲望。但是，一个有意识地培养这种情感的人，如果他只考虑结果，就可能发现：他正在弱化他人的品格，虽然表面上他正在帮助他们，但从根本上讲他却正在伤害他们。

当然，这样的陈述并不是要说对正义的热爱或同情感应当受到压制。但是，正如在一个正在全力抢夺他想要的某种东西的人之中正在进行的道德变化是其兴趣扩展到去思考一个更广阔的对象圈子一样，处在另外一个极端的那个冲动也是如此。要把一种当下的情感变成一种兴趣是不容易的，因为这种变化要求我们找到间接而深层的关系和后果。但是，一种情感，不论是被贴上了自私的标签还是被贴上了利他的标签，除非它这样被扩展，否则就不可能有反思性道德。不加思考就向一种仁慈的态度让步，那是容易的；对于许多人来说，要压制它也是容易的；困难但却需要做的事情，就是在给它确定方向的过程中，还在其全部原有的强度上将它作为活动的一个前提条件纳入思考的渠道。仁慈冲动与智慧反思的统一是最可能导致善果的兴趣。但是，在这种统一中，深思熟虑的探究的地位，与同情性情感的地位，都一样地非常重要。

4. 社会利益的包容本性

我们的讨论得出这样的结论：不论利己主义，还是利他主义，还是两者的调和，都不是令人满意的原则。自我不是某种离开关系和交往而存在的某种东西。由兴趣是在社会环境中形成的这一事实所产生的关系，比孤立的自我所作的调和更为重要。在很大程度上，理论对利己主义和利他主义的调和这一问题的强调，发生在一个思想在特征上绝对是个人主义的时代之中。理论是依据被设想为孤立的个人而被塑造的；社会安排被认为是第二位的和人为的。在这样的智识条件下，道德理论专注于动机到底是利己的还是利他的这一问题，几乎就是为可避免的。由于居于统治地位的个人主义被表达在说每个人都被对其自己的利益排他性地关注所驱使的这样一种经济理论和实践之中，道德家们也便被引导到去坚持这样一种要求：应对这种粗鲁的个人主义加上某种限制，在道德（这与商业迥然不同）中强调同情和对他人的仁心关怀的至上性。但是，这一诉求的最重要的意义在于使我们认识到这一事实：关心自我和关心他人这两者都是某种更正常而完全的利益的一个从属的方面，这就是对我们形成其部分的那些社会团体的福利和其整全性的关心。

比如，家庭是不同于个人的，也不是一个人加上另一个人再加上另一个人。它是一种长期形式的联系，在其中，家庭的成员从一开始就彼此相关，每一个成员获得自己行为的指导方针，都通过思考这整个团体以及他在其中的地位，而不是把利己主义与利他主义加以调和。类似的例证，可以在商业联系、职业联系和政治联系中发现。从道德的观点看，一个产业的检验标准就是它是否为作为一个整体的共同体服务，有效而公平地满足其需要，同时又给参与这个共同体的人提供生计发展和人格发展的工具。但是，如果实业家（a）只考虑增进其个人的利益，（b）只考虑以一种仁慈对待其他人的方式行动,或者(c)寻求这二者之间的某种调和,那么,这一目的就几乎是不能实现的。在一个被恰当地组织起来的社会秩序中,人们彼此之间具有的那种关系要求一个从事实业的人采取这样一种行为,它满足其他人的需要,同时又能使他自己能够表现和实现他自身所具有的能力。换言之,服务在其效果上应当是互利的和协作的。我们信赖的医生,是一个认识到他的职业所具有的社会意义并且被知识和技艺装备起来的医生,而不是一个只是被个人的情感激发着行动的医生,不管后者的利他热情是多么地巨大。一个有组织的共同体的公民的政治行动,除非在从他们个人看时他们具有同情的情操,否则,在道德上是不会令人满意的。但是,这种同情的价值不在于它是行为的直接命令者。思考任何一个复杂的政治问题,你就会发现无知的仁慈将会把你带到一条多么短的路上。同情确实有价值,但是,它的价值在于它具有这样一种力量,使我们以一种广泛的方式照顾被包含在政策之形成和执行之中的一切社会纽带中。换言之,关心自己和关心他人不应当是公开行动的直接动力。它们应当是引导我们思考若没有它们引导就不会被注意的那些对象和后果。这些对象和后果由此便构成了作为行动之恰当动力的兴趣。它们的材料和原料是由人们在具体事务中实际上相互支持的那些关系组成的。

一个人对他是其成员的那个社会整体的兴趣必然伴随着他对自己的自我的兴趣。这个群体的每一个成员都有自己的地位和工作;设想这一事实在其他人那里是重要的而在自己那里却没有任何意义,那是荒唐的。设想社会利益是与对自己的健康、学习、进步、判断力等的关心是不相容的,这一眼便可以看出它是荒谬的。因为我们中的每一个人都是社会团体的一个成员，因为社会团体若抛开构成它们的那些自我便不复存在，因此，除非同时存在对我们自己的福利和发展的理智的关心，否则便不可能存在有效的社会利益。实际上，在自己的力量和成长方面，每个人身上都被放置了一种根本的责任。作为一个整体，没有一个共同体是比在其中每一个成员都为了照顾其邻人的事务而忽视他自己的利益的共同体更为落后和更为无能的了。当一个人被因为其所是而被对待时，存在于他与其他人的关系之中而不是存在于幻想的孤立之中的某种东西，即独立的判断、个人的洞见、完整和主动，从社会的观点看，就变成了必不可少的美德。

334　　有一个经常流行的慈善观念，它说在客观的社会关系被推入背景中时慈善可能会产生伤害。向处在不幸之中的个人和处在一场公共灾难中的许多人伸出援手，这是一件非常自然的行为，它是如此的理所当然的一件事，乃至几乎不需要作为一种善行加以赞扬。那种把慈善本身树立于至上德性之中和之内的理论，是一种封建等级社会的残余，而封建等级社会是这样一种环境，在其中，上层阶级通过慷慨地为低贱阶级做事情而赢得美名。对这种慈善观念的反对是：它太容易成为维护那些为了公平的游戏和正义本身应当被改变的法律和社会安排的一个借口。"慈善"甚至可以被用作施加小恩小惠的手段，安抚自己的社会良心，同时收买可能在因社会不正义而受苦的那些人中增长的不满。大规模的慈善活动可能被用来掩盖残酷的经济剥削。向图书馆、医院、传教团和学校的捐赠可能被用作使现在的社会制度更能被人容忍和避免社会变革的手段。

再者，蓄意的仁心可用作使他人继续依赖仁者和为仁者管理事务的手段。比如，没有对其孩子的日益接近成年期加以应有注意的父母，会以仁慈的父母感情为由，证明其对孩子们的事情的一次无理干涉是正确的。他们把孩子们在实际上不能自主的时期形成的行动习惯带到孩子们既想自主也需要自主的情况之中。他们自己以他们所做的实际上导致孩子们或者奴隶般地依赖或者痛苦地抱怨并且导致孩子们反叛的行为而自豪。对人格的关心是与对某种社会处境的实际情况的关心联系在一起，它与抽象的"利他"形成了对比，在这方面，也许不能找到比父母与其孩子的这种关系所提供的案例还要好的案例了。这里，道德所要求的，不是父母应当对其孩子的幸福漠不关心，而是父母应理智地关心其孩子的幸福，这种关心要求父母认识到父母需要给孩子们与其接近成年相应的自由。它把自己展示在当对孩子幸福的关心要求一种不同类型的行为时对已经形成的习惯所进行的改变之中。如果我们概括这个例子所提供的教训，它就引导我们得出这样一个结论：出于慈善和仁心的公开活动只是道德的一个偶然的方面，它们是在一些紧急情况下被要求的，而不是根本的原则。这可在人类关系的具体情况所要求的东西所具有的那种不断扩展和变化的含义上看到。

有种道德理论把自我实现视为道德理想。在这个将用作例子来说明关于自我已经说了的那些东西的观念中，存在着一种含混性。自我实现可能在其是正确行动的结果和界限这个意义上是一个目的，而无须是计划中的目的。通过忠信于与他人的关系的行动而被塑造的那种自我，将是一个比在不考虑其他人的意图和需要或与其他人的意图和需要的对立中被培养的自我更为充实和宽广的自我。相比之下，由广泛的兴趣导致的那种自我可以说只是构成了自我的发展和实现，而生活的其他方面则由于割断了自我与其要成长所不可缺少的联系而阻碍和扼制自我。但是，使自我实现成为一个有意识的目的，可能使人不能充分注意那些要使自我更广泛地发展就不可缺少的关系。

自我的兴趣，情形与自我实现相同。个人的最高幸福存在于品格构成中某些兴趣的至高无上性；也就是说，对所有人都可以分享的那些对象具有活泼、热烈而持久的兴趣。个人的最高幸福可在这样的兴趣中找到，而不是在确定的外在结果的实现中找到，因为只有这种幸福是不受环境左右的。任何外在障碍都不可能摧毁这种幸福，因为它们出自对其他的活生生的、不断更新的兴趣和对可促进其他人发展的那些条件和对象的兴趣。对这些兴趣起作用的那些人（而且，在已经不可能被扭曲的所有人中这些兴趣都相当活跃）来说，这些兴趣的活动因为能够使自我实现而带来幸福。但是，这些兴趣被偏爱被当成目标，不是因为它们给予较大的幸福，而是因为它们表达着一个人从根本上想成为的那种自我，构成了在类别上独特的一种幸福。

因此，关于自我在道德生活中的地位，最后要说的话是：道德的根本问题就是把原初的冲动倾向纳入到这样一个自主的自我之中，在其中，欲望和情感居于共同的价值的中心，兴趣集中在那些有助于使所有人的生活都变得丰富的对象上。如果我们把这样一个自我的兴趣等同于美德，那么我们就会与斯宾诺莎一起说，幸福不是美德的奖赏，而是美德本身。

5. 责任与自由

与自我这一事实联系在一起的那些道德问题在责任和自由这两个观念中达到了顶峰。这两个观念都与已经在形而上学和宗教之中还有道德中激起了巨大争论的那些深远的问题密切相关。我们应当只就这两个观念在其中被明确地与之前的分析联系在一起的那些观点来考察它们。在这样被考察时,责任的一个重要方面已经被放在与这样一种改造的关系之中,即把天生的心理倾向改造成一个具有道德意义和价值的自我所具有的特征。

正如我们已经提到的(第319页①),在带来这种改变方面,社会要求和社会的称赞与谴责是重要的因素。在此重要的观点是:它们被用以在那些遵守它们的人的态度方面造成一种改变,特别是这样一种理智上的改变,即认识到关系和意义并不与他们所做的事情联系在一起。与责任观念联系在一起的最常见的错误在于设想称赞和指责具有顾后的方面而没有前瞻的方面。品格发生可欲的改变和那将使这种改变的可能性变成现实的行动方针之选择,是责任中的核心事实。比如,孩子首先被要求为他已经做的事情负责,不是因为他深思熟虑而故意地做这样的事情,而是为了在将来他可能把他在他已经做的事情中没有能够考虑的那些关系和后果加以考虑。这正是人这个行动者区别于石头和无生命的事物的地方,也是人这个行动者区别于在层次上低于人的动物的地方。

---

① 此处为原书页码,即本书边码。——译者

要一块石头为其在从悬崖上落下而伤人负责,或者因为一棵正在倒下的树压了一位过路人而指责它,都会是荒唐可笑的。造成这种荒唐的原因是这样的态度对石头或树之未来的活动没有也不可能有任何影响。它们不会与关于它们的这些条件相互作用以便从中学到某种东西来修正它们的态度和情操。一个人被要求为其所作所为负责,是为了他可以从中学到某些东西,是为了他不是在理论上和学术上而是以这样一种方式来修正并且在某种程度上重造其在先的自我。一个人在现在行动时是否可能以不同于他以前行动的方式来行动,这一问题是无关紧要的。问题是他之后能否以不同的方式行动;使人的品格发生改变,其在实践上的重要性是什么东西使得责任成为重要的。婴儿、傻瓜、精神病人不被要求为其行动负责,因为他们在学习和改造方面是无能力的。随着学习能力的增强,更大程度的负责能力也就发展起来了。一个人在做一个给其他人造成伤害的行动之前没有深思熟虑以及他并不是要或者有意做这样一种行动,这样的事实,除非可能清楚地说明他人作出的那种将使这个人在下一次类似的情况下行动时可能深思熟虑的回应,否则就是没有意义的。每个人都趋向于通过习惯形成一个将做一定类型行动的自我,这一事实,从理论上和实践上看,都是责任的基础。我们不可能取消过去;我们能够影响未来。

因此,责任与我们的对自己对其他人的回应的控制之间的关系是双重的。应用称赞和批评、奖励和惩罚的人,要为其对这些方法的选择负责,因为这些方法有最大的可能以一种可欲的方式来修正其他人的未来态度和行为。不存在在每一种具体的情况下都能独立于后果来指挥对奖励和惩罚的应用并证明这运用是正确的那样

第十五章 道德自我

一种内在的分配正义原则。在惩罚酿成冷酷麻木、叛乱、千方百计地逃避责任等的情况下,诉诸这样一个原则只是拒绝认可责任的一种方法。最为重要的后果是发生在个人态度之中的这样的事情:良好习惯的巩固,邪恶倾向的改变。

关于责任的各种理论出错的关键点就在于它试图把责任建立在先于使一个负责的事态之上,而不是把责任建立在随这一事态后果而发生的事情上。一个人被要求负责,是为了使他成为有责任心的,也就是说,可能对其他人的需要和要求、对隐含在他的地位之中的职责加以回应。那些要求其他人为其行为责任的人,本身就要为他们以这一责任在其中形成的那种方式所做的事情负责。否则,他们就是自己不对其他自己的行为负责的人。理想的目标或界限应当是:每个人都应当在其所有的行动中都完全地负责。但是,只要一个人遇到新的条件,这一目标就不可能被实现;因为在条件决定性地不与一个人以前已经经验过的那些东西相似的地方,没有一个人能够肯定自己的知识和态度是正确的。在每一种这样的情况下,被其他人要求负责,是成长中的一个重要的保障和指导性的力量。

在理论讨论中,自由观念一直被关于责任之本性的错误观念严重地影响着。那些为责任寻找一个在先的基础和担保的人通常把责任放在"意志自由"中,认为自由指一种不是被动机所激发的选择力,也就是说,认为自由是这样一种选择的任性力量,除了意志确实以这种方式选择以外,它不为任何理由而选择。这种理论认为,除非一个人可能会公正地行动,否则,在要一个人对他自己的行动负责的要求中就不存在任何正义——这完全忽视了要求他为改进他未来的行为而尽责这一功能。如果一个人已经成为另外一种人,他确实可能"以与他现在行动的方式不一样的方式行动";在要一个人对他已经做的事情(以及他为了成为那种人而正在做的事情)负责的要求中,关键在于他可能成为一种不同类型的自我,因而他可能选择不同类型的目的。

换言之,自由,在实践的道德的意义上(不论在某种形而上的意义上可能就自由说些什么),像责任一样,是由成长、学习以及矫正品格的可能性联系在一起的。我们不认为一块石头是自由的,主要原因是它不能选择它的行为模式,不能有意图地重新调整自己以便适应新的条件。像狗这样的动物显示可塑性,在其他存在者的帮助下它可以获得新的习惯。但是,在这种改变中,这只狗只扮演着一个消极的角色;他不能发起这样的改变,也不能指挥这样的改变;他不会为了自己的缘故而对这种改变感兴趣。另一方面,一个人,即便是年幼的孩子,不仅能够学习,而且能够对学习感兴趣,对获得新的态度和情操感兴趣。当我们成年时,我们一般会获得我们被要求具有的那些习惯。但是,除非并且直到我们完全僵化,我们还是能够打破旧习惯并形成新的习惯。没有一种关于因果性的论证能够影响这一在经验中不断被证实的事实:我们能够学习,而且,我们确实在学习,我们的学习不被局限于获得附加的信息,而且会扩展,乃至改变旧的倾向。就一个人成为一个不同的自我或人而言,他形成了不同的欲望和选择。在实践的意义上,自由在一个人意识到这种可能性并且对把这种可能性变成现实感兴趣时就形成了。自由的潜力是我们的天赋赐给我们的一件礼物或者说是我们天赋的一部分,在这种天赋中,我们具有成长的能力,具有积极地关心这一成长发生的过程和发展的方向的能力。实际的或实在的自由不是天赋的礼物，而是后天获得的。我们实际上是自由的，是说我们意识到发展的可能性并积极地行动以使成长的道路开放，我们对抗不连续性和不变性，藉此使再造我们自己的那些可能性成为现实。

除了作为已经停止的发展的结果以外，没有什么东西是一个固定的、已成的和已经完全的自我。每一个活着的自我都是行动的原因并且进而自身又被自己所做的事情影响。所有自愿行动都是自我的一次再造，因为它形成了新的欲望，激起新的努力模式，发现规定着新目的的新条件。我们个人的身份会在把这些变化联结在一起的那条由不断变化构成的线条中被发现。在最严格的意义上，自我不可能静止不动；它一直在变化，一直在变得更好或更坏。美德就存在于变化的品性之中。我们设立这个和那个要实现的目的，但是，目的就是成长本身。使一个目的成为最高目的就意味着要成长在那一点上中止。许多人在道德上沮丧，因为他没有实现他为自己设立的那个目标，但是，实际上他的道德地位是由他在那个方向上的运动规定的，而不是他拥有的东西规定的。如果这样一个人使他的思想和欲望建立在这一进步过程上，而不是建立在某种遥远的目标上，那么，他将发现一种新的自由和幸福。下一个要采取的步骤就存在于我们自己的力量之中。

可以看出，在每一点上，都存在着一个存在于旧的、已经完成的自我与新的、正在运动中的自我之间的区别，也就是存在于静止的自我与变动的自我之间的区别。前一个方面是由已经形成的习惯规定的。习惯提供方便，而且人总是有一种停止划桨、依赖于我们已经获得的东西的倾向。因为那是一种轻松的方针；我们在那些运行在已经形成和熟练的习惯轨道上的行动方针中自由自在,心安理得。因此,那个旧的、习惯性的自我容易被这样对待,好像它就是真的自我一样,好像新的条件和新的要求是异于自我、敌视自我的。一想到依照新的方针行事,我们便不自在;在着手那样做时,我们被相伴的困难击退;我们回避,不承担一种新的责任。我们趋向于赞成旧自我,把它的继续存在当成我们评价的标准和行为的目的。这样,我们便退出了实际的情况,退出了实际情况的要求和它们所提供的机会;我们使那个自我收缩,并使之硬化。

另一方面,那个在不断成长和扩大的被解放了的自我前去应对新的要求和机会,在这一过程中调整和再造自己。它欢迎未曾尝试过的处境。在旧的自我的兴趣与那个正在形成和变化中的自我的兴趣之二者之间做选择的必要性会反复出现。这可以在文明的每一个阶段和人生的每一个时期中看到。文明人会遇到它,野蛮人也会遇到它;居住在贫民窟中的人会遇到它,生活在有教养的环境中的人也会遇到它;"好"人会遇到它,坏人也会遇到它。因为如果自我被等同于由蕴涵在过去之中的欲望、情感和习惯所构成的实体,那么,在每一个地方都存在着超越一个人已经成为的东西、超越"自我"的机会和要求。实际上,我们可以说,好人恰恰是这样的人,他明确地意识到另一个自我,最关心去发现通向那个新的正在形成或成长的自我的路径;因为无论他已经怎么样地"好",只要他不能回应成长的要求,他就会成为"坏的"(即便是在一个相对高的成就平台上行动)。判断自我的道德状况的任何其他的基础都是依照惯例的。实际上,规定道德品性的,是运动的方向,而不是已经获得和栖息在其上的那个平台。

第十五章 道德自我

实际上,所有的道德家们都重视低级自我与高级自我之间的区别,说前者是属血气的,后者是属灵的,前者是动物性的,后者是真正属人的,前者是感性的,后者是理性的,二者在人之中并存但相互争战。道德家们时常假设这两种自我之间的界限可以依据属于它们各自的那些明确的品质和特征一劳永逸地划定。但是,在不把道德降低到习俗、自义的傲慢或为了某种不可能实现的东西而进行的绝望而残酷的斗争的情况下,唯一能够做的区分,是在已经实现的静态的自我与正在运动的动态的自我之间。当人们谈论低级动物的自我之类的东西时,所使用的方法总是对比,而不是由固定不变的材料构成的基础。一个在一套以前的条件下是真正道德的自我,在面对发展一种新态度和使自我适应于新而困难的目的这一痛苦的要求时,可能变成一个追求感官享受的爱好欲望的自我。相反,高级的自我是由一个一直生活在低层平台上的人在前进中采取的那些步骤形成的。当他采取那一步骤时,他就进入了一种自由的体验。如果我们把道德法则陈述为在每一个可能把自我等同于一个可能的成长的情况下对每一个自我的命令,那么,服从法则等于道德自由。

在为第二部分的讨论下结论时,我们通过陈述所有不同的问题和观念都必须从之出发而被观察的那个观点来概括。因为这个观点提供了使这些讨论统一起来的那条红线。这个观点就是:道德观念和过程是自然而然地从人类生活的条件中成长出来的。(1)欲望属于人的内在本性;我们不可能设想一个没有需求或需要的人,也不可能设想一个对其而言欲望的实现不能提供满足的人。只要思想的力量发展,需要就不会是盲目的;思想前瞻和预见结果。它形成意图、计划、目标、假想的目的。人的本性的普遍而必然的事实必然从这些东西中成长出关于善的道德观念,以及关于在欲望和目的的一切冲突之中努力洞察那包容而长久的满足的人在理智方面所具有的价值的观念,即智慧和审慎。

(2)人自然而然地并且不可避免地共同生活在社会之中,生活在协作和竞争之中,生活在合作和从属之中。这些关系被表达在要求、权利主张和期望之中。一个人相信他的需要由他人来满足是他的权利,对于这些他人来说,则是这些他人对提出这一主张的那个人应当承担的某种东西。关于法则、义务、道德权威或道德权利的一般观念,就出于这些要求和义务的相互作用。

(3)人们在追求他们想要的目标、把要求加于它们和回应它们时,自然而必然地称赞和批评、同情和反对。因此,道德的善既不把自身表现为使欲望得到满足的那些东西,也不只是把自己表现为可使义务得以履行的东西,而是把自己表现为可称赞的东西。美德或道德上的卓越以及规定那些显示称赞和批评、表扬和指责的东西的标准这类概括性的观念,就是从大量的这类现象中出来的。

具体的道德现象随着社会条件和文化水平的变化而一代不同于一代。欲求、意图、社会要求和法律,同情性的称赞和敌对性的批评,这些事实都是永恒存在的。只要人的本性还是人的本性,只要人还生活在彼此的联系之中,我们都不可能设想它们消失。因此,道德的根本观念既不是武断的也不是虚假的。它们不是从外部强加于人的本性之上的,而是从人自己的运作和需要中产生出来的;在实际的表现中它们经常是有缺陷的和有错误的。但是,道德观念的架构像人类生活一样长久。

文　献

关于自我,一般的讨论,请看:鲍桑葵(Bosanquet),《道德自我心理学》(Psychology of the Moral Self, 1897);奥托,《事物与理想》,第4章;库利(Cooley),《人的本性和社会秩序》(Human Nature and the Social Order, 1922),第5—9章;杜威(Dewey),《人的本性和行为》(Human Nature and Conduct, 1922),第134—139页,同时请看其索引。自我这一名称下的利他主义观念是由孔德引入的。请看孔德:《实证政治学体系》(System of Positive Politics)导论第3章和第二部分(1854年译本)第2章,列维-布里尔的《孔德的哲学》(Philosophy of Comte, trans., 1903)第四卷中对此有一个好的概括;斯宾塞,《伦理学原理》第一卷第一部分第11—14章;斯蒂芬,《伦理科学》(Science of Ethics, 1882),第4章;索利,《伦理学中近来的趋势》;西季威克,《伦理学方法》,第494—507页;阿德勒,《人生的伦理哲学》(A Ethical Philosophy of Life, 1918);哈斯汀斯的《宗教与伦理学辞典》中的辞条"利他主义";夏普,《伦理学》第5章论自我牺牲,第12章和第13章;H.E.戴维斯(H. E. Davis),《托尔斯泰和尼采》(Tolstoy and Nietzsche, 1927);卡尔金斯,《善人和善》。

关于自由与责任,请看:夏普,《伦理学》第13章;詹姆斯,《信仰意志》中的论文"论决定论的悖谬"(Dilemma of Determinism);G.E.摩尔(G. E. Moore),《伦理学》(Ethics, 1912),第6章;由

H.M.卡伦(H. M. Kallen)编辑的《现代世界中的自由》(*Freedom in the Modern World*, 1928),特别是其中的论文1、3、10、11和12;杜威,《人的本性和行为》,第303—317页;埃弗雷特,《道德价值》,第21章;斯塔普莱顿(Stapledon),《一种现代伦理学理论》(*A Modern Theory of Ethics*, 1929),第11章。关于自私,请看:曼德威尔(Mandeville),《蜜蜂的预言》(*Fables of Bees*)。西季威克,《伦理学方法》,第一卷第8章和第二卷第5章。

关于自我实现,请看:赖特,《自我实现》(*Self-realization*, 1913);亚里士多德,《伦理学》;格林,《伦理学导论》(关于对格林的批评,请看杜威在《哲学评论》第二卷中发表的论文,见第652—664页);帕尔马,《善的本性》。

第三部分

行动的世界

第三部分的一般文献

亚当斯(Addams),《民主与社会伦理学》(*Democracy and Social Ethics*, 1902);《较新的和平理想》(*Newer Ideals of Peace*, 1907);桑塔耶纳(Santayana),《理性生活》(*The Life of Reason*)第二卷,1905;柏格曼《伦理学和文化哲学》(*Ethik als Kulturphilosophie*, 1904),特别是其中的第154—304页;冯特,《伦理学》,第三卷;《道德的原则和道德生活的部门》(*The Principles of Morality and the Departments of Moral Life*, trans., 1901);斯宾塞,《伦理学原则》第二卷,《社会学原则》第一卷第二部分;利奇,《政治哲学和道德哲学研究》(*Studies in Political and Moral Philosophy*, 1888);鲍桑葵,《关于国家的哲学理论》(*Philosophical Theory of the State*, 1899);威洛比(Willoughby),《社会正义》(*Social Justice*, 1900);库利,《人的本性和社会秩序》;包尔森,《伦理学体系》;第四卷;鲁恩茨(Runze),《应用伦理学》(*Practical Ethik*, 1891);珍妮特(Janet),《道德报告中的政治科学史》(*Historire de la science Politique dans ses Rapports avec la Morale*, 3rd ed. 1897);柏拉图,《理想国》;亚里士多德,《伦理学》第五卷;《政治学》(*Politics*, trans. By Weldon, 1883);黑格尔(Hegel),《法哲学》(*Philosophy of Right*, pub. 1820, trans. By Dyde, 1896);麦肯齐(Machenzie),《社会哲学导论》(*An

Introduction to Social Philosophy，1890）；杜宁（Dunning），《政治理论史》（*History of Political Theories*）第一卷，1902年；第二卷，1905年；施特恩（Stein），《哲学视野中的社会问题》。

第十六章 道德与社会问题

1. 社会问题的道德意义

本书的第二部分对最重要的道德概念进行了分析。这一分析是为了反思性道德而进行的。反思是在个人的内心进行的。因此,分析的重点就落在个人的态度和回应上。但是,我们反复地提到,社会环境在唤起和抑制个人的思想、锐化或钝化个人的道德敏感性方面具有重大的影响。反思所不得不处理的问题,从根本上讲,是出自社会人文环境的(第229页和第255页①)。

在第三部分中,我们建议从社会角度出发考察这些问题,特别是那些要求在现在的社会生活条件中解决的问题。前一部分的分析可以被称为形式的,因为它考察善、权利、义务、赞成、标准、美德等诸如此类的基本观念。现在我们要考察这些观念的内容或实质,它们是由当代的生活制度提供的。

当社会生活稳定、习俗居于统治地位时,道德问题必须去应对的,是个人为了适应他们生活在其中的制度而进行的调整,而非这

---

① 此处为原书页码,即本书边码。——译者

种制度本身所具有的道德性质。人们认为他们的社会关系是理所当然的；他们是其所是，而且在这种状态中，他们是其所应是。如果有某种东西是错误的，那么，这是被归因于个人没有能够做社会习俗要求他们做的事情。只有少数胆大的人批评祖先留下来的习惯，因此，他们的批评也只是小心翼翼的。当社会生活处在流变的状态之中时，道德问题不再只是关于个人的符合或偏离。它们以社会制度安排、法律、那些继承下来的、已经固化到制度之中的传统这些东西所具有的价值以及可欲的改变为中心。制度丧失了它们的半神圣性，成了道德质疑的对象。我们现在就生活在这样一个时期中。

在论及我们的状况时，简·亚当斯说：

> 对这个共同体中的多数人来说，一些形式的个人正直已经变成几乎是自动的。对于我们中的多数人来说，不以不正当的方式获得晚餐，就像要消化晚餐一样容易；而且，正如在其他事情中一样，在这样一件事情中包含着同样程度的自愿道德。……在一个要求社会道德的时代中去追求个人道德，在这个时代提出要求社会调整时却以个人努力的结果而自豪，这完全没有能够理解整个处境。……我们周围的一切男人和女人都因为他们对社会秩序本身的这种态度而变成不幸福的。他们需要应用于他们行为的那个标准是一个社会标准。……他们既想要一个关于可被应用于今日道德要求的道德准则的更明确的定义，又只想部分地满足这个标准，不论它是作为社会

第十六章 道德与社会问题

道德之信条还是作为社会道德之实践。①

"社会秩序和社会标准"之诸多问题中的一些将吸引我们的注意。在稍早的讨论中，我们已经注意到，利己与利他这个问题出现在一个道德主要是在个人范围内被思考的时代。在那个时代，社会关系是在纯粹个体性的关系中被思考的，因此，利己与利他就穷尽了全部的选项（第331页②）。但是，具有社会标准的功利主义趋向于把那些质疑现存社会安排所具有的道德价值的问题提到前台。与其对立的康德理论也是由与那时存在的政治社会的制度对立的理想激发出来的。实际上，从18世纪后半叶以后，对于理智的探讨和实践的运用来说，吸引人注意力和激动人心的人类问题就已经是出自对存在于国家、政府、法律、教会、家庭、工业、商业和国家关系之中的现存社会安排和传统的批评。只要道德理论疏远这些领域中社会政策方面的复杂性，只要它们还只是重复与这些社会问题相隔离的个人行为方面的老生常谈，它们就会变成没有活力和没有效果的。

实际上，从理论的角度看，考察社会问题的道德内容，其主要的价值之一就是：这样我们就直面活生生的选择不得不在其中进行的那些活生生的问题以及道德原则在其中依然处在形成过程中的那些处境。这样，我们就可以避免犯这样一种道德主义错误：把道德只限于从一个时代到另一个时代必须参照的那种道德；我们认

---

① 请看《民主与社会伦理学》第1—4页以及其各处。这本书整个在考察如何把这种看法应用于家庭生活、国内改革、慈善活动、产业、城市政治、教育等这类问题。

② 此处为原书页码，即本书边码。——译者

为道德是十分宽广的,它是由影响人类生活之价值的一切东西构成的领域。这些价值被在最宽广的程度上包括在社会问题中。因此,批判性地质疑现存的制度和批判性地讨论变化,在以它们会使社会变得更好这一理论为前提的情况下,是加强这一事实——道德理论既不只是观念分析中的一种不着边际的运作,也不只是纯粹形式的说教和劝诫——的最好手段。当我们采纳这种社会视角时,我们就被迫认识到:在何种程度上我们的道德信念是社会环境的产物,在何种程度上思考和新观念能够改变这种环境。

从这一角度出发所作的研究也加强在我们的理论分析中得出的一个结论,这是其他任何东西都不可能作到的。它以一种具体的方式揭露了道德理论所具有的局限性和道德理论能够具有的积极功能。它说明,提供解决重大道德难题的方案,这不是道德理论的任务。但是,它也更清楚地说明,虽然解决方案必须通过以个人选择为基础的行动来实现,但是,理论能够通过揭示出各种选项和说明当我们选择这样一个选项而不选择另外一个选项时将会有什么情形,来启发和指导选择和行动。简言之,它说明理论的功能不是提供可以替代个人反思性选择的东西,而是作为一种工具,使个人的思虑更为有效,使选择更为明智(第175页①)。

再者,被习俗化的道德使人看不到与就在具体情况中什么是善的所做的决定相伴随的那种不确定性,掩盖正当的和义务性的东西所具有的不确定的本性。但是,对社会问题和相互冲突的建议的考察恰恰使我们熟悉这些东西。它在我们面前呈现出的,不是在其

---

① 此处为原书页码,即本书边码。——译者

第十六章 道德与社会问题

中道德斗争要阻止我们远离在其中我们已经知道是善和正确的东西的那种处境,而是在其中我们需要去发现什么是善和正当的东西而且反思和实验是发现它们的唯一手段的那种处境。还是存在着这样一些人,他们认为他们拥有一些准则和原则,这些准则和原则可最终地、自动地决定各种事情的对错,比如离婚,资本家和工人各自的权利,私人财产的准确界限,法律在决定个人应当吃什么、喝什么、穿什么方面应当介入到什么程度等等。但是,还有其他许多人,而且其数量还在增加,他们认为诸如此类的问题不可能通过从固定不变的前提出发而作的推导来解决,尝试以那种方式来决定它们实际上是一条通向不宽容的狂热主义、教条主义、阶级冲突、心灵封闭的路。以假想的宗教利益之名或为维护某种特殊的经验观念而进行的战争,说明了把理论教条付诸行动所蕴涵的实践上的危险。既然正确的方针是把我们能够指挥的最好的理智去影响这样的社会问题,那么,理论就具有这样一种明确的功能:建立这样的理智所具有的价值,通过澄清问题、建议解决方案、指导那些用来检验这些建议的价值的行动,来促进这种理智。

前面的讨论应当已经清楚地说明我们已经提到的从个人道德到社会道德的变化是什么意思。它不是指道德变成了与个人无关的,变成了集体性的;道德依然是个体性的,而且必须是个体性的,因为社会问题不得不由个人去面对,在个人心灵的法庭中做出的决定必须由个体这个行动者付诸实施,而这个个体行动者相应地亲自为他们的行动之后果负责。道德是个人的,因为它们源出于个人的洞察、判断和选择。但是,这样的事实完全与这样一个事实一致,即:人所思所想的东西受共同因素影响,一个人的思想和选择能够传播给他人。它们不妨碍这样的事实：人不得不一同行动，他们的联合行动被蕴涵在制度和法律之中，联合起来的行动建立了政府和立法政策，形成了家庭，建立了学校和教堂，把自己表现在拥有广大范围和力量的商业公司、为了娱乐和恢复而建立的俱乐部和联谊会以及一国为了对抗他国而建立的军队之中。换言之，事实上，一个广大的关系网包围着个人，而"包围"这个词，其义是极其表面的，因为每个人都作为这个关系网的一部分生活在其中。个人反思和选择的原材料都是从习俗、传统、制度、政策和这些庞大的集体性的整体的计划中来到我们每个人面前的。它们作为影响因素，塑造着他的品格，唤起和巩固着他的态度，每次都影响着他的幸福和情感的品质。这一陈述不仅对他是其中一个直接成员的那些团体是正确的，而且对那些看来对他是外在的那些团体也是正确的；因为通过贸易、战争和相互交流，一个具有领土的国家的行动影响着另一个国家的成员，由一个拥有财富和威信的社会团体设立的标准，影响着一个属于其他团体的个人的欲望和能力。

　　目前，几乎所有重要的伦理问题都出于团体生活的状况。正如我们前提已经提到的，在一个静止的社会中，在一个由习俗主宰的社会中，现存的社会秩序看起来与自然秩序本身相似，是那种情况下不可避免的、必然的或反复无常的。任何建议，若要求改革，都被视为是"不合乎自然的"。即便是在现代的社会生活中，任何深层次的改变都被认为是与自然相反的；比如，在不久之前的"妇女投票权"这一事例中，情况就是这样。废除战争或消除工业之中的赚钱动机这样的建议，情况亦是如此。然而，现在，发明改变了

第十六章 道德与社会问题 407

社会条件,新的要求和新的满足大量存在,由移民造成的人口因素所蕴涵的混乱大规模发生,过去隔绝的文化彼此混杂和影响,新的经济模式侵蚀家庭生活,大大增加了的休闲时间的出现伴随着新的娱乐机会,决定着个人找到工作的机会的资本出现大联合,因此,注意力被迫放在由集体状况加诸个人的影响。除非人只是漂泊,他们就不得不依据社会变化来考虑他们自己的行动。如果他们最终进行反思,他们就不得不决定他们应当支持什么样的社会趋势、应当反对什么样的社会趋势,以及他们应当努力为哪些制度服务、应当努力修正或废除哪些制度。当今时代是一个我们已经说过的那样一个社会变化的时代,这已经是一个老生常谈;只要政府是专制的和只属于少数人的,那么,单单是民主政府的存在就对道德决定提出了对大部分男人和女人来说过去不曾有过的社会问题。

所以,从个人道德到社会道德这一变化关涉到最为重要的一类道德问题。对于许多人来说,现在的问题不是他们个人是否会占用属于其他人的财产,而是现在的大范围的经济安排是否能够产生一种公平的财产分配,如果不能,那么他们作为个人应当对此做些什么。在一种意义上,社会道德的这一变化使道德比它们在习俗统治时更深层地是个人的。它促成了对更多的个人反思、更多的个人知识和思想,更审慎和坚定的个人信念、在行动中更坚决的个人态度的需要,它们是就在选择上更有意识和在执行上更加自愿意义上而言是更个人的。因此,设想"社会道德"意味着把个体性吞噬在无名的大众之中或放弃了决定和行动中的个人责任,那将是荒谬的。它要说的是,社会状况和个人行动的社会后果(这在任何情况下都存在）现在已经被带到公开的意识层面上,因而他们以之前在实践中未曾出现过的方式要求锐利的思想和仔细的判断。它暗示,反思在道德上是不可缺少的。它指出了反思的内容:道德探索和判断必须走出去面向的那种东西。

有无数的例子说明了这样一条道路:社会状况使得个人行为所具有的问题变得十分复杂,乃至个人为了在自己的行为中得出一个结论,就不得不对社会状况做出判断。因此,他的问题采用了这样一种形式:如果有一个问题,它涉及许多个人,这些人我并不认识,但是他们的行动同我自己的行动一起将规定我们所有人都将生活在其下的条件,那么我应当对它持什么态度?一个人可能就他喝或不喝含酒精饮料得出一个在他自己看来令人满意的结论,但是他发现喝不喝酒这件事涉及了由作为一个整体的国家所进行的立法的和宪法的活动这样的问题。他可能发现他与自己家庭成员的关系这一相对简单的问题跨入了结婚和离婚这样需要集体地联合行动才能解决的问题。一个把关心人类生活看作是不容置疑的人,在他的国家处在战争中时,当然会突然发现那件事隐含着一个全新的方面。一个为他自己和他的家人的生计忙碌的人发现他自己由于他个人无法控制的原因而失业,因而他可能被号召而就经济政策和政治政策这样的大事情得出一个判断,而经济政策和政治政策这样的事情只能通过集体行动来解决。个人行为方面的事情不断扩大,直到它们包含了对重要的社会制度、家庭、财产和政治国家的理智判断的形成,这样的例子是很多的。除非人们向偶然、无常、偏见投降,否则他们就必须拥有某些一般的原则,藉此来指导他们自己来处理这样的问题。

2. 基础性问题

在问题本身是具体的和特殊的时候,经验表明,在处理它们时,大部分人,由于性格、教育和环境,偏向于这个方向或另一个方向。有些人倾向于支持私我的行动、反对联合的行动。他们认为那个假定总是赞成让个人成为其个人,集体地组织起来的行动被怀疑地看待,因为在他们看来,集体地组织起来的行动包含着对个人自由的侵犯;依据他们的看法,每一种这样的干涉都是一种不得不被特殊地证明为正确的干涉。还有人倾向于颠覆这一假定;他们把举证的责任放在孤立的个人身上。他们认为孤立的个人主要是利己的,追求他们个人的私利,缺乏对他人权利的考虑,如果他不想成为一个社会威胁,他就必须接受群体法律的指导。或者,他们认为孤立的个人本身是一个无知的野蛮人,生活在缺乏艺术和科学的水平上,要求社会的仁义之行使他接受在心智和灵性上有价值的文化。

在我们刚才作为例子而提到这些事情中,要证明这些相反的倾向存在,那是很容易的。有这样一个人,他们把战争中光明正大反对战争的人视为道德英雄,把国家为了战争对个人的任何程度的征用都视为最坏类型的道德暴虐。还有在数量上无疑是很多的其他人认为,一个人若出于胆怯而把他自己的安全价值置于共同体的价值(比如生命)之上,那么这个人就是在一个道德的逃兵,对教育他和保护他的那个社会没有感恩之心。还有一些人认为,在性关系方面应当给予人最大限度的自由,婚姻不应当是一种固定不变的制度而应当是一种在后代的利益得到恰当保护时可以随意解除的自愿契约。

其他一些人认为这样的意识是某种形式的道德混乱，之所以有人怀有这样的看法，是因为他们有着满足其不合法情欲的欲求，而且这样的想法对社会生活的基本稳定性来说是毁灭性的。在财产和经济环境方面，在那些认为私人财产是神圣的人与那些支持财产公有的人之间的斗争，人们已经熟悉到了不需要更多关心的程度。

个体不应当受约束和社会控制应当加强这两种对立的道德主张具有把社会分裂成对立阵营的趋向，这种趋向影响到生活的所有方面，包括教育、政治、经济、艺术和宗教。它还规定着人们对那些更难以解释的东西的态度。一方面，有人认为集体行动趋向于把控制变成机械性的统一，趋向于在一个公共模式中把个人的差别消除掉，把人民变成乌合之众，而社会影响将趋向于平面化，社会独特性消失，呈现出一种表现为平庸的平均。民主制在与贵族制相比时，因为那假想的在这个方向上的那些趋势而受到诅咒。有人主张，有组织的社会支持审查制度；它倾向于时常地干涉私人事务，干涉个人所想、所吃、所喝的东西；因此，这种看法说，有组织的社会在本性上是敌视自由的探索、讨论和批评的，因为这样的自由几乎肯定导致在判断和行动上的分歧。思考肯定会使现在社会秩序的某些方面被置于不利的批评之下，因此，它肯定会受到那些关心社会甚于关心个人的人的压制。

因此就形成了这个一种明确的思想流派，它认为以集体的和有组织的能力出现的社会行动应当被限制到最小限度，社会行动应当主要是消极的，只在个人发起的行动伤害他人时，才能对它加以限制。这个思想流派除了其最极端的形式之外，都承认偶尔进行消极类型的干涉是必要的，但是它要求这种干涉应当被限制到个人外在地做出的事情而绝不应当扩展到个体性的根本上,绝不应当扩展到欲望、情感、思想和信仰。它们指出历史上对信仰分歧所进行的漫长而灾难性的压制,指出蕴涵在追求社会一致的欲望之中的狂热和不宽容,以此来论证它们自己是正确的。

另一方面是集体主义流派。集体主义流派的一些成员认为,自行其是的个人只是被"自爱"激发着行动的,而"自爱"是那样的有力,乃至个人自行其是的时候就导致了"一场所有人反对所有人的战争"。其他人指出,在个人自行其是的文化中,社会关系的影响至多是朴实的和粗糙的。他们指出这样一个事实:从原初本性的立场上看,个人几乎不会处在动物水平之上,他们以文明的方式拥有的东西都是通过养育而来到他们身上的,而不是从本性中生长出来的;文化之传递,不是通过生物遗传,而是通过传统、教育的传播、书籍、艺术作品和长期存在的制度的影响。因此,这些集体性社会力量的保持和增强是所有那些对使个人道德化感兴趣的人的基本义务。目前,更被强调的是实践方面。有人声称,只有有组织的社会行动才能再造那些因为纯粹的惰性和有特权的少数人的自私自利而存在的旧社会制度。因此,它们不能胜任为今日需要服务、特别是改造经济条件和产业条件这样的任务。这样一种变化显然需要在大的规模、广大的范围上进行。因此,要使它能够发生,只有通过集体性的有组织的行动。

3. 冲突的三个方面

在人们偏向这个方向或那个方向时,由于个人与社会的关系这个更一般的问题具有那样多的类型,把所有这些事情都掺和在一起,所导致的结果就只能是混乱。事实上,存在着许多独特的问题,其中的每一个都必须依照它们自己的特点来应对和处理,而且,在其中,"个人"和"社会"这两个词并不是对立的。实际上,在这两个词的严格意义上,没有一个问题可以被还原到个人处在一边而社会处在另外一边。正如前面频频指出的,社会是由个人构成的,"社会"这个词所指的只是这样一个事实:个人在事实上是连在一起的,以密切的方式相互关联着。前面已经指出,"社会"不可能与自己的构成要素冲突;但有人可能把一般而言的数放在分别而言的整数的对立面。另一方面,个人不可能与他们自己维持的那种关系对立。只有那种完全孤立的、与他人完全没有联系的因而不真实也不可能存在的人,才可能被放在社会的对立面。

在约翰·史密斯(John Smith)、苏珊·琼斯(Susan Joes)和其他的个体之人之外和之上,不存在任何可被称为社会的那种东西,这肯定是一个事实。一个社会若是与个体分开的某种东西,那么它就是一个纯粹的虚构。另一方面,在宇宙中,任何东西,即便是物理事物,也不可能离开关系而存在;从原子到人,没有一种东西是不被包含在共同的活动之中的。行星在太阳系里存在和运动,这些恒星系统在银河系里存在和运动。植物和动物在具有更密切而完全的相互作用和相互依赖的条件中存在和活动。人只是通过个人的联合而生育后代的;人的婴儿在力量上是那么的孱弱,所以必须依赖其他人的照顾和保护;若没有他人给予的帮助,他是不可能长大的;他的心智也是通过与他人的联系和交流而得到滋养的;只要个人从家庭生活中走出,他立刻就发现自己被吸收进其他团体之中,如邻人、学校、村庄、职业团体或商业团体。一个人离开了把他与其他人联在一起的这些纽带，他就什么也不是了。即便是隐士和鲁宾逊·克鲁索（Robinson Crusoe），只要他们在一个比野蛮所处的平台要高的平台上生活，即便在物理隔绝的情况下，依然能够是其所是，思想着那些流淌在他们心智中的思想，保护着他们独特的情感，原因就在于过去存在而且将来依然还会存在于他们的想象和情感中的那些社会联系。

这些被强调的事实全都是真的。它们与那些关于我们在这里讨论的那些问题的本性的错误陈述有关；它们不以任何方式解决现在的实际而重要的冲突。因为它们使我们不误解那一问题的本性，因此，在心中牢记它们是重要的。由于刚说过的那一理由，在个体与社会之间不可能存在冲突。因为个体与社会这两个词都属于纯粹的抽象。实际存在的冲突是社会生活中某些个人与某种社会安排之间的冲突，由个人构成的各个集团和阶级之间的冲突，各种民族和种族之间的冲突，隐含在制度之中的传统与出自那些偏离这些传统的人和攻击在社会上被接受的东西的人的新的思维方式和行动方式之间的冲突。当然，在任何一个特定的时期，在那些关于这些冲突应当以什么方式来应对和处理的信念之间，也存在着真正的区别。认为它们最好由私人的和自愿的行为来解决，与主张它们最好通过联合的有组织的行动来解决，二者都有理由。尚无关于个人与社会的一般理论能够解决这些冲突，或者指出这些冲突应当依之来解决的方式。

但是，冲突确实存在；主张在社会与个人之间不可能存在大的对立（这是完全正确的），并不能使我们摆脱冲突。应当如何解释它们,能够把它们归于一般的类?首先,没有任何一种事物能够单独地主宰"社会";而且,存在着许多社会和多种形式的社团。这些不同的团体和阶级以许多方式彼此斗争,而且有着非常不同的价值观。人们结成社团,可以是在友谊中,也可以是对抗中;可以是为了恢复,也可以是为了犯罪;他们可能结成俱乐部,也可能结成结拜兄弟,可能结成小圈子和宗派,也可能结成教会和军队;可能是为了促进科学和艺术,也可能是为了算计他人;他们可能结成商业伙伴,也可能结成公司。因此,这些社会团体激烈地彼此竞争。他们可能结成国家,而国家可能彼此相战;工人可能结成工会,雇主可能结成商会,工会和商会为了对立的利益而使斗争激化。政治生活是由那些彼此对立的政党进行的,而在每个政党内还存在着相互斗争着的宗派或"翼"。组织内部的斗争实际上是一种普遍现象;在工会中,中央组织和地方单位时常推行不同的方法,正如在政治中通常存在着追求中央集权的力量与追求地方自治的力量之间的斗争一样。在经济上,个人组成团体,工会激化存在于生产者、分配者和消费者之间的斗争。教会一直与国家为最高地位而斗,科学团体有时不得不彼此相斗。不同的团体试图控制政府的组织。官员趋向于联合起来保护他们自己的特殊利益,而这些特殊利益是与非公职人员的利益相对立的;对于统治者来说,使用权力来压制和折磨他们所统治的人,这是一个一再发生的现象。实际上,非常普遍的是:争取政治自由的整个斗争一直都呈现为被统治者为把他们自己从统治者的暴政下解放出来而进行的斗争。

因此,大量的冲突不是存在于个人与社会之间,而是存在于群体之间,存在于一些个人与另外一些个人之间。分析表明,它们可以被分成以相似的特征为标志的类,而且,这些特征可以帮助我们解释冲突是存在于个人与社会之间的这样一种观念为什么会出现。

1.在居于统治地位的群体与那时在权力和经济财富上居于较低地位的群体之间存在着斗争。在这种环境中居于上层地位的群体总是认为自己代表着社会利益,把向其权力挑战的其他群体视为反叛合法权威的人、视为追求其私人欲望的满足而不顾法律和秩序的人。在这件事上的这一方面的一个有些令人震惊的例子,目前可以在这两种人之间的分裂中看到,其中一种人认为政治国家是至上的社会形式,是至上的共同道德意志的最高体现,是所有社会价值的最高源泉和唯一的保护者;另外一种人认为国家只是诸多形式的社团中的一种,它把它自己的要求过度地扩展成实际的垄断,结果就带来了邪恶。正如前面我们已经指出的,这种冲突不是存在于国家与个人之间的冲突,而是存在于作为统治群体的国家与追求更大的行动自由的其他群体之间的冲突。它大体上类似于早前的政治团体为了摆脱教会的主宰性权威而进行的斗争,虽然在实质内容上它们所追求的东西时常是对立的。

2.在这样的冲突的某个阶段上,那个处于下层的但却在成长中的群体不是有组织的,它是松散的组合;它的成员时常不为这个已经获得其承认的群体讲话,为作为一个整体的社会组织所讲的话就更少了。另一方面,那个居于统治地位的群体,不仅是已经建成的,而且是被接受的、得到承认的;它得到那个时代主流的舆论和情操的支持。一个政府不可能总是那样被看待,在一个稍后的时期中它会被认为是完全专制的。在那样的情况下,它极容易被推翻。

为了继续掌权,统治阶级至少必须在大众看来代表和维持着他们所重视的利益。因此就增添了旧的占统治地位的阶级与低下但却正在成长的群体之间的冲突、被普遍接受的价值与那些正在出现的价值之间的冲突。这种冲突有时采取了守旧的多数人与对新东西的出现和进步感兴趣的少数人之间的冲突这样一种形式。因为一个观念要得到承认,一种价值要成为被欣赏的和共有的(这种新的但却相对无组织的价值,虽然可能代表着一种真正重要的社会价值,但却被认为是属于那些持不同意见的个人的价值),这都需要时间。一个旧社会的某些价值可能是应当保存的和被认为是社会的价值,而一个尚未出现的未来社会的那些价值可能被认为只是个人的价值。

在这两种情况中,冲突通常被认为是存在于那些对秩序感兴趣的人与那些关心进步的人之间,而维持秩序被解释为"社会的"功能,促进进步被认为是个人的功能。即便那些其活动最终是为了建立某种新社会秩序的人有时也认为他们的敌人是社会制度本身。再者,每一种社会秩序都有许多缺陷,这些缺陷被认为是内在于每一种社会制度之中的那些邪恶的象征。这种社会制度不被认为是别的东西,而被认为是束缚个人的一套锁链。这种感受会出现,特别是在旧制度是衰退的和腐败的时候。就像在18世纪后期的法国和19世纪后期的俄国一样,它们呼唤一种强烈的道德个人主义,就像卢梭和托尔斯泰各自所表现的道德个人主义。在制度需要被改变时,所有的制度都可能被认为是压迫性的。这一短暂的现象被认为是一个永恒真理的一个例证,这样,一个特殊环境的要求就被凝化为一个普遍的原则。

3. 也存在着这样的情况,眼前的麻烦是与旧秩序的崩溃联系在一起的,而现在的邪恶却只能通过有组织的社会行动才能被矫正。这时,所谓的个人与社会之间的排列被改变了,实际上是被翻转了。那些依靠现存的制度而获利的人和那些希望现存的制度继续保持的人现在是"个人主义者",而那些希望看到由联合行动带来的巨大改变的人现在是"集体主义者"。后者认为现存的制度是阻止社会成长的一个压抑性的外壳。他们发现解体、不稳定、内在的争斗是如此的激烈,乃至现存的社会只是在表面上是有序的,实际上却处在卡莱尔用来称呼他那个时代的"社会",即"无序加警察"。另一方面,还有一些人处在那种形式中的一种特殊有利的地位上。他们把他们所处在那种地位歌颂为个人能力、主动、勤劳和自由的产物;采纳一种以联合的集体行动为内容的计划将损害这些珍贵的品质。他们把为其他人所追求的那种社会秩序说成是一个充满奴性的秩序,说那种秩序熄灭个人努力的动力,使个人依赖于一个非人的整体,用邪恶的父权家长制取代自力更生。在他们的嘴中"集体主义"这个词是个贬义词。总而言之,现在,那些站在要使现存秩序完好无损这一边的人是"个人主义者";那些要求巨大社会变革的人是"集体主义者",因为被要求的那些变化是那样的巨大,只能通过集体行动才可能有效进行。

因此,在特殊的时间和地点,我们应当用对明确冲突的考虑来代替社会和个人之间的一般对立。一般地讲,"社会"和"个人"都没有任何固定不变的含义。所有的道德(包括不道德在内)都既是个体的也是社会的——说它们是个体的,是就其直接的开端和执行而言,就其欲望、选择、行为所从之而出的情操而言;说它们是社会的,是就其发生的场所、其质料和后果而言。那在一段时间被认为是反社会的和不道德的东西在后来可能被认为是巨大而有益的社会改革的开端——正如我们在那些先被诅咒为罪犯后来被称为种族的恩人的道德先知的命运中所看到的情形。被专制政府当作谋反者加以惩罚的组织,在它们的工作获得成功以后被认为是美好自由的缔造者。这些事实并不是要说不存在长久的判断标准,而是说这些标准将在结果中被发现,而不是在关于个人与社会的某种一般的观念中被发现。

刚才所说的这一点暗示了为就被包含在社会问题中的道德价值做出决定而可从之出发来分析社会问题的三个角度。第一,存在于占地统治地位的阶级与正在上升的阶级或集团之间的斗争;第二,存在于旧形式和旧模式的社团和组织与新形式和新模式的社团和组织之间的斗争;第三,存在于由自愿的私人正在导致的结果与使用公共力量的有组织的行动之间的斗争。从历史的方面看,存在着阶级与大众之间的斗争、保守派与自由派(或激进派)之间的斗争、使用私人力量和使用公共力量之间的冲突者,以及扩展公共行动和限制公共行动之间的冲突。

第一个方面的例子可以在那种以大众为基础而不以专制王朝为基础组织的国家的起源中看到。这种起源包含着对已经长时间管理着社会事务的那些旧制度的颠覆;它解放出许多个体。但是,与此同时,它产生出新型的社会制度和组织。换言之,它不是一场走向纯粹个人主义的运动。前面提到的第二种斗争是存在于保守主义者(或者,如其反对者给予他的名称,反动派)与自由主义者之间的斗争、那些想原封不动地保存已经获得的东西的人与那些志在或多或少地深刻对社会加以修正的人之间的斗争,可以在生活的所有阶段都看到；在宗教组织中，它表现为原教旨主义者与现代主义者之间的冲突；在教育中，它表现为传统主义者与"进步主义者"之间的冲突；在政治中，它表现为左翼与右翼之间的冲突；在工业社会中，资本主义与共产主义之间的斗争是那种冲突的极端例子。相信私人行动的人与相信公共行动的人之间的斗争，表现在涉及政府行动的范围和领域的每一个问题之中。在一个极端，是无政府主义者正在逐渐变成这样一些人，其中一些相信自由放任、认为最好的政府是管得最少的政府，另一些认为应当扩大政府的职能来为总体利益服务，还有一些国家社会主义者，他们认为政府应当控制任何规模上的生产和分配的一切手段。

4. 方法问题

在我们的伦理讨论中解决这些问题的努力显然包含着对党派偏见的揭露。但是更为重要的是，它将意味着采纳一种被公开批判和否认的方法。可以假定存在着终极的和不可置疑的知识，以其为基础可自动地解决每一种道德问题。它可能包含着对一种教条式的道德理论的坚信，另外一种方法可称为实验。它暗示，反思性道德要求观察具体的处境而非顽固地坚持一个选择的原则，应当鼓励而非仅仅不情愿地容忍自由探讨以及出版自由和言论自由，必须给予不同的标准在不同时间和地点中尝试的机会，以便我们能够观察它们的效果并对其加以彼此的比较。简单地说，这是一种民主的方法；这种方法积极地容忍——实际上就是同情地关心——其他人的智慧和人格，即便他们持有的观点与我们的观点相反；这是一种对事实和检验观念的方法进行科学探讨的方法。

与此对立的那种方法,即便我们使它免除暴力强迫、审查制度、不宽容的迫害这些在历史上经常与之相伴的极端特征,它也是一种诉诸权威和先例的方法。超自然地显现的神圣存在者,上帝颁布的规则,被哲学地加以解释的所谓自然法,国家的或宪法的命令,共同同意,多数人,被接受的习惯,出于遥远过去的传统,祖先的智慧,过去建立的先例,所有这些东西的意志,是在不同的时代一直被诉诸的权威。这一诉诸权威的做法,其共同特征是:有某种声音是那样的权威,乃至它构成了一切探索要求的前提。这几种立场的逻辑是:尽管在物理真理方面开放的心智可能是可欲的,但是在道德事务上所需要的是一种完全不变而封闭的心智。

采纳试验方法,并不是说权威和先例完全没有地位。恰恰相反,正如我们在其他的地方已经提到的,先例是一种有价值的工具(第304页①)。但是,先例是要被使用的,而不是要隐含地追随的;它们被当作工具来使用,用于分析当前处境、建议应调查的要点和要尝试的假设。它们所具有的价值,与个人处在危机中时其个人的记忆是一样的;它们是要被用来提建议的思想储藏室。诉诸权威,同样也有一席之地。即便是在科学的探索中,当下的调查也依赖调查者在过去的发现。他们使用与过去的科学探索相一致的理论和原则。但是,他们这样做,只是在没有证据可用来检验他们的发现和理论之时。他们从来不假定这些发现是最后的、在任何条件下他们都不能质疑和修正的。由于宗派偏见、对确定性的爱和对常规的忠

---

① 此处为原书页码,即本书边码。——译者

诚,被公认的观点即便在科学中也获得了一个可能长期束缚观察和反思的契机。但是,这一局限被认为是人的本性的一个缺点,而不被认为是对权威原则的一个令人满意的使用。

在道德事务中,还有一个在过去已经有了漫长的历史而且一直得到有思想人士的认可的有利于原则的假定;在反对原则的一切东西都只是某些个人由于某种暂时急迫的冲动或激烈而追求例外的意志时,这一假定就特别是强有力。这些原则并不比那些在过去得到的科学原则更受忽视。但是,在这种情况下,正如在其他情况中一样,新发现的事实或新近形成的条件可能提出怀疑并指出这些被接受的思想是不适用的。在社会道德问题中,比被坚持的任何具体的原则或做出的决定更为根本的是态度,即这样一种意愿:重新检验当前的条件,如果有必要就对之加以修正,即便那种方针要求这样一种努力,即通过协调的努力来改变现在的社会制度,并使现在的趋势走向新的目的。

设想对道德所具有的社会特征的强调将会导致人们称颂现在的条件,那是可笑的。这一立场确实认为,道德要具有活力就必须与这些条件关联起来,否则就只能流于虚无。但是,在这一最重要的立场中,没有任何东西说明这种关系是支持某种道德还是反对某种道德。一个正在沼泽中行走的人比一个正在光滑的人行道上行走的人会更多地注意其周围的情况。另外一种选择不是要么放弃和默认,要么忽视和不理;而是在两种道德之间进行选择,其中一种道德因为与真实的情况联系在一起而是有效的,另外一种道德因为只管条条框框、无视真实的情况而是无用的和空洞的。再者,由现存的条件产生的社会后果总是支持关于某种变化将会导致出现的其他的、更好的社会后果的观念。

5. 历史上的个人主义

对由现存的社会条件呈现出的具体的道德问题的考察,我们将留在其他的章中进行。这里,我们将努力详细说明我们提到由历史上的种种原因所规定的在一种特殊的意义上称之为"个人主义"的那场运动时所说的东西。

1. 在经济学中,个人主义是这样一种观念:在工商业中可以自由地追求他们自己利益的个人,将不仅最好地增进他们自己的私人利益,而且还将最好地促进社会进步,最有效地为满足其他人的需要并因此而为总体的幸福做出贡献。

2. 由于这一陈述中的"自由"准确地说是指出于由立法机关和行政机关颁布的法令的实践自由,所以,这一思想有其政治的一面。它指政府的活动应当被尽可能严格地限制在维持社会治安上,也就是说,维持秩序,防止有人侵害他人的权利,在他人的权利受到干涉时加以矫正。用时下流行的话语说,它指"使政府失业",至少尽可能使它不管事。

3. 由于这一思想具有一种"意识形态的"支撑,它还指某种一般的哲学,可能称这种哲学为与"人为的"哲学相对立的"自然的哲学"。依据这种观点,经济活动是自然的,因而应当由自然法管辖。人自然地努力去满足他们的要求;劳动或能量的支出自然而然地是经济的,因此,最小的支出将会得到最大的回报;为了使未来安全,人们自然而然地抑制自己,不把所有的产品都消费掉,这样,在资本的运作下自然地增加他们未来的产量。因此，在由于把努力限制在一个领域中产生的技艺存在时，在劳动的分工是内在于经济的发展而且这种分工导致了交换和贸易时，工作的产出就会是最大的。这样就产生了一种总体的相互作用，在其中，每一个人都被迫努力去发现在其中他的产生效率最高的那种工作路线，为了带给自己最大的回报被迫去做那将最好地为其他人的需要服务的事情。与经济过程的这种"自然法则"形成显明对比的是，政治法则是人为的；居于首要地位的东西是由自然（经常被设想为上帝的代理者）植入人的框架中的。居于第二位的东西是人造的。这一假定总是支持自然法和它们的工作，反对人的"干涉"。

4. 自然权利观念是与经济规律一致的自然法这个观念连在一起的。依据自然权利观念，某些权利主张是内在于个人之中的，而与公民社会和国家没有关系。生命权，拥有自己生产的财物的财产权，与他人订立契约的权利，都是这样的权利；它们与依赖于社会的公民组织和政治组织的公民权利和政治权利并立。由于自然权利是内在的和不可剥夺的，因此，它们就为政府的活动确立了一个固定的界限。政府是为保护自然权利而存在的，如果它侵犯了自然权利，它就违犯了自己的职能，在这种情况下公民就免除了服从政府的义务。至少，法庭必须宣布政府这样的行动因为侵犯了自然权利而在法律上是无效的。

5. 还有一点时常、虽然不是总是与上面所说的四点联系在一起，它就是自我关心这一思想，它是以心理学为基础被当成一个科学支持的。依据这一观点，人的本性是如此这般构成的，除非通过展望某种更大的利益来提供某种动力，个人总是反对那些包含着要使自己放弃某些享受和承担某种劳苦这样使自己被牺牲的活动。所有的个人都被认为十分注意他们自己的利益,能够熟练地计算自己的利益存在于何处——至少他们不会因为压迫性的法律和人为的社会制度而对自己的利益麻木不仁或不知所措。

这几种观念被当成一个整体看待时,就构成了历史中狭义的"个人主义"思想。它是在18世纪形成的。在整个19世纪中,它在塑造法律制度和政治制度方面具有极大的影响,而且到现在还依然具有相当影响。个人主义的出现和增强,具有明确的原因。新发明的由蒸汽而不是由人力推动的机器创造了一种新型的工业发展,而那里存在的法律和习惯表现了一种农业文化并且包含着许多封建残余。它们充斥着一些妨碍国际和国内贸易、不利于新型工业发展、以工商阶级为代价支持来地主的法规。欧洲各国的政府以工商业为代价为了国库中硬通货的积累而管理着(实际阻碍着)国际贸易。因此,经济上的自由放任这种思想就把自己表现为人的主动性和精力以及个人技巧的一种解放,表现为打开了进步之路。另一方面,旧制度代表着迟钝、停滞和压迫。这一短暂的、历史性的冲突,被概括成"个人"与"社会"之间、"自然"与"人为"之间的内在而绝对的对立。

这一时期碰巧与我们称之为民众的和民主的政府的开端同时。那时的政府在总体上要么是腐败的要么是压迫性的,或者二者兼有。那时有好的理由认为它们标志着对个人的合法自由的专横限制。在美国,这种感受被殖民者与其在大不列颠的宗主国政府之间的斗争所加强。从大不列颠加于那些殖民地的限制,走到所有的政府在其本性上都趋向于成为压迫性的、政治生活的伟大目标就是

第十六章 道德与社会问题

为了使公民的自由有保障而限制政府的这种侵犯这一观念,这是很容易的一步。美国就是在对国家行为的戒备和担心的气氛中诞生的;这一传统已经持续下来了,它构成了个人主义哲学现在所拥有的力量的一个相当大的部分。这种感受,与在一个人口数量少而且自然资源显然不丰富的地方中作拓荒者所不可缺少的个人主动性、独立性和自我帮助这些品质结合在一起,一同为那种个人主义思想建立了一个道德背景。虽然民主制这种观念是一个自治的观念,但是,在异己的规则这一条件下产生出来的那些传统和情感持续存在到如此的程度,乃至任何一种人民可以把他们自己的政府当作增进他们自己的利益的建设性力量加以使用的观念,充其量只是地方共同体的管理。"自然法"优于人为法这一思想,导致人们放弃了理智控制方面的努力;经济过程被认为将自动运作并且会有一个有益的结果。自然权利这一观念被法院解释为禁止以任何方式立法来干扰现存的财产分配状态或为了工人的利益而限制自由订立的契约所具有的效力,而自由订立的契约只是一个法律的虚构,它认为,对于经济的安排,所有的各方都是同等自由地进入或不进入那种安排的。

与此同时,所谓的个人主义哲学在其下成长并且在总体上具有有效效果的那些根本的经济环境和政治环境,完全改变了。重工主义取代重农主义,成为统治力量。机器变成了常规的而非传统中的和极少使用的生产工具。非个人的公司,取代与工人保持着私人关系的个体雇主,成为普遍情况。资本的积累越来越大,而后合并成更大的单位。自由、契约和不干涉经济上的习俗性准则这些思想,为雇主和投资者的利益服务,却损害工人——也就是由人民组成的大众。保护性的立法开始出现,继之而起的是与旧的"个人主义"相对立的集体主义观点的发展。角色被颠倒了。那些公认的、现存的社会秩序开始包括那些稍前只是由少数人追求的东西。现在,社会秩序本身在上面所定义的那种意义上是"个人主义的",稍前被持不同政见者和改革家所使用的思想和口号现在被用来为现状辩护。"自由"在事实上指那些通过占有资本和对生产工具的所有权而在现存的权力分配中居于有利地位的人在法律上不受限制的行动。

个人主义哲学的伦理公式,过去是而且现在依然是;只要个人的自由不被用于损害其他个人的平等或类似的自由,就应当给予个人以最大可能的自由。这一公式曾经非常流行;正如前面已经说过的,它确实曾经为摆脱那些已经失去了其价值的法律和制度而出过大力。但是,作为一种智识上的陈述,其中存在一种缺陷,一种令人容易上当的东西。类似的或平等的自由指什么?如果它指在内容上相似、在实际力量上相同,那么,要反对它就是困难的。这一公式可能与有组织的社会使条件平等化的努力相容。比如,它可能证明使所有人都能享受这样一种教育的公共行动是正确的,这种教育就是:它将可能使每个人的能力得到全面发展,得他们可能在一个可能几近公平的知识和训练有素的智力层次彼此相遇。它可能证明这样一种立法的正确,即使那些由于身体力量、财富和对用工组织的指挥方面的不平等而现在居于不利地位的人具有与其他人同等的地位。换言之,它可能证明个人主义理论通常谴责的那些社会立法是正确的。

但是,给予平等理想的这一解释是形式的而不是质料的;它属于立法而不属于现实。如果个人在法律面前是平等的,那么,他们就被说成是平等的。在法律理论中,一个有着一个正在忍饥挨饿的家庭要养活的人,在就工作的时间和条件以及工资而进行谈判时,与一个有着积累起来的庞大财富可以依赖的雇主,以及许多其他接近于生存的基准线而正在努力地寻找赚钱的机会来养家的人,是平等的。

从道德方面说,不可能把许多个人分割成一群互不相干而独立的力量,而将其中的每一个人都可以被与其他人的相似力量逐个相比来规定他们的自由。个人是一个整体,他劳动所得的东西和他所获得的奖赏,都将影响到他的能力、欲望和满足——不仅仅是他自己的,而且还有他的家庭成员的。正如我们不能告诉一个人什么是其"应得的",直到我们把他的整个自我都纳入考虑;同样,我们不能告诉一个人的自由是否被增进或是否被妨碍,直到我们不仅考虑在形式上和法律上被规定的某些要点,而且考虑被讨论的那一因素(比如,订立契约的"自由")对他的整个生活计划、他的发展机会和他与其他人之间的关系所具有的影响。

这一历史概揽的目的不是要表明:某种"反个人主义的"原则是正确的,因此为了应对社会的道德要求我们应当用一种集体主义准则和计划来取代它。首先,它是要说明社会准则在其伦理方面具有相对性。没有一个准则在不同的社会条件下在其后果或实践意义上指同样的东西。个人主义作为在18世纪和19世纪早期道德进步的一个方面,在这两个世纪中可能是一个在道德上反动的思想;现在有用的集体主义在后来的某一时期可能表明是有害的。这一事实,只是以一种更明确的形式陈述了这样一种不可能性,即我们不可能从关于个人和社会的一般观念中推出可用于指导道德行动的具体方针。

从这一事实得出第二个要点。由于任何被建议的标准都在某种被规定的时间和地点存在于它运用于其中的那种处境之中,因此我们不得不参照那种处境来考察这种标准可能产生的后果。例如,就私人行动和公共行动各自的范围而论,不可能有任何被规定的普遍准则。极端的个人主义几乎不再持这样一种逻辑结论,即不应当设立由税收支持的公立学校。他们已经意识到,在一种纯粹的以自愿为基础的制度中,有多少孩子没有能够获得任何教育;而且,他们也知道,因此而会造成什么样的社会不平等。可是,不能由此而得出结论,认为公共教育总是好的,而且只是好的。统治阶级和其政府可能会用学校,把一些特殊的思想灌输到儿童可塑的心智中,压制自由探讨,用一种普遍的、有利于他们自己特殊利益的模式来生产思想。在这样的条件下,就可能存在一种以道德理由来进行的证明,证明坚持应当开办其他类型的学校而不是开办由国家支持的学校这样的主张是正确的。

374　　因此,关于公共行动是应当加以扩展还是加以限制,每一个问题都应当从其后果加以考虑。曾经有一个时期,宗教和宗教崇拜是公共职能。几乎所有的人现在都相信宗教还是成为一种私人的、自愿的事务较好。在英国历史上有一段时期,法庭实际上恰恰不管平民的事情,只管封建领主的领地;今天几乎没有人质疑把审判的功能较交给国家这一价值观。但是,即便这一转移与在政府的管辖下日益多地把私人决斗作为解决商业纠纷的一种方法来使用这种情况不一致。如果我们更远地追溯历史,我们会发现在野蛮人的部落中正义的实行是"自助"。有许多人以把正义的实行较交给公共机关会削弱个人的主动性和责任、确立一种对国家父权制的奴性依赖为理由,反对这种转移。一般地,我们可以说,在与科学、工业和公共情感方面的变化的联系中,许多利益已经从公共机关转移到平民,反过来说也是成立的。因此,公共政策方面每一种被建议的尺度,都应当依据它自己对一个共同体成员的福利的影响为依据而加以考虑,不应当以某种抽象的理论为基础来加以处理,不论这种抽象理论是属于个人主义还是属于社会主义。

最后,虽然我们多半是从关于公共行动与私人行动的对立所存在的争论中取得我们的例证的,应当依据对具体处境中后果的分析来得出结论这一原则,对于已经提到的整个领域中的问题还是非常适用的。比如,保守主义和激进主义各自的道德主张。不可能设想一个处境,在其中,过去所获得的任何价值都不需要被保守。但是,它们的保存可能需要在维持它们的方法上有所改变,在法律和习惯上有所变化。显然,并不是所有的习俗和做事方法都能够自动地被改变。习惯所具有的惰性首先使得自动的变化成为不可能,依据让事物自动变化的那一方针所采取的任何努力都只会使每一样事情都陷入混乱。为了获得用来在另外一种制度中造成可欲的变化的积极手段,有些习惯必须被暂时休眠。这一问题总是与这样一种区别对待和强调有关:为了使有价值的东西可能被变得更安全、被更公平地分配、被变得更丰富和多样,在某一特定的时间和地点,什么样的社会安排应当保持相对稳定,什么样的社会安排应当加以修正?只要问题是被以整体的方式设想,保守主义就将显得是盲目的和反动的,而激进主义就将显得是粗鲁的和暴虐的。在一个正常社会中,不存在职业改革家这一阶层。为了更好地适应当时的社会生活条件，某些社会制度，每一制度的某些方面，将被持续地改革，即字面意义上的重建。

在某些人看来，下面的事情属于学术事务：他们在判断社会制度、习俗、传统所具有的伦理价值时所持的态度和所采用的方法是实验性的还是教条式的和封闭的，他们前行，是通过研究后果、条件的运作，还是通过努力诉诸以前形成的绝对标准来处理一切问题。但是，除非之前的那些步骤被采纳，否则就不存在着把科学方法应用到社会道德中去的路。至少有这样一个假定：在社会事务中客观而中立的探索方法的形成，其重要性与在物理事务中一样。与这种根本方法相对立的方法依赖偏见和宗派性，依赖于未经质疑就接受了的传统，依赖于当前环境的各种压力。采纳实验性的判断方针，实际上将在社会判断和实践中掀起一场道德革命。它将消除不容异己、迫害、狂热主义、利用意见之不同来掀起阶级斗争的主要原因。正是由于诸如此类的原因，人们声称，在目前，在判断现存的习俗和被建议的政策上应当使用什么方法这一问题，比与任何一种争论联系在一起的任何一种特殊的结论，都具有更大的道德意义。

文　献

亚当斯，《民主与社会伦理学》；杜威，《公众与公共问题》(The Public and Its Problem, 1929)，《新旧个人主义》(Individualism, Old and New, 1930)；霍布豪斯，《进化中的道德》第二卷第7章；西季威克，《政治学的要素》(Elements of Politics, 1897)；里卡贝

（Rickaby），《政治的和道德的论文》(Political and Moral Essays, 1902）；费特（Fite），《个人主义》(Individualism, 1911）；波纳尔（Bonar），《哲学和政治经济学的历史关系》；库利，《社会组织》(Social Organization, 1912）第1章和第三部分；吉德（Gide）和里斯特（Rist），《从自然地理学时代到现在的经济思想史》(History of Economic Doctrine from the Time of the Physiocrats to the Present Day, 1915）；沃拉斯（Wallas），《大社会》(The Great Society, 1914），《政治学中的人性》(Human Nature in Politics, 1909）；威尔斯（Wells），《人的工作、财富和幸福》(The Work, Wealth and Happiness of Mankind, 1931），特别是其中的第二卷第15章和第16章；李普曼，《流动和控制》(Drift and Mastery, 1914），《政治学导论》(Preface to Politics, 1913），《虚构的公众》(The Phantom Public, 1925）；戴西，《英国的法律和意见》(Law and Opinion in England, 1914）；奥格伯恩（Ogburn），《社会变迁》(Social Change, 1922）；奥格伯恩和古尔登威塞尔（Goldenweiser），《社会科学和它们的相互关系》(The Social Sciences and Their Interrelations, 1927），附有一份广泛的参考文献；福利特（Follett），《新国家》(The New State, 1918）；拉斯基（Laski），《现代国家中的权威》(Authority in the Modern State, 1910）；卡特林（Catlin），《政治原则研究》(A Study of the Principles of Politics, 1830），特别是其中的第8章；哥德文（Goldwin），《政治正义》(Political Justice）；斯宾塞，《个人对国家》(Man versus the State, 1884）；霍布森，《社会科学中的自由思想》(Free Thoughts in the Social Science, 1926）；格林，《政治职责的原则》(Principles of Political Obligation, 1879）；库利，《社会进步》

(*Social Progress*, 1918);玛斯威尔(MacIver),《现代国家》(*The Modern State*, 1926);威尔德(Wilde),《国家的伦理基础》(*The Ethical Basis of the State*, 1924);塔夫斯,《我们的民主制度,它的起源和任务》(*Our Democracy, Its Origins and Its Task*, 1917)。

第十七章 道德与政治秩序

1. 社会环境具有道德意义吗？

前面的讨论实际上把一个没有被所有的道德学家都承认而且必须加以清楚说明的原则当成了默认的，而它对我们将讨论的整个领域的问题来说却是根本性的。这个有问题的假设就是：社会环境具有内在的道德意义，它与欲望、动机和构成品格的选择这些东西的形成及其实质具有密切的关系。当然，也有人持相反的观点。他们认为环境在道德上是无关紧要的和中性的。这种观点是一个完全出于这样一个原则的逻辑结论，这个原则就是：道德上的善只与动机有关，而动机（和意志）与结果没有丝毫的关系。从逻辑上看，之所以会有这样一个结论，是因为它把"内在"与"外在"分割开来，把道德等同于"内在"。在一个采纳了这种观点的人看来，像法律体系、政治制度、居主导地位的经济秩序（不论它怎样分配财富和收入）、工作的机会以及对现存的生产和分配机制的控制这样的东西，可能与物质的繁荣有关，但却与道德毫不相干。因为在任何一种体系中个人都能够具有一个正直的意志。依据这种观点，社会条件影响舒适和幸福这样的东西，但不影响道德的自我；它们影响动机的外部运行,但却不影响动机本身。

我们将不重复在前面(第184页①)对在内在动机或意志与外在行动和结果之间确立的二元论的批评,只是提醒人们注意,这种观点故意而公然地收缩了"道德"的范围和内容。具有这样一种分离的理论,把所有具体的要素都从品格中排除了,将品格归结为任性的选择力量,在所有人中它都是同样的,是一种纯粹形式的东西。那种认为存在着一种在任性的选择本身之外不存在任何基础或理由的选择力量的观念,把道德行动者与所有的社会关系都隔离开了。依据这一观点,"意志"是其所是,作其所作,完全独立于所有的环境条件,不论这条件是家庭的、经济的、刑事的、政治的、法律的,还是教育的、友谊的,等等。虽然这一结论是符合逻辑地从其前提推出来的,坚持那一前提的人却鲜有能够把这一观念推到其终极结论的。如果社会制度和安排是没有道德意义的,那么个人也就不用对它们担负道德责任;可以说,一种惩罚、管理和财富分配制度像其他任何一种制度一样,可以是在道德上是善的。如果社会改革没有道德意义,任何一个人都没有道德的理由去努力使某种制度出世而不让另一种制度出世。

如果我们放弃这些就意志的"本性"而预想出来的理论,如果我们把品格的意义加以扩展使其把由彰显在慎思和选择之中的欲望、意图和信念构成的整体都包括在内,那么周围的环境也就具有了内在的道德意义,因为正是周围的环境激起了欲望,使要求指向一个对象而非另一个对象来寻求满足,使人重视某些目标而忽视其他的

---

① 此处为原书页码,即本书边码。——译者

目标。在经验上明显的是,我们每个人都出生于其中的社会世界对欲望及其内容施加着一种不断的刺激性的和抑制性的影响。就我们没有意识到社会环境的工作而言,社会环境也像物理力量一样以一种与道德无关的方式活动着。但是,只要我们意识到它并且对它的性质、方向和价值加以评判,它在塑造品格方面的活动也就进入了道德考虑。可能在现在,某些社会习惯是那样的根深蒂固,乃至我们或至少我们中的大部分人甚至没有意识到它们正在影响着我们。但是,只要它们被意识到,它们就不再在孤立中或只是外在地活动。因为我们意识到了它们,我们喜欢或讨厌它们的影响;我们积极地赞成和支持它们;我们容忍它们,我们愿意它们存在而不愿意自找麻烦地向它们发起挑战;或者,我们被推动着去积极地反对它们。在任何情况下,都存在着人的共犯,都假定了人的责任。在许多工作人看来,现在的经济制度在其所有的可能性方面,都看来是以与自然秩序存在的方式一样的方式存在的。它是这样一种东西,我们必须调整我们自己来适应它,就像适应阳光和暴风一样,如果可能就利用它,在必要时使我们自己免遭其暴虐之苦等等。但是,就在任何一个人的心智中都在形成一种对它的活动及其影响的意识而言,它不再是外在地活动着的制度,而是在人的想象、欲望、希望、恐惧、支持或改变它的意向中被反思着的制度。总而言之,我们的观点是:我们的意志、我们的由欲望和意图构成的形体至少不是屈从于社会条件,而社会条件则被合并进我们的态度之中;我们对社会条件的态度已经到了二者是一荣俱荣、一损俱损的程度。

指出社会环境成为品格之要素的几种典型的方式,这是可能的。(a)它决定机会。我们从来没有想过未开化的人与文明人有一样的欲望和目标。对一个人开放的目的,对其他人可能是不存在的。在任何条件下,一个人都可能有扩展其知识、增强他对在他周围的可爱事物的敏感性的欲望。未开化的人、野蛮的人和有教养的人在他们的不同层次上可能具有相同的回应性品质,因此可能具有同样种类的品格之善(第311页①)。但是,品格的实际内容却是不同的,因为思想和选择的机会是那样的不同。(b)不同类型的制度、习俗和传统刺激并唤起不同的力量。一个尚武社会的美德既不是一个工业化了的社会的美德,也不是在一个科学与艺术繁荣的社会中人们所重视的那些卓越。社会组织的模式通常会被反映在获得品格的方式之中。(c)由于制度以明确的方式把个人彼此联系在一起,正如在某些类型的家庭组织中,在合伙开办的有限责任公司中、在私人财产和追求金钱利润的商业活动这样的经济形式中的情况一样,它们规定着居于主导地位的公认职责体系。(第248—250页②)(d)正如它们的强项(即它们对生活的重要贡献)加强着品格一样,它们的弱点和缺陷也从人们追求更好的计划中唤起了相反的回应。有效的改进计划不是出于空洞的热情和误称的理想主义,而是出于人们对由这样的制度带来的那些恶的具体体验。我们时常忽视这样一个事实:反对他那个时代的主导状况的道德先知们,实际上像那些墨守成规者一样受社会条件影响,事实上还可能更深地受社会条件影响。现存制度的积极价值和消极价值,在道德先知的欲望和想象中的反映,比在墨守成规者的欲望和想象中的反映要更为正确;否则,他的抗议就是感伤的和无效的。那些消极价值唤

---

① 此处为原书页码,即本书边码。——译者
② 同上。

第十七章　道德与政治秩序　437

起了追求某种不同的、更好的东西的欲望,那些积极价值提供了可被用来说那更好的东西是什么的内容和质料。离开了过去的经验,新热情的具体内容不可能从其他的来源被塑造。

除了指出我们在此所采纳的那一假设是社会条件不可分割地、内在地参与了品格的形式——也就是说,它是欲望、意图以及称赞和批评这样的判断的构成部分——以外,我们现在不考虑更多的东西。如果关于社会条件所具有的这些内在关系的这一肯定性的观点被承认,那么,当下的理论问题就是:在任何时候,可用来判断现存的社会条件的标准是什么。上一章说明了获得这一标准应当使用的方法以及应当使用的精神,这就是经验。那一陈述考虑的是那一标准的形式,而没有考虑它的内容或实质。它指出了刚才被提到的东西,即它应当是从过去的经验中而来的一个概括;但是,这个概括不是在词义上简单地重复或重述过去的经验,而是以这样的一种方式陈述,使得它可能被运用于当前和未来的已经变化了的条件,它将作为调整和批判的一种智识工具来使用,将指出求改变和改进的努力应当趋向的那个方向。它指出,那种概括应当是一个假设,而不应当是一个教条;是某种可以在未来的实践中被尝试和检验、被肯定和修正的东西;它是一个在不断成长的观点,而不是一个封闭的观点。

很难说这个世界遭受的苦难,是更多地出于用一种拇指规则式的经验主义、坚持先例和在过去中演化出来的那些规则、拒绝承认建设性的想象和理性的洞见来管理社会事务的企图,还是更多地出于不参考现在情况而形成的教条、被认为出于某种处在一切经验之上因而不可改变的教条。经验方法注意过去的经验,不是为了寻找权威性的规则，而是将其当作在思想过程中将被运用的那些建议的不可缺少的源泉。它尊重理智，但不是因为理智提供了终极的真理和正确的规则，而是因为理智把过去的经验整合进它可能在将来派上用场的形式之中，因为它规划着将被经验地尝试的计划。

同样可怀疑的是，世界所遭受的苦难是更多地出于对现存的社会制度的完全默认和对它们在我们面前设立的那些规则和传统的服从，还是更多地出于那种不考虑现存条件中的基础和力量而设立宏大而空洞的目标的抽象理想主义。不参考现存的社会条件而构建的理想，设立一些没有手段来实现的目的；因为有效的手段必须在已经存在的东西中寻找。设立这类理想的习惯，结果要么是盲目的、狂热的反叛，相信现存的东西的毁灭将通过某种奇迹导致一种更好的事态，要么是更为通常的情况，在情感上厌恶现存的事物，在与现存事物疏离的东西中寻找避难所，拒绝面对现在的条件，但却实际上采取行动使现在的条件长久地存在下去。社会道德中的经验方法完全承认现存的条件，它坚持理智地面对它们，也就是说，通过观察和记录它们来面对它们；它还认识到：批评和改进之计划，除非是以把现存条件纳入考虑为基础进行的，否则都将是纯粹的迁就。但是，作为经验方法，它认识到这些条件不是固定不变的和最终的，它们既是改变的手段，也是在理智指导下的行动要改变的事物。我们的立场是：过去的经验使我们能够陈述这样一个判断标准，它足够地明确，因而是有用的；它也足够地可变，因而能够随着经验的进步而对自己作重新解释。

2. 判断社会条件的那个标准的本性

在稍前的讨论中，我们得出结论：行动对公共福利和总体利益的影响是判断个人的行动和情操的标准（第261—262页[1]）。其假定是：同样的标准对于社会制度和所规划的社会变革计划，也是成立的。但是，公共善、总体福利这两个观念却需要仔细的解释。我们可以说，福利与我们已经说过的幸福观念是类似的，我们必须小心，不要赋予它一个固定不变的含义。因为它包含着所有能力的和谐实现，它由于新的潜能被发现而成长，它由于社会变化给个人的发展提供了新的机会而发展。

也许，"总体的"和"公共的"这类词需要更仔细的解释。这些词说来很容易，而且很容易给予一个错误的印象。它们并不意味着个体性的丧失；如果一个社会，其成员在个人方面未得到发展，那么这个社会就是一个贫乏的社会。它也不意味着那存在于不同人之中的那与众不同的、独一无二的东西的沉沦；这样的沉沦将使整个社会贫困。"公共善"的实际含义是由共享、参与这样的观念提供的——这样的观念是被包含在共同体这一观念之中的。以一种使其在性质上成为社会的方式分享一种善或价值，不同于把一物质性的事物分成其物理的构件。参与就是承担，就是发挥作用。它是某种积极的东西，是某种保证每一个对此做出贡献的成员的欲望和目标的东西。它的恰当的比喻不是物理的分割，而是参与游戏、对话、

---

[1] 此处为原书页码，即本书边码。——译者

戏剧和家庭生活。它包含着多样化,而非同样化和重复。如果在一场对话中每一个人都鹦鹉般地一遍又一遍地说着相同的句子,那就不可能存在情感和观念的交流;如果所有的人都在同时有着相同的观念,那么,也就不可能玩游戏。每一个人都从他自己的知识库、能力、口味中贡献出了某种与众不同的东西,同时又接受由他人贡献的有价值的成分。被贡献给每一个人的东西首先是对他自己的行动的支持和加强;藉此每一个人都从其他人那里接受到了可使他自己的地位更加安全的要素——这是一个被由参与者和属于一场游戏的同一边的同伴彼此给予的互助详细说明了的事实。其次,被贡献的东西是对新意义和新价值的享受。在一场辩论中,属于同一"边"的辩论者努力加强或强化属于同一边的每一个其他人的立场。但是,在一场真正的对话中,一个人的观念被其他人所说的东西修正和改变;被肯定的东西不是他以前的、现在已经显得狭隘和残缺不全的观念,而是他所具有的进行智慧判断的能力。他所获得的东西是经验的扩展;他学到了东西;即便以前的观念大体上被肯定,但是在存在着真正的相互给予和获取的程度上,他以前的那些观念现在以一种新的眼光被看待,在意义上被深化和扩展;而且,还存在着因为经验扩展和能力增长而带来的喜悦。

  已经说的那些东西有助于认识平等是社会理想的一部分这一观念。平等不意味着相同;平等不能被从数量上理解,因为这种解释最终只能是以外在的和机械的平等为内容的观念。儿童从其父母那里使自己的经验得以丰富,恰恰是因为他们与其父母是不同的。这里存在着数量上的不平等——在技能、知识上拥有的不平等;但是,这里存在着性质上的平等,因此此时儿童是积极的,此时

第十七章　道德与政治秩序

他们既给予也接受；他们父母的生活，既因为他们他们从其孩子那里所接受的东西而变得更为充实和丰富，也因为他们给予其孩子的东西而变得更为充实和丰富。关于平等，存在着大量无意义而徒劳的讨论，因为它们所看待那一观念的方式是静态的而不是功能性的。当一个人与其他人有着相同的发展其能力和发挥其作用的机会时，他在道德上就是与其他人平等的，虽然他的能力与其他人的能力非常地不同。当在他自己的生活和经验中存在着他对群体活动和经验的贡献与他从集体的活动和经验中接受的以促进因素和经验的被丰富这样的形式存在的回报之间存在着某种平衡时，他在道德上就是平等的。这种平等是一种价值上的平等，而不是质料上和数量上的平等；而且，价值上的平等在这方面必须依据每一个个体的内在生活和成长来评价，而不是依据机械的比较来评价。作为个体，每个人与其他的每一个人都是不可通约的，因此，不可能找到一个外在的评价标准。具体地讲，一个人在某一方面比许多其他人好，而在另一方面比许多其他人要差。如果一个人的价值就他自己成长的可能性而言可在社会组织中与每一个其他人的成长的可能性一样被小心地加以估量时，他在道德上就是平等的。运用一个有点机械的比喻，一棵紫罗兰与一棵橡树，在紫罗兰作为紫罗兰与橡树作为橡树而具有相同的充分成长的机会时，它们就是平等的。

善的共同体这一概念，参照那些处在固定不变的优越地位上的人所采取的把善授予其他人的尝试，可能得到清楚说明。历史表明，一直存在着善心的暴君，他们希望把好东西赠给他人。除了在他们的行动采取了改变那些处在不利地位的人生活在其下的条件这种间接的形式之时，他们没有成功过。在那些改革家和慈善家努力以使那些受益者处在消极地位的方式向他们行善时,这一原则对这些改革家和慈善家同样成立。有一种道德悲剧,它内在于增进公共善的努力之中,防止结果要么好要么平常——之所以不好,是因为它以那些被帮助者的积极成长为代价;之所以不平常,是因为这些被帮助的人在使这一结果的出现上没有起任何作用。社会福利只能以这样的手段增进,它们积极参与那些将受益或得到改善的人的实际利益和积极力量。传统的伟人和英雄观念是有害的。它鼓励这样一种观念:领袖就是用来指路的,其他人就是在模仿中跟随。要把心智从没有同情心和无精打采中唤醒,使他们为他们自己思考,共同制订计划并参与计划的执行,这需要时间。但是,如果没有积极的协作,在形成目标和将它们付诸实施这两个方面都不存在公共善的可能性。

这幅图景的另一边是这样一个事实:所有的特权都在使拥有特权的人的视野变得狭窄,同时限制那些不拥有这些特权的人发展的可能性。被认为是人的内在自私的东西,有相当的比例是权力分配不公平的产物——权力分配之所以不公平,是因为它把一些人排除在那些可能唤起和指导其能力的条件之外,同时在那些拥有特权的人中造成了一种片面的成长。人的本性所具有的那些所谓不可更改性,多数只是说:只要社会条件是静态的,赋予的机会是不公平的,要期望在一个人的欲望和志向方面发生变化,那将是可笑的。特权总是在那些拥有特权的人一方导致一种自认为优秀的和保守的态度;结果,它通常在那些因此而受苦的人中唤起一种盲目的毁灭世界的渴望。由特许的和独占性的拥有所导致了这种智识上的盲目,在那种把参与其存在的其他人所遭受的不幸和文化落后加以

"合理化"这种作为中,是显而易见的。有人声称,不幸和文化落后是那些遭受这些苦难的人的错误,是他们自己目光短浅、缺乏勤劳、固执无知等等的结果。在历史中,没有一个特权阶级不因为被扭曲的观念和理想而受苦,正如贫困的阶级因为其惰性和欠发展而受苦一样。

这一讨论的要旨是:公共善、总体福利这一观念是这样一个标准,它要求个体在他们自身独特的个体性中获得充分发展,而不是要诉求某种"社会"的东西而为了某种所谓的假大空的善而把它们牺牲掉。只是在这时,个体才具有主动性,才能有独立的判断、可塑性和丰富的经验,才能为了丰富其他人的生活而行动,而且,只有以这种方式,真正的共同福利才可能被建立起来。这一陈述即这一道德标准的另一面:只有在社会条件打破了由特权和独占的拥有所树立起来的藩篱时,个人才可能自由发展,为共同福利做贡献并且与他人分享。

这样的错误最经常地在把个人置于公共善之实现的对立面,它们:(a)限制被考虑的个人的数量;(b)静态地考虑个人,而不是动态地考虑个人,也就是说,它们是参考个人在某一特定时间的所是来考虑个人,而不是把个人放在他们与自己成长的可能性的关系中来考虑个人。前一章所批判的那种在历史上出现的"个人主义",在这两点上都走入了歧途。它把其视野限定到了一个特殊阶级的个人身上,即工厂主身上,而由与机器联系在一起的受雇者的男人、女人和孩子组成的这一相当庞大数目的人却在考虑之外。它对待后面这一类人,好像他们的效率、技能、智力和品格可以由他们的存在地位来规定,而无须考虑如果制度被改变他们可能发生的发展。这一道德标准把更多的权重放在男人和女人可能变成的东西上而不放在他们的实际成就上,把更多的权重放在可能性上而不放在他们所拥有的东西上,即便他们所拥有的东西是理智或者甚至是道德。在对他人的判断中,作为与小气迥然不同的大方,在相当程度上就是评价他人可能长成的东西,而不是以目前为止各种条件已经使他人变成的东西。

在政治方面,这一标准与民主理想是一致的。因为民主之所指,一方面是每个个体都在控制社会事务方面分担义务和分享权利,另一方面是社会安排应当消除那些限制每个人自身的充分发展的那些诸如社会地位、出身、财富、性别等方面的外在安排。在个人方面,它作为社会组织的标准以及法律和政府的标准释放个人所具有的潜在性。在社会方面,它要求以合作代替斗争,在相互的给予和拿取中自愿分享,而不是诉诸凌驾于他人之上的权威。作为政治方面的一个社会理想,它比其他任何形式的政府都要广泛,虽然它把政府包含在自己的范围之中。作为一个理想,它表达了对超过了任何目前已经获得的东西的进步的要素;因为世界上没有一个地方存在着事实上平等地运作来保证经个人都充分发展、保证所有的个人在他们所贡献和接受的价值这两者中都占据一份的制度。可是,它不是在是空想的和乌托邦的这一意义上的"理想";因为它只投向个人所具有的那些内在于人的本性之中而且已经在某种程度上具体表现在人性之中的在逻辑上和实践上有限的力量。相应地,它作为批评那些存在着的制度和改进计划的基础而起作用。正如我们将明白的,对它的大部分批评,事实上是对目前为止它已经达到的那种不完美的实现的批评。

因此，作为一种道德理想的民主，实际上是一种把两个在历史上时常对抗性地工作的观念——个人的解放是一方而促进公共善是另一方——统一起来的努力。在法国大革命之著名的口号中，"自由和平等"代表了属于拥有各自的独特性、彼此不同的个人的那种价值；"博爱"代表属于处在彼此之间的关系之中的他们的那种价值。但是，所有的历史都表明，不存在自由与博爱彼此之间的所谓自动的平衡。如果不把个人自由置于约束之下，博爱的关系如何可能得到保证？历史还表明，自由和平等并不自动地趋向于产生或支持另一方。默认所有人都是自由的，具有一种产生不平等的趋势，因为那些拥有高超能力或超好机会的人会出现，而那些拥有较低能力的人可能保持静止或沉沦。人们时常说美国对平等的兴趣甚至大于自由的兴趣，如果它认为藉此可保证更大程度的社会一致，那么，它会乐意对行动自由施加大的限制。

因此，从伦理的观点看，一点也不过分的事情是说民主理想提出而非解决了这样一个问题：如何使每一个个体的发展与维护每一个人在其中的行动都可能将对所有其他人的善做出贡献的那种社会状态协调。在要求将被实现这个意义上，它表达了一个假设：每个人都应当有机会来释放、表达和实现他独特的能力，结果将是一个具有共享价值的机构的建立。就像每一个真正的理想，它指某种将被做的事情而不是某种已经被提供的东西、某种现成的东西。因为它是要由人的计划和安排来完成的某种东西，因此，它会不断地遇到问题和解决问题——也就是说，那种被欲求的和谐绝对不会以遇见和垄断所有未来发展的方式被实现。不存在通向它的捷径，不存在这样一条唯一可预见的道德：它可以被一劳永逸地发现，如果人类继续毫不偏离地行走在其中,它肯定会把他们带到那个目标。

自由、平等、相互尊重、互惠服务,它们的条件和具体的含义代代有异,在某种程度上可以说年年有异。从这个国家建立以来,它们对思想、意图和选择的重要性方面的变化是非常巨大的。从小规模的人口到庞大规模的人口,从乡村到城市,从农业到工业,从手工生产到机器生产,从相对而言的经济平等到贫富的巨大悬殊,从自由土地和未来开放的自然资源到土地和自然资源的被占用——这只是指出了大量变化中的几个,这些变化已经给"问题"这个词赋予一种全新的含义,因此,如果在形式上和名称上还保持相同样子的理想要被维持,就要求有新的思想和新的尺度。由于这些事实,维持理想的方法必须是实验。与采纳实验方法不同的另外一种选项,不是(像所谓的教条主义者一样)采纳固定不变的方法来使理想得以更安全地实现,而只是允许事情放任自流:放弃所有意在指导和掌握的企图。

3. 一些特殊的政治问题

被包含在把民主标准具体地运用到社会事务这件事中的具体问题是很多的。而且正如已经指出的,是在不断变化的。在此,所有能够做的事情就是选择出一些问题,但只是作为样品,而不是所有人都将同意具有最高程度的重要性的问题。

第一个要被讨论的问题涉及民主政府这一观念的地位。在18世纪后期和19世纪早期,在启蒙思想家中实际上的原则是自治政府是在道德上唯一可证明是合法的政府形式,他们认为这样的政府的建立将使人进入一个充满美德和幸福的新历史时期。我们现在生活在这样一个时代：对曾经热情地提出来的那些主张感到心灰意冷，人们的反应已经极端到许多人宣布那整个理念不过是一个迷信。因此，考察这一变化的几个方面和原因，是有价值的。

它的表现之一就是政治冷淡和漠不关心的扩展。在只有大约一半的潜在选民运用选举权时，不仅存在着民主政府必然在所有的公民中唤起政治热情这一早先的假定所含有的一个矛盾，而且还存在着表明它在其当前的形式中缺乏生命力的证据。当不痛不痒的劝诫上升为政治责任，加上宗派主义，再加上良好组织的政党机器的巨额花费，不能激起超过百分之五十的有投票权的人口去尝试影响政府行为时，要么是在民主政治的政策上，要么是在民主政治目前的表现方式上，存在上某种重大的缺陷。

这种反应的一个更公开的例证可以在独裁政治的兴起中发现。在一些国家中，独裁政治排挤了以前的自治政府；在另外一些国家中，独裁政治取代了被认为是大众的和代议制的政府。在那些还没有采用独裁政府的国家中，人们对议会制度的信仰，也存在着总体的下降趋势，对传统的政治领袖日益不尊重，追求不同于由现存的民主政治机器所提供的、可用来应对各种社会问题的更为直接有效的方法。对大众政府的攻击，现在宣称得到科学的支持，特别是来自生物学和心理学的支持。有人宣称：民主理论隐含着一种对高智力所作出的、要进行比现存的分配还要广泛的分配，而且，科学研究说明，在规模庞大的人口中，普遍的情况是在受教育能力和理解能力上本质上的、因而不可改变的低下；遗传学思想被用来支持这样一种信仰：内在的不平等已经如此巨大，使得寡头政治理论可以变成现实。

无须提出进一步的问题，就可以指出：从民主政治发端以来，政治问题在范围上和内在的复杂性上已经大大地增加了。这在美国是特别真实的，因为在美国这一经验是从小规模的乡村人口开始的，它处在一个相对有限的、拥有庞大而依然未被开发的自然资源的领土之上，那时由工业革命造成的问题还没有出现，城镇会议胜任于照管在一个面对面的共同体中出现的地方问题。现在政治行动所面对的问题在范围上是广泛的。比如，关税问题和金融问题除了包含着数量大到吓人的复杂细节之外，在它们的范围上也是世界性的。实物流动和交通的增长已经产生了一种力量的纠缠，这种力量的纠缠使每一个问题都变得复杂，但没有影响到任何相应的目标的统一和情感的和谐。它只是建立了这样一种处境，这种处境，宽广到想象不可把握，复杂难懂到不可能加以判断。

在内部问题方面，从美国形成以来，已经走过了非常漫长的路。我们的宪法被设计，我们的政体被形成，都是在18世纪的最后十年中进行的。从那时起，出现了许多发明，它们在一百五十年中所产生的社会变化比世界在此之前的一千年中所经历的社会变化都要多；但是，相对地讲，我们的政府结构却基本上静止不变。正如时常所说，我们在用马车时代的政治机器处理飞机时代的问题。实际的问题——是在当代的意义上所说的实际——却不是在我们的政治形式形成之时所梦想的。关税、货币和信贷、公共设施、权力，市政当局在房屋供给、公共运输、水、照明、学校和公共卫生方面的安排，这些问题都是技术性问题，需要的是专家们所拥有的专门知识和经过训练而获得的能力而非通常的投票者所具有的一般判断。

与所有政治问题的日益复杂相伴,出现了相当数量的具有政治利益的强有力对手。专注于商业和专业事务的个人把政治留给了那些能够使政治机器为了他们自己的私人利益而运转的人。汽车、收音机、电影已经变成了政治的对手;在政府的行为被托付给民众领导时,人们有成百上千种为人意想不到的排遣方法。

随着公共事务的日趋复杂和精细,对效率的要求变得越来越强,尤其是在对代议制政府的可能效率的质疑也日趋增长之时。效率的心理模式在很大程度上是由统治着我们这个社会的那一与个人无关的机械过程所设定的,因为人的心理习惯在很大程度上是由人在自己的日常环境中所习惯的东西来规定的。当前的社会习惯于机械的标准和方法,几乎就是在其上建立起来的。对工业的控制是自上而下的,而不是自下而上的。较大数量的人在商店和工厂中工作,他们是"从属者"。他们习惯于从他们的上司那里接受命令,像传送和执行的被动元件一样行动。他们既没有主动参与制订计划或形成政策——这是一项可与政治中的立法相比的功能——他们也没有在分歧出现时积极参与裁决。总而言之,他们的心理习惯是在使他们的心智不适合于接受包含在政治自治之中的智识责任的条件下被形成的。在拓荒时代,较大数量的人"凭他们自己的力量"工作,指导他们自己的行动,生活在操练他们的主动性和独立性的边疆条件之中。

因为在一个已经工业化的社会中效率观念往往呈现一种机械的和外在的形式,所以,包含着许多讲话的讨论、咨询和慎思就显得是低效的。一种要求日益增强,即与我们在工业中已经习惯的那样在决策和执行方面集中权力。这样的事实,被下面的事实强加,即:

由于大量人的冷漠，政治的实际管理已经落入那些对原则或事务没有兴趣、只对通过赢得选举来保持或获得权力感兴趣的职业人士以及那些滥用职权来加强他们自己的组织而不是为公共目的服务的职业人士的掌握之中。对身为当权者或想成为当权者的那些担任要职者的不满，是全世界的人厌恶政治和支持独裁的主要原因之一。此外，存在着这样一些人，他们相信，贬低政治行动，把政治行动者贬低为不能胜任的爱管闲事者，有利于他们自己的赚钱之事；因此，他们在每一个场合都败坏立法者的名声。

我们不应当企图解决包含在当代民主政治的困境中的那些具体问题，而应当去谈论那些决定着这些问题应当依之而处理的精神的那些基础性的一般要素。其中第一点与较早的民主理论如若要适合当前的条件就需要做出的一个改变有关。第二点与我们的政治问题在本性上已经变得主要是经济性的那种程度有关。

我们的民主理论是在一个前工业的和前科学的时代中获得其清晰形态的。而且，它带着它源于其中的那个时代的印记。虽然民主的理论和实践这两者都是新近的，虽然它们已经存在的时间只占有记录的历史的一小段，但是，依据变化及其速度来评价，它们比有记录的人类历史还要长，因为它们在此前的一切时代中都存在过。如果这一理论不能依据当今生活来重新调适和重新表述，这一理想和标准的生命力就将是成问题的。(a)在理论上看，18世纪后期的情况往往给所有的社会理论一个固定不变的、绝对的形式。结果是，民主理论的支持者和反对者类似地假定这一理论是与这一个在早前时期出现的具体的政治方法和工具等同的。在美国，严格解释政治制度并且相应地认为它们固定不变，这种趋势得到了成文宪法及其修正案的支持。(b)再者,正如前面已经提到的,这种政治理论是在一个反对现存政府的斗争期间形成的,在这种制度成形时,在美洲的这些殖民地中反叛心尤其强烈。对政府的这种恐惧导致了使政府组织保持简陋状态的心理;发展多半是要么隐蔽地发生的,要么只是在巨大危机的压力之下发生的。政治制度的这种简陋与工业生产中不断出现的新发明以及对新机器和新方法的不断采用形成了强烈的对比,它导致整个社会对政治行动不信任,更不会企图去建立新的政府组织。

(c)这种政治体系是依据个人主义的标准设想的。在共和党人的拓荒时代中能够被交给社会的最好的直接服务是给个体以使用他们自己的个人能力和精力去处理一片未曾得到开发的土地上所拥有的丰富资源的自由机会。"个人的这一主权",被认为只有通过给每个人都提供一个他在其中能够运用自己的独立判断的投票权,才能在政治中被得到充分保护。只要这片土地是农业的,其人口主要居住在乡村,这一理论就可以足够良好地运作。因此,问题是相对简单的,而被投票支持的人一般是个人亲自认识的人或者因为其名声而知道的人。没有必要指出条件已经如何地完全改变。

(d)仅举一个例子,由计算个人的投票总数来决定的多数人统治这一观念,已经趋向于导致一个与预期相反的方向。它是以一种诉诸数量的个人主义为基础的,但是由于不合多数人意见的观念被阻碍,它们的表达不但不被同意,而且还被暴力阻止,多数人统治这一观念常导致建立一种新的暴政。被概括成多数人统治的这一个人主义观念已经在单纯的一致上树立起一种错误的价值,在某种程度上建立了对与众不同的嫉妒,在社会事务上对持不同意见者和不服从者的恐惧,在人口因为移居而日趋异质时,这种恐惧还会增加。除了在技术的和物质的层面上以外,这一结果显然是对进步不利的,因为文化上的进步往往是从少数人开始的。在对那种错误的个人主义理论的依赖已经开始压制和打击思想和表达所具有的个体性的地方,可以看到许多这样的例子。

(e)只要社会生活是相对简单的,相应简单的组织就可以为之服务。当新的条件出现时,如果我们直面那些简单的组织,也只是通过机械地增加东西这一过程,而不是通过内在的重新调整这一过程。结果就是产生了一个拖泥带水的、负担重重的政治机器,因为其自身的重量而嘎吱作响和崩塌。再者,只要经济条件是简单的,只要产业中协作性的(当然不是绝对的)平等还存在,就不存在为了特殊的利益而掌握政治力量以便利用他们来为自己的目的服务的巨大动机。可是,即便在宪法被采纳的那些时代里,也有站在无产阶级对立面的有产阶级的令人讨厌的东西,增加平民对政府的一般性恐惧,同时迫使平民与《独立宣言》的那些更自由的民主理想相妥协,迫使平民向北方制造业主让步,以弥补他们对南方奴隶主所作的让步。这一点的进一步发展把我们带到了第二点。但是,可从刚才提到的那些项目所具有的联合力量中得出的结论却是清楚的。把这种民主理想翻译成政治条款,不可能被放心地交给在18世纪的条件这一基础上做出的陈述。要应对新条件,政治组织必须加以改进。在它们被改进之前,没有办法说当前对民主的批评和抗议有多少是与其内在价值有关、又有多少与其在运用中出现的外部缺陷有关。

第二点与由于大部分是在民主观念已经成形之后才发生的工

业革命而已经出现的变化所要求的在政治理论和政治实践方面的修正有关。这方面的经济问题将在后面的几章中考察。这里,我们不得不注意:在用最温和的词语说这一事情时,上个世纪中工业的发展,虽然主要发生在内战之后,却已经对在它发生之前就已经建立起来的政治机器施加了巨大的压力。今天的大部分政治问题都是因为经济条件而出现的;它们与财富和收入的分配、所有制和对财产的控制有关。国内税收、关税、货币和信贷、劳动安全、失业保障、对铁路和公共设施的收费的管理、超级大国的控制、童工、生育津贴和养老金,这些东西在本性上都是经济的,同时又是使公民在政治上分裂的问题。最高法院通过的宪法第四修正案的主要意义一直是通过"应有的法律程序"条件对财产权进行保护。激进主义者坚持认为现在基本的政治问题是人权至上还是财产权至上。在任何一种情况下,在所有这些政治-经济问题背后都存在着一个具有道德性质的价值问题。政治力量应在什么程度上、通过什么手段被用于促进社会福利,这一问题从根本上讲就是一个道德问题。

在判断上确实存在的差异出现在对社会目的和政治手段这样的问题同样出于善意的人之间时,我们可能肯定这一点:只要政治生活中的经济问题所具有的意义被排除在考虑之外,政治思想的行动就将是混乱的和不真诚的。大众对他们在政治理论和行动中的核心地位的承认将消除不确定因素,使信念上的确存在的差别更为突出和更有成果。只要那些希望使他们已经拥有的某些特权完整无缺地得到保存的人成功地阻止人们承认已经表现出来的经济问题和关于经济问题的决定所具有的意义,在表面上看来是民主的政府所做的工作就将是非常粗糙的和片面的，这样就为攻击政治中的整个民主观念提供了理由。与此同时，一种特别的混乱也已经被引入了政府行动的机制之中。

398　　由于现在政治问题在本性上是经济的，由于政府行动严重地影响到制造业、贸易、银行、铁路这些部门的行为，那些在这些产业部门的成功中获得大量钱财的人，就有了控制政府力量的经济动机。比如，市政当局拥有给在照明、能源和交通方面的公共设施拨款这样有价值的特许权；它们能够通过公有化而进入与私人公司的竞争；联邦政府管理关税、银行、州际贸易和收税。因此，一些商业利益在公务员、议员和行政官员的选举上和对他们的行动的控制上具有直接的决定作用，不论这一目的是通过腐蚀公职人员、捐助大量的政治献金来实现，还是通过使那些与其商业利益有关的职位为那些支持它们的人所把持来实现。混乱和扭曲因素被引入了不是由我们这种制度的缔造者周密设计出来的那种民主政府，在种种腐败方法、贿赂和贪污被使用的地方，相关的商业利益一直对使唯利是图的机器当权很有兴趣，这一事实部分地解释了在我们的一些大城市中所发现的市政官员与犯罪分子和流氓结成的联盟。由于它们是以一种公司的形式被组织起来的，所以这些力量所具有的有效力量正在各个州和整个国家被增强，而且由于它们正在扩展到整个国家，所以它们随时都可以在任何一个场所快速地移动它们的力量，相比之下，那些遭受这些组织的掠夺性行动之苦的人依然是没有组织的和分散的，即便在在他们面对大量的统一社团时，他们依然还是被"个人主义"这一口号诉诸的对象。

4. 思想自由和表达自由

思考、探索和讨论的自由，对于处在一个民主的社会组织之中的个人来说，在理论上应被保护的整组权利中居于核心地位。它之所以是核心的，是因为民主原则的实质就是诉诸自愿的意向而非暴力，诉诸劝说而非强迫。最高的权威存在于个人的需要和目标之中，因为个人的需要和目标是通过知识的传播而被启迪的，而知识的传播是通过自由的交流、研讨和讨论实现的。观念的交流和知识的分配，暗含着在此之前对观念和信息的拥有，而观念和信息的拥有是依赖于研究的自由的。知识的传播本身不足以影响民主制度的成功。但是，若无知识的传播，就既没有共有的判断和意图形成的机会，也没有个人自愿参与政治事务的机会。因为唯一能够替代由思想和信念来进行的控制的，是通过外在地使用的暴力来进行的控制，或者在最好的情况下是由不受质疑的习俗来进行的控制。以这种方式表达欲望的机会之所以从根本上讲是有价值的，是因为它是一个促进有事实依据的判断形成的一个因素。正如大法官霍尔姆斯所说，我们的宪法的理论是"那种最高的被欲求的善，通过观念中的自由贸易可以较好地实现——对真理的最好检验是思想所具有的使其自身在市场中被接受的力量"；也就是说，市场是观念在其中被交换的场所。

这一观念是隐含在我们的宪法之中的，因为凡妨碍知识和意见的自由传播者，都不利于民主制度的有效活动。知识材料上的掺假对社会是有害的，正如食品的掺假对身体有害一样。秘密活动和弄虚作假是民主理想不得不与之斗争的主要敌人。智识上的冷淡导致人们对无知的容忍，导致人们心甘情愿地被误导和看见别人被误导。它是刻意的隐瞒与为了增进私人利益而以公共利益为代价所进行的误传的一个结盟。民主制已经不得不经受的这些未曾预想到的困难，主要是与这样一个事实联系在一起，即：维持理智的勇气和能量，是这种制度的缔造者们未曾想到的一项任务。热爱轻松和感性的娱乐，从获得信息和进行仔细反思的责任中逃脱出来的欲望，这样的意向是使得压制真理和无中生有地扭曲事实这样的事情加剧的外部力量。心理上的消极可能比实际的腐败更多地解释了人们在民主政治上的失败，因为它在使腐败成为可容忍的事情上起了一种非常大的作用。意图上的诚实被普遍地认为是成功的政府的一个条件，但是，人们依然可以怀疑，理智上的积极是否已经被作为民主制获得成功的一个条件而加以足够的强调。

足够使人惊奇的是，在目前，思想自由和表达自由正在遭受来自两个相反的根源的威胁。我们在前一节中提到的独裁政治认为：只要对带来一种新秩序并且使其得以彻底地建立起来是重要的，对个人信念以及不成文的和成文的声明的任何程度的压制，都可以被证明是正确的。他们与后面这样一类人是一丘之貉，这类人认为，由于他们拥有最高真理，不论这最高真理是来自启示还是来自其他的源泉，不赞成这种真理的人都是危险的异端分子，必须加以镇压。像其他的绝对正统派一样，他们认为，除了官方思想以外，其他所有的思想被镇压，从根本上讲，都是为了所有人的福利，即便是持有那些思想的人的自由在那时被摧毁。他们认为，在一种新的社会秩序的建立时期，直到它被完全确立之前，表达的自由是反社会的利己主义的一种形式,它与任何其他类型的对国家的反叛一样,都是有害的,因此,都应当采取同样严厉的措施来加以平定。卢梭本人是许多民主观念的预言者,但是他也说过,有时必须迫使个人成为自由的。

那场与此相反的对自由的攻击来自这样一些人,他们已经牢固地确立了在经济上和政治上的权力,害怕言论自由、出版自由和集会自由这些被宪法保证的公民权的一般运用会扰乱现存秩序。因此,他们断言,每一个这样的表达,在它采取了批判现状和建议进行重要改变这样一种形式时,是一种危险的激进主义,煽动人们反对和颠覆法律和秩序。他们认为思想和交流只有在它重复他们的观念时才可以是自由的,而且只有在这一条件下才可以是自由的。主张进行第一种类型约束的人,希望压制所有的思想以阻止革命性的变化;持第二种主张的人把不利于现存的特权和权力分配的所有观念都当成反动的而加以反对。他们对用来维护他们自己利益的那种权力的使用,为来自另一个方面的东西所满足,那种东西就是对任何扰乱因素的广泛恐惧,唯恐因为受到干扰情况会变得更糟。现存社会体系的复杂大大加强了这种对变化的恐惧,因为在这样的社会体系中一个点位上的变化可能以不可预见的方式扩散,而且可能使一切既存的价值都处于危险之中。所以,维护现状这种活跃而有力的自私,就带着恐惧和冷漠,努力促使人们把忠诚的公民义务等同于在心理上默认现状并且盲目地称赞它们现在之所是。那些在努力维护甚至只是由宪法的权利清单在名义上保证的权利的人,发现自己在被当成这个国家和宪法的危险敌人而受到攻击。

当要求在经济方面进行重要的社会变革的建议被提出来时,警察和被组织起来的团伙可能直接而暴力地侵犯思想自由和言论自由。但是,对思想自由的更大侵犯,是以更狡猾和更隐险的手段进行的。正是因为在一个民主国家中即便在其民主只是名义上的时候公众意见和情感也是那样地有力,因此,对于任何一个希望控制公众行动的群体来说,控制它们的形成就特别地有价值。这样的事情已经被人从它们的源头上最好地做了——也就是说,公众意见和公众情感依然还在形成过程之中。宣传就是被使用的方法。因此,今天,我们有许多组织,它们熟练地操纵新闻和信息,给它们打上自己的颜色,在中立宣传的伪装下传播并人为地灌输有利于自己那被隐藏起来的利益。几乎可触及每一个个人并且廉价且快速地传播的报刊杂志,支撑着一个具有未曾有过的力量的组织去翻转公众意见。个人所做的有利的和不利的陈述,赞美和嘲讽,观点的睿智提出,事实的有意歪曲,半真或完全荒谬的观点的有意捏造,在用各种方法反复地灌输着被要求保护私我而隐秘的政策的那一特殊信条,而那些受制于这些方法的人甚至根本没有意识到它们。

在最低层次上,言论自由就是一个安全阀,这就是在字面意义上它经常被认为的那种东西。在社会秩序比其现在要更加完美之前,总是会存在着对其不满意的人。由此导致的情感上的纷扰,必须找到某种发泄的办法。"花掉多余的精力"是预先处置那些相当糟糕的激动情绪的一种办法。但是,这种权宜之计的主张还没有触及包含在其中的积极价值。除了那些非常顽固地坚持自己的意见而且非常自负的人之外,公共表达给人提供成长的机会;它召唤出其他人的观念和经验,使这个人可以学习。一般而言,它是人类已经发现的可用来把对已经获得的价值的保护与趋向新善的进步结合起来的最好方法。它是通过带来一种有序发展的过程而把秩序与变化统一起来的主要手段。

允许并积极鼓励表达自由的根本理由，是在思想和其彰显之间存在着有机的关系。有一些人说：心灵总是自由的，外在地运作的力量没有办法能够深入心灵使其停止活动。这些人割裂了思想自由与交流自由。可能没有比这更大的错误了。这一割裂，只是我们时常提到的那一在内部与外部之间、在自我与行动之间、在意志与结果之间设立的区隔的又一个例子。（请看第317—324页①）心灵不可能在虚空中发展；压制在言论和出版方面的表达自由，其恶果有两个方面。一方面，个人被剥夺了他藉此能够从他人那里获得的材料，这些材料是思想的食物和养料。他没有机会倾听与参与各种观点。他的观念将几乎必然地被限定在一条单向的通道之中，而这种限制是非常有利于偏见和心理冷淡的。差异和运动是好奇心的巨大促进者，在好奇心没有被唤起的地方，心灵就处在休眠状态。另一方面，如果不表达，个人的观念就会因为营养不足而消亡，或者以平静的探索和理解为代价采取情感发泄的形式，或者寻找某种遥远、需要技术但却安全的间接途径。比如，在当前，科学知识具有超技术的特征，原因之一恰恰就是它对非常遥远的事物的探究，使它不会成为被发现将会伤害到任何既定利益的行动。如果没有讨论自由，在任何地方都不可能发展一般的文化；即便是在独裁政治中，一个小的贵族阶层也获得了智识上独特的东西，但是，这种智识上独特的东西一直是通过表现一种不爱交际的形式而存在的。除

---

① 此处为原书页码，即本书边码。——译者

了压制交流的自由,要在这个国家阻止高水平心智的成长,没有更可靠的办法;除了压制交流自由,要使智识生活保持在平庸的层次上,也没有更为确定的方式。

就我们将在其他地方说明的民主社会的智识状况这一问题,有两个批评。这两个批评中的一个,是以这样一个观念为基础的,它就是:因为在民主制度中是多数人在统治,因此多数人总是反对允许少数人形成与多数人的观念相反的观念。由于新的观念和观点必然是从少数人开始的,而且起初是规模非常小的少数,他们说(而且,如果其前提是正确的,情况就真的如此)这种对抗将妨碍智识和艺术的进步。但是,事实上,一种真正的民主制度将总是确保每一个人都拥有最低限度的表达自由,建立起将能够使少数通过使用交流和说服而变成多数的条件。真正的犯罪者总是喜爱使用包括压迫性力量或通过宣传来使意见歪曲和堕落在内的种种办法的某些有权势的少数。如果得到允许,经济上不可动摇的少数就会压迫和诬告在经济上处于不利地位的另一群少数。实际上的多数,要为其负责任的,不是发动了这样的压迫,而是消极地旁观这样的压迫发生和允许这样的压迫发生。对在这个国家中发生的压迫行动的任何公正的调查,将证明它们的根本源头总是一个有特权的少数。对民主原则的攻击,就其原因而言,只是为了加强这一有特权的少数所拥有的力量。

另一种批评是从这样一个前提出发的,即:能够进行独立的、原创性思考并且能够创造出重要的艺术作品的人,总是一个规模小的少数,大众总是因为身体上和理智上的低下而处在一个固定不变的水平上。从这一点可以得出一个结论:民主内在地不利于智力

第十七章　道德与政治秩序　　461

上和艺术上的杰出。首先,如果我们纯粹地、比较性地考虑这件事,将民主制与寡头制或僭主制加以比较,那么当然就不存在着什么东西能够保证在寡头制或僭主制中聪明而能干的少数将掌权或将有机会发展并促进进步。基于这种结果的那一推定确实在某种程度上强于它在民主制度中的推定。这一总是被批判者引用的对立总是与某种理想的贵族制联系在一起,而这种理想的贵族制因为过于理想而不可能有机会存在。但是,除了这一比较,这一论证遭受一个谬误而受苦。承认大众天生在智识上低下这个能够被变得可靠的最极端判断,那么这里所谓的低下,就是就他们去开创和创造的能力而言的,而不是就他们去领会和追随的能力而言。正如柏拉图所说,他们可能注定生活在意见层次上而非知识的层次上;但是,同时,正如柏拉图已经指出的,他们可能专注于正确的主张并且为正确的主张所指导。今天许多人拥有古代最有智慧的人所不知道的知识和观念,这是不足为奇的。文化材料现在具体化在环境之中,即便低下的智力也可利用它。总而言之,真正的问题又返回到了那一小群所谓的上等阶层所拥有的阻止人们自由传播发现的观念的力量,这些力量阻止大众与它们联系,强力控制着它们。考察将表明,障碍总是出自一个害怕他们所拥有的权力和特权中的某些将会丧失的特权集团。

在前面的分析中,除了探索自由和表达自由所具有的道德功能以外,法律和道德所具有的道德功能也是具有教育意义的。它们的最后检验,是它们做了什么事情去唤醒好奇心和在有价值的方向上所做的研究,它们做了什么事情去使男人和女人对美和真理更为敏锐、更有意于去以创造性的方式行动、更熟练地自愿合作。在文化就是指培养成长能力、使心灵生活日益充实这个意义上，组织（政治的和其他类型的组织）的一切明确模式都是文化的。自由本身是一个目的，只是因为它是文化发展的一个有机而内在的手段。历史上的民主制，可能因为忽视各种法律制度和经济制度所具有的教育功能而夸大某一特殊的工具（即学校）的教育功能而犯了错。但是，后一种错误，如果存在，至少证明了一个看上去合理的、直觉的认识，即：民主事业是与社会的每个成员的智识能力的发展联系在一起的。由于这个原因，我们坚信致力于创立一种由公共费用支持的、向一切人免费开放的公立学校制度，建构一个在理论上由从婴幼儿教育到大学和职业学校所进行的成人教育构成的不可中断的阶梯。

要详细说明和扩展这些批评以及通过以教育制度为范本提出的那些问题，是可能做到的。但是，我们只是提醒大家注意这样几点：(a)在我们的教育制度成形时，"个人主义"传统是盛行的，而且它的影响现在还在持续。学校被当成"进入"世界的一个中介，用来帮助正在走他们自己的路、追求成功、决定他们自己命运的个人。在开拓的条件已经失去之后，存在于那一解释之中的那个观念被变成了教育的实践目标。它被缩小到"功利主义者"所说的实践，而功利主义指在谋求物质生活方面帮助个人。而更广泛意义的实践，也就是说，与作为一个共同体中一个自由的合作性的参与者而做出的行动联系在一起的实践，已经被从思考中排除了。(b)像其他的机构一样，学校已经被强大的少数控制，被用于促进他们自己的利益。对此进行的研究已经在大中心构成了影响学校行政管理和教学活动的因素，这些研究证明我们就有权势的少数的压迫性影响所说的那些话是正确的。

（c）像社会的政治组织一样,学校当然已经通过零碎的扩张而非内在的重组而成长。适合于非民主的社会的以及从非民主社会中继承而来的那些结论、方法和理想,只经过轻微的变动就被保留了下来,与它们相比更直接地与当代社会条件联系在一起的其他结论和方法,一直是被外在地添加上去的。结果时常是这样一种混合物,在其中,文化和风纪的旧理想已经失去了它们的生命力,而新的可能性却被强行纳入了窄而浅的渠道之中,加强了前面所提到的那种粗糙的"实用性"。学校已经被以一种消极的方式调整以适应现存的工业条件而没有被用于把人类文化从现存的工业条件中抢救出来。结果是当下的二元化：一方面是精致而远离现实的文化,另一方面是粗糙而非人的职业教育。（d）被认为是在民主制中存在于数量与质量之间的那场斗争在当前就高等教育的范围而发生的争论中得到了说明。当前的趋势一直是让更多的学生进入高等学校和学院。反对者说,这使许多天生就不适合读大学的人进入了大学,结果是降低和稀释了标准——这些都是以忠于民主理想之名从专业的角度提出来的。除了这场运动因为太新而使我们还不能评价其价值这一点之外,一个问题出现了,它就是：存在的这些难题是否是不能通过在高等教育组织中进行更大的制度性区分、同时在所有这些高等教育组织中更多地注意培养进行思想和创造性工作的能力来解决。可能必须承认的是,许多人确实进入了他们不适合的高等教育机构。那还没有解决的问题是：这一事实表明该中止他们的学校教育,还是他们进入的那些教育机构的课程设置和教学方法应当被加以反思。

最肯定的一个事实是,在作为一个整体的社会生活中,那些使知识被垄断起来的较为陈旧的观念和实践,现在依然以一种妨碍民主理想实现、甚至妨碍对民主理想进行合理试验的方式存在。从前,教育,特别是以高级形式出现的教育,是那些"属灵"阶层或教会当局的特殊财产。现在,那些在产业中居于优势地位的人能够使用较好的知识和理智能力来利用他人而不是促进他人的发展。使智力有效地社会化这一问题可能是今日民主制度的最重大的问题。物理科学的情况是典型的。作为纯粹的理论知识,它只为专家所有。在其具体的运用中,它影响所有的人。但是,它影响所有的人,是在其通常的社会功用被对私人利益的考虑所限制这样的条件下进行的。实用科学对社会产生强大的影响,但其影响却没有科学的运用所产生的影响大,因为科学本身也从属于金钱利益的机制。

另一方面,经济限制也使许多人(可能是数量较大的人)没有有效的途径去利用那些可使他们的能力得到真正培养的手段。他们忙于谋生,即便在他们有空闲的时候,他们也未曾接受教育以便有意义地使用它。专注于机器的运转——工厂里的雇工只是机器的"操作者"——已经使怀疑窒息,相应地产生出一种追求外在的不正常刺激的要求。工作和收入的不安全使他们不可能有效利用他们在名义上拥有的思想自由和表达自由。物质产品的不良分配被反映在文化产品的甚至更大的不良分配之中。有巨大的痛苦是由于物质产品分配上的不平等而产生的。但是,更大的道德上的损失,出自这种不平等对在公共生活中起着重要作用的友谊、科学、艺术的较高级价值以及这些事物能够呈现的多种多样的形式的参与所具有的影响。民主理想在有一种适用于各种社会制度的伦理标准这一观念——一个与柏拉图一样古老的观念——中所强调的东西是：在应用这一检验标准时，每一个人都必须被包括在内；在使每一个人所具有的与众不同和独一无二的潜在性实现方面，个人之中能力和利益的巨量多样性都必须被纳入考虑。

5. 民族主义、国际关系、和平与战争

历史显示了一个完全没有中断的、趋向扩大由政治组织的单位构成的区域的运动。古代世界经历过帝国，但是它们是地方单位的松散堆积，除了因为收税和征兵以外，每个地方单位的内部习俗没有受到正在进行征服活动的军事王朝的干扰，另外，直到罗马帝国形成之前，这些地方单位在范围上几乎不比部落、部落联盟或城邦国家大。近几百年最典型的政治现象是民族国家的发展。这些国家，如果足够强大，在实践中总是展示出向经济落后的国家进行帝国扩张的倾向。从本质上看，它们预先假定或者追求一种确实的文化统一以及一种由通常为某种代议制政府支持的共同法律构成的体系。"nation"这个词逐渐地取代了其他词，用来指最高的政治单位，如果它不意味着实际上的民众参与政治，至少也意味着以前只是在规模小的城邦国家中发现的那种个人的依恋和忠诚。

民族国家的出现，一直伴随着这样一种心灵状态的形成，这种心灵状态被一位当代作家这样地描述："在这种心灵状态中，一个人对自己所属的那个国家的理想或事实的忠诚高于一切其他的忠诚，

一个人对自己所属的那个民族的自豪和对这个民族所具有的内在卓越及其'使命'的信念是其不可分割的构成部分。"① 从历史上看，民族国家是那封建地组织起来的神圣罗马帝国分崩离析和王朝专制兴起的结果，是用本国语代替拉丁语作为书面语言书写的文献所导致的结果，是政府为了增加自己的国库中的货币而日益加强对商业的控制所造成的结果，是对乡土的忠诚逐渐取代对最高统治者的忠诚的结果，是中世纪欧洲的共同宗教解体的结果。这样多种多样的原因在某种程度上混合在一起，共同导致了我们现在所称的不同于从家庭、城镇和教会直到国家的那种"社会意识"的巨大转变。当不独立的和受压迫的集团开始进行从把它们置于压迫之下的某个帝国的统治下解放出来而斗争时，这种新的依恋和情感忠诚就增强了；今天最强烈的民族主义情感可以在新近获得独立的国家中或者正在为摆脱他们认为是外国奴役的东西中摆脱出来而进行斗争的国家中看到。

毫无疑问，这种变化的一个影响就是一直将扩大社会一体感、深化公民感并且产生可被定义为关心共同体的事务就像关心他们自己的事务一样的公共精神、打破家族主义和地方主义。但是，一方面，在公共精神普遍地以爱国主义而为人所知的地方，这种关心领域的扩大一直伴随着日益增强的排他性还有对其他国家的怀疑、害怕、忌妒以及经常的仇恨。由于心理的原因，陌生人、局外人和外国人总是容易成为除了最开明的人之外的所有人害怕的对象。民族国家的成长把这种情感从个人和小集团那里带出来并将之集中

---

① 卡尔顿·J. H. 海斯（Carlton J. H. Hayes），《民族主义论文》(*Essays in Nationalism*)，第6页。

针对其他国家。王室阶层和军队阶层的自私一直在使恐惧和仇恨的火花燃烧,以便它一有机会就被煽成战争的烈焰。用来引导大众使他们对自己所属的国家的爱等与把其他国家当成敌人的意愿一致的切实技术已经成熟。贸易方面的经济竞争,占领市场和控制原材料以及在某种条件下使人力可以为了进行战争和建立加煤站而被征用的欲望,都被用来作为激发民族主义情感的手段。公共精神时常被转变成对一个人所属的国家所具有的一切有意义的优点的内在优越感;个人所具有的单纯的利己主义就被膨胀得把其自身等同于一个其含义是"国家"的实体。

任何一种情感在拥有自己的理想的一边之前都未曾在一个漫长的时间内统治过大量的人。内在地看,对国家的爱是对朋友和邻人的爱的一个扩展。尚未被公共精神激励的男人和女人,会把他们的活动限制在那些显然只把好处带给他们自己和他们直接所属的小圈子和宗派的事业和目的上。比如,在世界上的绝大部分,交通异常困难只是因为单个的家庭被捆在他们自己的土地上,拒绝分出其中的一部分以供公共使用。即便是在名义上的民主制中,要诱导那些专注于他们在超验的意义上认为是他们自己的"事务"的人参与有组织的共同体的活动,也依然是非常困难的。腐败的政治人士以及那些使用公共组织谋取他们自己的利益的人正是基于这一事实而有组织地进行着交易。

但是,另一方面,披着爱国主义这层伪装的公共精神已经日益被变成消极的渠道;它被用来激发对其他国家的敌意,是导致战争、使私我的公民自愿地承担他们在战争中不得不做出的牺牲以及在和平时期承担用于战争的税负的一个潜在因素。在许多情况下，日益清楚的是：特殊的经济利益为了使爱国主义为其自己服务，把自己隐藏在爱国主义之后。因此，爱国主义这种情感已经到了这样一种程度，总是存在着一种明确的企图：给每一种潜在而尚未明确地是"国际"的东西贴上"不爱国"的标签，培养一种在实际上怀疑和忌妒外国的每样东西的"百分之百的美国主义"，把国家的自尊和品格的独立等同于那种以对其他民族的轻视为基础的孤立主义。除了这些情感之外，还出现了这样一种信念：只要国家还保持它们现在的追求私人利润的工业制度，只要军需和战争装备的生产还是获取利润的一个来源，战争就是不可避免的。经济竞争和战争这两者都反映在国内政策之中，使内部的政治生活问题复杂和混乱。比如，每一场战争都导致了对公民权的压制；因此而造成的情感持续地导致对公民权的进一步压制，否则前面的压制就将是不可忍受的。我们已经看到了在世界大战之后在这个国家中出现的不宽容和无法无天的暴力。几乎百分之八十的国家税收被过去的和预期的战争使用，这一经常被引用但很少引起注意的事实已经把其使人迟钝的影响带进了社会生活的几乎每个方面。国家之间的竞争是维持对进口商品的高额关税的一个强大的力量，而这些关税又被再次被用于激起仇恨。事实上，我们可以考察国内政治组织和活动的每一个方面，来说明国家的敌意是怎样地增加了在寻找解决国内问题的在道德上令人满意的方案这件事上的困难。

  由于利用科学发现的能力，战争所具有的破坏性越来越强，这个话题在反复的重述中已经变成了几乎老生常谈的东西。它被用作反对进行更多战争的一个论证。不要杀人这一诫命，支持人的生

第十七章　道德与政治秩序

命神圣不可侵犯的那种情感,很久以来就已经被用来培养追求和平的情感。但是,在过去,不论是自私,还是战争完全是杀人这一信念,还是人类可能因为战争而从文明回到野蛮状态这一担心,都没有能够有效地保持和平。保存生命的欲望,丧失财产之担心,文明本身毁灭之恐惧,在被当作反对那从国际的角度看是无序状态的使国家不依赖任何其他国家的民族利己主义的砝码时,都是无足轻重的。事实是:在和平时期大部分人是爱好和平的,而且,在这些时期也容易被个人对仁爱情感和反对战争的要求所激动,但是,恰恰是在这些私人情感被需要来影响行动的时候,由于缺乏客观的有组织的支持,这些个人情感却自行消失了。

因为人们日益觉得,只要政治的和工业的有组织的制度力量有意进行战争,个人追求和平和善意的情感在危机中就是无力的;所以,追求和平的运动近来趋向于采取新的形式,而这提出了新的道德问题。在战争高悬时,为了保存在和平时期正常存在的人道同情和追求和平的情感,许多人正在发誓本人做一个"反战人士",不论自己可能付出什么样的代价,都拒绝任何形式的军役。他们坚信,即便男性人口中的一个相对小的比例发誓遵从这样一种行动方针,在战争时期准备蹲监狱,战争就将很快变成不可能的。另外一种办法是诉诸制度性的行动,就是撤销法律授权。根据以前的国际法,战争是解决国家之间的纠纷的一种合法手段;实际上,它不是在比喻意义上而是在一种明确的法律意义上最后诉求的高级法庭。《巴黎和约》要求世界各国以和平的手段解决它们之间的纠纷,正式放弃它们在国际法之下诉诸武力的权力,这实际上宣布战争作为一种惯例是一种非法。正如它的批评者所说的,这只是一种姿态还是有效的，在所有法律案例中，取决于在它之后是否存在着充分的信任。如果存在着充分的信任，宣布诉诸战争非法来解决纠纷就确实可以做一种法律总是在做的事情，也就是说，提供一种有序的渠道，通过它，道德信念将能够表达自己。寻求裁军、仲裁、调解、通过国际联盟这一平台建立世界法院和常任理事会的运动，是通过有组织的社会所拥有的机制而非诉诸追求和平的情感来解决战争问题的另外一些努力。但是，所有这些尝试，都不仅没有考虑各国的野心、土地饥饿和贪婪，而且没有考虑被现状固定下来的不正义。在过去，战争一直是修正现存不正义的一种手段。在未来包含着边界改变、人民忠诚的改变以及所拥有的经济资源的改变时，和平手段是否能够作为修正不正义的手段来使用，是要考虑的决定性的道德问题。那些致力于和平的人必须认识到这一问题的范围和人们承受需要付出的代价的意愿，这样的代价主要是道德的，而且是难以确定的，那就是为了人类的福利这一更广泛的概念而牺牲他们自己的民族主义的情感。所有人的更大的善，这一标准必须被扩展到超越国家，正如它在过去被扩展到超越家庭和氏族的范畴一样。

文　献

从社会的观点看自由，请看：密尔，《论自由》；卡伦（Kallen）编辑的论文集《近代世界中的自由》(*Freedom in the Modern World*, 1928）；拉斯基，《近代国家中的自由》(*Liberty in the Modern State*, 1930）；马丁（Martin），《自由》(*Liberty*, 1930）；海斯，《让自由回荡》(*Let Freedom Ring*, 1928）；查菲（Chafee），《言论自由》

(*Freedom of Speech*, 1920)，包含着关于美国行政官员和法院对此事的态度的完全信息，还有一个长长的参考文献；李普曼，《自由与新闻》(*liberty and the News*, 1920)，《舆论》(*Public Opinion*, 1922)，谈论类似的话题；德雷克，《新道德》，第14—17章。关于宣传这整个主题，没有恰当的讨论，但是，由梅里亚姆(Merriam)教授主编的讨论世界各国的公民培训的系列丛书以及他自己编辑的那本总结性的书《公民的形成》(*The Making of Citizens*, 1931)，说明了国家类型之整合被影响的主要方式；本特(Bent)，《大吹大擂，新闻界的声音》(*Ballyhoo, the Voice of the Press*, 1927)，从报纸的角度讨论了这一问题。

比尔德(Beard)，《政治的经济基础》(*The Economics Basis of Politics*, 1922)；比尔德(编辑)，论文集《人将走向何处？》(*Whither Mankind?*, 1928)；本特，《机器制造人》(*Machine Made Man*, 1930)；霍金(Hocking)，《人和国家》(*Man and the State*, 1926)；史密斯，"当代民主理论中的难题"(Comtemporary Difficulties un Democratic Theory)，载于《国际伦理学杂志》(*International Journal of Ethics*, 1928)，第1—14页。

讨论国家关系、战争与和平的：亚当斯，《较新的和平理想》；詹姆斯，"道德中可替代战争的东西"(Moral Equivalent of War)，载于《回忆与研究》(*Memories and Studies*, 1912)；斯特拉顿(Straton)，《国际行为的社会心理学》(*Social Psychology of International Conduct*, 1929)；乔丹(Jordan)，《战争与浪费》(*War and Waste*)；佩奇(Page)，《国防》(*National Defense*, 1931)；莫里逊(Morrison)，《战争的非法性》(*The Outlawry of War*, 1927)；克

罗斯比（Crosby），《国际战争》（*International War*, 1919）；威尔斯，《人的工作、财富和幸福》，第12章；罗素，《为什么人会战斗》（*Why Men Fight*, 1917）；海斯，《民族主义论文集》；安杰尔（Angell），《看不见的刺客》（*The Unseen Assassins*, 1932）。

第十八章 经济生活的伦理问题

现在,经济生活问题可能比以前还要重要,因为它是人要过生活就不可缺少的;但是,它们当然也以更为显著的方式引人注目。这一差别为城市中那些引人注目的建筑物所具有的特征所说明。参观雅典的人,可能被卫城上的神庙震撼;游览古代罗马的人,可能为具有政治传说的神庙和公共场所而惊叹。中世纪的城市具有其高于集市场所以及商人和工匠的住所的教堂。但是现代城市完全是一个制造业、商业和金融业的场所。充斥着由蒸汽机、被阴郁的住所包围的工厂占据着较外的区域;商业、办公室、银行雄踞于核心区域。政府不大突出,教堂随着居民到了郊区;商业占主导地位。

如果一个人更仔细地观察,他可能看到说明经济影响的更多标志。商店以在此之前的时代不可想象的数量提供了生活必需品和奢侈品;交通快捷,夜同白昼,巨额数量的钱在流通;数百万和上千万的贷款被商定。几乎有一半的公民根本不管投票;至少有同样多的人不到教堂做礼拜;但是,商业和工业从来没有说自己不被注意。

有卓越能力的人日益多地投身于工业、商业和金融业的世界中,而稍早的时期中他们可能是投身于政治或教会的。被那些在经济领域中居于最高位的人运用的权力,至少在和平时期,实际上比由宗教领袖或政治领袖所运用的权力更大。上台掌权,看起来更多地是在个人自己的掌控之中,而掌权地位的保有,与在比较大的程度上依赖于大众支持的那些领域中相比,不那么地不确定了。

再者,商业和财富所具有的影响以更巧妙的形式出现。人过去购买他们所需要的东西。现在,商品的大量生产不仅引发需要的满足,而且还创造出过去未曾梦想过的需要。它决定着居住场所、家庭的交往圈子以及就读学校的选择。

在我们这个时代中,经济力量之所以占首位,主要是由于那些发现和发明,它们使人以世界此前所不知道的程度通过机器控制了自然资源和自然力量,获得了新技术,从联系和合作中获得巨大的好处。这些东西已经改变了我们工作的条件,使之大大丰富,使人们生活在城市之中不再生活在乡村条件之中,而且在经济利益和政治利益之间制造了紧张和冲突。

这些变化和冲突造成了具有根本特征的道德问题。除了非常年幼和非常年老的人以外,几乎所有人的大部分生活都忙于从事某种形式的工作。我们都具有要满足的要求,其中的一个比较基本的要求——食物和居所、舒服和娱乐——取决于经济状况。这使我们与我们的同胞在物品和服务的交换中联系起来,在契约中联系起来,在雇主和受雇者、买主和卖主的地位中联系起来,在竞争和合作中联系起来。如果我们拥有财产或者与商业政策有关,或者如果作为个体的工人我们试图通过采取具体的行动来改善我们的状况,我们就不可避免地被卷入与土地法和政府政策的关联之中。让我们考察一下经济生活的这些不同方面已经迫使我们注意的一些主要伦理问题。

1. 生产、资本主义和竞争

1. 人已经被定义为一种会使用工具或发明工具的动物。他在用于进攻和防卫的自然手段方面所具有的缺陷刺激他去发明了弓箭和其他的武器,缺乏消化粗暴食物的能力刺激他去发明了增加和预备他的食品供应的方法,这些就说明了这一点。不能像鸟一样随季节迁移,他建造了更精巧的住所并且发现了火。建筑、纺织、冶金、农业这些基本的技能,不但提供了所需要的东西,而且还为早期的艺术家们提供了施展才能的机会。手的技艺和脑的发育同步进行。播种和收获、工作和成就、技艺和成功这样的序列,除了帮助提供生活的手段,还帮助塑造了品格。工作的社会影响不是不引人注目的。它区分了一个工人是作为独立的农场主和手艺人为他自己工作还是在一家工厂或一家店铺里为另一个人工作。它区分了一个人是被迫把自己的力气花在艰苦而繁重的工作上还是由于使用牛、马或机器来做这些较重的活而能够不去干这些重活而去干指导或控制这样的活。它区分了一个人的工作是相对不变的和其报酬是取决于他自己的努力还是他的工作是不确定的和主要依赖于处在他的控制能力之外的市场状况。最后,它区分了一个人与他的工友或雇主的关系是家庭般、邻居般或朋友般的,还是这种关系是纯粹与个人无关而工作的唯一动机是赚取以工钱、薪水或利润分红之类的形式表现的钱。

2. 在很大程度上包括生产和经济组织所使用的各种方法所具

有的那些突出特征的那个单一的世界,就是资本主义。这可能既与原始社会的制度形成了对立,因为在原始社会中,每个群体最重要的事情就是提供满足其生存所必需的东西;这也与封建社会形成了对比,在封建社会中,农业是主要的产业,土地被耕种,家里的苦差事是由佃户来做的,这些佃户虽然为地主提供了服务但地主却不付钱,反而被要求把他们的一部分时间来为地主服劳役来作为他们租种一小块土地来谋生的条件。在工艺和贸易日趋重要时,商人和银行家在积累财富,能够从事要求相当数目的金钱的事业,但是,工匠依然多半继续拥有他们自己的工具,因而得以继续保持相当程度的独立性。他们为了相互帮助而结成行会。

由用水力和蒸汽驱动的机器来进行生产的工厂来取代纺织工人、铁匠和许多其他行业的独立手艺的,正是18世纪和19世纪的那些伟大发明。这些东西取代了手工工艺,推动大量的金钱被投入,来建立工厂,用机器来装备它们,给它们提供原材料,在市场上销售产品,给工人发放工钱。在这一制度中,资本家,也就是那些为建设工厂、铁路、轮船和现代工商业的所有其他设备提供必要数目的金钱的人,是非常重要的,因此称这种制度为资本主义是非常恰当的。与此形成对比的,不仅是此前各个时代的那些较简单的制度,而且还与社会主义形成了对比,因为在社会主义制度中,生产几乎完全是由被组织在国家或其他的东西之中的社会来进行的。俄国就是这样一个社会的例子,这个社会正非常主要地在通过公有制和指挥来进行生产,这与私人的所有制和管理形成了对立。

资本主义的两个基石是私有制和自由经营。资本主义被认为是这样的:排除了暴力和某些欺骗之后,一个人可以自由地从事他所选择的任何一种事业,把他可能获得的任何东西都当成是他自己的。这两方面的"权利"实际上都受到某些限制。他不得从事一种危及他的邻人的事业,比如,在没有应有的安全措施的情况下从事爆炸品的生产,或者要求他所雇的人在有碍健康的采矿工厂中操作危险的机器,或者从事贩毒,还有在某些国家中未经政府许可而贩酒;而且,拥有财产,他就必须纳税。对私人事业和财产权的这些限制将在后面加以考察,但是,资本主义的一般理论就如上所述。

3. 要保证具有经营自由的这种私人所有制度为总体的善服务,主要依赖竞争。这一直被认为是保证工资、利润和价值得到一个公平调整的一种摆轮。它被认为是要保证公平地对待工人、所有者和消费者。它还被认为是要刺激发明者和生产者或商人去冒要进步就必须去冒的危险。它认为,如果工资被压得太低,雇主之间的竞争就将使它们得到提高。如果在垄断中或在一种行业中利润太高,其他的公司就将努力进入其中,这样就将使商品的价格降低。如果一个制造商在他自己的政策中过于保守,或者不愿意放弃破旧的机器或过时的工艺,他将可能被其他更进步的公司的竞争强迫着去采纳新的发明和新的方法,而所有这些从长远看都是有利于公众利益的。因此,资本主义已经在许多人看来提供了一个自我调整的原则,它可以保证所有相关者的最大利益,除了赞美和称赞以外,它不需要来自伦理角度的任何注意,也不需要政府的干预。

除了上面所说的之外,竞争已经显得特别适合于导致并加强品格独立和自力更生这样的品性。它看起来提供了"一个公平的场地,不特别支持任何一个人"。由于不依赖于某个当权者的个人支持,也不依赖于家族特权或继承而来的财产,它看起来使个人自己的能力和努力成了胜利的试金石。它在美国得到特殊的支持，因为它一直看起来是与在美国这个相对新的国家中的条件一致，在这个国家中，家庭和继承而来的财富不像在旧社会中那样重要。已经出现的与竞争有关的伦理问题主要是由于工业或商业中条件的变化，这些条件或者妨碍竞争，或者已经预先使竞争不起作用。

可以说，这种制度是在发明的扩展以及与此扩展相伴的生产上的巨大增长的滋养下自己成长起来的，而不是任何明确计划的结果。但是，随着这一制度的各个方面和其结果已经被逐渐清楚地看到，它的优点和缺点已经被有力地说了出来。它保证了一些种类的自由；它还实际上或者能够保证正义吗？它与民主的政治制度处在和谐关系中吗？这些问题，从伦理方面习惯上可从两个方面来考察：一方面是工业过程；另一方面是那些拥有并管理着工业、在市场上销售其产品、获得利润或导致亏损的那些商业公司。

2. 工业的一些伦理问题

1. 在19世纪早叶，纺织工业是首先采用机器和蒸汽这种新动力的产业。重大的伦理问题是保护工人的生命和健康。用经济学家亨利·克莱（Henry Clay）的话说：

> 竞争，总是与工人的无防护的生产条件相伴，趋向于使最恶劣的生产条件变成标准的条件。放弃卫生的条件，强调工作时间和工作速度，任由工人冒受机器意外伤害的危险，使工人的年龄由竞争来决定，这些将使矿山和工厂成为地狱。

童工被使用到在现在看来几乎不可相信的残酷程度。在工厂最早被建立起来的英国首先开始、很久之后才在美国开始的工厂立法，遏制了这些过程中这一最糟糕的事情。但是，在美国的许多州，几乎没有对儿童的保护；那些要求通过给予工人以补偿来对在工厂的意外事故中受到的伤害予以适当照顾的规定，只是在非常近的几年中做出的。法院普遍采取这样一种立场：如果一个工人有健康的心智，他就能够认识到工作可能具有的危险，特别是由于他的工友的失误所带来的危险。除非雇主被以某种方式显示出他明显地错了，否则雇主是不被要求负责的；除非对处在极端厄运中的个人或家庭没有采取适当的救援，州政府也不担任何责任。

对于工厂意外事故、童工和妇女过长的劳动时间这些事情所具有的种种恶，竞争没有做出任何修正。正如亨利·克莱在上面一段引文中所说，它趋向于增强而非减弱这些恶；因为它趋向于使最糟糕的劳动条件成为标准的条件。一个希望维持高标准的健康和安全、支付高工资的雇主，可能发现一个不那么有顾忌的竞争者可能以较低的成本进行生产。因此，只有通过州政府的干预才能保证工厂有恰当的条件。州政府可以要求健康和安全标准、防止意外事故发生的预防措施以及雇用儿童的年龄限制。

对危及健康或儿童的劳动条件负责，这一首要的伦理问题可以被说成在原则上是确定的，不管某些共同体和法院对此的认识是多么地落后。作为一个整体的工业所获取的利润不应当对那些使这些利润成长可能的人的生命和健康承担任何责任，这是一个非常令人难以忍受的主张，因而不可能被公开地主张。与国际联盟联系在一起的劳工部门，就反映了世界各国对社会应为竞争趋向于恶化而非改进的劳动条件承担责任这一原则的广泛接受。

准确地说,当下最急迫的问题是:机器对文明的更微妙的影响,安全,工人和他们的组织与雇主和管理者之间的关系,包括工资与利润之间的关系。

2. 在最一般的意义上,机器的开始与文明一样古老。但是在工业革命中,蒸汽这种新动力开始被运用于效能日益增强也日益复杂的机器,自此之后,人们就开始谈论一个"机器时代"。萨缪尔·巴特勒在他的《埃里汪》(Erewhon)中设想机器最终会变成全能的并且统治制造它们的人。索尔斯坦·韦布伦(Thorstein Veblen)认为机器将导致社会分裂成两个阶级:用机器工作的人和不用机器工作的人。他认为,用机器工作的人容易在他们的思想习惯中被成为机械化的,因而会与他们所操作的机器相似。机器对好与坏、对与错、快乐和不幸一无所知。它们是原因和结果的具体体现,是力量及其运动的渠道或方式的具体体现。整个生活都用在与机器打交道的人往往采纳类似的观念,这与那些处理法律思想、金融和买卖的人形成了对比。因此,用机器工作的人不断地被快速而冷酷的现实所塑造。其他的阶层处理那些基本上是人为的和传统的符号和观念。

423　　工业中机器的影响,由于工业管理中已经偏重的用工人和公司之间比较遥远的和非个人的关系来代替比较旧的、比较亲密的和比较个人的关系的趋势,已经被加强了。今天,大量的铁路、矿山和工厂已经庞大到不再像旧时的马车或织布机那样可由个人拥有和控制。美国钢铁公司是第一个资产达到十亿美元的公司,但是,它现在不是这个级别上唯一的公司了。制造多种款式汽车的通公汽车

第十八章 经济生活的伦理问题

公司、美国电话电报公司,还有好几家铁路公司和银行,都拥有超过十亿美元的资产。

这些巨大财产的拥有者是股东,但是,这些股东中,只有极少数人拥有工业或经营管理方面的直接知识。管理工作由董事会掌控,董事会的成员决定着公司的总体政策并且把这些政策的执行交给一群办事人员去处理。当财产包括散布于这个国家的各种矿山、工厂和铁路系统时,核心的经营管理就把局部的经营管理交给下属的部门处理。其结果就是使工人离所有者越来越远,使得工人与所有者之间的关系就变得与机器相似。蓝领工人和白领工人之间的分裂已经被认为是现代社会的分裂,已经取代了旧时的地主与佃农之间的分裂或绅士与普通人之间的分裂。当我们把机器和公司的影响加到蓝领工人与现代工业的高级管理人员或主要的拥有者在财富上的非常突出的悬殊差别时,我们就得到了几个伦理问题的基础,其中有些伦理问题正在被解决中,而其他的还根本没有被纳入解决的计划之中。

在机器对那些照管它的那些人所产生的直接影响方面,另一个指责是:照看机器过程中的单调乏味和由高速度或极端的热或者其他压力造成的神经紧张,使人疲劳或筋疲力尽,这削弱人的心智,或者要求某种形式的刺激性的消遣,而这些刺激性的消遣代替了那实际上使身体和心智都得到休息和恢复的健康的娱乐。无休止而嘈杂的娱乐,以逛马路和性这些不良情感嗜好为内容的刺激,追求含酒精饮料给予刺激或麻醉药品,这些,都一直被归因于机器文明所具有的微妙影响。

与这些真实的或被断定存在的恶相对的,是固定的不容置疑的好处。机器正在做沉重而乏味的苦工。它们已经取代了较旧的文明的那些由奴隶提供的力量。它们已经打破了横亘于村庄与国家之间、地区与大陆之间的隔离。它们已经大大地增加了可有效利用的财富的总量,而且已经提高了舒适的总体水平。杰出的英国统计学家约书亚·斯汤普爵士(Sir Joshua Stamp)经过计算得出:由于工业革命,一般人可用的商品和便利的设施的水准提高了四倍。被机器操作在心智上和身体上都受上削弱的人的数量,与以前由于长时间艰苦而繁重的劳动而在心智上和身体上都受到削弱的人相比,数量是很小的。大量的人的工作时间削减了一半。适用于各种目的的休闲已经变得唾手可得。在美国,几乎每一个家庭都拥有汽车。而且,有一件事情是肯定的,我们不可能放弃机器而回到手工时代。

那么,这里的伦理问题是什么,如何才能应对它们?这里的伦理问题是减少其不好的影响,使用其积极的价值以代替那些已经失去了的东西。在这方面,首先要做的事情就是限制劳动时间以防止工人筋疲力尽或过度疲劳。促进发明,使机器可能做一些最单调乏味的工作,这也是不应当忽视的。但是,对机器所具有的使人机械化的影响以及它对工匠所具有的旧时代的技艺和人们对手工产品所具有的技艺精湛的或艺术的价值的自豪的取代,最有希望的补救办法可能在教育中找到。教育从两端——生产者一端和消费者一端——来解决这一问题。教育,包括艺术培训在内,使经营者和其员工能够设计出更好的衣服、更好的家具、更好的房屋。消费者的教育,使他或她——因为在多数情况下买东西者是妇女——能够在所有领域中都欣赏和需要较好的产品。

3. 资本主义的尚未解决的问题之一是如何保证明显的稳定和

第十八章 经济生活的伦理问题

安全。在封建经济中，可能存在歉收以及随之而来的短缺，但是几乎不存在失业的可能性。在机器工业和商业经营中，存在着相当有规律的繁荣、危机和萧条周期。在萧条时期，存在着食品和工业产品的过剩，但是购买者手中几乎没有钱，人们对未来信心小。某些萧条可能归因于战争。文明虽然安全，但几乎不能牺牲一千三百万人并且把成百亿美元的钱——有人估计有三千亿甚至更多——投入战争而不造成痛苦，特别是它继续使上千万人处在武装之下而且每年把成百亿美元的钱用于军事装备之时。但是，许多恐慌和萧条之发生是不能追溯其原因到战争的。它们看来更多地是出于除了赚钱之外没有任何计划的生产以及以对未来利润和可获得的投资的膨胀的期望为基础所作的胆大妄为的推测。与缺乏使工业稳定的任何远期计划结合在一起的对利润的一心追求，是商业到此为止已经提供给我们的一切，而这几乎没有为未来任何更好的东西提供希望。

　　形势被恶化了，因为商业和联邦政府抵制任何意在把失业问题当成一个全国性的问题而不是当作局部的地方问题来处理的努力。毫无疑问，管理的体制和更大的地方责任是受保护的。但是，没有一个中央的协调机构，对造成每个共同体都只注意它自己的负担这一特点所具有的影响是非常糟糕的。每一个城市都努力使其支出尽可能地低。它担心自己获得一个慷慨的名声，因为那样将使求助的申请像洪水一样涌入。它自然地趋向于限制向常住居民发放救济品，限制向其他人发放单次就餐券或单次过夜券。"下一列出城的货运列车将在一个小时内离开。在它走后，不要让我再看到你。"这是作为警察的典型警告语被引用的。所以，由老人、中年人和孩子构成的人群从一个城市流浪到另一个城市或者从一个城市被赶到另一个城市。这种流浪,对年轻人来说,不是一个好的培训学校。

那些不到处流浪的人情况也没有好到哪去。日复一日、月复一月地闲荡,累积效果就是让那些需要经常工作给予的教育方面的和使人稳定的影响的年轻人丧失勇气。对于那些仰赖其从事的工作所挣的工钱来养家的年龄较大的工人来说,它至少还提供了一个比较体面的、一个需要拼命的选项。他必须使他自己受苦并且看着其全家受苦,或者从公共机构或民间慈善活动那里寻求救济。在洪水、火灾、地震或瘟疫以一种不可能预知的灾难形式发生时,民间慈善看来是一种仁慈的帮助,但是诉助慈善活动来修正应当由一种经济制度防止出现的境况,就是承认自己软弱。因为慈善没有把负担加于那些有能力的人身上,也没有把负担加在那些从之前的繁荣中获利最多的人身上,而把负担加在那些自愿捐助的人身上。处理这种境况的这种方法不是有效的,更不用说正义了。政府和商界中的领袖现在正在比在以前的萧条时期更大程度地认识到共同体的责任。①但是,只要工商业被置于利润动机的无限控制之下,能否能够避免这一循环,是颇为可疑的。

就我们建议对此要做的那些事情而言,这不太是一个谁应当受到指责的问题。商业希望政府不要管它,但是,与此同时,它确实承认,除了在繁荣时期赚尽可能多的利润、在萧条来临时把失业的负担交给慈善活动以外,它根本没有什么计划。

---

① 这一段是在1929年的那场大危机之后的萧条期中写的,而且这场萧条在1932年依然在继续。

第十八章 经济生活的伦理问题

因此，公众对于把这样的境况当作地方事务来处理，一直是相当不满意的。而且，这样一个在其中五千万人中有六百万人失业的处境不是一个地方事务。把它当作地方事务来处理，就是阻止国家考虑这个问题和采取恰当的计划来处理工业的全部作为。

如果这些问题是悲剧性的，那么这样的两难困境就是嘲讽性的。公众对工商企业说："你们在经营工厂，为什么你不以明智的计划来代替拇指规则？"工商企业回答道："我们不得不竞争。政府不会允放在国家层次上作计划；称这是在要求人们同意约束交易，威胁进行起诉。"公众接着问："如果除非被迫进行竞争，工商业就不能被相信是在考虑公众福利，如果竞争使得工商业不能在国家层次上作理智的计划，为什么政府不作计划呢？"但是，工商业和政府被这样一种想法吓得目瞪口呆。它与美国个人主义这一基本政策相矛盾，而个人主义是我们从18世纪继承下来的。接着，公众再次问道："即便我们不能做任何事情来防止失业，为何我们不能从国家的层面上看救济问题呢？"但得到的回答却是："在我们的政治制度下，救济只是一个地方问题。如果我们像在国家层面上对待战争、洪水一样对待救济，那将是一场灾难。"我们必须不惜一切代价坚守18世纪！

文　献

亚当·斯密、密尔和卡尔·马克思的经典著作在为当前的讨论提供背景方面依然是重要的。下列文献给我们所讨论的伦理问题提供了重要的东西：卡弗（Carver），《美国当今的经济革命》（The

Present Economic Revolution in the United States, 1925),《社会正义论文集》(Essays in Social Justice, 1922); 蔡斯(Chase),《人和机器》(Men and Machines, 1929); 克莱,《经济学普通读本》(Economics for the General Reader, 1923); 多纳姆(Donham),《随波逐流的工商业》(Business Adrift, 1931); 福克纳(Faulkner),《追求社会正义,1898—1914》(The Quest for Social Justice, 1898—1914, 1931); 哈德利,《民主制的经济问题》(Economic Problem of Democracy, 1923),《公共道德的标准》(Standards of Public Morality, 1912); 汉密尔顿(Hamilton),《当前的经济问题》(Current Economics Problems, 1925); 霍布森,《近代资本主义演化》(Evolution of Modern Capitalism, 1894),《工作与财富》(Work and Wealth, 1914); 马歇尔(Marshal),《工业社会》(Industrial Society, 1929); 斯利克特(Slichter),《现代经济社会》(Modern Economic Society, 1931); 托尼(Tawney),《贪得无厌的社会》(The Acquisitive Society, 1920); 塔格韦尔(Tugwell),《经济学的趋势》(The Trend of Economics, 1924); 韦布伦(Veblen),《工商公司理论》(The Theory of Business Enterprise, 1904); 威廉姆斯,《社会心理学的原则》(Principles of Social Psychology, 1921); 沃姆泽(Wormser),《法兰肯施泰恩股份有限公司》(Frankenstein, Incorporated, 1931); 贝弗里奇(Beveridge),《失业》(Unemployment, 1909 and 1930); 道格拉斯(Douglas)和迪雷克托(Director),《失业问题》(The Problem of Unemployment, 1931)。

第十九章　集体谈判和工会

1. 雇主和雇工相互冲突的利益

1. 工业革命已经在雇主阶级与雇工阶级之间形成了一种分裂，以及在他们各自的利益之间存在的许多冲突。毫无疑问，在工业的繁荣中，这两个阶级具有一种共同利益，但是还是有几个原因导致了他们之间的利益冲突，而这几个原因提出了道德问题。

阶级分裂是古老的。在较早的时代，阶级分裂出现，主要是由于一个群体对另一个群体的征服。被打败的群体可能成为隶农或农奴；而统治阶级是自由的。在诺曼人征服之后的英格兰，记录在《土地财产清册》中的调查显示不自由的人大大超过自由人。在随后的几百年中，农奴阶级消失了。农场主和农场工人以挣工钱的农场劳动者从事农业，独立的商人和工匠从事贸易和工业。但是，工业革命以一种新的形式带来了一种分化：一方是拥有工厂和生产工具并且指挥工作的人，另一方是那些完成指定工作以挣工钱的人。在工业革命通过几个成功的阶段发展时，就出现了以具体的冲突体现的改变；在某些方面，雇主增强了他们的力量；在其他方面，雇工改善了他们的劳动条件。但是，一些利益冲突，主要不是由于雇主或雇工希望获得不正当的利益,而主要是由于"什么是公平的?"这一问题的复杂性以及工资谈判制度。对于在具体的危机时期导致共同体严重分裂的利益冲突,我们选择了这样五个:

(1)在工厂获得的收入分割上,工资占多少,利润占多少?

(2)在劳动以小时或天计酬时,公平的(或实诚的)长度单位或速率是什么?如果产量的限制存在,那么多少产量是正确的?

(3)哪一方应控制劳动条件?厂规和其他不可缺少的规定应当由雇主决定吗?或者,在工厂中也应像在政治中一样存在着公民权吗?

(4)哪方应承担工厂的风险、意外事故的风险、失业的风险、过早衰老的风险以及疾病的风险?

(5)由于上述所有四种冲突注定是在竞争的制度下以有利于掌握有利谈判力量的那一方的方式被决定的,因此,每一方都努力加强自身,为此采取这样的措施:(a)组织,集中力量;(b)政治结盟,或者通过立法,或者通过法庭,或者通过把朋友选成官,或者结成政党。谈判力量中的一个深层因素是发明和机器减少对工人所拥有的训练而成的技艺的要求的程度。如果一个工人可在一天之内被教会,旧时的工人所拥有的通过数年经验而获得的技艺这样的本钱也就丧失了。

当我们问"可能把正义和理性引进来解决这些冲突吗?或者它们只能通过暴力和权力上的优势来解决吗?"这样的问题时,道德考虑就出现了。

2. 雇主与雇工之间的关系的那种与个人无关的特征,虽然因为不受个人纽带的约束而澄清了一些问题,但却加剧了雇主与雇工之间的冲突。许多问题的根源就在于经营工业的较旧的政策与机器生产和股份所有制以及经营这些新方法之间的压力。较旧的政策是以个人关系加上雇佣关系为基础的。它们适合于工业的这样一个阶段,那时,雇主本人是工厂中的一个工人,有熟练工人和学徒在他的雇用之下,他熟悉地知道他们,与他们一同分享工作,他需要他们的工作就像他们需要他付工钱一样,而且,如果他的儿子与他的一个工人的女儿结婚,或者相反,如果他的女儿与他的一个年轻的工人结婚,而这个年轻人此后可能有希望成为这个企业的一个合伙人,那将一点也不令人吃惊。在那样的条件下,雇工几乎处在与雇主相同的经济水平和社会水平上。一方面,他能够很好地照顾自己;另一方面,个人关系使得雇主把这个工人当成同僚而不是当成低人一等者或只是当一个"人手"——工资清单上的第12376号——来对待。

这与目前的状况形成了对比。在机器工业、大规模生产和巨大的工厂或种植园最需要的东西中,最有效的生产方法和组织是控制数百万乃至数十亿资本并且雇用着成千上万劳动者的大公司。雇主与雇工之间的差距是金融性的、教育性的和社会性的。面对拥有上百万美元资本的公司,个体工人所具有的谈判力量实际上等于零。个人提出的应考虑生病、意外事故、欠债或其他紧急情况的要求,也几近等于零。现代工业关系所具有的这种非个人的和超然的特征所具有的那个界限,可能就是劳动是商品这一思想。毫无疑问,像原材料、租金、利息一样,在决定产品的成本时,劳动是要被计算的一个因素。毫无疑问,像其他因素一样,工资受制于市场状况。但是,对于工人的心智来说,这一思想的含义需要进一步说明。它可能是要说：劳动应当被放进不考虑长时期忠诚服务的最廉价市场中，在工人过了其精力最旺盛的时期时他就应当被报废，在任何工商业的萧条中可以不考虑为工人寻找其他的工作而将其解雇。即便个体的工人可能对这样极端的标准不满，但是，其他公司毫不留情的竞争，追求利润而不在经营之位的所有者对分工的要求，没有留下其他的选项。制定法律可能只是一种空洞的姿态，就像在1914年克莱顿法案的第六条一样，该条说"一个人的劳动不是一件商品或交易的物品"，在对它的抗议的背后的情感，其根源在于严酷的事实。

2. 谈判力所决定的东西

1. 在较旧的条件下，要估计什么可被认为是公平的工资，显得是要容易一些。旧时的工业处在一种相对个人的生产基础上。那时，马车匠制做四轮运货马车，鞋匠制鞋，裁缝制衣，计算其材料的成本和制作产品所花费的时间，都是相对容易的。估算出一个以这些因素为基础的公平价值，不是不可能的。"它用了我两天时间，因此，我应当得到四美元"，即便在一些现代还活着的人的记忆中，这也是非常平常的一种表达。但是，现代公司已经变成集体性的，而不再是个人性的。它把成千或上万的人聚在一起，使他们做工具、鞋或衣服的不同部分。它利用一长串的发明和发现。它保持一个庞大的销售部门。它的产品的价格，必须不是由对应当付给工人工作时间的报酬的计算来决定，而是必然由市场或在有运输的情况下由"运输所能够承担的东西"来决定。这一集体性的过程，与由动力驱动的机器所具有的巨大效率结合在一起，提供了一个在通常的繁荣时期具有高额盈余的公司。

谁有权获得那些盈余？显然，三种主要的权利声索可能被提出来——所有者-雇主的权利声索，工人的权利声索，一般公众的权利声索，它们表现为利润、工资和面对消费者的低价。旧时的理论认为竞争将是调整这些权利声索的最公平的方式，但是，显而易见的是，实际的调整很大程度上将取决于这三方中哪一方居于较强的战略地位上。迄今为止，所有者-雇主通常处于这种较强的地位上。所有者-雇主没有迟钝到把他的地位加强到极易受攻击的程度。为了避免过于激烈的竞争，他一直努力，意在获得对自然资源的控制，用保护性关税阻止外国竞争，与竞争者合伙，要求法律保护其投入的资本获得最低回报，特别地，如我们将在后面讨论的，为了这一目的而使他的资本投资不以实际已经投入其中的东西来评价，而以它的回报能力来评价。在美国和西欧已经积累起来的巨大财富，大部分一直被所有者-雇主获得。消费者可能在某种程度上获得好处，世界大战之后的这段时期中工资一直地缓慢增长，虽然在1900—1914年期间工资没有任何增长。但是，从总体上看，由现代工业过程创造的巨大财富，包括那些其产生可归因于科学、发明和教育的财富，都到了所有者-雇主集团手中。

2. 什么是合理的工作时间？用来计算应付工资的工作的体系有两种，一种是计件，另外一种是计时，用小时、天或一个较长的时段。在计件工资体系中，利益冲突是在确定应付给每件产品的工钱这件事上出现。在计时工资体系中，由于要付的工资是确定的，利益冲突就在应当工作多长时间作为对这工资的回报这一问题上出现。即便是在计件工资体系中，速度问题也会出现，因为工人可能心中想，如果他工作太快因此而挣了看似高的工资，那么，每件产品所付给他的工钱可能会被减少。在旧时的条件下，当雇主与其他的雇工并肩工作时，要确定一个"合理的"速度是比较容易的。但是，在目前的条件下，像工资问题一样，对合理速度这一问题的回答主要依赖于市场，也就是说，依赖于供给和需要。至少工人可能从这一角度来看此问题，而雇主可能坚持旧时的诚实工作的观念。

限制产量当然是工商经营的一个公认的基本原则。生产出比能够在获得利润卖出的产品还多的产品，如果不是在招灾，至少也是在招致损失。保持价格被普遍认可而且合法的方法就是把产量限制在能够获得利润的那个价格上卖出的数量上。工会出于能够说明商业心理学与劳动心理学之间的区别的那些动机，采取了一种类似的策略。就像雇主从其自己的情况出发一样，工人从他自己的情况出发，也认为他的劳动所具有的价值取决于供给和需求。如果他提供了太多的产品，他就在某种程度上减少了需求。伴随着一种模糊的担心，特别是在季节性的工作中，由于可能没有足够的工作来让他持续地干，他干活时会慢吞吞的，怕"劳动使他失去工作"。这种态度为一种以他自己的工友的福利为基础的动机所加强，这种动机就是：不愿意干得太欢，因为那样可能导致压低计件工资中每件的工钱，或者导致自己过度依赖于其他人的速度，或者甚至导致减少他人可干的工作量。随着发明的增多，工人看到这一过程依然还在继续。它有在任何时间剥夺他或他的工友的工作的倾向，而这工作可能就是由他的全部训练和经验构成的投资。在任何时候，工商业的偶发事件使裁员以减少成本对雇主来说是明智的时候，他却没有任何契约来支持他对抗解雇。为什么他不应当采取明智的工商管理所使用的那种策略来限制产量呢？但是,这样一种策略,若是为工人采取,它就既不会被雇主认为是合理的,也不会被"一般公众"认为是合理的。雇主认为,"我支付了相当多的工资,有权使接受了这工资的人扎扎实实地作一天工。"工厂的利益要求它采取不断的努力去以低价生产产品,通过使越来越多的消费者使用产品而占领市场。做到这的一种方法就是更新机器和改进管理。另一种方法就是提高劳动效率。只有在这两种因素结合在一起时,工业才能繁荣,就业才能稳定。一般公众自然而然地对必须购买的产品的低价感兴趣。因此,一般公众自然倾向于同意雇主的观点而不同意工会的观点。

人们时常假定限制产量只是工会的策略和政策。确实,某些工会,特别是在建筑业中,一直坚持把确立一个最大的产量作为一个标准,因而提出了一个明确的要求,即标准的产量匹配标准的工资。但是,一个最近的调查已经显示,限制产量这种做法决不仅限于被组织起来的劳动者。在没有被组织起来的工人方面,同样的动机也在维护着他们自己。看来,这种做法是普遍的。正如在工资问题上一样,对此问题的回答,也是要寻找尺度,使谈判在条款和标准方面都清楚,在依据方面公平,正如在后面将被说明的,这意味着一种更近乎平等的谈判力量。

3. 谁将制定工作准则和管理工作条件、经营或工人？也许,这个问题一直比前两个问题被更激烈的争论。这也出于由工业革命带来的那些变化。因为在旧时的条件下,工匠-行会决定着许多重要的事情,那些决定着其他人的师傅本人也是一个工人。在目前的大规模生产中,上万或十万的工人可能被一个公司雇用,经营与工

436 人的分离是不可避免的。经营依之而制定规则和指导所有工作之细节的计划看来对许多雇主来说同样是不可避免的。在铁路上,正在旅行的大众的安全是在对意外事故负责的团体中集中权威的另外一个理由。在某些情况中,雇主主要通过他自己的努力建立了自己的工厂。他相当自然地认为这是"他自己的事情"。而且,不愿意交出曾经运用的权力是人的普遍特征。许多公司一直自愿地默认工资增长到高达与其他公司竞争所允许的程度,但是,他是在供给和需求的压力上或出于他的自由意志自愿这么做的,而不愿意承认工会在经营管理上具有发言权。类似地,许多公司发现减少过多的劳动时间、引入防止有危险的机器带来工伤的保护措施、积极主张"安全第一"这一原则是一种好策略,但是,这些同样的措施若是由工会提议的,它们就不愿意接受了。另一方面,工人也是人。他喜欢就他在其下花费其一天的大部分时间的那些规则说一些话。再者,他生活在民主时代中和一个大体上是民主的国家中。如果公民权是政治生活中的一个好原则,难道它就不能适用于工业之中吗?在一个高高在上的办公人员的意志下被雇用和解雇,依据市场条件要求减少暴力这一陈述,是不大令人愉快的。在监工的鞭子下过活,或者臣服于一个非人格的权威,看来不但在减少他的安全,而且还在减少他的自尊。他可能从来没有看过亚里士多德把人分成天生就适合于指挥的人与天生只适合于服从他人指挥的人这两个阶层的人的材料,但是,他反对亚里士多德的有些人是"天生的奴隶"这一结论。

4. 哪一方应当承担工业的危险? 我们已经提到意外事故和失
437 业这样的危险,特别是季节性或周期性产业所具有的失业。但是,还有一种类型的失业，它在所有类型的工业中都存在，特别是在机械工业中，那就是由于变大的年龄而带来的失业。在手工操作中，最大速度在生命的早期就已经到顶；那些在四十岁而发现自己失去工作的人有一个严重的问题摆在他面前。在旧时的条件下，个人情感可能阻止一个已经过了可有最大效率之年龄的人被解雇。许多雇主已经通过退休养老金制度而承认了这种形势，但是，一个为了赚取利润而建立的公司处在压低成本和保持劳动效率的压力下。还有什么比在难以或者不可能找到另一份工作的中年担心被解雇这样的事情更使人心碎的事情呢？

3. 怎样才能使谈判力保持对等？

在私人财产制度、契约、由市场主宰的价格和自由竞争之下，那四种冲突中的每一个所产生的结果，通常主要是由所有者－雇主和工人这些方各自具有的谈判力量来决定的。包括各方的交易在内的技艺所蕴含的人道和本能所具有的一切影响，在压力下都容易屈服于对一种看起来更为紧迫的特征的各种考虑。一方面是利润和工商业地位的维持，另一方面是生活和安全标准，这两者都可能驱使各方进入在其中自保可能是第一自然法的那些立场。使人不遭受资本主义制度下的不正义，最坚实的保护就是首先努力保持这样的谈判条件，使得各方在谈判力量上尽可能对等。就像在军事行动中一样，力量的来源有三：（1）组织；（2）装备；（3）盟友。

1. 在组织上，雇主方面占有并保持着一种强大的优势。工商公司不仅把上千乃至上万个人的财富和资源结合在一起，而且还被法律赋予了不死性。作为法人,它在财产权上享受着政府的保护,可是,如果它违反法律,不可能把它关进监狱。大公司行为计划是那样的优越,乃至它正在取代个人所有制。在美国,有二十多家公司每家都拥有超过十亿美元的资产。其中一些是银行和保险公司,它们主要雇用被支付了薪水的文职人员;其他的一些,像美国钢铁公司和美国铁路公司,它们雇用所有级别的人。美国钢铁公司有时雇用25万人。一份最近的研究表明,在1927年,两百家大公司掌握着这个国家近半的公司财富和超过一半的工业。这些数字对几个目的来说都是意义重大的,但是现在它们提出了这样的问题:劳动者怎样才能站在一个对等的平台上来面对一个拥有十亿美元的公司?仿佛这样巨大的力量还不够,还有一些从事同类生产的制造者协会,在必须时它们通常能够给其成员提供道德支持,可能还有物质支持。

面对这样庞大的资本结合体,工人已经认为他们拥有对等谈判力量的唯一希望是用组织对组织。如果在一个种植园中的工人,更进一步,如果进行同类生产的所有工人,都团结在一起,他们就不再那么地处于劣势,虽然即便如此公司因为它能够承担等待的代价而通常具有一种战备上的优势,而工人通常不可能承受等待的代价。公司因为等待一场谈判得出结果而损失利润,但是,没有了工作的工人很快便耗尽了他的资源。一些工会试图把某个种植园或工厂中的所有工人都包括在内,其他的工会把它们的成员限制在熟练工人。(美国)劳工联盟是由熟练工人组织构成的一个联盟。(美国)制衣工人联合会包括从事制作男装工作的所有工人。(美国)铁路协会包括机械师、火工、驾驶员和售票员四个团体。在工联主义的较早历史中,罢工是频繁使用的手段。在罢工看来正在失败时,时常就有暴力。一些雇主已经不再约束自己,他们派卧底到工会中去,其任务就是煽动暴力以便使工会得不到公众的支持。但是,在工会成功地保证了其强有力的组织而雇主变得更为理性时,这样的工厂战争方法不可能持续下去。(美国)铁路协会很少罢工,经营者在一个相互尊重的基础上与它们谈判。(美国)制衣工人联合会与大城市里的制衣工厂达成了协议,设立永久性的仲裁团,结果是"理性可以代替暴力"。在英国,集体谈判的原则是普遍的;在美国,只有少数的工人被组织起来。其他的工人可能或者不能得到与作为工会成员的工人一样的工资;他们的劳动条件可能好也可能不好;这主要取决于经营者的态度和工业的繁荣。但是,它可能容易变成"签还是不签。如果你不喜欢我的条件,你就走吧"这样的问题。一些不愿意与工会谈判的大公司试图组织"公司联盟",提供与经营者代表讨论工资和抱怨的机会。

2. 谈判力量中的第二个要素是可以被称为各方的装备的东西。雇主的重武器——用军事用语——就是机器。工人的最大资产是他的技艺。一名多才多艺的工人——木匠、铁匠、石匠、裁缝、织工——不可能在一天中被训练成。经验增强他的能力。他不可能轻易地被一个没有手艺且无知的寻找工作的人取代。机器使制做一件上衣或一双鞋或一件工具的活分成许多工序,其中的每一道工序都可以由机器来进行。学会使用这些机器可能需要不同的时间,但是,在任何地方,这样的事所需要的时间都极少与练成一个能做所有这些工序的全能工匠所花的时间一样长;而且,许多机器在操作方面既不需要智力也不需要技巧。在这些条件下,旧时的工人所拥有的最强大的资产和安全港也就变得越来越小了。在他不仅要面对一个庞大的公司而且透过现代工业的机制得不到多少保护之时,他怎样才能就平等的条款进行谈判?所以,就谈判力量上的对等依赖于装备而言,天平是毫无希望地不利于工人的。

3. 没有一方满足于只依靠其自己的力量。每一方都努力从政府获得帮助以保证其目的的实现。雇主努力保护他的财产;工人努力保护他的生命、健康和安全,防止通过使用童工和不受限制地吸纳移民来竞争。工人还努力从立法机关获得帮助,这些已经在童工法和雇主责任法上得到了反映。工人还与其他团体形成联合力量来使国会通过限制移民的法律。限制妇女劳动时间,以及限制妇女在诸如采矿厂和冶炼厂这样的一些行业工作,因为法院已经颁布法律并且坚持认为只有男人才有权使用所谓的"治安权"。在对健康的危害还不明确的地方限制男人的工作时间已经被美国最高法院宣布为违宪。

雇主一直主要地依赖于法院的帮助。因为他所努力的东西是保护财产,而且因为法院一直认为由宪法第四修正案所保护的权利包括了使公司作为一个公司具有不受干扰持续赢利的权利,所以他从法律寻求保护,使他免受工会干涉经营的任何行动的干扰。

法律通常比公众意见更为落后。这在法院的判决方面是特别真实的,因为这些判决部分地是以反映着过去的意见和思想习惯的习俗为基础的。在英国法律和美国法律中,传统一直是强调个人权利,而这种个人权利是伴随着被假定对等的谈判力量的。由国王或议会所赋予的垄断或特许权实际上是被小心翼翼地看管着的。但是,由于财富或财产而造成的不同,没有一个被纳入考虑虽然如此，正是在这一传统之中，对于一个人来说是合法的事情，若是被某个群体做了，那可能就是非法的；因为在后一种情况下，它可能落在阴谋这一观念之中。与公司打交道的个体劳动者在实际的谈判力量上可能是处在一比一百万这样的比率。法院拒绝承认这些事实，它发现，认为每个人与其他任何一个人都是平等的，可能更合乎美国生活的原则。再者，当属于一个工会的个体试图形成联合力量时，公司被当成一个独立的人，虽然它包含着许多所有者。因此，公司被授一个单独的个人所具有的一切经济身份，而依据联邦宪法第四修正案，未经"正当的法律程序"，任何州都不可剥夺其财产。因为它们抵制工会，一些雇主采纳了"自由雇用企业"策略，这就是说，不是一个工会会员的个人也将被雇用。由于认为工人联合起来是合法的、这样可给他们提供一种使他们在与大公司打交道时具有对待的谈判力量的方法，堪萨斯州议会和政府通过了一些法律，禁止因为一个工人是一个工会的成员而解雇他或拒绝雇用他。但是，美国最高法院在两个案子中都宣布这样一种法律是违宪的。①

在阿戴尔案（the Adair case）中，法院的判决正如由法官哈兰（Harlan）所表述的，清楚地陈述了雇主与雇工具有平等的权利这一法律理论：

> 一个人依据他恰当地看待的条款出卖他的劳动的权利，在其实体上，是与劳动的购买者规定他依之从要把劳动卖给他

---

① *Adair* v. *U. S.*, 208 U. S. 161（1908）; *Coppage* v. *Kansa*, 236 U. S. 1（1915）.

的那个人那里接受这样的劳动的条件的权利,是同样的。雇工不论由于什么原因而停止向雇主提供服务的权利,与雇主不论由于什么原因而分派这样一个雇工所提供的服务的权利,也是同样的。……在所有这样的具体情况中,雇主和雇工具有同等的权利,任何干扰这样的平等的立法都是对契约自由的干涉,在一片自由的土地上没有一个政府能够合法地证明那样的干涉是正确的。

这一陈述排除了在关于巨大的铁路公司与个体劳动者之间的谈判力量上实际平等的一切问题。在对堪萨斯州法律的这一判决中,法官皮特尼(Pitney)代表法院的多数人提到了实际的不平等,但是,还是坦率地主张,如果没有实际的不平等,我们就不可能有契约自由和私人财产。显然,对于法院承认通过保护工人联合的权利来弥补实际的不平等的任何企图,他不仅认为那是困难的,而且认为那在法律上是不正确的。堪萨斯州法院以前曾支持那使"强制、要求或影响任何人使其不加入任何劳动者组织或协会、不成为其成员或不继续作为其成员作为保证其受雇用的一个条件"的做法是非法的法律。堪萨斯州法院说,"雇工通常在经济上不能够使其在订立出卖其劳动的契约方面像雇主在订立购买那被出卖的劳动的契约方面一样地独立。"但是,法官皮特尼回答说:

"毫无疑问,在私有财产存在的地方,就必然而且将存在着财富的不平等,因此,自然发生的事情是,谈判订立契约的各方就不是同样地不受环境限制。……除非所有东西都被共同拥有,否则,一些人必然比其他人拥有更多的财产。由于这一点是不言而喻的,所以,从事物的本性出发,若不同时承认那出于私有财产权之运用的必然结果的财富不平等是合法的,就不可能支持订立契约的自由和私人财产权。"①

在阿戴尔案和科培奇案(the Coppage case)这两个案例中,有两个原则是利害攸关的:在第一个地方,法院能否承认经济上的不平等是可以证明公共干预订立契约是正确的一种证据,因为它们已经长期认为物理力量或身体威胁或某些在上者的不应有的影响构成了这种干涉的恰当理由;在第二个地方,既然禁止在危险行业即采矿和冶炼行业中雇用(妇女)的法律在以前的案例中已经得到支持,那么,在堪萨斯州通过这一法律这样一种措施中,是否可以清楚地看出某些公共目的。②

就涉及法律上的先例而言,在这两点上都可能决定要么支持要么反对问题中的那个法律,正如在科培奇诉堪萨斯(*Coppage v. Kansas*)一案中三位在法律学识上不可置疑的法官(Day, Holmes and Hughes)签下了反对意见这一事实所表明的。这一案件不是属于法律的,而是属于广义的公共政策和正义的。站在多数人一边,可以公平地说,如果经济不平等被承认为具有强制力量,许多契约将因此而变得不可靠了;因为正如工人一样,欠债者、借款者、商人

---

① 康芒斯(Commons)的《资本主义的法律基础》(*Legal Foundations of Capitalism*)的第288—297页讨论了这些案例。同时,请看Cook, 27 Yale Law Journal, 779 (1918) and Powell, 33 Political Science Quarterly, 396 (1918)。

② *Holden v. Hardy*, 169 U. S. 366 (1898)。

或工厂主都可以频频地发现他自己处在经济压力之下,乃至如果他能够等待一个更有利的时间,他就不会订立他现在订立的契约,因此,法院不愿意做出包含着使契约被含糊不清地宣布为无效的可能性的判决。另一方面,在霍顿诉哈代(Holden v. Hardy)一案中,法院非常明确地承认在工业的发展过程中新条件可能出现,它们要求较弱的一方获得州政府的保护。这样的保护,应当像对工人健康的保护一样,扩展到工人的工资吗?那些坚持某一类型的公共政策以及包含着"莫管!让强者赢!"这一准则的正义观的人,作出了反对我们正讨论着的这一法律的决定;另外一些人持有一种不同类型的公共政策观,比如包含在"共和"(commonwealth)这个词中的公共政策观,认为正义不仅包含着形式自由而且还包括使人免受包含真正威胁的不平等之伤害,他们作出了支持这一法律的决定。

就第二点而言,法院中的多数法官认为在工会中没有一种公共目的能证明政府保护它是正确的,而在对健康和道德的保护这样的情况中,州政府有明确的先例来支持它。另一方面,可以主张的是,如果工人为了改善他们的条件而结成团体被认为是合法的,那么唯一合乎逻辑的结论就是应当阻止由公司所采取的意在摧毁这样的团体的行动。毫无疑问,早前工商业的条件使得个人主义的"放任"策略不仅看起来是明智的而且看起来是正当的。拓荒者的精神,早前美国民众经济上的近乎平等,在法律态度和先例中使这样的政策牢牢地固定了下来。因此,相应的伦理问题就变成了这些已经改变了的条件在什么程度上要求一种不同的观念。

经济不平等这一问题在所谓的希奇曼案(the so-called Hitchman

case)①中得到了进一步的处理。在这一案例中,讨论的关键不是由立法机构通过的一条法令,而是一条命令:禁止工会和其代理人为在矿山成立工会而采取的一项措施,即劝说一个煤矿公司的雇员加入一个工会。它让人看到,这家公司的所有雇工都被要求以同意在为这家公司工作时不属于一个工会为其被雇用的一个条件。这一命令禁止工会干涉这样的契约。这条命令是由法院签发的,意在防止对财产权造成的某种伤害,因为这种伤害是在日常的诉讼中没有恰当的法律救济的。比如,用法官塔夫脱(Taft)的话说,如果有人企图砍伐我声称自己拥有的一棵树,那么在那棵树被砍伐之后,收集赔偿,可能给我提供的补偿极小或者为零。我想要那棵树,任何赔偿都不可能替代它。因此,阻止人砍伐那棵树直到确定那棵树是谁的,是公平的一部分。在这一案例中,法院认为公司有权要求其雇工善意,而少数法官(Brandies, Holmes, and Clarke)认为:工会之劝说这家公司的雇工的努力是"合理的,它意在通过加入工会来加强他们的谈判力量,扩大工会力量作用的范围,来改善在这家公司里工作的工人的条件。"法院多数法官的意见藉着关于主仆关系的古老法则加强了关于善意权的这一论证:"原告过去有权现在也有权要求其雇工的善意,恰如商人有权要求其消费者的善意。……为劝说一个雇工离开其雇主而采取行动的权利是被普遍认可的。"从所有的工会都被当成阴谋团体来对待之时到现在,这在许多方面都显得是最严酷的裁决。如果任何一家公司都可以通过要求订立一个契约这一简单方法来阻止其雇工结成工会,使得任何一家公司都可以诉诸这一使得签署这

---

① *Hictchman Coal and Coke Co. v. Mitchell*, 245 U. S. 229 (1917).

一法令的法官成为裁决所谓违法的权威的法律程序,要求获得政府的全力支持,惩罚蔑视法院的一切违犯者,那么,对于为了互助而结成的团体来说,其合法性还有什么基础?这显然沦为讽刺性的嘲弄对象。它等于说,"如果你不怕犯法,就去结社吧!"这一法令所支持的那种契约,被工会同情者称为"黄狗契约"(yellow dog contract)。它肯定是单方的。公司被期望提供工作,雇主被期望同意不属于工会。但是,一旦一个工人处在工会之外,公司没有义务继续雇用他。它也没有义务继续多雇用他一天。这里所提供的考虑,即对工作的考虑,可能在监工的鞭子下,或由于工人无法控制的市场条件,或由于工人生病,在任何时间被废止。如果存在着"正面我赢,反面你输"这样的情况,这完全可以说是突出的例子。由于这一法律所具有的各种力量如此严重地反对,工会在美国一直不大成功,也就没有什么在惊小怪了。工人一直极不相信法院,认为自己的观点极少有机会得到公平对待,也不会令人惊奇。

工人之所以在法律面前处于不利地位,原因之一是雇主能够站在被公认的财产权这一基础之上,而工人的利益则是获得和维持一种生活水准。

法律不承认工人有要求某种生活水准的法律权利。它认为,如果没有身体上的强制,每个人都将具有同等的机会,正义的内容仅此而已。工人感受到养家糊口的压力,也许还把他的压力与其他受到优待的人所具有的压力相比较;他认为把所有可能的压力都加在雇主身上是正确的。他称那些将接替其工位的人为"工贼"(scabs),认为他们背叛了他的工友。公众有时站在其中一边,有时站在另外一边。公众可能同情正在反对一家大公司的工人,除非罢工导致了不仅对雇主来说而且对公众本身来说都是巨大的不便,比如,在铁路被迫停止列车运行时。

当留给工人的选项是要么接受雇主的条件得到工作要么是没有工作而挨饿时,他的"自由"看来就没有什么巨大的价值了。当然,竞争理论是:不同的雇主将为得到工人的劳动而竞争,这将使工人有好的工资。在高度繁荣时期,这有某种程度的真理。但是,与现代趋势相符的是,在一个特定类型的行业中几个相互竞争的公司合并时,竞争被降低到最小程度;而在经济不繁荣的时期,竞争都是为找工作而进行的,而不是为得到工人劳动而进行的。

为防止使工资低于维持生活所必需的水平以下而采取的努力,已经以最低工资法的形式出现了。这些法律通常只被应用于女工,虽然在这一所谓的《亚当森法》(the so-called Adamson law) 中国会间接地就铁路工人的工资进行了立法,在其中,它宣布了常规的八小时工作制——这就意味着超出的时间应当被支付更高的工钱。马萨诸塞州有一项法律,它要求工资委员会必须考察在特定行业中支付给妇女的工资是否是足够的。一项法律由国会通过,确定了在哥伦比亚特区应该支付给妇女的最低工资;但是,这项法律被最高法院裁决为违宪。①

人们普遍承认,当两个国家处在交战状态时,在这种情况下要获得关于它们各自的优点的不偏不倚的观点,那是非常困难的。当雇主和工人自治在激烈的争斗之中时,同样的话也是正确的。每一方都可能诉诸即使不是糟糕也是不明智的办法。更为希望的,不是

---

① *Adkins v. chidren's Hospital*, 162 U. S. 525.

试图去完成评价在对或错方面哪方较多一些这一困难的任务,而是考虑能够做什么事情来防止冲突——因此而得以用理性代替暴力,用合作代替冲突。防止冲突并不是不可能的,从许多大工业的——比如(美国)铁路协会和(美国)男装制衣行业——的记录中看,这是显然的。集体谈判这一原则是被承认的。劳动时间和工资在一次又一次地调整。人们享受到一种相对的保护。在男装制衣行业中,分歧被提交给一个永久的仲裁委员会,它对自己的每一裁决都有记录。由此,它确立起了一些承认双方利益的正义原则,其程度连法院都没有达到。许多其他的没有接受集体谈判原则的公司也组织起了雇工代表制度或"劳动理事会"。这样的制度从雇主的观点出发持有不与不在相关公司的雇用之下的外人谈判这样一种立场。同时,它们提供了一种方法,藉之痛苦可得到补偿,劳动条件会得到改善。包含在这种关系中的伦理问题,主要依在这种"自由谈判"理论下正义是否可能而定。如果这一理论成立,那么,除了谈判力量几乎对等之外,可能使谈判成为真正自由的吗?如果我们承认在这种自由谈判制度下正义不可能被保证,我们就必须考虑另外的办法可能是什么。但是,这涉及整个经济制度和政治制度。如果它不能保证正义,还有自由,或者如果它不可能被加以修正以便允许正义,那么,这就是一份需要认真考虑的控告。

文　献

伯恩斯(Burns),《劳动哲学》(*The Philosophy of Labor*, 1925);科尔(Cole),《协会中的劳动》(*Labour in the Commonwealth*, 1919);

康芒斯（Commons）和协会：《美国劳动史》(History of Labor in the United States, 1918)；道格拉斯、希契科克（Hitchcock）和阿特金斯（Atkins），《现代工业社会中的工人》(The Worker in Modern Industrial Society, 1923)；帕尔曼（Perlman），《工联主义理论》(A Theory of Trade Unionism, 1928)；S. 韦伯和B. 韦伯（S. and B. Webb），《工联主义的历史》(The History of Trade Unionism, rev. ed., 1920)，《工业民主》(Industrial Democracy, 1902)；法兰克福特（Frankfurter），《劳动强制令》(The Labor Injunction, 1930)；康芒斯，《资本主义的法律基础》(The Legal Foundations of Capitalism, 1924)。

第二十章 商业的道德问题

在本章,我们将讨论与我们的生产过程的另外一半——即商业——联系在一起的一些道德问题。

1. 利润驱动

工业制造和分配产品,一般地讲是提供产品。商业则与工业的经营和金融有关。它的主要目的是利润。资本主义的理论是,这一动力将保证商业中的最大效率进而保证最大的产出,它将保证社会最需要的和追求的那类产品的生产,因而从长期看保证所有人的最大幸福。这一由亚当·斯密明确表达出来的理论假定,假定如果每个人都追求他自己的利益,他将必然偏爱那种对社会最有利的职业。

> 个人既不有意促进公共利益,也不知道以使他的工厂产品可能具有最大价值的方式来指挥他的工厂他正在多大程度上促进公共利益,他有意追求的只是他自己的获利,而且,在这种情况下,以及在许多其他情况下,在一只看不见的手的引

第二十章　商业的道德问题

导下,他将促进一个他根本无意促进的目的。①

有许多工厂,在其中,这看起来就是那么回事。制作许多人想要的一件物品是获得高额利润的一种方法。制造汽车、电话机、收音机的人,都因为提供不可缺少的、为人们热烈地追求的商品和服务而获得利润。另一方面,在现在,再假定利润动力是公平地分配利益、精致的产品或社会福利的绝对可靠的钥匙,绝不是容易的了。让我们考察一下使我们提出上面那些疑问的一些事实吧。

1. 被声称是利润动力的最大好处的:这种动机使事情得以做成。它是有效的。它刺激发明和生产,产生了比其他任何一种方式能够产生的财产还要多的财富。19世纪前期英格兰以及内战之后的美国和本世纪早期德国在总体财富上的快速增长,都被引用来支持这一主张。

美国人均财富和收入,明确地显示了一种巨大而相当稳定的增长。美国经济研究局在1921年对美国的国民收入的估算是:在1909年到1918年,国民收入从228亿美元增长到610亿美元;或者,扣除战争期间价格上涨的因素,从300亿美元增长到388亿美元,1918年的人均国民收入是372.00美元。1918年之后,增长一直在持续,到现在,总收入被估计为340亿美元,人均国民收入为692.00美元。这种增长中的相当部分归因于科学指导下的发明,而伟大科学家的动机极少是以利润动机为主的,这当然是真实的。但是,这一数字是让我印象深刻的。而且,正如米切尔教授(Professor

---

① 亚当·斯密,《国富论》。

Mitchell）已经指出的，可以更进一步说，如果一个商人不能获得利润，他将很快被迫退出商业。任何一个人都不拥有无限的资源，在一个无限定的时期中亏本经营，几乎就是一种形式的经济自杀。

某些工作是令人陶醉的。另一方面，许多种类的工作并非那样。使那些不吸引人的工作被做，最成功的方法看来是：提供足以唤起人去承担巨大冒险而努力去做的报酬，或者使人为了得到巨大的回报而去做困难而烦人的工作。在竞争的调节下，人们认为报酬不可能长期增长到过分高的程度，得到共同体要求和需要的东西的最简单的办法就是使提供这些被要求和需要的东西变得有利可图。

2. 人们发现这种理论的第一个缺点是：利润动机并不总是导致人们通过提供公共所要求的东西来为公众服务。有时，更大的利润是通过限制供给因而提高产品和服务的价格而获得的。往往控制着自然资源的大公司结成商业和工业的资金链条，这使得要设想竞争自动地使追求利润者使用提供公众需要的东西的种种方法来获得利润，越来越困难。相当比例的利润的获得，不是通过供给那样的必需品，而是通过控制供给或调整供给，根本没有为了获得利润而把任何与之对等的东西提供给公众的想法。这样一种对不劳而获的利润的狂热追求，是各个时期的盲目投机的标志，这类的盲目投机在1929年的美国达到了顶峰，它被一家金融机构描述为历史上最巨大的投机，结果导致利润从不大精明的人手中转到较为精明的人手中，但是，却把许多人的兴趣和活动从服务公众转移到做无本生意的方法上。

利润动机并不必然把消费者需要或追求的东西提供给他们。现在众人皆知，天平已经换了。现在的理论不再是要制造消费者所追求的东西,而是制造大量的产品,然后把它们卖给消费者。如果消费者不想要厂商提供的这些东西,那么,他们的"抵制"(sales resistance)就必须被克服。厂商就求助于推销人员和广告来唤起根本不存在的新需求,而其总体效果时常是不满意而不是满意。

第三个批评是:利润动机不能保证产品质量优良。更多的利润往往是从廉价而劣质的产品中获得的,而不是从经久耐用的产品中获得的。在商业娱乐中,诉诸色情淫荡而不健全的东西,已经被发现是更为有利可图的。那些关心在教育、戏剧、音乐和许多其他领域中更高层而优雅的工作的人,害怕利润动机。"商业化了的"艺术、文学或报刊看来是与"商业化了的"机器或宗教一样,是与最好类型相反的。

3. 非常重要的是自然资源的浪费这一问题。在罗斯福总统主政期间,注意力被召唤到森林、矿石、石油这些储量巨大的自然资源的枯竭上,因为那时使用的开采方法造成了危险。在利润动机的影响下,森林被砍伐,但却没有重新植树以做补偿。它没有向私人所有者支付钱款来为后代的需要做这样的补偿,所以根本没有做什么事情来恢复森林,即使是原先的这片林地根本不适合于做他用。开采煤矿的方法是浪费惊人的,因为它们只采出一片土地中煤的一部分,而剩下来的煤都被置于一种不允许进一步开采的条件之下。在石油方面,已经采取了一些措施防止浪费,但是追求近期利润的欲望一直是那么强烈,乃至它鼓励大量的浪费式开采。在最终可能发生的结果方面更为灾难性的事情是:在这个国家的某些地方,人们任由裸露的土壤被雨水冲进河流然后冲进大洋或墨西哥湾,这使那个地方的土地枯竭。

难题不是公司或个体农场比一般的人短视和浪费,而是利润动机本身直接对抗这个国家的未来幸福,而不是采取一种考虑到子孙后代的幸福的长远政策。由于煤、石油、金属、木材和未开垦地的看似不可枯竭的供给,美国这些条件的整个趋势一直是鼓励这种浪费的倾向。利润动机在许多小商业中鼓励节俭和节约的情况,但是在拥有这些巨大资源的情况中,它不仅是完全无力的,而且强化了人们本性上的漠不关心和无节制的使用。"来得容易去得快"(easy come, easy go),在自然资源方面,对于我们的资本主义制度来说,在相当程度上是正确的。

2. 正义的难题

我们已经看到,资本主义已经证明在其已经得到最充分发展的这个国家中它是增加总的财富和收入的一种有效的方法。这里要提出的是与其日益不协调的一个问题:在资本主义制度下,财富和收入应当在其各族人民的不同成员间如何分配?这就提出了正义问题。

对于一般人而言,特别是对那些工人、农场主或小贸易公司中的人或做文书工作的人来说,他们所想的,可能是效率问题比分配问题更为重要。如果全部的产品非常短缺,根本不允许给大众提供任何舒适,那么可能没有比平均分配更能使他们的生活状况更好的了。在过去的时代,大部分就属于这种情况。在人均国民收只有300美元时,极少数人能够得到多于纯粹生活必需的东西。现在人均国民收入已经大大增加了,像汽车、收音机、现代的水暖设备、有良好供热设备的房屋这样的舒适品和奢侈品,都是相当多的人有能力享受的。从这一点来看,提出分配问题有时被认为是愚蠢的。只要一般的水平在提高,如果某些人的水平比其他人的水平提升得快,这有什么关系呢？美国生活的一般精神,无疑一直是把成功看作是一场向所有人开放的游戏,而把奖品颁给那些获胜的人。这一倾向一直是为胜利者喝彩,而不是因为他比他的同伴更为成功而心生报怨。还有一个重要的事实是,虽然欧洲的财富分配情况更好地为人所知,但是人们对美国的财富分配情况确实一无所知。现代,人们对财富分配的情况所知没有对收入分配情况的所知精确,但是还是有足够的资料,它们给我们提供了讨论财富分配中所包含的那一原则的基础。到目前为止,人们所关心的是除了物质必需品还包括教育在内的人生之舒适和好处的机会。许多得到好工资的人随意花钱。保险为他们提供死亡或年老之所需。另一方面,当我们考虑在社会中的影响和力量时,财富就更为重要了。拥有巨量可用财富的个人或公司能够从事伟大的事业。不管怎样,他们控制着大量人的工资和生活条件。他们向教会和国家施加影响。如果我们正在全方位地思考社会福利,我们就不可能忽视正义问题。

但是,什么是"正义的"分配？人们已经给出了好几种回答,我们将讨论其中四种最为典型的回答。

3. 分配正义的四种理论

1. 把每个人赚的钱都交给他本人。这听起来是公平的。在比较简单的社会条件下,那时每个人都做整个的产品,如一张弓或一件衣服,这时可能确定了产品的价格就可以粗略地确定每一个人赚了多少钱并把这钱付给每一个做这种产品的人。但是,在当前的工业时代中,成千上万的劳动者参与由制造、运输和销售构成的这一复杂的过程,再那样做,显然是不可能的。

2. 把一个人通过他的能力、他的精明、他由于继承财富而获得的优越的经济地位以及增加他的谈判力量的每一种其他的因素等因素能够获得的东西都交给他本人,因为它们是被自由竞争调整着的。这是在资本主义下现在采用的方法。

但是,更近的条件已经深刻地改变了竞争的规则。一方面,有着巨额财富积累的公司已经取代了个体的谈判;另一方面,工会已经在努力使条件平等,通过集体的力量增强他们的谈判力量。既不属于资本家也不属于工人的消费者,其利益,在欧洲在一定程度上由协作性的社团保护着,但在美国却一直没有得到有效保护。这种方法无疑是一种可行的分配方法,但是却存在一个严肃的问题:它可以被称为公平的吗?就这一制度的效果被关心而言,看起来其结果在普鲁士、法国、英国和美国是相似的。财富在最富有集团中的集中,在英国是程度最高的,在那里,资本主义实际上是历史最长的。但是,整个趋势是类似的。

依据W. I. 金(W. I. King)的估计,如果我们把在这四个国家中的人口分成四个阶层——(1)最穷的阶层,占总人口的百分之六十五;(2)下层中产阶层,占总人口的百分之十五;(3)上层中产阶层,占总人口的百分之八;(4)最富有的阶层,占总人口的百分之二——第一个阶层占有总财富的大约百分之五,第二个阶层占有总财富的百分之五,第三个阶层占总财富的百分之三十,第四个阶层占总财富的百分之六十。如果有一百美元在一百个人来分配,那么,一个人是否能够以这样的比例来分配就是可疑的,虽然那样分配是否是公平的这一问题取决于我们还没有充分考察过的那些原则。资本主义的许多辩护者对在这一被估计出来的分配中所显示的极端不平等感到异常震惊,因为它显示百分之二的人口所拥有的财富比其他百分之九十八的人口所拥有的财富还经多,因此,他们就怀疑这些数字的准确性。但是,(美国)联邦贸易委员会在其1926年的报告中研究并估算了更大程度上的不均衡。

如果我们转向收入的分配,我们就有更充足的资料。美国经济研究局在1921年估算,在1918年

> 在拿工资的人中,最富有的百分之一的人获得了总收入的近百分之十四,最富有的百分之五的人获得了总收入的近百分之二十六,最富有的百分之十的人获得了总收入的近百分之三十五,最富有的百分之二十的人获得了总收的近百分之四十七。①

胡佛研究所的报告中最近期的估计显示,收入中只有很小的部分进了那些不大富有之人的口袋。

使我们不承认这样的财富分配是正义的东西,是这样一个事实:现代世界,特别是美国人民,信奉两种很难以与现存的财富分配协调的社会理论。第一种理论是:至少在一些方面,人是平等的。

---

① 《美国的收入》(*The Income in the United States*, 1921),第147页。

在实践事务中,我们给每个男人和女人提供了投一票的权利。我们从来没有在任何总体的层次上试图把这一点用到财富方面,而且,对于我们来说,要设想百万比一的不平等(如果我们取两个极端的话)恰是一个民主社会中的正义的代表,那是很困难的。

第二种理论是:至少在某种程度上,报酬应当与一个人为公共财富提供的服务或贡献成比例。某些大量的财富无疑是大量服务的结果,但是,其他的财富则是通过把财富流放到自己的口袋里获得的,而不是通过对这种财富的流出做的实际贡献获得的。换言之,"不劳而获"时常是一个原则,它把巨大的财富交给了那些精明的炒作有价证券或期货的人。

3. 第三种可能的正义分配理论是给每个人平等的一份。所谓的费边社的成员之一萧伯纳先生(Mr. Bernard Shaw),把这作为权利原则来倡导。①从正义的观点看,这一理论存在的困难是它也不能把恰当地评价人们不仅在能力方面而且在做他们自己的分内之事的意愿方面这两方面都存在的差别。换言之,它运用了一种类型的平等,但是它没有能够进一步使用把同等的报酬分配给具有同等贡献的人、把相称的报酬分配给了虽然都做出了贡献但其贡献值却不同等的人。

4. 第四种理论至少部分了放弃了这样的企图:将与每个人做出的贡献相称的东西分给每个人,或以所有人都是平等的这一假定为基础给个人相等的一份,或者以每个人都够从市场里获得的东西为基础给每个人相等的一份。它首先考虑的是对公共善或一般

---

① 《知识女性社会主义指南》(The Intelligent Woman's Guide to Socialism)。

的法律和老作家在心中所想的公共财富所指的东西。它问：什么是良好的社会条件，什么样的生活标准是一个好社会所不可缺少的或有益于一个好社会的。关于这一原则的效果，最好的例子可以在我们的公立教育制度中发现。在我们的公立学校制度中，首先考虑的，既不是如何培养中一些杰出的学者，也不是给某个社会阶层或经济阶层的成员提供优越的条件，而是给所有人提供最低限度的教育，给那样因为享受了最低限度的教育能够获得好处的人提供接受进一步教育的机会，这些东西被认为对于作为一个整体的国民来说是根本的和可欲的。如果我们要把这一原则运用到经济分配上，它就会主张最低限度的财富将不仅防止饥荒，而且将在任何具有丰富资源的国家使给所有人提供当前文明所需要的必需品和一些使人舒服的东西成为可能。

虽然把与每一个人所作的贡献都对等的东西都分给他是不可能的，每一个接受了最低数量财富的人都应当做贡献这一原则对于第四种正义分配理论来说却是根本的。不正义感的最大来源之一就是那些工作最辛苦的人（比如在许多类型的农场和工厂中的劳动者）和那些其贡献是对文明最有价值的人（比如那些发明家或科学家）时常是被付给工钱较少的人；相反，许多从来没有做一丝有用工作的人，却因为继承或幸运或精明地炒作有价证券和垄断特权而享受着巨额的财富。

上面所说的第四种理论就是被托尼先生（Mr. Tawney）一直称为与贪得无厌的社会相对立的功能性社会的原则。"功能"这个词可以追溯到柏拉图在他的对话作品《理想国》中对正义的研究。他的观点是：一个正义的社会是这样的，在其中，每个人都履行着他分内之事或功能,个体成员的善与整个社会实体的善是不可分割的。与现代理论形成对比的是,它毫无疑问地强调整个社会的善,而从亚当·斯密以后,现代的个人主义一直假定:如果每个人都追求"第一",结果将是所有人的最大富足,或者至少是财富总量将是最大的,即便它没有被广泛地分配。问题就是:既然个人已经几乎不再作为一种力量存在,当他的地位已经被一家公司或一个工会或其他的组织取代时,我们是否能够继续紧抓一种以个人主义和自由获取为内容的理论,当个人存在时,而且当在亚当·斯密的理论中存在着(与征服、战争和攫取土地分开的)很多真理时,这种理论运转得很好。

文　献

除了前两章的参考资料以外,还要加上下列资料:蔡斯(Chase),《浪费的悲剧》(*The Tradgy of Waste*, 1926);霍布豪斯,《社会正义的要素》;几位作家,霍布豪斯等,《所有权,其义务和权利》(*Property, its Duties and Rights*, 1913);金(King),《美国人民的财富和收入》(*The Wealth and Income of the People of the United States*, 1915);米切尔和同事《美国的收入》(*Income in the United States*, 1921);凡布伦(Veblen),《被合法授予的利益》(*The Vested Interests*, 1919)。

第二十一章　对商业和工业的社会控制

如果在目前的资本主义秩序中存在着那样的缺陷和不正义,自然而然地就提出了这一问题:为什么社会不在这方面做些事情呢?回答是:在资本主义国家已经采取了几项措施,它们就以减少我们已经指出来的那些恶为目标。在当前,有两个国家——俄罗斯和美国——正在就两种完全不同的制度进行实验。让我们首先考察一下现在依然处在完全的资本主义制度之下的国家中要做的修正。

1. 工厂立法

工厂立法是在工业革命最先出现的英国开始的。对妇女和儿童的雇用与令人震惊的虐待,还有漫天长的劳动时间以及危及健康的劳动条件,导致议会在1802年颁布了《童工法》,随后颁布了一系列的法律来保护其他阶层。美国和德国在后来才开始工厂立法的。在美国,由于一个州可能采纳保护性立法,而另一个拥有与第一个颁布这样法律的州的所拥有的工厂相竞争的同类工厂的州却忽视或拒绝采纳这样的措施,这一事实使得情况比较复杂。这在相当程度上依然会是这个样子。

议会试图通过立法来对要进入州际贸易的由童工生产的商品

征收重税的办法来控制童工。美国最高法院裁决这样使用征税权力是不合法的,因为这一提案的目的不是挣钱而是防止童工。法院原先已经主张联邦政府对由州银行进行的金融活动征税是合法的。其中的暗示可以看作是:保护商业使其免遭受损失的类似原则被认为已经重要到可以证明延伸联邦政府的征税权力是正确的。为了避免法院对童工提案的反对,国会通过了一条宪法修正案并将它提交给各州的立法机构。不幸的是,这一宪法修正案是在世界大战之后的保守行动时期中提出来的,到现在还几乎看不到由必要数量的州接受它的前景。作为第一批拒绝这个宪法修正案的几个州之一的马萨诸塞州现在正遭受着来自那些很少或根本没有保护性立法的州的竞争之苦,其后果已经显示在依据1930年的人口普查马萨诸塞州的几个纺织城市的人口减少之中,这确实是一个极端具讽刺意味的事情。

德国和英国不仅已经采纳了工厂立法,而且还实行了失业保障以使失业者度过那看来不可避免的没有工作的时期,同时还为那些不可避免地衰老因而在依据竞争原则行事的工商业中不可能指望再得到工作的人提供养老救济。直到最近,美国还没有在这些方向上通过政府行动的方式做任何事情。一种强烈的有利于政府给那些由于年老而没有工作能力的人提供帮助的情绪,虽然已经在许多州引起了进行立法的提议,可是,到1931年12月,这样的救助措施还只被十七个州和一个海外领地实行。给退休者提供养老金或救济金的规定已经在许多公司中实行,而且,为失业者提供生活必需品的措施也已经在许多情况下实行,特别是在男装工厂中。

在中世纪,教会认为自己对穷人有责任。它所拥有的土地,毫

第二十一章 对商业和工业的社会控制

无疑问,部分地被用以维持修士和修女团体,但是也部分地用于慈善活动。当教会的财产在英格兰大部分被国家没收时,世俗当局在一定程度了承担了照顾穷人这一责任。但是,总有一种侮辱是与贫穷救济联系在一起的。这一理论就是:一个愿意工作的人是能够养家糊口的。在美国的较早期的时代,有一种感受是:"流落在城镇"是一种耻辱。这样做的人被怀疑是"懒惰的",而懒惰是被当成一种邪恶为人们所深恶痛绝。

但是,我们再一次看到,经济条件的彻底变化正在缓慢地迫使人们承认这样一个事实:一个人可能没有犯任何错误或没有逃避其应尽之责的任何可能而因为总体的工商业萧条而失去工作。同样显而易见的是,在目前,劳动被认为是可在最便宜的市场中购买的商品,而在其不能产生最大效率时像一件机器一样被扔掉的商品,但是,在雇主在其所雇工人中有着一种私人利益的时候,曾经存在的用来应付贫穷和年老的那些旧的保护措施,现在却已经不存在了。一个声称自己是正义的、但对于人道之事却一言不发的社会,必须考虑这些已经改变了的条件,或者通过工商业自己,或者通过政府的行政,作出规定,来对付目前的工商业发展已经导致的这些不测之事件。旧的法律信条是"树倒了,就让它死吧"。现代的良知告诉我们,一个假称要认识正在发生的事情的社会,应当防止树倒下——或者在这样做是不可能的时候,至少应防止这倒下来的树压在这个共同体的无助的成员身上。

政府为了健康、安全和道德而运用权力去控制劳动条件,这在国家所具有的所谓"警察权力"中被证明是正当的。关于在美国为了管理危险行业而运用这一权力而出现的首要的裁决是在1897

年的霍顿诉哈代一案中作出的。在这一案件中,法官布朗(Justice Brown)的意见被称为劳动人民的大宪章(the Magna Carta of the laboring people)。法官霍尔姆斯(Justice Holmes)在他的意见中更为广泛地陈述这一警察权力:

> "可以用一种一般的方式说,这种警察权力扩展到所有重要的公共需要(167 U. S. 518)。在帮助因为其用途而是合法的,或者被流行的道德或强烈而占主导地位的意见认为对于公共幸福来说是现在就不可缺少的东西时,就可以使用这种警察权力。"①

因此,法院一直不愿意裁决承认在不直接涉及健康、安全或道德的情况下使用警察权力和立法是正当的。②

在洛克纳诉纽约(*Lochner* v. *New York*)一案中③,一项限制在面包房里的劳动时间的法律被联邦最高法院宣布为违宪。1911年,纽约州上诉法院宣布工人补偿法案无效,该法案意在为因为意外事故而受伤的工人提供补偿,即便在这样的意外事故事雇主没有犯错。联邦最高法院宣布一项国会通过的适用于由哥伦比亚特区的一项最低工资法违宪。另一方面,联邦最高法院在1908年支持俄勒冈州的一项限制妇女劳动时间的法律。④ 在影响工资的立法这样

---

① *Noble State Bank* v. *Haskell*, 219 U. S. 111(Oct., 1911)。
② E. 弗洛恩德(E. Freund),《警察权力》(*The Police Power*)。
③ 198 U. S. 45(1905)。
④ *Muller* v. *Oregon*, 208 U. S. 412。

的案例中，关键在于：一方面是在工资契约中较旧的个人主义的自由原则，另一方是较近被肯定的一项原则，即：为了社会幸福，对于一个国家来说，保护其成员不受剥削，可能是明智的。

2. 为公共利益所影响的所有权

为使公共幸福不受财富所具有的力量损害而采取的第二种尝试是由法院肯定的"被公共利益影响的所有权"（Property affected with a public interest）这一思想。在这一案例中，关键是：促使立法的是防止农场主凭借铁路和仓库来定过高的价格。工商业生活和私人生活对电话、发电厂、燃气公司、市内轨道交通或公共巴士交通这些公共设施的日益依赖要求把州、市和联邦政府可以规定"合理的"价格这一原则加以扩大。穆恩诉伊利诺伊州（Munn v. Illinois）这一案子说明下列控制是合法的：

"当所有权被以这样一种方式使用，使得它具有公共的后果并且总的说来影响着整个共同体时，所有权就确实影响了公共利益。因此，当一个人把他的所有权在其中含有公共利益的地方使用时，他实际上就在其所有权的使用中承认了公共利益，所以他必须使其由于使用此所有权而获得的那些利益，接受公众为了公共利益而进行的控制。"①

美国州际贸易委员会以及在好几个州存在的几个委员会监督，在某种程度上规定铁路和公共设施的价格。显然，在这些案例中，

---

① 94 U. S. 113（1877）.

关键在于什么是合理的价格？有两种方法已经被提议用来作为确定这样的价格基准：(a) 价格应当足以支付实际投入到这条铁路或其他的设施中的钱须支付的利息。(b) 价格应当足以与以目前成本再造这样的工厂可得到的公平回报相当。

这两种方法之间大的差别可能是，第一，在原材料和工资都低时建成的一个工厂，如果要在后来的原材料和工资都较高时再建，将会花更多的钱。第二，位于城市之中的工厂或终点站由于那些城市的成长而增值，这样，如果现在必须给它购买一个新的场地，所花费的钱肯定大大多于在较早的时期中所花的钱。在公共设施上提出这样一种情况，其目的自然是使资产尽可能地高，持股者的回报就是以其资产为基础的。另一方面，消费者的利益则在于使被认可的资产在数量上尽可能地低。就政府的规定已经被证明是成功的程度而言，是存在着意见分歧的。一些人宣布，如果第二种方法被用来报价，消费者可能根本受不到保护。另一方面，投资者不明白为什么他不应当分享城市价值普遍增长的好处或者价格普遍增长的好处。一些城市已经采用的补救办法是，像它们已经提供了供水系统和排污系统一样，提供它们自己的照明。在欧洲，市内轨道交通的所有权是公共的，而且德国已经使其铁路在赢利中运行。在世界大战期间，由于铁路交通的私人经营崩溃，政府接管了它。在芝加哥，由于它的附属特征，它把它们全都集中在一家市政公司之下，这家市政公司有着许多售票窗口，它们散布在整个城市中，并且在原则上采取了这样一种政策：除了它们自己所管的那片区的道路之外，不提供其他任何信息。但是，在世界大战结束之时，由于那些反对政府行政扩张的人的高声反对过于强烈，铁路重归私人所有。

不知是由于政府管理时期给经营所加的使其健全的打击，还是由于其他的原因，铁路已经大大地改进了其货运服务。但是，农场主和航运的其他阶层一直认为其价格太高。

在较早的时期，使收高价看起求是"合理的"的一个为人喜爱的办法就是发行所谓的掺水股（watered stock），而所谓掺水股是这样一种股票，它不代表任何投资，而只是分享可能利润的一纸凭证。发行这样的股票的权利，已经被限制在铁路和公共设施这些方面；但是，一直存在着这样一种斗争，其中一方是铁路和公共设施的那些诡计多端的顾问，另一方是公共利益的保护者。

3. 1890年的谢尔曼法案

在（18世纪）80年代以及90年代，一场较小的工商业公司合并成较大的公司的运动席卷美国；这首先被称为"托拉斯"，法律手段最先被用来对付这场合并运动。人们担心这将造成垄断，因而可能不受一直被认为是用来规定价格的竞争所施加的自我规定的约束。

谢尔曼法案禁止垄断和限制贸易之合并的形成。显然，这一法案是在这样一种理论下出台的，这种理论认为，如果竞争能够得以存在，那么，公众就能够得到保护。事实上，政府为终止一些大的合并而采取的那些努力，看起来只是改变了所有权的纸证，而没有影响实际的所有权。正如在已经被置于一家股份公司的控制之下的两条铁路上都持有股票的人所说，"大的差别看起来是：我是只有一张白色的所有权证书放在衣服的一个口袋里，还是有两张所有权证书，其中一张蓝色，另一张粉红色，分别放在衣服两个口袋里。"换言之,他和他的合伙持股人都拥有两条铁路,并不特别关心他们的股权证书是分开的还是合并成属于一个法律意义上的公司。关键在于他们拥有这两条铁路。

4. 公平竞争

竞争依赖于资本的持有者对工商业的管理。但是,我们再次看到,已经改变了的条件干扰了这一原则的运行。但是,不仅有各种欺骗手段在被人尝试——比如盗用商标或者用各种欺骗购买者的办法骗卖货品——而且还发现大的商业联合体或协会能够运用压力迫使较小的公司退出。法院一直一代又一代地谴责较古老的以欺骗或造谣为基础的各种形式的不公平竞争。而公众意见的更公开的表达则在1914年的《联邦贸易委员会法案》(the Faderal Trade Commision Act)和几乎在同一时期由国会通过的《克莱顿反托拉斯法》(the Clayton Anti-Trust Trade Act)中完成的。

联邦贸易委员会法案规定:"贸易中的各种不公平竞争方法由此被宣布为非法的。"《克莱顿反托拉斯法》明确禁止一些被认为是减少竞争的做法。一些公司在一个城镇以非常低的价格销售其产品以把那里的所有竞争者都排挤出去,同时它们又在不存在竞争的其他城镇中以非常高的价格出售产品来弥补损失。一种类似的手法是压低被称为"侧翼品牌"的某种商品的价格。在某些业主集团控制了铁路和煤矿或铁矿时,一种有效利用力量的办法就是向竞争者收取高额的运费。在相当程度上,法院认识到联盟的力量可能被不正当地使用。美国最高法院宣布:

第二十一章 对商业和工业的社会控制

"一个人做时没有伤害的行动,在被协同行动的许多人做时,可能造成一种公共的过失,因为这时它可能采取阴谋的形式;如果其结果是对公众有害的,或者对那一协同行动所针对的那个个体是有害的,它就应当被加以禁止或惩罚。"

但是,由于大公司在许多方面是被当作一个人对待的,因此它依然能够在不违反法律的前提下运用其所具有的非同寻常的力量。

在工业领域中,被工会使用的"不公平"这个词具有某种特别的含义。它被运用于这样的情况,在其中工会不被承认是为了集体谈判的目的而被组织的以及不属于工会的人被商家雇用。工会声称有两种情况中必然有一种情况是真实的:要么不属于工会的人在通常为工会所要求的工资水平之下接受工作,要么他获得了工会所要求的工资以及其他因工会帮助而获得的较短的劳动时间、较好的工作间和较健康的工作条件等好处。如果他以较低的工资而接受工作,他就是不公平的,因为他往往使他人窘迫;如果他获得了所有因为工会努力而被给予的好处,他也是不公平的,因为他在帮助那些使这些好处成为可能的人这件事上没有履行他应尽的职责。法律已经承认属于工会的人具有拒绝与不属于工会的人一同工作的权利,这样也就给雇主施加了要他解雇这样不属于工会的人的压力。但是,在工会通过联合抵制求对"不公平的"雇主进一步施压时,法律通常不会支持工会。在这一方面,它以与用来对待由已经结合起来以联合抵制某类人或把某类人列入黑名单的商人组成的商会相同的原则来对待劳动者结成的工会。

总而言之，可以说，就竞争被直接指向发现自然的新秘密和更有效的生产和销售的方法而言，它是有利于公众的。但是，就在商业中竞争是以愚弄一个竞争者以使他出局，或者在工作中通过利用优势的谈判力量来降低工人的生活水准或打击工人为使他们的条件更好而采取的努力而言，竞争在道德上是不正当的，不论它在法律上是合法的还是非法的。

5. 对移民的限制

限制移民在某种意义上可以被认为是限制不公平竞争的另一种努力，但是它非常地独特，值得单独被提出。通过对从他国进口的商品征收关税来保护美国的工业和商业的较早努力，一直主要在于帮助商业，虽然也有人说：因为工资在其他国家通常比在美国低，因此关税也是对美国的工资水平的一个保护。但是，由于对从其他国家进口的劳动者没有保护性的关税，显然，工人就在他维持工资的努力中被置于严酷的竞争之下。

工业大发展的早期，比如在铁路建造业或在钢铁业中发生的情况，不管工资怎样都争着去工作的大量强壮的工人被带到了美国。大量的人是在每周大约十美元的平均工资下受雇的，这点钱在城市居民中可采用更为广泛而多样的其他办法来解决。在淡季或经济危机中，许多人失去了工作，加重了慈善活动和公共开支的负担。许多人认为，这样大量的非熟练工人的到来——他们来自与美国不同的国家，不仅在语言上不同，而且在社会制度和政治制度上和一般的教育水平上不同——不仅对经济水平是一种危害，而且对文化水平和政治水平也是一种危害。在许多地区,外来人的投票是被圆滑的政客组织的,而且是作为一个单元来使用的,在大城市特别是这样。于是就有了这样一种情况——一种经济政策有害地影响着社会的其他组元,有摧毁在美国生活中一直是根本性的某些东西的危险。

工会和那些以公民生活理由害怕无限制移民的人,二者的联合影响,导致国会采纳了限制移民的措施。趋势一直是在收紧这些限制而不是放松这些限制。

6. 所得税

目前为止,在社会控制领域,美国已经采取的最为激进的措施就是联邦宪法第十六修正案。这一修正案授予权国会对收入征税。它是在1913年生效的。

可以肯定地说,这一修正案在其原则上没有什么新奇的。欧洲国家已经长期依赖作为其财政收入之重要部分的收入税,而且已经采取了一种累进制,依据它,那些得到了更大收入的人应当依更高的税率来交税。在美国最初的联邦宪法中,有一条款规定:除了以人口为基础,国会无权征收直接税。这意味着,向一个富人征收的税不能大于向一个穷人征收的税。因为除非税额非常小,否则以此为基础征税显然是不可能的,结果国会为了获得运行联邦政府的钱而采用其他形式的税。主要依靠两种税,一是关税,也就是说,对从他国进口的商口征收的税;二是"从国内获得的岁入",主要向制造和销售酒精饮品和烟草征收的税。这两种形式的税收都依赖于消费品。一个养了一大家子人的穷人可能比一个养了一小家人的富人需要购买更多的糖。就向糖这样的生活必需品收税而言，这种税把更大的比例落在穷人身上而非富人身上。在酒和烟方面，理论是它们是奢侈品而不是必需品。但是，从根本上讲，所有这些税都被重重地压在穷人身上。没有采取任何努力去把这些负担依照支付能力去按比例分配。那已经导致了工厂立法、对公共设施的控制以及对垄断和托拉斯的限制——它们在罗斯福总统当局所谓的渐进运动中达到了顶峰——对现在不平等的不满这同一种感情，导致了在税负上现存不平等的恶化。

收入税曾经在内战期间实行，但是，随后就被弃置不用。美国最高法院在1895年宣布收入税违宪，这引起许多人强烈的失望。克服这一障碍的唯一法律途径是提出一条宪法修正案；但是，对宪法的修正从开国到那个时间一直只是在巨大的压力这样的条件下被采纳的。在内战结束时，已经采纳了第十三条、第十四条和第十五条宪法修正案，其后就没有提出修正宪法这样重大的提议。但是，那时在人民的流行的氛围中正在上升的那种情感浪潮非常猛烈，使得各个政党支持提出一条修正案，总统塔夫脱向国会建议，它应当提出这样一条修正案由各州的立法机构批准。这条修正案是在1913年生效的。

在世界大战期间，向收入最多的人征收的收入税有时达到了百分之八十。在20年代的繁荣时期，向有收入的所有阶级的收入征税的税率降低了。但是，为了平衡国家的预算，税率在1932年被提高了。

对在我们的政府中以前存在于立法权与宪法限制之间的平衡持欣赏态度的政治学家伯吉斯（Burgess）教授很快就指出了这一

修正案的革命本性。[①] 当然,这一种税的实际征收一次又一次地被国会加以慎重考虑;但是,毫无疑问,它在原则上使得一种比在它生效之前被采用的那种税负分配更公平的税负分配成为可能。

文　献

克拉克(Clark),《工商业的社会控制》(*The Social Control of Business*, 1926);康芒斯,《资本主义的法律基础》;弗洛恩德,《美国立法的标准》(*Standards of American Legislation*, 1917);古德诺(Goodnow),《社会改革和宪法》(*Social Reform and the Constitution*, 1911);斯利克特(Slichter),《现代经济社会》(*Modern Economic Society*, 1931);斯廷松(Stimson),《普通的立法》(*Popular Lawmaking*, 1910);塔伊施(Taeusch),《工商业中的政治和伦理》(*Policy and Ethics in Business*, 1931);格里宁(Gruening),《公共支出,对权力宣传的一个研究》(*The Public Pays, A Study of Power Propaganda*, 1931);莱文(Levin),《权力伦理学》(*Power Ethics*, 1931);莱德勒(Laidler),《思想和行动中的社会主义》(*Socialism in Thought and Action*, 1920);斯蒂芬斯(Stevens),《不公平竞争》(*Unfair Competition*, 1917);戴维斯(Davis),《托拉斯法和不公平竞争》(*Trust Laws and Unfair Competition, Government Printing Office*, 1915);雷丁(Radin),《合法的利益追逐》(*The Lawful Pursuit of Gain*, 1931);沃姆泽(Wormser),《法兰肯施泰恩联合股份有限公司》。

[①] 《政府与自由的和谐》(*The Reconciliation of Government and Liberty*, 1915)。

第二十二章　走向未来

1. 资本主义制度内的趋势

除了有组织的社会为纠正资本主义制度的一些错误而采取的努力之外，还有一些趋势在发挥作用，它们被许多人认为有着很大的希望。也许，其中最惹人注目的趋势是由亨利·福特先生提供的。它之所以在以较大的权威性传播，是因为它在相当程度上正在福特先生自己的工厂中实际运行着。福特先生认为，大规模生产的方法使高效率的管理者能够做四件事情。

（1）降低产品价格，因此而给消费者好处，并扩大产品的使用范围；（2）提高工资，因此，不仅改善风尚，而且还因为能够使工人成为消费者而扩大了产品的市场；（3）缩短劳动时间；（4）提高利润。

人们可能认为，汽车工业提供了一个例外性的有利于大规模生产的领域，比如，其他的工厂，由于国家对酒类产品之生产和销售的禁令，已经开动起来去提高民众的购买力。但是，与较早的产品低价只能通过低工资来获得的理论相反，高工资和低价格的策略是对工商业原则的一个真正贡献。

卡弗（Carver）教授已经要求人们注意的另一种趋势，被他称

为"美国当前的经济革命"。①"它是这样一场革命",他说,

"它使工人成为他们自己的资本家,使许多资本家不能仅仅依靠来自资本的回报而生活而迫使大多数资本家成为这样一种或那样一种工人,藉此而消除工人与资本家之间的区别。这在世界历史中是一种新的事物。"

工人不再继续斗争资本,他们正在开始认识到资本的力量并且把资本当成改善自己状况的一种工具来使用。至少有三种证据粗略地指示了工人正在变成资本家的程度:首先,储蓄的快速增长;第二,工人在公司股份中的投资;第三,劳动银行的增长。

可质疑的是:工人持有股票和债券的程度是否可能给他们提供参与控制工厂的任何手段。被提供给雇工的股票通常是在对工厂的控制方面没有发言权的优先股。当然,带有风险的普通股是经常在市场上可购买到的,有时工人可能以这种方式获得在控制上的发言权。

第三种趋势是被通用电气公司的欧文·D.杨(Owen D. Young)先生强调的管理与所有权的分离这一趋势。这一分离在一些大公司里进行得比较深。当所有者与经营者是同一个人时,在利润动机的驱动之下,所有者可能除了利润之外无须考虑其他的东西就规定公司的策略。但是,当所有权被授予大量的股票所有者,当像这样一家电气工厂涉及专门技能、科学研究以及保证大量雇员能够具有

---

① 卡弗(T. N. Carver),《美国当前的经济革命》(*The Present Economic Revolution in the Unitd States*, Boston, 1926)。

和谐的工作关系的能力时,在这样的情况下,要成功经营,要求有专家和心胸开阔的管理人员。这样的管理人员不可能轻易被迫只考虑利润。他往往更感兴趣的,是生产上乘的产品和获得公众支持,而不是当下可获得的利润。杨先生说,这样一种经营不仅考虑所有者的利益,而且考虑工人的福利和对公众的责任。

第四个趋势就是那些已经采纳了经济伦理之行为准则或强调"服务"准则的联盟的形成。这样的伦理准则谴责一些从累积效果看是在降低公众对商业道德的评价的行为。实际上,它们通常不攻击根本问题;而且,像劳特莱(Rotary)、基瓦尼(Kiwanis)、雄狮(Lions)和乐观者(Optimists)这样的联盟,差不多被贬低为以吃一顿好的午餐为目的而不是以激动人心的改革为目的。可是,它们依然是对当前情况不满意的一种症状;"服务"这一准则当然比那个在非常大的程度上主宰着思辨的"不追求任何东西"(即便没有这么被公开地表达过,也几乎没有人依据其行动)这一太过一般的准则要好。

公司的态度和行为中一个激动人心的变化被许多人认为是不可避免的。有人认为,由于公司是被公众赋予其有价值的特权的,因此,它们应当首先为公共利益服务。这就是就所谓的服务公司而言的那个理论;其他的公司应当对它们的责任持同样的观点,如果它们不主动地这样做,它们就应当被置于政府的监管和控制之下。这就得出了沃姆泽(Wormser)教授称之为"一种被社会化了的公司资本主义"的东西。① 公司是"为了利润"而被组成的,因此,为说明赤裸裸的利润动力被降低而举的这样的例子是可疑的。利润经常

---

① 《法兰肯施泰恩联合股份有限公司》。

被认为是以容易受骗的投资者为代价而给鼓动投资的人带来的好处,就像在没有实际价值的股票被发行和销售时。有时,利润被解释为付给高管的好处,就像在一家公司把数百万的好处付给其拿着高薪的高管却根本不给股东分红时。再者,利润还被解释为以投资者为代价付给内线的好处,就像在股票被以这样一种方式操纵乃至它在有价证券及其价值方面欺骗公众之时。还有,利润被解释为不为繁荣时期之后的萧条时期的雇工做任何预备而在繁荣时期付给股票持有者的好处。如果资本主义制度要继续存在下去,工商业就必须自清门户。沃姆泽说,"公司资本主义,如果要对付现在摆在它们面前的严峻形势,就必须把它们自己看成是'受托者'。"

所有制影响公共利益这一原则的扩展,与早期的公共意见运动的精神和导致最高法院在 Munn v. Illinois 一案中明确表达的那一思想的宪法是一致的。就最高法院是否认为这样一种扩展是合乎宪法的,仍然存在着疑问;但是,正如詹姆斯·布赖斯所说,美国人民一直在使他们的宪法屈身以防止它崩溃,而且可能再次这样作。而且,我们已经知道,修正宪法并不是不可能的。①

2. 激进的备选项

当前,俄国和意大利正在经济制度中进行伟大的试验。就其结

---

① 关于工商业的改革这一主题,请看里普利(Ripley)的《普通大众和华尔街》(*Main Street and Wall Street*, 1927)、邓纳姆(Dunham)的《工商业的随波逐流》(*Business Adrift*, 1931)、塔伊她的《工商业中的政策和伦理学》(*Policyl and Ethics in Business*, 1931)、沃姆泽的《法兰肯施泰恩联合股份有限公司》。

果下判断,可能为时过早;但是,我们可以把它们当作与资本主义不同的其他组织经济的方法的例子来使用。

1. 俄国正在大规模地把卡尔·马克思的思想付诸实施。在由马克思和恩格斯于1848年合著的《共产党宣言》中,在由马克思所写的名为《资本论》的巨著中,奠定了他们所说的与从前的理想主义目标所设想的那种被称为乌托邦的更好社会不同的科学共产主义的基础。这些基础是:(1)唯物主义,或者更准确地说,是把经济力量看作决定宗教的、政治的和文化的思想以及社会制度的基本力量的那种对历史的经济解释。(2)阶级斗争,被认为是在社会中一直存在的一个因素,或者存在于家长与庶民之间,或者存在于地主与农奴之间,或者存在于资产阶级与无产阶级之间。存在于资产阶级与无产阶级之间的冲突在即将从中产生出无产阶级专政并最终使国家消亡和阶级不存在的那场社会革命会达到一个转折点。(3)剩余价值理论,这种理论说明现在的工商业条件产生了超出分配给工人的工资的剩余价值。这种剩余价值被拥有工厂和生产工具的资本家所窃取。正如对于阶级斗争那样,矫正这种剥削的方法就是无产阶级专政和财富的社会化。

欧洲和美国的许多政党以多少修正过的形式倡导社会主义原则。但是,俄国是第一个尝试这种完全的"无产阶级专政"的国家,它使收入平等化,国家在很大程度上控制着工厂和土地。许多人指出,马克思本人也没有设想这样一场社会革命会在俄国这样一个农业国家中发生。在他心中,工业化的社会是存在于农业社会和这场社会革命之间的一个居间的阶段。俄国农民因此极不情愿为了国家种庄稼。但是,苏联政府正在推进一场农业集体化运动,而且正在驱逐富农或富有的土地所有者，或者强迫他们服从。再者，在某些大工业中，已经对私人资本作了一些让步。关于这场运动的成功方面相互冲突的报道使我们还不可能对它的成败下一个不偏不倚的评价。反对者被粗鲁地对待，部分原因可能在于长时期的镇压以及在沙皇统治时期极端的不平等和残酷。其他国家的人还没有被对类似的无产阶级专政所作出了的展望吸引，这一点也不令人惊奇。

2. 意大利正在进行一种不同类型的试验。在俄国，政治权力服从于一个经济阶级的控制；在意大利则与此相反，经济利益服从于国家权力。在经过一个短暂的走向社会主义的趋势之后，在墨索里尼领导下的那场法西斯革命打破了权力的平衡，开始以为国家权力和特权服务的方式管理经济生活。以雇主为一方，以工人为另一方，双方都被告诫，在经济政策或工人的努力中任何东西都不得妨碍经济运行的效率和国家的强大。

为了激发人们对国家利益这一最高事业的忠诚，墨索里尼诉诸罗马统治世界时形成的那种帝国传统。为了这一目的，报刊或个人对政府的批评都被严厉地限制。正如同情这种制度的一个辩护者对美国听众所说，"在美国，你可能把自由与效率结合在一起；在意大利，我们显然不能做到这一点，而是必须在两者之间作出选择。"目前，法西斯主义看起来像俄国的共产主义一样地稳固。同时，其他国家的人民可能对研究其结果非常感兴趣。

3. 如果资本主义要继续存在

把竞争作为经济过程的唯一管理者的自由放任的资本主义所

具有的那种极端的个人主义,已经被说明在当前的条件下已经是不再能够容忍的。正如现代城市拥挤的交通要求交通官员管理奔涌的汽车流以保证行人的安全一样,公共利益以及那些在经济方面处于步行者地位的大量的人所必需的东西,要求首先有一个以正义为目标而非以利润为目标的政府,而且,这个政府应当不把正义解释为仅仅在竞争者激烈斗争时维持秩序,而是把正义解释为在工业生活的已经改变的条件要求必须修正竞争规则时为了共同利益而对竞争规则加以修正。

于是,争论的问题就存在于这二者之间,一是一种被修正过的资本主义,在其中,包含在我们的政治制度和教育制度中的民主原则应当得到日益的承认,自由、效率和正义应当被尽可能地结合在一起;二是与之相对立的,它由那些正在俄国和意大利进行试验的那些比较激进的政策组成。

从另一个方面看,争论的问题存在这二者之间,一者是民主的平等原则,它在现代的政治生活、宗教生活和教育生活中越来越多地得到承认;另一者是在刚才提到的那三个领域中以前获得的原则,而且在现在看来对经济生活中的效率说来是必不可少的,它就是不平等原则。

也许,在西欧,特别是在美国,人们对俄国的共产主义制度或意大利的法西斯主义制度不相信,其最深层的原因是人们不愿意受制于一个单个主人的绝对控制。在俄国,这个主人是一个经济上的阶层;在意大利,这个主人是一个民族主义团体。两者都声称自己正在为全体的幸福而工作,但是,事实上却是一个单个的主人在绝对控制着一切。一个像这样在西欧和美国通行的制度中,经济制度的

第二十二章 走向未来

掌控者和政治制度的掌控者形成了两个在不同的原则之上建立起来的集团。经济领导人主要是由市场中的竞争来挑选的。这种竞争挑选具有一些类型能力的人，让他们在广泛的领域中为了对现代工商业的效率负责而运用他们的组织能力。政治领域中的领袖是由投票选出来的，而他们被选中的基础是他们所具有的赢得公众赞成的能力。他们代表着社会的一个完全不同的方面，代表着与由经济领袖所代表的利益极为不同的一种利益。也许，在控制权被这样地分割时，与控制权被集中在一只手中时相比，公众的利益可能更为安全。

假定在最近的将来一种得到修正的资本主义可能继续存在，这也许是可靠的。在西欧和美国，目前拥有绝大部分国民财富的人，即便在整个人口中是相当的少数，却运用着与他们所拥有的财富成比例而不是与他们的人数成比例的权力和影响。在美国，虽然依据收入来衡量，农业集团是最不兴旺的（根据科普兰〔Copeland〕教授的估算，在1926年，美国农业中的从业人员的人均国民收入约为265美元，而同一年整个美国的人均国民收入约为750美元），但是，他们在土地上有巨额的投资，因而支持私有财产制度，而私有财产制度是美国现存制度的基础之一。工厂工人是一个可能被认为最倾向于改变的阶级。在欧洲国家，这个阶级一直在相当程度上支持一种社会主义倾向，但是，其绝大部分坚持使用宪法的和法律的手段来改变以走向国家控制，而不愿意诉诸暴力的社会革命。但是，在美国，美国的劳工联盟一直是激烈地反对社会主义的。在产业工人中一直存在一种广泛的认识：在形成更好的产品生产、分配和销售方法上给所有者和雇主自由，把精力集中在这样的高效产业中得到的日益有利可图的回报中获得尽可能大的一个份额,是一种更为申慎和明智的策略。换言之,让资本家赚钱,把希望放在将来日益增长的收入份额上,与由工人自己或国家替代资本家来拥有和控制那套进行生产、分配和金融活动的机器而冒使事情一团糟的危险相比,前者可能是更好的。

经济上的社会主义之所以在美国几乎没有什么进展,一个深层的、也许还是主要的原因,就是在美国公立教育是在一个伟大而自由的层次上被设计和进行的。正如密歇根大学的安格尔(Angell)校长所说,每个孩子都可以看到一条从自己的家通向这所州立大学的道路,这一直是在被推进的目标,尤其是在那些新近成立的州中。尽管像某些人说出的担心那样,有太多的人正在追求更高程度的教育,但是,这种公立学校制度向其年轻人关闭大门是不大可能的。

因此,当前的经济制度可能继续存在下去,特别重要的事情是考虑如何至少部分地矫正一些最糟糕的滥用、浪费和不义。我们已经指出过有组织的社会已经采用的用来干涉以私有财产、自由经营、自由订约和自由竞争为基础的那种极端的个人主义安排的六种办法。其中的一些办法,特别是工厂立法、稳定金融、在一定范围内规定公共设施的收费、收入税,已经标志着取得进步。其他的措施,如《谢尔曼法案》,其效果受到怀疑。更为明显的是,虽然对于某些目的来说我们可以正确地依赖于法律和公共管理,但是,还有其他的目的只能通过教育以及生产者和消费者双方态度上的变化来实现。我们可以粗略地把这一领域分成下列几个问题:(1)增加产出,减少浪费;(2)安全;(3)保护工人,特别是妇女和儿童,使他们不受危险的生产过程和机器的伤害,不受过长的劳动时间以及让人极度紧张的、有害健康的劳动条件的伤害;(4)提高新产品消费者的智慧和品位,提升与商品化水准相对立的休闲娱乐水准;(5)更公平地分配经济过程中的巨大收益,使之不仅就对共同体的服务来说是更公平的,而且就使社会功能更健全之要求来说也是更公平的。

4. 需要做的改进

1. 增加产出,减少浪费。增加产出,在很大程度上是一个管理问题。在这个方面上,已经取得巨大的进展。由于开发新的能源和对它们的更有效利用而日益增多的可用的动力设备——水力设备、蒸汽设备和电力设备,不断改善的组织,在许多情况下经理与工人之间更好的合作,一直在使生产效率日增。利润动机当然也要被驱动着为这一目的服务。但是,就增加产出这个词的日常意义上而言,增加产出不完全是一个管理问题,因为在增加产出这件事上工人合作的意愿部分依赖于他们对从由这种合作中产生出来的收益中可分得的份额的期望。而且,如果我们从最广的意义上考虑管理,我们就可能形成这样一个判断:这样一种人的因素可能导向一种更公平的分配。

防止浪费也可能被认为是一个管理问题。就方法而言,它确实是一个管理问题。天量的金钱一直在被投入到电力照亮、蒸汽机的生产和交通工具中。① 而且,这些经济已经导致了成本的降低,防

---

① 说到这里时,笔者注意到了一个处在低层面上但却是典型的例子。一家煤业公司现在依靠两辆卡车和两个司机来经营,而在以前这需要四十个人和一百二十匹马。

止了煤的浪费，在许多情况下还降低了消费者买煤的价格，因而扩大了市场。但是，资本主义下的管理并不总是有一只自由之手。他被允许节约与否，取决于节约与浪费这两者中何者更有利。在森林的管理和被砍伐地重新造林这件事上，目前看来浪费比节约或重新造林更为有利。欧洲国家在保有森林和使森林处在公共所有和公共控制之下进行管理这件事情一直是成功的。联邦政府现在还有相当的林地置于国有林业体系的管理之下，在州或市所属的森林方面也已经做了不少试验。即便是在马萨诸塞，虽然那里的法院在使私人公司免受公有公司的竞争方面极端地保守，也还是允许城镇拥有林地。在石油开采中，所有者也许诺共同合作以减少浪费。但是，绝大部分的天然气被满不在乎地浪费了。

2. 到目前为止管理还不能够防止浪费的一个领域是失业。在这种情况中，管理者的无能并不直接是由于利润动机，因为在工商业中周期性出现的萧条时期还只是被不完全地了解。政府对银行的监管实际上已经减少了私人经营根本不能防止的"金融大恐慌"。但是，商业周期还没有处在控制之下。一些精明而有力量的个体非常可能因为把握住了以低价买回他们在繁荣周期的巅峰时刻卖给充满信心的公众的有价证券的机会而获得好处。可是，他们不可能对萧条负全责。最沉重的负担压在那些失去了工作和从来没有足以支付每日生活所需的最低限度的工资收入的人的肩膀上。美国的计划一直是让这些人照顾他们自己，让他们的家庭若得不到慈善救济就忍饥挨饿。除了提供意外伤害险、疾病险和老年险以外，欧洲还提供了失业险。鲁比诺先生（Mr. Rubinow）说：

这个国家（美国）中的每个失业时期都导致乞丐数量增加，向民间的和官立的慈善机构的救援申请增加，犯罪和疾病增加，还有一般的意志消沉，而这种一般的意志消沉在总体上看比英国的那被认为会使人意志消沉所谓的失业救济制度所导致的情况要严重得多。①

有十七个州已经采取立法措施来帮助老年人。但是，正是美国工人一直都比欧洲工人更节俭这一事实推迟了那些意在消除那允许把失业的灾难都加在几乎不能承受它的那些人身上的明显不正义的措施。在科学家和管理人员发现可防止失业和它造成的浪费的方法之前，由州采取的社会保险或某些形式的大型公共事业是唯一切实可行的补救。荒唐的是，有人反对采取一种理性的计划来减少失业造成的痛苦和不正义，其理由居然是这最先是在欧洲被尝试的。那种认为社会保险是"父权主义的"或"社会主义的"或"德意志的"主张，是随口所说的废话。

　　3. 不应当为了利润而牺牲生命和健康，这一原则极少被公开否认。在私人推动和公共控制下，已经采取了许多措施来保护工人，特别是妇女和儿童。但是，还有许多事情需要做。世界大战后，几个州已经采取措施，效仿国家对那些在战争中致残的人进行康复治疗的例子，对那些在工厂中致残的人进行康复治疗和技能再教育，对政府一方采取的文明而人道的活动的一般反对，在许多方向上是显而易见的，它们明显地阻滞了为在国家层次上建立对儿童加以

---

① 请看由科比（Kirby）编辑的《一种新的经济秩序》（*A New Economic Order*）的第168页。

保护使他们不至于过早就业而采取的任何尝试，使它们没有获得成功。虽然如此，州的行动是否是恰当的，依然是可疑的。但是，与此同时，那些在没有采取任何措施反对童工的州中的人，可以努力去提升地方的标准。整个劳动立法运动在美国其历史很少超过一代人，对它取得更多的进步持绝望态度，可能为时过早。某种形式的公共健康保险，对于向那些收入低的人提供医疗保健和住院治疗服务来说，可能也是不可缺少的。

4. 消费者品位的提升和更高的商品标准的设立。如果（1）问题主要是管理问题，（2）主要是向政府提出的，那么消费者品位的提升和更高的商品标准的设立这样的问题就主要是教育问题。正如我们已经看到的，利润动机不足以解决这个问题。利润动机在汽车业中运转得比较好，因为汽车已经被改进得既美观又实用。

另一方面，利润动机在提供更好质量的住所方面几乎完全失败了。在管道、照明和供热方面，现在的住所无疑比一代以前可用的那些东西要好。但是，城市的拥堵，工厂或铁路边上的一般工人住所的那种令人痛苦的环境，在利润动机驱动下建造覆盖城市地面的大量住宅的那些活动中除了城市自身采取措施来提供停车场和游乐场之外不给儿童玩或成人休闲留下空间那种最普遍的做法，已经说明利润动机几乎到了糟糕之极的地步。正如工程师被利润限制着一样，那些可能乐意慷慨规划的建筑商被租金和利润限制着。法院不允许政府提供更有利于健康的住所，因此，最终的矫正，看来就在于对消费者进行普遍的教育，使其要求一种不同类型的住所。在房屋建造和社区法中，政府作为的领域被限制在防止对公共卫生和好品位的骇人破坏，以及对将用于公共停车场和游乐场的自由空间的保存。与那些较旧的社区相比，现在建立的一些新的社区已经能够给儿童玩提供更多的空间，而在那些较旧的社区中公众从没有要求留下这样的空间。食品的掺假是另外一个例子，在这里，利润动机也不可能得到信任。在食品方面，法律已经叫停了几个最糟糕的做法。但是，用法律来防止一切种类的诡计和欺骗，那是不可能的。

要更多地使用科学的质量标准，教育是必不可少的。最重要的是，教育正是我们要提高艺术标准、文学标准和娱乐标准所必须诉求的东西。立法可能阻止商业性娱乐和商业性的艺术和文学方面那些在道德看来是最糟糕的一些做法。但是，立法不可能保证有更健康的品位。在这方面，与汽车业完全不同，因为更多的利润看来存在于较低劣的产品中。动画、爵士乐、连环画和许多其他形式的大众娱乐，都不是那些已经学会欣赏优良的艺术、音乐和文学作品的人引以为傲的对象。平常人白天在工厂中度过晚上在电影院中度过，这样的一个文明，依然有漫长的路要走。

5. 公平分配。正如我们前面已经提到的，公平分配这一观念被以几种方式解释。我们发现既极端困难又确实不可能做的事情是说每一种解释做出了怎样的贡献，因此，也不可能决定每一种解释应当从一个伟大的仓库中接受多少东西，这个伟大的仓库是由这些东西构成的，它们有：由先辈们积累下来的知识和技巧，发现者和发明家的智慧，科学家的坚韧的劳动，和平生产所不可缺少的秩序、宁静和社会准则，人们对我们从过去继承下来的色彩、形式和声音的鉴赏和敏感性。唯一有希望的方法是采纳柏拉图在探讨对于一个好社会来说什么东西是不可缺少的时候所建议的那种道路。在财富的不平等方面，人们可能主张，如果被像现在这样分配，那么，工商业公司可能会有更多的资本可用；人们默认，在过去，如果不能说在一切情况下，至少可以说在许多情况下这一直是正确的。如果我们以在一百个人中分配一千美元为例，一种可能的情况是，如果每个人分得十美元，那么一个人就可能为了某种目前的需要而花掉这十美元；相反，如果其中有九十个人每人只分得一美元，还有九个人每人接受四十美元，那么，最后的那第一百个人得到剩下的550美元，这最后一个人就可能倾向于把这550美元中的至少一部分拿去做某种新的风险投资。但是，在目前，我们认为这样做太过火了。如果大量的百姓只有勉强维持低劣生活水准的收入，商品市场将因此而受到限制。富人不可能无限制地消费。大量的人提供大的市场。市场正是藉着越来越多的人因为受到不断的教育而使用更多更好的商品而被扩大和维持的。一些有远见的雇主已经发起的那场给雇员更好的工资以增加消费者数量的运动，被经济学家们评价为是行走在一种明智的方向上。

不幸的是，农场主的情况比较困难。就从持续地拥有数量少的所有物和独立的农场可获得的一般好处这一角度看，农场主有许多优势。另一方面，要抵抗在工业世界中已经进行的那么深远的合并浪潮，看来将是不可能的。同时，农场主的产品卖价低，而他们却要为其所买的东西付高价；如果他需要帮助，他就必须与由工业所支付的那样的工资竞争。

为了将收获更公平地分配，努力不必限于更好的工资。透过公共机构来活动的社会一直在为其成员做更多的事情。突出的例子当然是公立教育制度。多数共同体除了给公立学校提供校舍和教师以外，还为它们提供教学书籍。公共图书馆、公共停车场和游乐场已经做了许多事情来应对城市拥堵所带来的种种恶。汽车和收音机这样的发明使许多人可利用科学的进步。医院和教育得到的慷慨捐赠,为在一切行业中进行研究设立的基金,正在不断地使更好的生活水准成为可能。

有时有人反对说,由公众采取的这样的活动往往限制有带着自助以及对现代社会来说已经非常重要的独立这一因素的私人公司。另一方面,更为可能的是,通过教育和使人熟悉生活中更精致的东西这种办法向所有类型和条件的人打开更为宽广的门,甚至比施加的那种那限制更为合适。

依据我们已经从古希伯来人和古希腊人以及从以科学方法和更充实的生命为内容的现代观念中学得的东西来观察我们的经济生活,我们可以说一个良好的社会应当以保证正义为目标,应当对各种可欲的物品持一种正确的立场,应当考虑所有的人间关系,应当努力把所有的人提高到平等和民主这个标准上,因为平等和民主已经成为这样一种东西,它不仅是更健康精神的理想和抱负,而且是现代世界日益增加的多数人的理想和抱负。

5. 一个被扭曲的立场

我们已经就正义、自由和平等这些方面考察了我们当前的秩序所具有的几个优点和缺点。在讨论中,我们注意到:在所有问题中可能最为重要的问题是立场问题。如果经济主宰生活——如果经济秩序主要依赖于利润动机这种迥然不同于专业卓越、技艺精良这样的动力以及其功能不在于公平回报自己所接受的东西的动机,

488　那么就存在着这样一种危险：生活的那本来应当从属于或者至多与其他利益和价值协调的一部分，可能成为至上的。当世界被说成不过是由肉堆成的生命时，这种情况就是真的。在财富即便不是被当成唯一的也是被当成主要的利益时，生命的那些宝贵而且比较精致的东西——爱、正义、知识和美——就容易被取消。针对在获取财富的过程中对暴力的无限使用，还有这种一种观念——对于追求财富来说，除了个人认为适当的东西以外，不存在任何限制，托尼先生说：

> 在这样的观念推动下，人不可能成为虔敬的、智慧的或艺术的；因为宗教、智慧和艺术意味着对限制的接受。但是，他们会成为有钱有势的。①

这绝不是要说所有从事工商业的人都全身心地追求财富。每个人都知道一些惹人注意的例子，它们将反驳这样一个判断。这里要说的观点是：排他性地依赖利润动机和财富的至上重要性，往往会使对作为一个整体的生活的正确立场扭曲。

文　献

比尔德编：《人类向何处去？》(*Whither Mankind?*, 1928)；多纳姆，《随波逐流的工商业》；汉密尔顿，"自由和经济必需品"

---

① 《贪得无厌的社会》，第31页。

（Freedom and Economic Necessity），收于由卡伦（Kallen）编辑的《现代世界中的自由》(Freedom in Modern World, 1928）；佩奇编：《一种新的经济秩序》(A New Economic Order, 1930）；斯利克特，《现代经济社会》第四部分；托尼，《平等》(Equality, 1931）；塔夫斯，《合作伦理学》(The Ethics of Coöperation, 1918）。

第二十三章 婚姻和家庭

489 从理想看,家庭有一个目的,那就是其所有成员的共同善;但是,这共同的善有三个方面。(1)婚姻把男人与女人之间的关系从一种激情的或友谊的关系变成一种审慎的、亲密的、长久的、负责任的、为了相互的善这一共同目的的服务的联盟。正是这一共同目的,这一比任何一方能够单独地获得的那种善都更高、更广、更充实的善,把激情从冲动的或自私的层次提高到了道德的层次上;正是这一特殊的亲密关系和对共同的同情和合作的特殊需要使婚姻比一般的友谊更深更远。(2)家庭是人类进行照顾和训练的伟大社会机构。(3)这一功能反过来影响着父母的品格。温柔、同情、自我牺牲、意图的坚固、责任、活动,所有这些都是孩子所需要的,通常也是被孩子唤醒的。简单地概述一下家庭的发展,将为考察家庭当前存在的问题预备道路。

1. 现代家庭的前驱

两性之别在生物学家看来是保证更多的多样性和更大的适应和进步的可能性的一种力量。在社会学家看来,两性之别还有这样一种价值:提供更多样的功能,若没有这多样的功能,就不可能有

第二十三章 婚姻和家庭

较富裕的社会存在。从道德上看，这些价值的实现，以及它们对上面提到的那几种品格的进一步影响，在很大程度上依赖于婚姻联盟在其下得以形成和维持的范围。这一婚姻联盟之参与方的数量，它形成的方式，其稳定性以及家庭关系中丈夫与妻子的关系、父母和孩子的关系，在西方文明中都已经显示了一种走向某些进步路线的倾向，虽然这一运动一直是非常规的，而且一直被一些停滞或甚至倒退所打断。

可以肯定地说，在世界的许多地方，早期的家庭在一个男人离开他的父母去"依附他的妻子"的时候，也就是说，在女人留在她自己所属的群体而男人离开他自己所属的群体而来与她同住的时候就形成了。这意味着由这个女人的近亲给她提供继续的保护——同时也继续控制着她，使她所生的孩子属于孩子母亲所属的氏族。正如近来民族学家倾向于同意的，这并不意味着这样的家庭是一个母权制家庭。在最近的分析中，在这样的家庭中，权威是这个女人的叔叔和兄弟，而不是这个女人。同时，在肉体力量还是一个非常大的因素的阶段，与随后就要提到的那种类型的家庭相比，这种类型的家庭无疑是有利于女人的。

在女人离开她原属的群体生活在她丈夫的房屋中时，对她来说这意味着在支持者和地位方面可能遭受了损失。但是，对于那将保证妻子忠贞、父亲对孩子及存在于他们中的利益所具有的权威以及家庭的长久的影响来说，是一种巨大的收获。在古罗马的族长政治中，丈夫和父亲的力量在西方民族中达到了其顶峰，因为这种族长政治允许丈夫和父亲掌握着生杀予夺的大权。在最好的情况下，这种类型的父权制家庭维护着统治者和所有者的尊严和权力，那忌妒地观察着自我、妻子和孩子以使家族的名声清白的荣誉感,还有保护者和被保护者双方各自的态度,这样的态度加强着彼此之间的吸引力。在最糟的情况下,它意味着盛气凌人的残暴行为,还有卑躬屈膝所透露出的软弱或令人绝望的不正义所带到的痛苦。

与"父权"的这种建立相伴随的是获得妻子的方式日趋多样。在男人是把妻子娶回家而不是到妻子那边去时,他获得她,可能是通过抢,也可能是通过买,也可能是通过给她服役。在这几种情况中,任何一种情况下,她除了成为他的妻子,还在某种程度上变成了他的财产。这并不必然隐含着一种屈辱感,卡斐尔妇女对一个在其中一个女人不值得购买的制度表示极大的轻蔑。但是,它显然支持整个婚姻关系是商业性关系的理论。新娘的同意有时可能是婚姻买卖的一个不可缺少的部分,但是,它并不总是不可缺少的。

这种"父权制"家庭还可能鼓励这样一种理论:男人在婚姻上应当有着比女人更大的自由。在最低级类型的文明中,我们时常发现从我们的观点来看婚姻关系是十分松散的,但是正如我们在第二章已经提到的,这些民族通常以加诸可以婚姻或已经有婚姻关系的人以严格的规则来弥补这一点。在文明稍进步和有父权制的地方,我们可能发现,即便一般的男人只可以有一个妻子,首领或者能够担负的人被允许娶多个妻子。在一些情况中,这些妻子可能是一种经济上的优势而不是一种负担。在父亲和孩子是最为重要的家庭中,可能发生这样的事情:一个妻子可能希望她的下人怀上孩子,如果这些孩子只能算在她的名下的话。丈夫因此而有更大的自由——因为一妻多夫看来在已经开化了的民族中一直是罕见的,除非是在贫穷的压力之下。丈夫所拥有的较大自由也可能表现在离婚这件事上。在许多野蛮民族中,如果男女双方都同意,离婚对于双方来说都是容易的;但是,在父权流行的家庭中,离婚总是对男人来说更容易些。在古代的希伯来,只要男人愿意,他可以因为任何理由与他的妻子离婚;但是,其中根本没有提到女人一方有类似的权利,而且,毫无疑问,立法者也从来没有想到过这一点。《汉谟拉比法典》(the code of Hammurabi)允许男人给有孩子的妻子提供给她和她的孩子适当的生活费后打发她走,把嫁妆返还给没有生孩子的妻子后打发她走;但是,倘若一个妻子做了愚蠢的或过分的事情,就可以不给任何补偿就与她离婚,或者把她贬为奴隶。女人也可以提出离婚,"如果她经济上自立,没有恶德,而且她的丈夫已经出走并且大大地贬低她。"但是,如果她不能证明她的主张而且看起来是一个搬弄是非者,"他们就会把这个女人投到河中。"印度和中国有父权制家庭,婆罗门人给女人加上了不再婚的义务。男人一方较大的离婚自由也被加上了一种非常不同的婚姻忠诚的标准。对于不忠的丈夫,通常没有什么惩罚或只是非常轻微的惩罚,而不忠的妻子所面临的处罚通常是死亡。

西方文明中的近代家庭是三种主要力量的产物:罗马法,条顿习俗,基督教会。早期的罗马法已经承认丈夫和父亲的至上权力。妻子和孩子都在他的"手"中。所有的女人都必须处在某个男人的监护之下。依据三种早期的婚姻形式,女人被完全从其父亲的权力和手中转移到其丈夫的权力和手中。同时,她是唯一的妻子,离婚是极少见的。但是,在共和制结束的那几年中,一种新的婚姻方法开始流行,它允许女人在婚后依然处在父亲手中,与此相伴的还有一种简单的离婚理论。讽刺作家已经在指责由此导致的道德堕落,但是,霍布豪斯认为,从整体上看,已婚女人看来还是保留着这样一种地位,即她是他的伴侣、顾问、朋友,这是那些较朴素的时代中在婚姻把她在法律上置于他的统治之下时她所具有的身份。①

日耳曼人认为丈夫具有一种几近不受限制的权力。恺撒认为在他们之中普遍存在的对自由的热爱,看来不要求给他们的女人以任何程度的自由。事实上,像其他民族一样,日耳曼人可以被说成是满足于两个原则,一是自由,二是控制,它把自由分配给男人,把对女人的控制分配给所有男人或几近所有的男人。霍布豪斯把他们的情况总结如下:

> 丈夫的权力被极力地扩大了;他可以遗弃处在襁褓中的孩子、严惩他的妻子、剥掉她的人格。他不能把她处死,但是,如果她不忠,在征得亲戚的同意时,他就是法官和执行者。妻子是从她的亲戚那里买来的,根本不用考虑她自己的意愿,而且是从她的家中被卖出来的。她在早年根本没有继承权,虽然后来她的男性子嗣不在时,她可能获得那种权利。她处在永远的监护之中,总而言之,服从中国的三从规则;在此之上还必须加上一条,服从君王或其他封建领主这一被封建权力加强的规则。在早期的法律中,这种监护被坦率地承认是监护者利益的一个来源,而非是为了保护被监护者;由于这个原因,它是在市场上标价出售的,事实到直到中世纪时还是可出售的。最后,日耳曼人的妻子,虽然受到尊重,但是,肯定没有早期罗马

---

① 《进化中的道德》第一部分第216页。

的夫人所享有的在家内的独一主宰权。多配偶制在早期的日耳曼部落中确实是极少见的，但是，我们已经看到，在两性人数相等的地方，这是一种普遍的情况。多配偶是被允许的，而且其实行者是首领。

教会对婚姻和家庭生活的影响存在于两条相互冲突的路线之中。一方面，被赋予圣母玛丽亚和圣人的顺从和敬畏，往往使妇女观得到提升和凝练。再者，婚姻被认为是一件"圣事"，一个神圣的秘密，它象征着基督与教会的关系。神职人员的祝福从一开始就赋予婚姻以宗教的神圣性；逐渐地，出现了一种婚姻的礼拜仪式，它给结婚这件事增加了庄严性，最后，整个结婚仪式都被变成了一种宗教的功能，而不再是世界的功能。①整个婚姻制度无疑被提升到了一个更严肃和更重要的地位上。但是，另一方面，具有影响的苦修主义也在实行一条相似的路线，在它流过的时候深化它和加宽它。虽然从一开始"强迫结婚"就被公开指责，但是，独身生活几乎一直被认为是更光荣的。虽然婚姻是圣事，可它还是认为婚姻使一个男人不适合主持圣事。女人被认为是原罪的原因。从这一点看，婚姻就是对人类软弱所做的一个让步。"大多数的男人和女人都必须结婚，否则他们会做更糟糕的事情；因此，婚姻必须轻松地结成；但是，非常纯洁的人远离婚姻，就像远离一堆污秽。从这一根源而出的那种法律，是人不大乐意阅读的。"② 但是，必须注意的是：虽然通过一种挑选的过程而过的独身生活往往不断地把较优秀和较有

---

① 霍华德，《婚姻制度史》（*A History of Matrimonial Institutions*）第一卷，第七章。
② 波洛克和梅特兰，《英国法律史》，第325—326页。

抱负的男人和女人从社会中排除了,并且防止他们留下任何后代,但是,对于女人而言,独身生活具有一种重要的价值。女修道院当时就是一个避难所,一道通向教育的大门。"向修道院的修女开放的那种事业,比近代欧洲历史进程中抛开女人的任何其他事业都要伟大。"①

对婚姻关系的正义以及因而对更好的家庭理论的两个重要贡献,在任何情况下都必须记在教会的功劳簿上。第一,男女双方的同意是缔结有效婚姻唯一不可缺少的条件。"在此点上,教会不仅与古老传统和父母权威作斗争,而且与封建领主的领主权作斗争;在与女人生活的最重要事件的关系方面,它不仅解放了自由阶层的女人,而且解放了农奴阶层的女人,这必须被认为是正义的。"② 第二,在婚姻的保持方面,因为神圣的婚姻是不可解除的,它认为,违犯这一点,正如对妻子来说是严重的一样,对丈夫来说也是严重的。从前的理论,把不忠要么看成是对丈夫财产权的一种伤害,要么是在孩子的父亲是谁这件事上引入了一种不确定性;而且,这残存在约翰逊博士的那具有"无穷"不同理解的格言之中。抛开他对他的财产权和孩子的关心不说,教会的这种理论看来没有考虑妻子的感情,甚至也没有考虑丈夫的感受。

因此,教会矫正了日耳曼人和古罗马人的传统,但是从来没有完全地废除它们,因为就家庭生活的真实地位而言,她在她自身内是被分裂的。反叛罗马教廷的新教,反对这两种婚姻理论。一方面,

---

① 埃克斯坦(Eckstein),《隐修制度下的女人》(*Woman under Monasticism*),第478页。

② 霍布豪斯,《进化中的道德》第一部分,第216页。

改革家们认为婚姻不是一项圣事,而是一项民事契约,因而允许离婚。另一方面,他们认为婚姻是一种最值得拥有的状态,并且废除了神职人员的独身制。但是,"女人的服从",特别是已婚女人的服从,直到最近,还作为一种法律理论被保留着。在英国,在布莱克斯通时代,法律理论还是这样的:"在婚姻中,女人的存在或法律地位是从属于其丈夫的,或者至少是与其丈夫的存在或法律地位合并捆绑在一起的,女人做每一件事情都须处在其丈夫的羽翼、保护和庇护之下。"依据这一古老的法律,他可以对她"适度地矫正"。"但是,在有教养的查理二世的统治之下,我们所遇到的情况是这种矫正的权力开始受到质疑。"但是,直到1882年,英国的已婚女人才获得对她自己的财产的控制权。在美国,一直在制定一些法令来矫正这种普通法所具有的那些古老的不正义,直到在与财产和孩子的关系上实质性的男女平等已经得到保证。

2. 社会和观念上近来发生的一些影响家庭的变化

家庭可能是人类社会中最古老的制度(它比作为一种独立因素存在的政府古老,可能比独立组织的宗教还要古老),还是最深刻地影响日常生活中的男人和女人的制度。从生物学上看,家庭以性别为基础,但是,它从经济、政治、艺术等资源中汲取力量。从母权制到父权制的转变,或者从多配偶制向一夫一妻制的转变,一直是逐渐进行的,其趋势是更大地加强而非弱化婚姻关系的长久性和伙伴性。教育期的逐渐延长一直是一个影响对孩子的共同兴趣这一纽带的因素,而这样的纽带一直在造就孩子的父母双方之间更大的团结。但是现在,各种力量的联合似乎正在相反的方向上起作用。经济的、政治的和宗教的条件形成了一种适合于革命性观念的背景。

经济上的变化以及在相当程度上是这些经济变化之产物的城市生活,是在这种影响中首要的也许是最为重大的隐含因素。从前时代的家庭和家室,虽然以两性之别和亲子关系为基础,但却隐含着一种在很大程度上是由丈夫、妻子和孩子之间劳动分工的需要以及对财产(特别是稳定的居所和家室)的共同拥有塑造成的模式。这样的居所,通常既是劳动中心,也是休闲娱乐中心和宗教中心。在文明已经达到了渔猎或农耕这样的较为高级的阶段之后,男人与女人之间的劳动是:男人在外打猎或工作以养家,女人在家准备食物和做家务。因此,他们是相互依靠的。一个男人发现在准备食物上、特别是在照顾孩子上他几乎什么都干不了。相应地,在打猎或野外劳作上,女人也不擅长,虽然她可以参加这样的活动。所有这些工作,也像生活娱乐一样,往往是以家室为中心的。

工业革命把男人和女人都送进了工厂。它甚至把大量的儿童也带了进去。因此,这一经济变化首先影响的是劳动阶级(经济上贫穷的社会阶层),在这个阶层中,为了维持生存和养育孩子,男人和妻子都不得不工作。虽然这在打破联接丈夫和妻子之间的那些法律纽带方面几乎没有做什么,但是,它确实使这一家的生活贫乏。它甚至把除了准备食物之外的几近所有的家务手艺和技能从富裕的家庭中根除了,因此使得家庭主妇的工作再也不大重要和有趣了。美国内战为大量的女性提供了进入教育行业的机会。电话这

第二十三章 婚姻和家庭

样的发明召唤女性操作者,商业的发展为速记员、书记员、秘书、办公室主任和经理提供了地方。来自中产阶层和富裕阶层的许多妇女开始享受与外界的交往以及因雇用而使之成为可能的经济独立。公立教育为他们提供了有效的服务。

人口大量涌入城市,以几种方式影响着婚姻和家庭生活。城市中的结婚率比农村中的结婚率低,部分原因就是在城市中租赁和建造居所的成本较高。高昂的费用往往使许多已经结婚的年轻人没有勇气去生育子女。在大城市的公寓里孩子看来是特别不协调的;因为任何一个很少或根本没有给孩子提供方便的游玩空间的城市居所,对于一个孩子来说,是一个不适合于其茁壮成长的地方。正如罗素所说,没有一个人愿意承担在城市中孤立的地窖中使小树长大这样一件事情。

现代的发明也使家庭不再是一个娱乐中心。在某种程度上,汽车在阻滞家庭解体,因为它所带来的趋势是使全家一同出行;但是,它也带来了一些新的危险。已经变成了一种流行类型的休闲的电影,也吸引了整个家庭,但是,像汽车一样,它也整个家庭带离家屋。城市居所趋向于变得越来越小。它没有了年轻人能够用来招待他们的朋友的最好房间。以家庭的相互熟悉为基础的旧的邻里关系实际上已经不存在了。年轻的一代寻找他们自己的休闲娱乐,不但抛开其父母,而且不在其父母和邻居的监管之下,那样的监管虽然通常是友善的,但在从前的条件下却是不可忽视的。汽车、夜总会、舞厅和当前其他形式的消遣,是不利于父母和孩子的共同参与的。

与家庭和家屋的外在条件的变化相伴的,是观念上的激烈变化。

观念上的激烈变化中，第一个就是在看待离婚的观念上的变化。在英国，直到1857年，通过议会的一项法案，与再婚权相伴的无条件离婚才成为可能。在1800年到1850年之间，这样的离婚只有九十宗被通过。1857年的那条法案确立了一个法庭来听证和裁决离婚诉讼手续。在此以前，丈夫要离婚，只能以妻子通奸这一理由提出；妻子要离婚，除了证明丈夫确实通奸以外，还要证明丈夫有一些严重的行为，比如遗弃。但是，即便是在1857年的法案之后，离婚在英国依然还是极少的，在那个世纪末，从每年300宗上升到大约1000宗（包括司法的分居在内）。在美国（除了在不允许离婚的南卡罗来纳州以外），法律上的离婚一直都比英国容易。但是，在1870年以后，它还是快速增长了。在那一年，有10926宗离婚得到允许；在1930年，则是191591宗。美国人口1870年是3850万，1930年人口增加到1870年的大约三倍，而离婚则增长到了1870年的大约七倍。或者从另外一个角度看这个问题，现在的离婚大约是每六对婚姻有一对——在东部较少，在西部和西南部较多；在农业生活中较少，在演员、音乐工作者、电报和电话从业人员以及商旅者中较多；在乡村居民中较少，而在城市居民中较多。

相应地，社会态度方面的变化也是令人震惊的。在1870年，至少在东部各州，离婚并不是一件好事。现在还被英国皇家法院表达的离婚当事人不在法院出庭的这一观点，实际上在美国社会也是普遍流行的观点。现在，虽然宗教约束不再那么广泛地被感受到，离婚率是每六或七对婚姻中有一对，但是，即便丈夫或妻子不满意，也不存在要去克服的心理反对和社会反对。在1870年以后一直在稳定增长而且现在也没有显示减少迹象的离婚率一直在增加焦虑，因

第二十三章 婚姻和家庭

为这看来说明在对婚姻在态度上已经发生了一种根本的改变。

对儿童来说通常是不幸的离婚在增加,这并不是现在形势的最为严重的方面。在美国,一般趋势是主要以情感为基础而进入婚姻,所以,调适的难题——包括在理智、经济、社会和性这些方面的调适——时常表明非常地多,这一点也不令人惊奇。在第一道强烈的情感已经过去时,伙伴关系就不能再继续下去了。统计表明,在没有孩子的婚姻中,不满意特别可能发生。但是,离婚并不必然意味着婚姻制度是一个失败,因为离婚的人经常报着结成更成功的伴侣的希望再次结婚。对家庭的更为根本的威胁,被发现不是在离婚中,而是在对追求家庭生活所报的一些态度之中。

在这些态度中,第一种态度是:性关系纯粹是个人的事情,在其中,除了相关的当事人以外,任何人都没有正当的利益。这些观点的某些代表者认为,孩子的出生确实确立了这样一种处境,社会应当承认自己有为照顾孩子提供物资的责任。第二种态度走得更远。它没有把照顾和养育孩子的责任加在父母身上。它认为,这种责任最好由社会本身通过真正的专家来承担。上面提到的这两种理论,其倾向虽然不是要把来自家庭的社会性的、法律性的和道德性的帮助都排除掉,也是将其中的很多排除了,而且,它鼓励夫妻之间偶然的依恋而非长久的结合。我们可以认为,这两种理论所含有的态度,首先是从男人和女人的角度提出的,其次才是就它们对孩子的影响提出的。

对婚姻制度的这些更激进的质疑来自(1)人们对性的日趋强烈的强调,(2)在经济方面和政治方面已经非常强大的个人主义扩张到了人际关系中的一个新的领域,特别是性这个领域。

最近，性这个领域一直在被沿着两条路线强调，其一是美学路线，其二是心理学路线。

在美学领域中，现代的小说一直把注意力放在情感生活上，特别是情感生活的压力和冲突。浪漫主义者夸大理想化的性享受所具有的魅力。现实主义的学派夸大了情感生活的心理特征。描写情感问题的小说用常用的"三角关系"来描述性激情的任性，认为它是与法律或习俗的约束相对立的。整个影响已经通常是使男人和女人比此前的任何一代人都可能有更多的性意识，特别是女人，因为这类小说的读者中更多的可能是女人。刊载那些被声称是实际生活体验的"真实故事"和"情感忏悔"的杂志具有巨大的发行量，就已经说明了人们对性的兴趣已经高到了什么程度。

这种心理影响可以在弗洛伊德学派中发现。这一学派夸大了性的地位，强调压抑这种原始冲动所含有的危险。它致力于去发现性的证据，不但在人的成年及其以后的岁月中，而且从人的婴儿时期开始。力比多采取了各种形式，它像叔本华的生存意志或尼采的权力意志那样，成了在人整个生活中——不论人是醒着还是在梦中——的一种根本的驱动力。这种无意识一直在寻找和抓住"监管者"出错的任何一个机会。压制如此根本的驱动力是危险的，因为这可能迫使它向内翻转，或导致这一暂时被夺制的爱好以夸大的形式出现。就它们关心对这种性激情的控制而言，毫无疑问，宗教和社会确实真的过于经常地依赖于禁欲或抑欲，或者忽视这样的事实，而不是去坦率而理智地考虑这种爱好所具有的意义及其影响。但是，近来的在小说和心理理论中强调性的这一倾向已经把这个话题公开了。其影响是继续孤立地夸大性，还是为更正确地评价性与

第二十三章 婚姻和家庭

其他生活兴趣之间的关系所具有的重要性,现在尚不明确。

个人主义扩展到婚姻领域,并不令人惊奇。现在这个时代,既承认婚姻权属于个人自己,也承认每个人尊重他自己和为他自己的生活、他自己的目的和他自己的寻找为整个人类做出独特贡献的方法设立一种高的价值对社会来说是重要的。那些坚持个人价值的人,不仅有表达了自私享受或唯我主义的作家,而且还有以广泛的人类目的这一高标准来思考的人,而且后面一种人更强烈地坚持个人价值。灵魂的价值是基督教思想的主导观念,它表现在这样一个挑战中:一个人若赢得了整个世界但却丧失了他自己的灵魂,这于他有什么益处?康德,这位强调义务在道德生活中的地位的伟大代表人物,认为他自己的普遍原则之一就是:"人,一般地说,任何一个把他自身当作一个目的的理性存在者,都不纯粹只是任何由这个或那个意志使用的工具","人必须把他自己的存在设想为这样的"(即设想他的存在本身就是一个目的)。

个人价值这一原则的一个新的应用,表现在上世纪这样的运动之中,其一是废除奴隶制,其二是扩大投票权——首先扩大到更多的男人,然后扩大到女人;它还表现在关于与在此之前的慈善活动相对立的社会安排的哲学之中,以及教育机会的普遍扩展之中。在经济世界,主动性这种自由一直是被重视的,即便它不是安全的。在政治领域,个人权利一直被宪法热情地卫护着。这个时代的整体趋势已经远离了苦修理想,苦修理想将压迫人的本性的一些方面,特别是在贫穷、贞洁和服从这三誓愿中被放弃的那些方面。现在这个时代依然还是反对要求牺牲个人生活的幸福来保证或维持社会目的的那些制度或模式。像战争这样以前认为是必不可少的方法,正在越来越显得无关紧要。如果婚姻和家庭与个人的根本价值和发展相对立,那么它们就有了一件困难的事情,即如何在目前意见面前为自己辩护。

作为考虑婚姻和家庭所具有的价值的一个准备工作,应当重复这样一点:要解决这一问题,不能诉诸一般的规则,而要考虑在每种情况下特殊而具体的因素。虽然这对所有的道德行动来说都是正确的,但是,对于婚姻和家庭这样一种如此个人化和如此亲密的关系来说,它是特别正确的。应当更进一步说,健康状况和性格对于某些人来说可能恰恰妨碍了婚姻。全身心地投入某些事业,虽然这样的事业在以前的时代一直被认为是一种"召唤",但现在它也是必须考虑的一个因素。在以前的时代,这样的"召唤"在宗教服侍领域中不是少见的;今天,社会责任所具有的类似意义可能参照其他方向的工作而被感受到。在适当承认一切选择的个体本性以及在一些情况下例外因素的条件下,我们认为一些重要的原因必须由一般人,特别是大学学生来评价。

3. 从个体的视角看婚姻

从较为直接的因素开始,我们首先必须承认:对于正常的人,一方面,性冲动需要表达或满足,另一方面,性冲动需要被作为一个应有的方面限制或关联到个人的整个兴趣和情感生活中。被阻挠或压制的性冲动可能导致变态,导致冷漠和心胸狭隘,甚至导致心理疾病和神经疾病。没有受到控制的性冲动——或者没有提供精炼或者与智识的、美学的和社会的兴趣与影响联系起来——可能使人格粗俗和扭曲。如果说女人所受伤害更多地来自于人格粗俗这个方面的话，那么，诉诸与所有其他使人坚定和提升的关系分开的性满足的男人所受的伤害，更多地出于人格扭曲。

其次，我们要考虑对伙伴关系、稳定和相互鼓励来说另一方之必须以某种方式被满足的需要。称赞友谊不是不可缺少的。亚里士多德说，"谁也不愿意去过那种没有朋友而拥有所有其他的好东西的生活。他继续说："友谊不仅是不可缺少的，而且是美丽的或高尚的。"他还说，最真实和最好的爱与友谊"要求长期而熟悉的交往。"因为，正如格言所说："人若不一同吃光最低数量的盐，就不可能彼此了解。"虽然所有的颂词都一直被用来称赞男人之间的友谊或女人之间的友谊，但是，在婚姻关系处在最好状态时由婚姻提供的男人与女人之间的那种友谊之中，存在着一些比其他友谊都要更亲密、更美丽和更对双方有益的方面。分享抱负和希望以及快乐和忧伤的体验，特别是共同拟定计划和为幸福和孩子的未来所作的思考，这样的事实逐步建立了一种生命共同体，这种生命共同体是在任何其他类型的经验中所找不到的。

因此，在承认性和友谊这样的事实之后，从个人的角度看，婚姻问题就是：（1）使这些相对流动的兴趣，使它们可能随意被变成或计划去建立一种希望通过稳定去获得的长久结构，是不是更好；（2）使这些利益中的一项或两项与其他的利益隔离开，或者使它们为了更远的目的而彼此结合和合作，哪一种做法更好。

支持使性和友谊这样的纽带不固定的是这样一种考虑：如果一方可能因为口味和情绪变化而结成这样的关系和斩断这样的关系，那么，这一方在某些方面无疑是更自由的。在友谊方面，我们时常发现自己因为年龄增长而失去年轻的激情——虽然亲密的友谊可能极少是在中年生活或者甚至三十岁之后形成的。情感和激情像洪水一样容易衰退；为什么要使你自己受约束呢？支持使性除了成为一种容易变化的兴趣之外还成为一种独立的兴趣的人，可能说：众所周知，性吸引不是以理性的理由为基础的，而且难以置于理性的控制之下。可以想象，有人可能愿意使性成为一种不同于友谊的、以兴趣的一致和口味的一致为基础的东西。

支持使性成为长期承诺和与友谊和其他兴趣结合在一起的东西的，是这样一种考虑：在人从动物世界的相对无计划和偶然的生活到一种有意义和有价值的生活这一进步中，一个伟大的因素一直就是文化人所具有的这样的能力和禀赋，即为遥远的目的持续地计划和工作，并且建立制度，为这样的计划和努力提供力量和支持。智慧的个人，不是放弃对激情的控制，而是这样组织自己的生活，使激情和情感为他自己的充实做出贡献。为了这一目的，他必须约束他自己并承担起责任。生活的充实和较长久的快乐，不是通过对诱人的东西的偶然依赖实现的。性的满足，只有在它是与艺术的使人精炼的影响、具有理智指导的尊严、像被古罗马法学家定义婚姻时所说的"一生的伙伴"、爱情的恩典以及许多人要求的由一家宗教机构赋予的神圣性这些东西联系在一起时，才使其成为最好的贡献。性满足被孤立起来时，它就对人造成伤害。

许多问题依赖于被（也许被无意识地）用来决断的标准是什么。有些人首先直接地问，婚姻和家庭能够给我快乐吗？格罗夫斯（Groves）教授写道："现在婚姻和家庭都被要求接受快乐这一标准的检验，因为在我们这个时代中，快乐标准被普遍地当作衡量所有类型的社会活动的一个尺度。"① 快乐问题，无疑是必须加以考虑的因素之一。感受，是生活的一个重要组成部分，而对幸福的预期是成功婚姻的一个几乎不可缺少的条件。

但是，在承认婚姻和家庭是否给予快乐这个问题的适切性的条件下，其他两点需要加以审视。首先，我期望我是一个已经完全完成了的个人，通过我自己的努力成为幸福的，这样无须为了这一伙伴关系中的另外一个成员而调整自己吗？或者，相互的调整、相互的给予与索取、为共同目的而进行合作，要被认为是一个公平考验所不可缺少的条件吗？第二，创造某种从来没有体验过的东西、建设一个在其中新的价值将找到一个居所的结构，这样的探索，可能包括在我们最终的权衡和检验之中吗？

有抱负的年轻人通过创造或建设某种东西而在共同体中发现自我发展和充实自己的机会，这样的机会，存在于一家商社、一家工厂、一间教会、一所学校、一次"实践"乃至一种专业声誉之中。他们肯定会遇到难题、焦虑和失望，但是，他们坚持他们的意图，相信这样的创造性工作将会产生不断增长的和实质性的满足。

柏拉图说，在爱中，根本原则不仅是对美的爱，而且是对创造的爱。他在这样说时，就非常好地表达了生活中这一方面。不论是在肉体方面的创造中，还是在心灵方面的创造中，人获得不朽，是通过后代、善名以及国家和家庭的井然有序。从创造一个可使生活丰富的新领域的机会这个角度看，婚姻和家庭这一共同体可谓是一种强有力的途径。

---

① 格罗夫斯和奥格本（Otburn）：《美国的婚姻家庭关系》（*American Marriage and Family Relationships*），第26页。

4. 从社会的视角看婚姻

个体性意识的增长，形成了一种在个人主义基础上决断问题的倾向。而且，我们中极少有人希望在完全不了解一件非常重要的事情可能造成的影响的情况下就对它做出决定。尤其是大学生，他从所有时代都继承东西，与大多数人相比，他在更充分的意义上从他是其中一个成员的那个共同体中受益。一个充分的证据就是认真和奉献。正是因为有着认真和奉献，所有国家的那些参加世界大战的年轻人都显示出他们为了他们相信是有价值的事业而甘愿奉献自己。这足以表明，如果有什么东西是被要求的，那么，它就是：我们年轻的后代，必须被造就一直显示在过去的时代的社会服从工作中的那类美德。

美国伟大的法哲学家和社会哲学家、法官霍尔姆斯先生写道：

> 如果我们认为我们的存在不是宇宙之外的一个可爱的上帝所赋予的而是由我们自身之中的一个神经元赋予的，那么在我们背后就有了一种不确定性。它给我们提供的不是别的东西，而只是足够的意义。如果我们的想象强大到足以接受我们只是与世界的其他部分不可分割的一部分这样一种想法，足以把我们自己的终极利益扩展到我们的皮肤构成的边界之外，它就证明了为了我们之外的目的甚至牺牲自己也是正确的。[1]

---

[1] 《法学论文集》(*Collected Legal Papers*, New York, 1920)，第316页。

在表达了上面这一引文的思想之后,法官霍尔姆斯接着说,"可以肯定的是,这样的动力正是我们在人之中发现的那些普遍需要的东西和理想。"但是,如何调整这些要求,一方面是个人的抱负、发展和快乐这些要求,另一方面是社会要求,是每一个人都必须重新探索的问题。在人类发展的一个理想的阶段中,与目前不同的是,那个问题将更少地是"非此即彼"而更多地是"既此又彼";若用讨论自我的那一章所使用的语言来说,这样的调整将总是一个道德问题。每个人都必须做出他自己的决定,但是,我们可以提出需要重视的几点思考。

当我们把自己看成是人类大家庭的一部分、认为我们自己的生活不仅仅只是为享乐或者甚至自由提供机会而且还是为创造性工作提供机会时,我们就不得不承认:对于我们之中的大部分人来说,这意味着与他人合作来做任何一个人不可能凭他自己来做的事情。在此,我们发现我们自己进入了那些只是通过长期的斗争、科学家的耐心研究、发明家的卓越发明,无数的具有普通善的"无名士兵"的劳动才成为可能的机会。我们感到,做这样的事情除了是一种义务,还是一种荣幸。如果我们拥有健康的身体——伴随着卫生和医疗条件在不断进步,健康不但越来越成为我们自己的快乐的一部分,而且还日益成为我们自己的道德的一部分——那么,我们在其中可能做出贡献的方式之一就是使新的生命得以存在,在我们的力量之内给我们的孩子提供最好的东西。

一位当代作家①一直在指出,今天,我们已经不再像以前的人

---

① 鲁斯·里德(Ruth Reed),《现代家庭》(*The Modern Family*, 1929)。

那样肯定世界需要增加人口。伴随着高出生率的人口快速增长一直是比较简陋的文明的特点，因为比较简陋的文明需要获得人力上的优势或弥补由于无知或卫生系统而造成的高死亡率。再者，一些国家的人口过多一直被认为是用来证明其入侵别国领土是正当的，或者证明在它们并不想要的地方建立殖民地是正当的。那么，为什么要在人口过多所具有的恶上再增长一些东西呢？在回答这个问题时，人们经常坦率地承认：不存在增加世界总人口的好理由，一些国家已经人口过多了。这个问题不是一个数量问题，而是一个质量问题。即便承认我们的优生学知识还非常不完全，还是有理由认为：从总体上看，健康的父母所生下来的孩子比有疾病的或弱智的父母所生下来的孩子继承了一种更好的体质，受过教育的父母所生的孩子比无知的父母所生的孩子可以被更好地照顾和为在生活中履行他们的职责作了更好的准备。

事实上，目前许多有思想的学生认为养育最好的人这一问题是我们所面对的最为重要的问题之一。因为明显的情况是，在受过较好的教育或在经济上比较富裕的人中，与人口中其他类型的人相比，出生率既在绝对地下降，也在相对地下降。《美国的科学人》的编辑卡特尔（Cattell）博士已经发现：当代从事科学研究的人的一个完全家庭大约只有两人，每一个这样的家庭存活下来的孩子的数量大约是1.6人。那些从事专业职业的人，其趋势是把结婚推迟到大约三十岁。健康或生孩子的费用这样的理由往往限制了婚后孩子的数量。在那些家境富裕的人中，生孩子的费用这样的理由几乎没有被认识到，而且奢侈和便利必然被认为在其中占有很大地位。在一个农业群体中，孩子是一种经济财富，也是用来养老的。现代人可能更认为孩子是一种拖累，通过保险来实现养老。但是，恰恰是许多人没有能够履行他们的为一个更好的社会提供成员方面做出贡献这一事实，使得那些富裕而能干的人尽自己的本分成了极为重要的事情。在尽他们的本分的过程中，他们可能发现自己生活的扩大，在对远景的期盼和实现中所包含的快乐，以及与由那是满足的较深层源泉之一的生活和工作构成的伟大洪流的合一。

从社会的角度看待婚姻和家庭，还要求我们考虑它们在社会结构中所占据的地位。社会主要通过语言、互助、多样的刺激使人的生活成为其所是。在所有的社会单位中，家族和家庭一直是最为坚实和最有影响的纽带。人类学的研究表明了体能的可塑性，它有时偏重于父亲，有时偏重于母亲；而且，人类学的研究还表明每个人出生在其中而且藉之接受其最早的印象的这种制度拥有长期而稳定的力量。生物性的驱动力先于情感。如果商业造就精明，政治教导正义，那么，培养同情和友善的，就是家族和家庭。因为一个人之所以那样不同寻常地具有人性味和那么丰富地具有个体性，不是藉着其他任何东西，而是藉着这样一个事实：他是一个人，因此，他通过一种人格性的关系而非在一种与个人无关的关系中获得他的人格。文化影响，艺术，诗歌，一方面在爱中找到情感的源泉，另一方面着手提炼和丰富激情和父亲之爱的影响。宗教在父亲和母亲中发现了温柔和不变关怀的象征，进而把一种神圣性附加到人的纽带上。人类学家马林诺夫斯基（Malinowsky），在对他从功能论角度出发对亲子关系所作的一个调查下结论时，说："婚姻和家庭这两种制度是不可缺少的。"

孩子需要父母吗？因为即便父母确实需要孩子来使自己的生

活充实,提供自己的爱可以找到恰当表达的对象,看来在抚养孩子方面,从根本上讲,与一般而言的社会相比,家庭是逊了一筹的。有一种得到普遍赞同的看法,在孩子们达到一定年龄之后,把他们从家庭中带出来接受最低程度的教育,那是明智的。家庭环境过于狭隘,过于人际化和情感化。在学校中,孩子们可能有更好的举止,可以得到基本上是由社会才可能提供的专家给予的更好的教育。因此,问题是,同样的原则难道不能适用于对婴幼儿的照顾吗?难道一个由医生、护士、幼儿园教师组成的团体在养育婴幼儿上的结果不是比现在在无知的父母照顾下或缺乏照顾下所进行的以喂食和形成习惯为内容的大体上混乱的养育更好吗?在回答这些问题时,必须承认:在对孩子的身体的照看方面,做父母的确实有相当的无知;在正确地照看孩子的心智、特别是在对孩子的道德的照看上,作父母的可能有更加多的无知。可是,在逻辑上不能推出这样的结论:由专家进行的非个人的照看从总体上讲是一种更好的方式。在刚过去不久的几年中已经看到正确喂养孩子方面的知识在父母中已经广泛传播。这对寻求在行为和道德教育这样比较困难的事情方面的知识取得类似的改善来说是一个鼓励。因此,目前为止,最好的科学意见是:处在机构的非个人化的照看之下的婴儿会丧失某种至关重要的东西,这就是:某个人对他的爱。

在承认排他性的家庭环境过于个人化和情感化的条件下,我们对如何在家庭这种亲密的个人化关系与一般的社会性的非个人化的关系二者之间保持正常的平衡的条件还几乎一无所知,因而我们不可能有信心地完全弃绝家庭环境。如果太封闭地生活在家庭环境中的孩子可能变成一个"性格内向的人",那么一个根本没有那充满同情和爱这样具体而个人化的关系的孩子,极有可能变成一个"性格极度外向"但却缺乏人的性情和品格这些有价值的要素的人。正如在一个非常好地照看孩子的身体和智力的机构中工作的一位主管护士在谈论她所照看的那些孩子们时所说:"他们不拥有任何内在的东西。"

5. 需要调整的那些冲突和要求的具体根源

深信婚姻和家庭对于正常的人来说是非常重要的,这并不意味着我们忽视了在婚姻和家庭这样的制度中存在的许多缺点以及各种冲突的根源。其中的一些缺陷和冲突,随着教育和文化的进步,在重要性上已经减少了;其他的一些却变得更加尖锐。经济态度和政治态度可能应当被包括在造成不幸的根源之中;就这些根源而言,条件在近几年中已经得到改善。在日益被更尖锐地意识到的那些东西中,有一类就是对性的意识。

在经济条件这一项下,我们首先必须把工业和商业区分开。到目前为止,工业一直主要影响那些不富裕的和受教育程度低的人。在这一领域中,就它对妇女和儿童的影响来说,情况几乎没有发生什么变化。工业中妇女的数量趋向于缓慢增加,但是在工厂的女工中,婚姻和家庭已经早就发生了根本的变化。相反,商业和专业性职位近来一直是日益地向富裕阶层和受过教育的成员的进入开放的。这就使得进入商业和专业性职位的女人,除了以爱为基础外,不大乐意接受婚姻和家庭生活。经济的压力不再像女人生活主要依靠婚姻或某位男性亲人时那样重要了。首先,婚姻或事业看来是

512 两种相互排斥的选项。毫无疑问,要正确地对待这两者,依然经常是困难的;但是,说正确地对待这两者不是不可能的,已经为日益多的例子所证明。

在两个方面,这种环境看来是较轻松的。首先,女人婚后刚开始考虑干有报酬的工作时,它就遇到一个来自其丈夫方面的独特偏见的反对。在他们看来,这是对他们供养妻子之能力的一个反映。而供养妻子,这是由法律规定的一个义务。他们没有认识到女人在家务活之外的某种职业或事业上也像她的丈夫一样具有一种强烈的爱好,没有能够认识到剥夺她进行建设性的工作和过一种创造性生活的机会将是不公平的,这可能不是令人惊奇的。女人在对她们而言是新的各种职业中显示出来的那种普遍的能力和魄力已经相当程度地改变了知识男性对此的态度。关键根本不在于一个男人不能够以金钱的方式"把她想要的东西给予她"。准确地说,关键在于她想要在这个世界中做她自己的事情的机会。因为对于一些人看来,她最珍爱和她发现最适合于她的能力的工作就在于整理家务以及照顾和教育她的孩子。但是,大约百分之二十的受过高等教育的女性没有孩子,而且,在这样的女性中的许多人看来,一种被完全局限于一间城市公寓套房中的生活可能是空虚的。今天的女人不在乎生活在"摆着洋娃娃的房子"里。在另外一个方面,随着妇女获得投票权和公民身份这样的普遍进步,经济条件已经改善,也就是说,丈夫和妻子都为家庭收做出了独特的贡献,妻子不再必须"要求丈夫给钱"。没有一个成年人喜欢被置于要求另一个人给其提供钱的境地。丈夫和妻子被认为是在营造一种伙伴关系,依据古罗马的说法,是在营造一种"终生的伴侣关系"。收入可能是由一个人挣的,

第二十三章　婚姻和家庭

也可能是由夫妻两人共同挣的。不管怎样,生活的开支应当是共享的,而且必不可少的收入应当依据每一方个别性的负责的事项来分配。二十五年前,由那时通常的状况所导致的令人恼火的事情通常是严重的,而且是相当普遍的。今天,在受过教育的人中,那样的事情显然少多了。联合开立活期存款账户或个人开立活期存款账户,是方便实用的调适方法。在工人阶层中,家庭收入多数是几乎全数交给妻子。

家庭之内的权威问题随着在教育解放和政治解放中的一般进步而同样在进步。"服从"这个词已经在总体上被从婚礼中删除了。在一些事情上,丈夫可能更适合于负总责;在另外一些事情上,妻子可能更适合于负总责。不管怎样,应当商议,提出和采纳建议,而不是直接决断。

在夫妻之间的性关系上,情况无疑已变得更有意识。较前的抑制对这一高度重要的因素加以讨论的方针,正在经历一场变化。除了教育解放和政治解放以外,还有一种可能性,即更坦率地认识女人的性生活。戴维斯博士在一个由职业女性构成的顾问委员会的帮助下进行的研究,由几个医生进行的研究,以及由社会观察方面的专家进行的研究,至少在这个方向上已经形成了一个开端。戴维斯博士对1000名已婚女性和1200名未婚女性的研究①已经证实了来自其他来源的观点,即在性生活的肉体和情感这两个方面,男人与女人之间的差别比被以前假想的那种情况要小得多。被最清楚地揭示出来的事实之一是就性生活、婚姻的意义、婚姻的责任和婚姻

---

① 《两千二百名女人性生活中的诸要素》(*Factors in the Sex Life of Twenty-two Hundred Women*, 1929)。

的经营以及如何使婚姻生活中的不愉快最少、使婚姻中的和谐和相互满足最大所提供的婚前教育所具有的价值。戴维斯博士发现：在1000名已婚女性中，有846名认为她们自己是幸福的；但是，在这些认为自己是幸福的已婚女性中，有相当比例的人在婚姻生活的开始阶段经历过一段不愉快的时期，依据她们自己的判断，恰当的婚前教育一直在帮助着她们过婚姻生活。在戴维斯的审视中，对1200名未婚女性的研究表明，在那些未婚的女性中，有相当比例的人还是感到她们需要或想要某种形式的性满足。

婚姻生活中已经特别得到讨论的另一个方面是生育控制问题，或者如许多人宁可称之为恰当的生育间隔问题。人类很早就开始采取了某种形式的生育控制——至少对新生儿生活的控制。杀婴和堕胎一直被广泛地实行。较人道的和较智慧的人已经发展了不那么暴力的限制生育的方法，其办法就是防止怀孕。一般情况下，在有充足的食物供应或农业生活的条件下人丁兴旺的族群一直拥有大家庭——而且，非常贫穷和无知的人也同样。在早期的殖民时代，在现在美国这块土地上，来自英国和法国的移民的家庭是大家庭。在近些年中，新英格兰土生土长的家庭平均每对夫妇的生育的孩子已经下降到2.61个，而其他家庭平均每对夫妇生育的孩子则下降到1.92个。类似地，卡特尔教授的研究[1]表明，科研人员出自其中的那些家庭每家平均有4.65人，而这些科研人员每家平均2.28个孩子。由461个一流的科研人员提供的信息显示：其中176人的家庭没有实行生育控制，其中285人的家庭自愿地实行了生育控制。在

---

[1] 《美国的科学人》(American Man of Science, 3rd ed., 1921)。

第二十三章　婚姻和家庭

自愿实行生育控制的285个科研人员的家庭中,进行生育控制的理由有:健康原因,133;费用,98;其他原因,54。这已经引起了热烈的讨论,一方面的原因是这些数据和其他的数据反映了在受过教育和家境富裕阶层中间的状况,另一方面是一些社会工作者提出的问题,因为这些社会工作者发现贫穷而无知的人把大量的孩子带入世界,而对这些孩子,他们既不能恰当地养育也不能恰当地教育,而且这样生育又对母亲的健康造成了极大的伤害。这两类情况显然不属于同一个层次。在一种情况下,是孩子太少;在另一种情况下,是孩子太多。

在这本书写作时,已经有七十个生育控制诊所建立在美国和欧洲的许多城市中,它们主要是用来教育那些贫穷而无知的人的。其目的是用在医学上已经被认可的生育控制方法来代替那些暴力而非法的方法。对这样的生育控制来解决健康和费用问题的需要,最近已经得到兰柏会议(the Lambeth Conference)的认可,与会的大多数人认识到当这样的生育控制不是被"自私、奢侈生活和便利"所命令时它就是适当的。顺便要说的是,对于生活的那些更严肃的事务中的任何一种事务来说,自私、奢华生活和便利这三种动力都是贫乏的,不足以作为其指导方针。对于受过教育的人和家境富裕的人来说,明显的需要全都在这样一个方向上:在健康允许的条件下,为了使家庭在自己过世后还将存在下去,要养育最低数量的孩子。

注意到下面一点是有趣的,也许是富有教益的,它就是:自然已经在这样一个方向上进行一场实验,它要把性满足与作父母分开,把对一个共同体的后代的抚养完全地交给那些不是孩子父母的工作人员手上。许多膜翅类昆虫已经成功地遵行这样的计划。唯一的王和其雄性配偶,除了生育后代以外没有更多的社会责任。性别上中性的工作人员非常有效地照顾幼虫。从这一角度出发,杰出的生物学家詹宁斯(J. S. Jennings)就孩子交由社会照顾和把性生活与作父母分开这两件事情说:

> 正如我们在流行的建议中所看到的,这种热情显然主要是由这样的欲望支配着,即使交配冲动自由和得到完全满足,使变换配偶便利,使他们自己不再像想象命令的那样必然地被捆绑在一个配偶身上。如果我们审视在已经充分地实行后代公养这一制度的动物中这件事情的这个方面,我们就会发现一个令人惊奇的结果。后代公养这种制度所导致的,不是使交配冲动自由无拘,而是对交配冲动的自由加以压制,使交配冲动的自由几乎完全消失,整个社群都在根本上取消性。只有几个孤立的个体继续从事交配和生仔;普通的成员是无性的。如果人注意到了这一后果,鼓吹这种制度的狂热可能就会消失了。①

事实是:昆虫已经成功地遵从了这一被建议的计划,而哺乳动物则与此相反,特别是人类,它们一直遵从了这样一种发展路线,在其中,在母亲和其后代和不能自理的婴幼孩子之间保持漫长而亲密的身体纽带,对母亲和孩子的照顾都由男性来做,孩子的教育由父母

---

① 詹宁斯:《人性的生物学基础》(*The Biological Basis of Human Nature*),第266页。

进行,而孩子对其父母双方具有几乎同等强烈的反射性影响。詹宁斯教授说,为了使这种办法获得彻底的成功,人类早在几千万年前——即在其成为哺乳动物以前——就已经开始实行这种办法了。在那种情况下,到目前为止,人可能希望在社会组织方面与蚂蚁一竞高下。

艾伦·基(Ellen Key)是在女性的性生活和家庭方面思想最为开放的作家之一。她认为,至少对我们当前所面临的一些问题来说,解决它们的方法在于这样一个方面,即强调而非降低性和做母亲在女人生活中的重要性。她质疑性对有组织的工商业中女人生活的影响。她在自己的思考中比许多人走得更远,认为不应当为了某种制度的那些被假想的不可缺少的东西而牺牲女人的自由和人格。但是,她坚持,要保证在妻子的人格和孩子的发展之间存在着正确的关系,无须摧毁家庭。

> 家庭制度不是应当被废除,但是,家庭的权利必须加以改革;父母对孩子的教育不应当被废止,但是,父母对孩子的教育必须被加以引导;家园不应当被拆掉,而无家可归这种现象必须被根除。[①]

一代又一代人,特别是在带来了理想幻灭的世界大战之后,一直在表达着这样一种担心:在个人品格和社会秩序中一直起着非常重要作用的道德理想和标准以及同情和义务这样的纽带,

---

① 艾伦·基:《爱和婚姻》(*Love and Mariage*),第240页。

有消失的危险。本书的作者没有这样的担忧。他们相信，道德生活非常深层地根植于人性之中，因此，人必然要么迷失，要么出局。因为道德生活是一种生活，而生活意味着有力量调整自己以适应不断变化的条件。恰恰是这种新而严重的形势呼唤新的热情并把人提升到新的层次上。追溯和解释这一成长和调整过程的伦理科学有它自己的任务，这任务不是去创造道德生活——因为道德生活已经存在——而是去发现道德生活的法则和原则，并且藉此使人更加理智，从而使道德生活以后的进步更强大、更自由和更自信。

文　献

关于家庭的早期形式，请看在第二章和第四章末尾列出的那些文献，同时请看：古德塞尔，《作为一种社会制度和教育制度的家庭的历史》；霍华德，《婚姻制度史》；威斯特马克，《人类婚姻史》；萨默和凯勒（Keller），《社会的科学》（The Science of Society, vol. 3, 1927）；布里福，《母亲们》；关于当前问题，请看：鲍桑葵，《家庭》（The Family, 1906）；卡尔霍恩（A. W. Calhoun），《美国家庭的社会史》（A Social History of the American Familly, 3 vols., 1917）；布里福，《母亲》最后一章；古德塞尔，《作为一种社会制度和教育制度的家庭的历史》；格罗夫斯和奥格伯恩，《美国的婚姻和家庭关系》（American Marriages and Family Relationships, 1928）；詹宁斯，《人性的生物学基础》，麦克杜格尔，《品格和生活行为》（Character and the Conduct of Life, 1927）；马林诺夫斯基（Malinowsky），"父母，社会结构的基础"（Parenthood, the Basis of Social Structure），收于卡尔弗顿（Calverton）和施马尔豪森（Schmallhausen）合编的《新一代》(*The New Generation*, 1930)；波普诺（Popenoe），《家庭的保存》(*The Conservation of the Family*, 1926)；里德，《现代家庭》。

索 引

（页码为原文页码，即本书边码）

A

Achan 亚干 16, 27, 54, 93

the Adair case 阿戴尔案 442页脚注

Addams, Jane, quoted on morals as social 简·亚当斯，引文，道德是社会性的 348

Aeschylus 埃斯库罗斯 101, 104, 127

agency 请看Pubic agency

altruism 利他主义

 theory of ~ 利他主义理论 324—331

 dangers of ~ 利他主义的危险 326页脚注, 334, 348

Ambrose, St., on property 圣安布罗斯论财产 144

Amos 阿摩司 89

Approbation 赞成

 ~ as central concept 作为核心观念的赞成 195以及第十三章

 its native quality 赞成所具有的纯朴特征 257 f.

 ~ and standards 赞成与标准 260—262

 utilitarian theory of ~ 功利主义的赞成理论 266 ff.

 ~ as a moral force 作为一种道德力量的赞成 277

 ~ as social 作为社会教化手段的赞成 319, 336 f.

Aquinas, Thomas, on property 托马斯·阿奎那论财产权 144

Arab customs 阿拉伯人的习俗 26

Aristophanes 阿里斯托芬 101

Aristotle 亚里士多德 137

 ~ on the state 亚里士多德论城邦 116—117

 ~ on good and wisdom 亚里士多德论善和智慧 122 ff.

 ~ on high-mindedness 亚里士多德

论上智 123页脚注

referred to ~ 依据亚里士多德 212, 226

~ on judgement of good 亚里士多德论对善的判断 299

~ on chatacter 亚里士多德论品格 318

~ on classes of men 亚里士多德论人的阶层 406

~ on friendship 亚里士多德论友谊 503

Arnold, M. 马修·阿诺德 180

Art and arts 艺术

their moralizing influence 艺术之在道德教化上的影响 37, 41—44

create new interest 艺术创造新的兴趣 71

Hebrew ~ 古希伯来的艺术 97

Greek ~ 古希腊的艺术 101, 103, 132

Roman ~ 古罗马的艺术 132

medieveal and Renaissance contrasted ~ 中世纪与文艺复兴时期对立的艺术 156 f.

~ as humanizing 使人化的艺术 157

asceticism 苦修主义

~ and Cynics 苦修主义和犬儒派 220

~ as the end 作为目的的苦修 219—224, 230

association 团体, 社团

~ a necessary fact 团体是一个必然的事实 332, 358

~ is plural 社会是多样的 359

attitude 态度 请看 Character and Habit （性格和习惯）

Augustine, St. 圣奥古斯丁 142

Aurelius, Marcus 马可·奥勒留 125

Australian customs 澳大利亚土著人的习俗 20, 28, 52—53, 56 f.

authority 权威

~ of group 群体的权威 45 f.

~ behind custom 习俗背后的权威 46

~ in Israel's religion 以色列人宗教中的权威 86 f.

~ challenged in Greece 在古希腊人中受到挑战的权威 103—112

~ of law in Rome 法律在古罗马中所具有的权威 138—141

~ of God and church in Middle Ages 上帝和教会在中世纪所具有的权威 142—145

~ relaxation, modern 权威在现代的松弛 155—161

~ in morals 道德中的权威 194, 365

f., 第十二章各处, 特别是234, 2366 f.

autonomy, in Kant 自律在康德思想中 166

B

Bacon, Francis 弗兰西斯·培根 第10页的引文, 出自他

~ in Renaissance science 弗兰西斯·培根在文艺复兴时期科学中 153 f.

Bacon, Roger 罗吉尔·培根 153

Bagehot 白芝浩 39, 48

Bain, on pleasure as end 贝恩, 论作为目的的快乐 206

bargaining power, in industry 在工业中的谈判力量 431—448

benevolence,

~ as standard 作为标准的善意 263 ff.

blind ~ 盲目的善意 353

请参看 sympathy 同情

Bantham, Jeremy 杰里米·边沁

~ on intention 杰里米·边沁论意图 166, 184, 187, 260 f.

~ criticized by Mill 杰里米·边沁被米尔批评 266—268, 295

birth control and birth rate 生育控制和出生率 508 f., 514 f.

Blackstone, on status of married women 布莱克斯通论已婚妇女的地位 485

blood feud 血亲复仇 18 n., 25 f., 56, 63, 84

Boniface viii

Bracton 布来克顿 141

Bryce, James 詹姆斯·布赖斯 136, 158, 475

Business 商业, 经济

problem of ~ 商业问题 286, 449—448, 472—475, 480—488

social control of ~ 对商业的社会控制 459—470

请参看 captalism(资本主义), justice (正义)

C

Caesar 恺撒 16, 132

captitalsim 资本主义

historical setting of ~ 资本主义的历史背景 150—152, 159 f.

theory of ~ 资本主义理论 417—419

~ and competition 资本主义与竞争 419—422

~ and security 资本主义与安全 425—427

~ and profit motive 资本主义与利润动力 449—453, 487 f.

~ and labor 资本主义与劳动 第19章

~ and justice 资本主义与正义 453—458, 485—487

~ versu other methods 与其他方法相对的资本主义 475—480

~ needed reforms 需要改革的资本主义 472—475, 477—488

参看Industry（工业）, Business（商业）, Distribution（分配）

Carlyle, Thomas 托马斯·卡莱尔 275, 362

casuistry 决疑论 360

Cato 加图

~ on slaves 加图论奴隶 135

Cattell, J. M. J.M.卡特尔

~ on families of American Scientists 卡特尔论美国科学家的家庭 508, 514

categorical imperative 绝对命令 请看康德（Kant）

Celts, clan system 凯尔特人，氏族制度 请看威尔士（Welsh）

censorship 审查制度 356, 365

changes 变化

moral effects of social ~ 社会变化所具有的道德影响 188, 191, 352

character 品格

formation of ~ 品格的形成 9, 64

~ among Hebrews 古希伯来人中的品格 94—96

~ among Greeks 古希腊人中的品格 127—129

~ as stable 品格是稳定的 177

~ and conduct 品格和行为 186

central ~ 核心品格 183

~ and intent 品格和意图 186

~ as criterion of pleasure 作为快乐之标准的品格 208 f.

~ and moral judgment 品格和道德判断 299 ff.

~ and end 品格和目的 264—268

~ analyzed 被分析的品格 176—178

continuity of ~ 品格的连续性 179

charity 慈善

misconception of ~ 对慈善的错误看法 334

chastity, and cultus 纯洁和崇拜 87 f., 94—96, 189

child labor 童工 421 f., 459 f., 483 f.

chinese customs 中国人的习俗 15 f., 62

christain conceptions 基督教的观念

~ of love 基督教的爱的观念 90

~ of sacrifice 基督教的牺牲观念 92

~ of faith 基督教的信仰观念 90, 92

~ of life 基督教的生命观 97

~ of freedom 基督教的自由观 97

~ of social oder 基督教的社会秩序观念 98

~ of church 基督教的教会观 142 f., 148 f.

~ of sacraments 基督教的圣事观 142, 148

~ of moral law 基督教的道德法则观念 145

~ of wealth and property 基督教的财富和财产观念 144

church 教会

medieval ~ 中世纪的教会 142—145

Reformation views of ~ 信义宗的教会观 148 f.

~ influence on development of family 教会在家庭之发展方面的影响 493—495

Cicero, on law and nature 西塞罗论法律和自然 138 ff.

class conflicts and interest 阶级冲突和阶级利益 86

~ in Israel 以色列人中的阶级冲突和阶级利益 82, 85, 98

~ among Greeks 古希腊人中的阶级冲突和阶级利益 105—112, 115

~ among Romans 古罗马人中的阶级冲突和阶级利益 131, 134—136

~ of gentleman 绅士间的阶级冲突和阶级利益 152

~ of middle class 中产阶级间的阶级冲突和阶级利益 152 f.

~ employer ans employee 雇主和雇工间的冲突和利益 第19章

class ideals 阶级理想

~ of Greeks 古希腊人的阶级理想 105 f., 121, 123

~ of Romans 古罗马人的阶级理想 134 f., 139 f.

connection with honor 阶级理想与荣誉的关系 77—79

source of many moral terms 作为许多道德标准之源的阶级理想 161 f.

~ and the machine 阶级理想和机器 422—425

coercion 强制 177, 237, 245

collective bargaining 集体谈判 429—448

collectivism 集体主义 356 ff., 362

communism 共产主义 475—479

索引

community ideal 共同体理想
~ in Hebrew morals 古希伯来道德中的共同体理想 86, 98
moral meaning of ~ 共同体理想所具有的道德意义 383 f.

competition 竞争
its function in capitalism 竞争在资本主义中的作用 419—421, 433, 436 f.
fair and unfair ~ 公平的和不公平的竞争 465—467

conduct 行为
subject of ethics 伦理学的主题 3
aspects of ~ 行为的方面 4
three levels（行为的）三个层次 7
first level（行为的）第一个层次 第三章
second level（行为的）第二个层次 第四章
third level（行为的）第三个层次 第五至六章
~ in relation to character 行为与品格的关系 178—186
~ involves continuity 行为蕴涵着连续性 179 ff., 242

conflicts 冲突 66 ff., 79, 187, 190
occasion of reflection（冲突是）反思的契机 174 f., 227

~ of desires 欲望的冲突 204 ff.
~ and choice 冲突与选择 316 ff.
social and individual ~ 社会性的冲突和个人性的冲突
请参看 class conflicts（阶级冲突）

conformism 一致主义 252
参看 convention（惯例）

conscience 良心
transition from custom to ~ 从习俗到良心 66—81
Greek symbols of ~ 古希腊人用来言说良心的东西 127 f.
Stoic idea of ~ 斯多葛派的良心观 129
Adam Smith on ~ 亚当·斯密论良心 129
~ and reflecxtive morals 良心与反思性道德 171 f.
nature of ~ 良心的本性 289
analyzed ~ 被分析的良心 300—304

conscientiousness 责任心
true and false ~ 正确的和错误的责任心 288
参看 judgment（判断）, moral（道德的）

consequenccs 后果
~ and motive 后果与动力 184 f., 207, 240—245

~ in utilitarianism 后果在功利主义中 266 ff.

~ and self 后果与自我 316 ff.

~ and motive 后果与动机 377, 403

conservatism 保守主义 361, 374

constitution of U. S. 美国宪法 392, 394, 396, 399, 401

contract 契约

~ and status 契约与地位 8

labor ~ 劳动契约 第十九章

Supreme Court on ~ 最高法院论契约 442 ff.

yellow dog ~ 黄狗契约 444—446

control 控制

primitive group ~ 原始群体的控制 24—27, 31, 45, 64 f.

how enforced in ~ 控制是如何加强的 48—50

~ challenged in Greek 在古希腊受到挑战的控制 104—112

~ by church 由教会进行的控制 142—145

Social control of business 社会对商业活动进行控制 第二十一章

参看 law（法律）

Convention in Greek morals 古希腊道德中的惯例 100, 105—115

参看 custom（习俗）

coöperation 合作

~ and mutual aid, early 早期的合作与互助 39—43

~ in modern industry 现代工业中的合作 448

corporation 公司

~ in industry 工业中的公司 423, 430 f.

~ and bargaining power 公司和谈判力 436

~ for profit 追求利润的公司 414 f.

~ public attitude 公司的公共态度 474 f.

Coulanges 库朗兹 17

courage 勇敢 106, 285

courts 法院

primitive ~ 原始的法院 55—57

labor disputes and ~ 劳动争议和法院 441—446

~ on child labor 法院论童工 459 f.

~ on police power 法院论警察权力 461 f.

~ on property and public interest 法院论财产和公共利益 462—465, 475

~ on income tax 法院论所得税 470

covenant in Hebrew poral development 盟约在古希伯来人的道德发展中 86

criterion 准则
　　moral ~ 道德准则 195 f.
　　~ of institutions 制度的准则 382—389
　　~ as common good 作为共同善的准则 382—383
　　~ as democratic ideal 作为民主理想的准则 387 f.
　　参照 standard（标准）, utilitarianism（功利主义）
cultus 文化 38, 87 f., 94 f.
　　Hebrew ~ 古希伯来文化 87—88
　　参看 convention（惯例）, group morals（群体道德）, taboo（禁忌）
custom 习俗
　　~ and word ethics 习俗与"伦理学"这个词 3
　　~ in early group 早期群体道德中的习俗 15 ff., 22
　　second level of conduct（习俗是）行为的第二个层次 7, 45
　　~ in group morals 群体道德中的习俗 第四章
　　~ of initiation 模仿这种习俗 52 f.
　　~ birth, marriage, death 出生、婚姻和死亡方面的习俗 57—59
　　festal ~ 节日习俗 59
　　hospitality 好客 60—62

values and defects of ~ 习俗所具有的价值及缺点 62—65
　　transition to conscience（习俗）过渡到良心 第五章
　　~ among Hebrews 古希伯来人中的习俗 83 f.
　　~ among Greeks 古希腊人中的习俗 100—102
　　~ and "nature" 习俗与"自然" 109 ff.
　　~ and reflection 习俗与反思 173 f.
Cynics 昔尼克派 114, 119, 220
Cyrenaics 昔勒尼学派 114—115

D

Davis, Katherine B., on sex life of women 凯瑟林·B. 戴维斯论女人的性生活 513 f.
deliberation 深思熟悉
　　nature of ~ 深思熟悉的本性 330—334
　　~ and the self 深思熟悉和自我 302
　　~ and imagination 深思熟悉和想象 303
　　~ and conflicts of impulses 深思熟悉和诸冲动间的冲突 316 f.
democracy 民主、民主制度
　　~ in Greece 古希腊的民主制度 108, 115

modern development(of ~) 近代民主制度的发展 158 f.
~ in industry 工业中的民主 436
~ and utilitarianism 民主制度与功利主义 262
problems of ~ 民主制度所具有的问题 390—398
early theory of ~ 早期的民主理论 394 ff.
difficulties of ~ 民主制度所具有的难题 399 f., 402
its culture criticized 受到批判的民主文化 404 f.
Descartes 笛卡尔 154
desire, in relation to thought 欲望与思想的关系 200 ff.
参看 good, the desire(善的欲望)
Dharna 长坐绝食 57
Dinsmore, C. A. C.A.丁斯莫尔 93
disinterestedness 不动心 217, 328
distribution 分配
theories of just 正义理论 454—458, 485 f.
inequalities of ~ 分配不平等 386, 455 f., 485
~ in functional versus acquisitive society 分配：依据社会功能还是依据社会贡献 457 f., 486

divorce 离婚 498 f.
dogmatism 教条主义
evils of ~ 教条主义之恶 295, 350, 375, 381
Domesday Book《英格兰土地财产清册》146
dramatists, Greek 古希腊剧作家 101, 127
duty 义务
Sophocles on ~ 索福克勒斯论义务 128
Stoics on ~ 斯多葛派论义务 129
Romans on ~ 古罗马人论义务 141
~ in Kant's system 义务在康德理论体系中 165 f., 238—244, 第十二章
social claims 社会要求 236—238
justicfication of ~ 义务的证成 245—252
generalized sense of ~ 普遍化的义务感 253 ff.
~ and a social office 义务与社会的公务职责 249

E

Eastman, C. C.伊斯曼 40, 48, 54
Eckstein 埃克斯坦 494
economics 经济

forces and conditions in kinship groups 血亲群体中的经济力量和条件 22 f., 36, 39 f.

~ among Hebrews 古希伯来人中的经济 82, 84 f.

~ among Greeks 古希腊人中的经济 107—112

~ among Romans 古罗马人中的经济 135—137

~ under church control 教会控制下的经济 144

modern ~ 近代经济 149—153, 159 f.

modern individualism in ~ 近代在经济方面的个人主义 367 f.

present problem of ~ 目前的经济问题 第十八至二十三章

~ and politics 经济与政治 396—398

参看 labor(劳动), capitalism(资本主义), distribution(分配), property(财产), wealth(财富), individualism(个人主义)

education 教育

~ in primitive groups 原始群体中的教育 51—53

Greek ~ 古希腊的教育 104 f.

~ joined with democracy 与民主制度联系在一起的教育 158 f., 266

function in modern economic society(教育)在现代经济社会中的功能 424 f., 457, 484 f., 486 f.

institutions determine ~ 制度规定教育 405

effect of individualistic theory on ~ 个人主义理论对教育的影响 406 f.

egoism 利己主义 324—331

参看 self(自我), selfishness(自私)

Eliot, George 乔治·艾略特 214

Emerson on abstinence 爱默生论节制 227

empiricism 经验主义

参看 intuitionalism(直觉主义)

ends 目的

~ and the Good 目的与善 193, 200—205

teleological morals 目的论 195

~ as central concept 作为核心概念的目的 第十章

~ and reflection 目的与反思 197 ff.

analyzed ~ 被分析的目的 199 ff.

~ and pleasure 目的与快乐 205—213

~ and desire 目的与欲望 200 f.

~ and wisdom 目的与智慧 205

relation to standard (目的)与标准的关系化 214, 269 ff.

~ and success 目的与成功 218

~ and asceticism 目的与苦修主义 219—224

objective interests 客观兴趣 224—228

~ and the self 目的与自我 326 ff.

Enlightenment, period of 启蒙运动时期 154—156

Epictetus 埃皮克泰德 129, 135

Epicureans 伊壁鸠鲁学派 119, 124, 215—218, 222, 227

equality 平等 262, 282, 372, 384

esthetic factors, moral influence of 美的要素所具有的道德影响 101, 105, 120, 123, 162, 227, 260, 298

Ethics 伦理学

  defined ~ 被定义的伦理学 3

  problems of ~ 伦理学的诸问题 4 f., 193—196

  method and aim (伦理学的) 方法与目的 5 f.

  theories of ~ 各种伦理学理论 第十章

Ethos 风俗 3

  ~ of primitive groups 原始群体的习俗 第四章

eudaimonism 幸福论

  Aristotle's conception of ~ 亚里士多德的幸福论观念 122, 212, 214

请看 happiness (幸福), self-realization (自我实现)

Euripides 欧里庇得斯 101, 105

evil 恶

  problem of ~, in Israel 恶的问题在以色列人中 90—92, 127

expediency 便利 226

experimental method 实验方法 375

Ezekiel 以西结 94

F

factory legislation 工厂立法 420—422, 459—462, 483 f.

family, or household Group 家庭, 家族, 大家庭 19—21

~ as primary moral agency 作为主要道德行动者的家族 35 f.

Hebrew ~ 古希伯来人的大家庭 84—93, 95 f.

history of ~ 家庭史 489—493

from individual standpoint 从个体的观点出发 (看家庭) 503—511

from social standpoint 从社会的观点出发 (看家庭) 506—511

special problems (家庭的) 特殊问题 511—517

recent changes affecting it 近来影响家庭的一些变化 496—503

索 引

Federal Trade Commission（美国）联邦贸易委员会 455, 466
feud 复仇
　参看 blood feud
freedom 自由
　Pauline conception of ~ 保罗的自由观念 97
　economic ~ 经济自由 149—153
　growth of ~ 自由的成长 146—149
　~ of contract 契约自由 442—444
　参看 liberty
Freud 弗洛伊德
　school of ~ 弗洛伊德派
　~ on sex 弗洛伊德论性 500 f.
friendship 友谊 216, 237
　~ and marriage 友谊与婚姻 503—505
functional 功能性的
　~ society 功能性社团 457 f.

G

Galileo 伽利略 153
Genetic method, in Ethics 伦理学中的发生学方法 5 f.
gentleman 绅士
　Greek conception of ~ 古希腊的绅士观念 101, 105, 123
　~ as class ideal 作为阶级理想的绅士 152
Genung, J. F. J.F.杰农 91
Germans 日耳曼人
　customs of ~ 日耳曼人的习俗 16
　family among ~ 日耳曼人的家庭 492 f.
Goethe 歌德 203 f.
Golden Rule 金规则 190, 265, 309 f.
Goldsmith, O. O.戈德史密斯 182
good 善
　the ~ as the subject of ethcs 作为伦理学研究对象的善 3
　~ in group morals 群体道德中的善 62
　Hebrew ideals of ~ 古希伯来人的以善为内容的理想 96 f.
　~ in Greek thought 古希腊思想中的善 101 f., 105—107, 112—115
　hedonistic theory of ~ 快乐主义的善的理论
　　criticized by Aristotle 亚里士多德对享乐主义的善的理论的批判 122 f., 126.f
　　criticized by Plato 柏拉图对享乐主义的善的理论的批判 119—122
　　hedonism defined and criticized 对享乐主义的定义和批判 205—215, 第十一章

~ as happiness 善即幸福 166. f., 213 ff.

~ related to wisdom 善被与智慧关联在一起 205

Epicurean theory of ~ 伊壁鸠鲁的善的理论 215—218

~ as conquest of passion 善即是对情感的征服 219—224

~ as objective interests 善即客观的利益 224—230

conflict of ~ 善之间的冲突 227—233

~ in utilitarianism 功利主义所说的善 266 ff.

double meaning of ~ 善的双重含义 291

natural and moral ~ 自然的善和道德的善 271

goodness 善性
参看virtue（美德）

government 政府
function of ~ 政府的功能 368

Gratian 格拉提安
~ on property 格拉提安论财产权 144

Gray, J. H. J.H.格雷 15—16

Greeks 古希腊人
moral development of ~ 古希腊人的道德成就 第七章

Grote 格罗特 17

group life 群体生活
early ~ 早期的群体生活 第二章
~ as moral standard 作为道德标准的群体生活 第四章
kinship 血亲群体 19—21
economic and political aspects（群体生活的）经济特征和政治特征 22—24 f.
individual in ~ 群体生活中的个体 25—27
religious aspects of ~ 群体生活的宗教特征 27—29
age and sex groups in ~ 群体生活中的年龄组与性别组 29 f.
moral signifance of ~ 群体生活所具有的道德意义 31 f.
custom in ~ 群体生活中的习俗 第四章
values and defects of ~ 群体生活所具有的价值和所具有的缺点 62—65
Hebrew ~ 古希伯来人的群体生活 16, 83 f., 93 f.
Greek ~ 古希腊人的群体生活 100
参看convention（惯例）, custom（习俗）, mores（风俗）, nature（自

索 引

然）

Groves, E. R., on marriage E.R.格罗夫斯论婚姻

H

habit 习惯 9, 24, 45, 64, 221, 225

～and self 习惯与自我 181 f.

～and purpose 习惯与目的 198 f.

～as moral stay 习惯即稳定的状态 221 f.

～and objective interest 习惯与作为目的的兴趣 225 f.

参看chracter（品格），conduct（行为）

Hammurabi 汉谟拉比

Code of～汉谟拉比法典 75, 94 n., 491 f.

happiness 幸福

its constitution 幸福的内容 213 ff., 335

～and personal disposition 幸福与个人的情操 265 ff., 271

～and deire 幸福与欲望 270

private and common～私我的幸福与共同的幸福 271 f.

参看utilitarianism（功利主义）

Hayes, C. H. J., on nationalism 卡尔顿·J.H.海斯论民族主义 409

Hazlitt, on pleasure and the Good 黑兹利特论快乐与善 210

Hearn 赫恩 22

Hebrews, moral development of 古希伯来人的道德成就 第六章

参看cultus（文化），prophets（先知）

Hedonism 享乐主义

～of the Cyrenaics 昔勒尼学派的享乐主义 115

～criticized 对享乐主义的批判 205—215

theory of ends of desire confused with theory of standards 享乐主义混淆了关于欲望之目的的理论被与关于标准的理论 262 f.

paradox of～享乐主义的悖谬 270

Herbert, G. 乔治·赫伯特 301

Highmindedness, Aristotle on 亚里士多德论上智 123

Hobbes 霍布斯 164

Hobhouse, L. T. L.T.霍布豪斯 48, 57

～on family 霍布豪斯论家庭 136, 492 f., 495

Holmes, Justice O. W. 大法官O.W.霍尔姆斯

～on freedom of thougnt 霍尔姆斯论思想自由 399

～on police power 霍尔姆斯论警察

权力 462
~ on relation to the universe 霍尔姆斯论与宇宙的关系 506 f.
Homer 荷马 60
Hunestum 真诚
 ~ as Roman standard 作为古罗马人的标准的真诚 141
 ~ as good repute 作为好名声的真诚 277
honesty 诚实 150, 152 f., 162
 ~ as policy 作为策略的诚实 218
honor 荣誉 77—79, 109 f., 112
Hosea 何西阿 95 f.
hospitality 好客 60 ff.
humanitarianism 人道主义 157, 262
Hume, D. D. 休谟 48, 260
hypocrisy 虚伪 281

I

Ibsen 易卜生 90
Ideal 理想
 Hebrew-christian ~ 犹太教–基督教的理想 96—98
 Greek ~ 古希腊人的理想 125—127
 medieval ~ 中世纪的理想 142
 nature of ~ 理想的本性 301 f.
 false ~ 错误的理想 382
 democratic ~ 民主社会的理想 387 ff.
income 收入
 ~ in the United States 在美国的收入 450
 distribution of ~ 收入的分配 453, 455 f., 486
 ~ tax 所得税 469
India, customs of 印度的习俗 22 f., 57
Indians (American)（美国的）印第安人 23, 40, 49, 54, 59
indifference, of acts 行动的无差异 177 f., 180
individual 个体、个人
 the ~ in early group 早期群体中的个体 18, 21, 23, 26 f., 64
 collision with group 个体与群体之间的冲突 67—80, 107 ff.
 ~ among Hebrews 古希伯来人中的个体 93 f., 103—107
 modern ~ 现代的个体 145 ff.
 参看 self（自我）
individualism 个人主义
 factor in transition from custom 个人主义是习俗转变中的一个因素 第四章
 ~ in Hebrew morals 古希伯来人道德中的个人主义 93, 96 f.

~ in Greece 古希腊的个人主义 100, 103 ff.

commercial and plolitical ~ 商业个人主义与政治个人主义 107 ff.

~ of cynics and Cyrenaics 犬儒学派和昔勒尼学派的个人主义 114 f.

~ and justice 个人主义与正义 274 f.

historic ingredients of ~ 个人主义的历史渊源 367 ff.

doctrinal formula 个人主义的思想形式 371

~ as theory 作为理论的个人主义 387

political form of ~ 政治形式的个人主义 395 f.

~ and public education 个人主义与公立教育 406

modern ~ 现代的个人主义 425—427, 480 f.

~ in marriage 婚姻中的个人主义 501

individuality 个体性

~ defined 对个体性的定义 68 f.

forces producing ~ 促生个体性的诸力量 69, 80, 93, 103—107, 145 f.

~ in morals 道德中的个体性 351 ff., 第十六章

moral claims of ~ 个体性的道德要求 386 f.

industrial revolution 工业革命 159, 369

effects of ~ 工业革命的影响 371

industry 工业

~ as moraizingl agency 作为一种使人道德化的推动者的工业 36, 39 f., 69—71

~ in modern development 在现代形成过程中的工业 149—153, 159 f.

present problems of ~ 工业在现在所遇到的诸问题 第十八章至第十九章

~ controlled from top 被从顶层控制着的工业 393

inequality 不平等

~ as natural 自然的不平等 109

social ~ 社会的不平等 443

inhibition 禁令

nature of ~ 禁令的本性 202 f., 222 f.

initiation, primitive 原始社会的控制 51—53

institutions, moral value denied 制度,被否认的道德价值 348

参看 social eviornment(社会环境)

intention 意向

place of ~ in morals 意向在道德是的地位 176 f.

analysis of ~ 对意向的分析 184 f.

参看ends（目的）, motive（动力）

interests 利益

~ and the Good 利益与善 224—228

~ and motives 利益与动力 321 ff.

~ and the self 利益与自我 327 f.

~ as social 利益是社会性的 331—336

intuitionism 直觉主义 261, 288

truth and error in ~ 直觉主义所说出的真理和存在的错误 292—295, 303

~ as immediate sensitivity 直觉是当下的感受 295 f.

defect 直觉主义的缺点 309

Ireland 爱尔兰

ancient law of ~ 爱尔兰的古代法 22 f., 56, 76

isolation, of the moral 把道德孤立 289, 379

Israel 以色列

参看Hebrew（希伯来）

J

James, William 威廉·詹姆斯

~ on the social self 威廉·詹姆斯论社会性自我 77 ff.

~ on passion and thought 威廉·詹姆斯论情感与思想 201

~ on moral exercise 威廉·詹姆斯论道德的操练 221, 223

~ on self-love 威廉·詹姆斯论自爱 324 f.

Japanese customs 日本的风俗 16, 37

Jennings, H. S. H.S.詹宁斯

~ on sex and parenthood H.S.詹宁斯论性生活与做父母 515 f.

Jesus 耶稣 96, 98, 143, 148

Job, Book of《约伯记》90 ff.

judgment 判断

moral ~ 道德判断 第十四章

its object 道德判断的对象 202

~ as separate faculty 判断是独立的能力 235

~ as practical and theoretical 判断是实践性的，也是理论性的 258

~ and sympathy 判断与同情 275, 292 f.

~ and the self 判断与自我 318

参看intuitionalism（直觉主义）, wisdom（智慧）。

jural influence 法的影响

~ among Hebrews 在古希伯来人中法的影响 86 f., 92 f.

~ among Greeks 在古希腊人中法的影响 102 f., 108 ff.

~ among Romans 在古罗马人中法的影响 128 f.

moral concepts 道德观念（因为法的影响而形成）138 ff.

~ in Kant 在康德那里法的影响 165 f.

~ of morals 道德所含有的法的影响 195

justice 正义

~ in primitive society 原始社会中的正义 86 f., 92 f.

Hebrew idea of ~ 古希伯来的正义观念 87, 89 f., 98

Greek idea of ~ 古希腊的正义观念 102 f., 109—112

Plato on ~ 柏拉图论正义 118

~ in Roman law 正义在古罗马法中 138—141

~ and standard 正义与标准 273—277

~ as virtue 作为美德的正义 284

legalistic view of 法学中的正义观 277

~ in distribution of wealth 财富分配中的正义 485—491

参看 rights（权利），Supreme Court（最高法院）

K

Kafirs 卡菲尔人 17—18, 21

Kalon, and Kalokagathos 完人 101, 105, 106, 121 f., 123, 260, 299

Kant 康德

~ on the force of unsociability 康德论非社会本性所具有的力量 68, 70, 79

his critique of Pure Reason 康德的《实践理性批判》155

his central conception 康德的核心观念 165 f.

subordinates good to law 使善服从法则 238 ff.

separation of motive and consequence 把动机与后果分开 184, 240

duty as universal and particular 义务是普遍而具体的 241 f.

~ on knowledge 康德论知识 288 f.

~ on good will 康德论善良意志 315

karma 业，业报 93

Key, Ellen, on the family 艾伦·基论家庭 516 f.

Kidd, D. D. 基德 18, 21, 22, 32

King, W. I., on wealth and income W. I. 金论财富与收 455

kinship 血亲群体 19 ff.

参看group life（群体生活）

knowledge 知识 第十四章

~ of persons 人的知识 297

will to know 认识的意愿 311

monopoly of ~ 知识垄断 408 f.

Kropotkin 克鲁泡特金 39

L

labor 劳动

primitive ~ 原始社会的劳动 36, 39

~ and gentleman 劳动和绅士 152 f.

women's and children's ~ 妇女的劳动和儿童的劳动 421

legal protection（对劳动的）法律保护 440, 447, 459 ff.

~ as a commodity 作为一种商品的劳动 431 f.

参看industry（工业）

labor unions 工会

~ and collective bargaining 工会和集体谈判 438 f.

~ and corporations 工会和企业 438

legal status（工会的）法律地位 440 ff., 446

Adair and Coppage cases 阿戴尔案和科培奇案 441—444

Hitchman case 希奇曼案 444—446

~ as not having a public purpose（工会）没有一种公共目的 444

laissez fair 自由放任

origins of ~ 自由放任理论的来源 151, 274

relation to individualistic theory 自由放任理论与个人主义理论之间的关系 346, 369, 468

~ as policy 自由放任政策

参看capitalism（资本主义），individualism（个人主义）

language, as socializing agency 语言是一种使人社会化的力量 38 f.

law 法律

control in group life（法律）群体生活中的控制 53—57

~ in Hebrew morals 法律在古希伯来道德中 86 f., 92 f.

Greek conceptions of ~ 古希腊的法律观念 101, 107

Roman ~ 罗马法 137—139

~ in labor cases 法律在劳动案件中 440—447

social agency 法律是一种社会力量 459—470

moral, duty 法律与道德、义务 第十二章

legalism 律法主义 277, 309, 372

参看jural（司法的），law（法律），

索 引

right（权利）
levels of conduct 行为的层次 7，43，45
liberalism 自由主义 364
liberty 自由
  struggle for ~ 争取自由的斗争 76 f.
  political ~ 政治自由 146—148
  religious ~ 宗教自由 149
  economic ~ 经济自由 151
  nature of ~ 自由的本性 399 ff.
  social ~ 社会自由 388
  ~ of thought 思想自由 398—409
  请看 freedom（自由），individualism（个人主义）
Life 生活
  Hebrew and Christain ideal ~ 犹太教和基督教的理想生活 96 ff.
  morals as ~ 道德即生活 6，577
Lippmann, W. 瓦尔特·李普曼 73
Locke 洛克
  ~ on natural rights 洛克论自然权利 147
  ~ on toleration 洛克论宽容 147
  his Eaasy on Human Understanding 洛克的《人类理解论》155
  referred to ~ 诉诸洛克 221，308
love, as moral ideal 爱是道德理想 90
loyalty 忠诚 第十二章

luck, and approval 运气和称赞 47

M

Machiavelli 马基雅维里 145 f.
machine 机器
  ~ and industrial revolution 机器与工业革命 159 f.，408
  effect on workers（机器）对工人的影响 422—425
  effect on bargaining power 机器对谈判力量的影响 437 f.
MacLennan 麦克伦南 22 n.
Maine, Sir H. H. 梅因爵士 18，54
Malinowski 马林诺夫斯基 46，49
  ~ on family 马林诺夫斯基论家庭 509 f.
marriage 婚姻
  ~ in group morals 婚姻在群体道德中 58 f.，75
  ~ among Hebrews 古希伯来人的婚姻 95 f.
  ~ among Romans 古罗马人的婚姻 136，492
  church views on ~ 教会对婚姻的看法 493—495
  individual point of view 从个人的视角看（婚姻）503—506
  social point of view 从社会的视角

看（婚姻）506—511

~ and women's carrers 婚姻与女人的事业 511 f.

参看divoice（离婚），family（家庭），sex（性）

mean 中道

Aristotle's conception of ~ 亚里士多德的中道概念 123

~ as class term 中道是一个阶级用语 162

Measure, in Greek morals 尺度在古希腊道德中 101, 103, 113, 122 f., 127

man's clubs and houses 男人的公屋 30 f.

method, in morals 伦理学方法 375, 381 f., 389

Micah《弥迦书》89

Millay, E. St. Vincent 埃德娜·圣文森特·米莱 215

Mill, John Stuart 约翰·斯图亚特·密尔

~ as utilitarian 密尔是功利主义者 166

~ on sources of value 密尔论价值的来源 225

~ on expediency 密尔论权宜之计 226

~ on pleasures as end 密尔论作为目的的快乐 206

~ on their quality 密尔论快乐的质 211 f.

his interest in personal character 密尔对个人品格的兴趣 262 ff.

Milton 弥尔顿 147, 223

monasticism, women uder 禁欲主义之压下的妇女 404

moral 道德

derivation of term（"道德"一词的）词源 3

~ as growth 道德即成长 6

levels 道德的层次 7

characteristics of 道德的特征

derivation of conceptions of ~ 道德观念的来源 161—163

参看morality（道德），mores（风俗）

moral sense school 道德感学派 164 f.

参看intuitionalism（直觉主义）

morality 道德

customary ~ 习俗性道德 45 f., 62—65, 171 f.

transition to conscience（从习俗性道德）到良心的过渡 66 ff.

Hebrew ~ 古希伯来人的道德 82 ff.

Greek ~ 古希腊人的道德 100 ff.

Roman ~ 古罗马人的道德 131 ff.

factors in modern ~ 现代道德中的要素 145 ff.

reflective ~ 反思性道德 第十章, 257 ff., 277 f.

not isolated 道德不是孤立的 233 f., 235 f.

~ as servile 奴性道德 246

~ as intrinsic in life 道德是生活的内在的方面 342 ff.

~ and social problems 道德与社会问题 第十六章

~ and the political order 道德与政治秩序 第十七章

参看 moral theory（道德理论）

mores 习俗

~ as term "习俗"这个词 3

~ defined by Summer 萨默对习俗的定义 45

authority of ~ 习俗所具有的权威 46 ff.

enforcement（习俗的）强化 48 ff.

参看 custom（习俗）

Moses 摩西 75

motives 动机

~ in customary morality 动机在习俗性道德中 63 f.

~ in Hebrew morals 动机在希伯来道德中 94 f.

~ and intention 动机与意愿 185

~ anayzed 对动机的分析 186

pleasure as ~ 快乐作为动机 209

their nature 动机的本性 319—324

relation to interests （动机）与利益的关系 321

self-love as ~ 自爱作为动机 324 ff.

profit as ~ 利润作为动机 449—453, 474 f., 483 f., 487 f.

参看 consequences（后果）

mutual aid 互助 39

N

nationalism 民族主义

problems of ~ 民族主义存在的问题 409—414

~ and patriotism 民族主义与爱国主义 411 f.

nature 自然, 本性

~ opposed to convention 与习俗相对立的自然 100, 107, 109 f., 113

Aristotle on ~ 亚里士多德论自然 116 f.

Stoic view of ~ 斯多葛派的自然观 124 f.

Roman law of ~ 古罗马人的自然法 137—141, 238

rights（自然）权利 147 f., 151, 368,

370

~ versus artificial 与人为相对的自然 368

nemesis 复仇女神 110, 127 f.

Newton 牛顿 154

Nietzsche 尼采 74, 110

non-conformity 非一致性 252

O

obligations（职责）, ought（应当）, oughtness（应当性）参看 duty（义务）

P

Paley, as utilitarian 功利主义者佩利 166

Paul, St. 圣保罗 89 f., 97, 99

peace 和平

~ as moral ideal 和平是道德理想 98

~ and war 和平与战争 412 ff.

personal, and social in morals 个人道德与社会道德 351 f.

personality, as end in itself 人格自身就是目的 243

参看 induviduality（个体性）

Pindar 110

Plato 柏拉图

~ on origin of morals 柏拉图论道德的根源 4

~ on art and morals 柏拉图论艺术与道德 37, 101

~ on hospitality 柏拉图论好客 61

~ on measure 柏拉图论尺度 101, 120 ff.

religious critic 柏拉图的宗教批判 105

~ on the gentleman 柏拉图论完人 105 f.

discussion of individualism 柏拉图对个人主义的讨论 109 ff.

~ on the state 柏拉图论城邦 118

~ on the good 柏拉图论善 117—182

~ on pleasure 柏拉图论快乐 121 f.

~ on the ideal 柏拉图论理想 125 f.

~ on the self 柏拉图论自我 128 f.

~ on teaching virtue 柏拉图论品德教育 172

emphasis on knowledge 柏拉图对知识的强调 288

~ on opinion 柏拉图论意见 405

pleasure 快乐

~ and moral good, among Hebrews 在古希伯拉人中快乐与道德的善 96

~ in Greek theory 快乐在古希腊理论中 120—122, 124

hedonistic theory 快乐主义理论 205—215

　　present and future ~ 当前的快乐和未来的快乐 207—209

　　Hazlitt on ~ 黑兹利特论快乐 210

　　~ and character 快乐与品格 208—210

　　higher and lower ~ 高级快乐与低级快乐 212

　　~ and happiness 快乐与幸福 213 ff.

　　~ in utilitarianism 功利主义所说的快乐 262—268

police power 警察权力 440,461

politics 政治

　　limits of government 政府的界限 367 f.

　　~ and economics 政治与经济 396,第十七章

Pollock and Maitland 波罗克和梅特兰 440,461

Post 波斯特 55

praise 称赞

　　参看 approbation（赞许）

precedent 先例 304,365

principles 原则

　　nature of ~ 原则的本性 253,304—310

　　difference from rules（原则）不同于规则 305 ff.

problems 问题

　　~ of moral theory 道德理论的问题 173,188,193—196,255

　　social ~ 社会问题 第十六章

　　political ~ 政治问题 第十七章

　　economic ~ 经济问题 第十八至二十章

　　marriage and the family 婚姻与家庭 第二十三章

production 生产

　　moral problem of ~ 生产所具有的道德问题 417,426,430,448,461,481—484

profit 利润

　　~ as business motive 利润是经济动机 449—453,474 f.,483 ff.,487 f.

progress, as moral issue 进步是道德问题 361,364

propaganda, evils of 宣传活动所含有的恶 401 f.

property 所有权

　　~ in primitive groups 原始群体中的所有权 22 f.

　　relation to tabbo 所有权与禁忌的关系 49 f.

　　~ in development of individual 所有权在个人形成中的作用 75 f.

Plato on ~ 柏拉图论所有权 118

~ and medieval church 所有权与中世纪教会 144

~ in capitalism 资本主义的所有权 418 f., 440 f., 479

~ and Roman marriage 所有权与古罗马的婚姻 136 f.

~ of married women 已婚女人的所有权 495

~ involes inequality 所有权包含着不平等 443

prophet, Hebrew 希伯来的先知 83 f., 88—90, 92, 98

Protagoras 普罗泰戈拉 4

Protestantism 新教

~ as a movement 新教是一场运动 148 f.

~ and the family 新教与家庭 435

public agency, and private 公共力量和私人力量 362 ff., 373 f.

public interest 公共利益

property as effected by ~ 所有权受公共利益影响 462—465

~ and corporations 公共利益与公司 474 f.

Publishment, evil, so viewed by Hebrews 古希伯来人认为惩罚是针对邪恶的 90 f.

参看 justice（正义）

Puritans 清教徒

economic views （清教徒的）经济观 152

life as a calling 生活是一种呼召 152

refered to ~ 涉及清教徒的问题 220, 307

purity 洁净

ceremonial ~ 仪式的洁净 87

~ of motive 动机的洁净 95

R

rationalizing agencies 使人理性化的力量 36—38

reason 理性

~ as moral element 作为道德要素的理性 8, 36 f., 62, 72

~ as standard among Greeks 在古希腊人中作为标准的理性 103 ff., 112 f., 120—124

~ in Roman law 理性在罗马法中 137—141

~ in science 理性在科学中 154 f.

~ in Kant 理性在康德的思想中 241 f.

double meaning of ~ 理性的双重含义 235 f.

~ in labor disputes 在劳资纠纷中

的理性 430, 447 f.
reform, moral 道德革新 226 f.
Reformation, the 宗教改革 148 ff.
　~ influence on family 宗教改革对家庭的影响 495
relativism, ethical 伦理相对主义 373
religion 宗教
　~ in early group life 早期群体生活中的宗教 27—29
　socializing agency (宗教是)使人社会化的力量 42
　~ in transition to conscience 从习俗性道德转变到良心的过程中起作用的宗教 74, 77
　~ in Hebrew morals 宗教在古希伯来人道德中 82, 86 ff., 92, 95
　Greek ~ 古希腊的宗教 103—105, 126 f.
　medieval ~ 中世纪的宗教 142—143
　modern development (宗教)在现代的发展 148 f.
Renaissance 文艺复兴 145—147
responsibility 责任
　collective ~ 集体责任 15, 25—27, 40 f., 54, 56, 84
　development of personal ~ 个人责任的养成 93 f.
　its nature 责任的本性 336 ff.
　~ and consequences 责任与后果 337 f.
　~ and freedom 责任与自由 339
reverence 崇拜,敬畏 28 n., 29, 32, 46, 53, 63, 80, 83, 87, 128
revolution 革命
　American ~ 美国革命 157 ff.
　French ~ 法国革命 157 ff., 388
　Indusrial ~ 工业革命 159, 422—425, 429—432, 497
right, the 正当,正义
　~ as basic concept 作为伦理学的基本概念的正当 第十二章
　relation to good 正当与善的关系 232 f., 245
　relation to ends 正当与目的的关系 233 f., 245
　social origin of ~ 正当的社会根源 236—238, 247—248
　Kantian theory of 康德的正当理论 238—244
　justification of ~ 正当的证成 245—253
　generalized sense of ~ 可普遍化的正义感 253—256
　~ as subject of theory 正当是理论的研究对象 3, 10

~ in Hebraic morals 古希伯来人道德中的正当 92 f.

~ among Greeks 古希腊人的正当观 101 ff.

参看 law（法律，法则），reason（理性），duty（义务）

righteousness, typical theme in Hebrew morals 义，古希伯来道德的典型主题 92

rights 权利

development of ~ 权利的形成 25—27, 75 f.

natural ~ 自然权利 146—148,

~ of employer and employee 雇主的权利和受雇者的权利 442

~ of private property 私有财产权 443

ritual 仪式 50, 52 f., 58 f., 87 f.

Rome 古罗马

acient, government and law 古罗马人的政府与法律 131—137

moral contributions 古罗马人的道德贡献 137—141

family 古罗马人的家庭 136, 492

Rousseau 卢梭 147, 362

rules, as fixed and principles 不变的、作为原则的规则 307 ff.

S

Santayana, G. G. 桑塔耶纳 229

Sceptics, Greeks 古希腊的怀疑论者 124

Schiller 席勒 37

Schopenhauer 叔本华 74

Schurtz 舒尔兹 30

science 科学

~ in transition to conscience 在从习俗性道德到良心的过渡中的科学 71

Greek ~ 古希腊的科学 103—106

modern ~ 现代科学 153 f., 160 ff.

~ and moral progress 科学与道德进步 191 f.

~ and democracy 科学与民主 391

secret societies 秘密社团 30 f.

security, in industry 工业中的社会保障 425—427, 436 f., 460 f., 482 f.

Seebohm, F. F. 西博姆 27, 51, 55

self 自我

social ~, how built up 社会自我是被如何建立起来的 9, 77 f.

tribal ~ 部落的自我 21 f.

Greek conceptions of 古希腊人的自我观

place in morals (自我) 在道德中的

地位 第十五章

~ and choice 自我与选择 315—319

~ and act 自我与行为 318 f., 328

~ and motives 自我与动机 319—342

参看 character（品格）

self-interest 自利 218, 326, 356, 369

selfishness 自私

~ in Hobbes 自私在霍布斯的理论中 164

~ in Kant 自私在康德的理论中 239

nature of ~ 自私的本性 325—328

self-realization 自我实现 335

self-sacrifice 自我牺牲 203

Seneca 塞涅卡 129, 138

sense, moral 道德感 165

参看 intuitionalism（直觉主义）

sex 性

basis pf group 性是群体的基础 29—31, 49, 57, 75, 87 f.

modern emphasis on ~ 现代对性的强调 499 ff.

~ and marriage 性与婚姻 503 ff.

Shaffesbury, moral sense writer 莎夫慈伯里，主张道德感的思想家 165, 260

Shakspere 莎士比亚 21, 39, 156

Shaw, B., on distribution of income 萧伯纳论收入分配 456 f.

shop, open vs. closed 工厂，向工会之外的开放与对工会之外的人不开放 441

Simmons and Wigmore 西蒙斯和威格莫尔 16

sin 罪 87, 92 ff.

Slav group 斯拉夫群体 18 n., 22, 54, 76

slavery 奴隶制度 76

Roman ~ 古罗马的奴隶制度 134 f.

Smith, Adam 亚当·斯密 129, 151, 260

moral sense writer 亚当·斯密是主张道德感的思想家 165

~ on the "invissible man" 亚当·斯密论"看不见的手" 449

Smith, Arthur 亚瑟·史密斯 62

Smith, H. P. H.P.史密斯 96

Smith J. M. P. J.M.P.史密斯 83

Smith, W. Robertson W.罗伯逊·史密斯 26, 28 n.

social ends 社会目的 第十六章，特别是 355 ff.

social environment 社会环境

moral significance of ~ 社会环境的道德意义 313, 347, 367, 377--382

phases of influence（社会环境）影响的阶段 379 ff.

political problems of 社会环境所含有的政治问题 390—398
  influence, on ends（社会环境）对目的的影响 229
  influence, on duty（社会环境）对义务的影响 255
  influence, on virtue（社会环境）对美德的影响 285
socialism 社会主义 456 f., 475—480 参看 collectivism（集体主义），individualism（个人主义）
socializing agencies 使人社会化的力量 8 f., 38—43
society 社会
  nature of ~ 社会的本性 357
  pluralistic ~ 多元社会 359
  ~ and moral ends 社会与道德目的 331—336
Socrates 苏格拉底 10, 80, 105, 107, 173
Sophocles 索福克勒斯 32, 101, 107, 128
speech, freedom of, 言论自由 399—404
Spencer, Balldwin, and Gillen, F. B. 斯宾塞、鲍德温与F.B.基伦 20, 52—53
Spinoza 斯宾诺莎 74

standard 标准
  ~ in group morals 群体道德中的标准 7, 31, 83 f.
  custum as ~ 习俗是标准 55, 62, 64 f.
  divine law as ~ 神法是标准 86 f., 92 f.
  measure as ~ 尺度即标准 101 f., 122
  reason and nature as ~ 作为标准的理性与自然 113—122, 137—141
  ~ and approbation 标准与赞许 第八章
  ~ and praise and blame 标准与称赞和指责 259—262
  ~ in utilitarianism 标准在功利主义中 262—268
  relation to end 标准与目的的关系 269 ff., 310
  ~ as justice and benevolence 标准就是正义与仁爱 272—277
  revision of ~ 标准的修正 300 f., 313
state, the 城邦，国家，政府
  early group life 早期的群体生活 24 f.
  ~ in Hebrew morals 政府在古希伯来道德中 98
  ~ in Greek 古希腊的城邦 100, 107, 108

defence of ~, by Plato and Aristotle 柏拉图和亚里士多德对城邦的辩护 115—119

Roman views of ~ 古罗马人的国家观

national ~ 民族国家 145,409—414

democratic ~ 民主政府 390 ff., 399 ff.

~ and social control 政府与社会控制 459—470

~ in Russia 政府在俄罗斯 475 ff.

Fascist ~ 法西斯主义政府 477

Stephen, L., quoted, on character L.斯蒂芬,"论品格"的引文 183—184

Stevenson, Mrs. M. C. M.C.斯蒂文森夫人 59

Stoics 斯多葛派 46, 119, 129, 138 ff.

success, as an end 成功是一种目的 218—219, 257

Suffering, moral significance of 受苦的道德意义 92

Sumner 萨姆纳 45, 47, 49

Supreme Court, of U. S. 美国最高法院

    decisions of Adair case 美国最高法院对阿戴尔案的判决 441 ff.

    decisions of Coppage case 美国最高法院对科培奇案的判决 442 ff.

    decisions of Hitchman case 美国最高法院对希契曼案的判决 444—446

    ~ on minimum wage 美国最高法院论最低工资 447

    ~ on dangerous occupations 美国最高法院论危险工作 443 f., 461 f.

    decisions of Lochner case 美国最高法院对洛克纳案的判决 462

    ~ on police power 美国最高法院论警察权力 462

    ~ on property and public interest 美国最高法院论所有权与公共利益 463

    ~ on income tax 美国最高法院论收入税 470

    ~ on child labor law 美国最高法院论童工法 459 f.

sympathetic resentment 同情式的抱怨 41, 43, 63, 257

sympathy 同情

    factor in socialization 在使人社会化的过程中同情是一个要素 9, 32, 38

    ~ and cooperation 同情与合作 39 ff.

    ~ and art 同情与艺术 41, 157

    ~ as moral 同情是合乎道德的 43 f.

    ~ as basis of approval 同情是赞成的基础 261 ff.

Mill and Bentham on ~ 密尔和边沁论同情 267 f.

~ as emotional and intellectual 同情是属于情感的，也是属于理智的 275, 297, 332 f.

T

Teleological theories 目的论
　参看 ends（目的）, good（善）
temptation 诱惑 174, 178
Terence 特伦斯 138
Theodorus 西奥多勒斯 115
theory 理论
　moral ~ 道德理论
　realtion to practice 道德理论与实践的关系 10 f.
　nature of moral ~ 道德理论的本质第十章
　moral ~ and reflective morals 道德理论与反思性道德 173—176
　moral ~ and conflict 道德理论与冲突 173
　value and limitations of moral ~ 道德理论的价值及其局限 188 ff.
　sources of moral ~ 道德理论的根源 190—193
　problems, classified 道德理论问题分类 193—196

　school of moral ~ 道德理论的流派 192 f.
　hedonistic moral ~ 快乐主义的道德理论 205—215
　Epicurean moral ~ 伊壁鸠鲁学派的道德理论 215—228
　ascetic moral ~ 苦修主义的道德理论 219—224
　Kantian moral ~ 康德的道德理论 239—245
　utilitarianism moral ~ 功利主义的道德理论 261—268
　egoistic and altruistic moral ~ 利己主义的和利他主义的道德理论 324—331
　individualistic moral ~ 个人主义的道德理论 367 ff.
　intuitional moral ~ 直觉主义的道德理论 292—303
toleration 宽容 252
Tolstoi 托尔斯泰 362
totem group 图腾群体 28
Trade unions 商会 参看 labor unions（工会）

U

Ulpian 乌尔比安 140
United States 美国 370, 392, 394,

396, 399, 402

参看Supreme Court（最高法院）

Utilitarianism 功利主义

～ and modern spirit 功利主义与现代精神 166 f.

～ as a theory of standard of approbation 功利主义是一种关于赞许之标准的理论 261 ff.

confusion with hedonism 有人把功利主义混同于快乐主义 262—268

emphasis on wide sympathy（功利主义）强调广泛的同情 262

～ transformed by J. S. Mill J.S.密尔对功利主义的改造 264—268

～ and social reform 功利主义与社会改革 275 f.

～ criticized 功利主义受到批评 318

V

value 价值

～ of custom 习俗的价值 62—65

measure of ～ 价值尺度

Hebrew measure of ～ 古希伯来人的价值尺度

Greek measure of ～ 古希腊的价值尺度 101 ff.

medieval measure of ～ 中世纪的价值尺度 144, 150

modern measure of ～ 现代的价值尺度 151 f., 156 f., 158, 160

conflicts of 价值的冲突 173, 227

material and ideal ～ 物质所具有的价值和理想所具有的价值 299 f.

judgments of ～ 价值判断 290

参看approbation（赞许）, good（善）, judgment（判断）

Veblen, T. B. T.B.韦布伦 422

Vice 恶德 参看virtue（美德）

Virtue 美德

～ and vice, in Greek popular usage 古希腊人流行用语中的"美德"与"恶德" 106

～ as a "mean" 表现为"中道"的美德 123

～ as high-mindedness 表现为上智的美德 123

～ as wisdom 表现为智慧的美德 114, 123 f., 205 f.

～ in relation to praise and blame 美德与称赞和指责的关系 第十三章, 特别是259, 269, 277 f.

traits of ～ 美德的特征 280—286

relation to custom 美德习俗的关系 280

defined ～ 被规定的美德 281

unity of ～ 美德的统一 283

Voltaire 伏尔泰 155

voluntary action 自愿行为
　　参看 character（品格）, choice（选择）, desire（欲望）, ends（目的）, will（意志）

W

war
　　~ in unifying groups 在使群体统一过程中所用的战争 40 f.
　　~ as moral problem 战争是道德问题 174, 190, 353, 355
　　evils of ~ 战争所含有的恶 412 f.
　　"resisters" "反战人士" 413
　　outawry of ~ 宣布战争为非法 413

wealth 财富
　　~ in Israel 财富在古以色列人中 84 f., 89, 96
　　~ in Greece 财富在古希腊人中 107—112, 121
　　~ in Rome 财富在古罗马人中 135 f.
　　~ as viewed by church 教会对财富的看法 144
　　modern increase（财富）在现代的增长 159 f., 450
　　distribution in U. S.（财富）分配在美国 455
　　just distribution of ~ 财富的公平分配 453—458, 485 f.
　　perspective of values 价值的角度（看财富）487 f.
　　corporate ~ 公司财富 437 f.

Welsh kin group 威尔士的血亲群体 27, 51, 55

wergild 凶手应付给被害人家属（或主人）的赔偿金额 27, 56

Westermarck 韦斯特马克 41, 57, 60, 63

Wilamowitz-Möllendorf 维拉莫维茨-莫伦道夫 17

will 意志
　　meaning of "strong"（意志）"坚强"的含义 204
　　false and true idea of ~ 正确的和错误的意志理论 378
　　参看 choice（选择）, habit（习惯）

Windeband 文德尔班 115

wisdom 智慧
　　~ among Hebrews 古希伯来人论智慧 90 f.
　　~ in Plato 柏拉图论智慧 106
　　~ in Aristotle 亚里士多德论智慧 23
　　~ in Sceptics 怀疑论者论智慧 123 f.
　　~ in Epicureans 伊壁鸠鲁学派论智慧

123, 215 f.
~ in Stoics 斯多葛学派论智慧 123
~ in Cynics 犬儒学派论智慧 119 f.
standard for pleasure 智慧是快乐的标准 122 f.
different theories of ~ 不同的关于智慧的理论 第十章
woman 妇女
~, position, among Hebrews 在古希伯来人中妇女的地位 14
~, position, in Rome 在古罗马人中妇女的地位 136 f., 490
~, position, in mother and father right 母亲权利和父亲权利所反映的妇女地位 492 f.
~ and modern problems 妇女与现代问题 497 ff.
~ as laborer 女工 421, 447, 459
sex interests（女人的）性享受 500 f., 503 ff., 513 f.
economics interests of ~ 妇女的经济利益 511—513
参看 family（家庭）, marriage（婚姻）, sex（性）。
work 劳动 参看 labor（劳动）
worth 价值 参看 value（价值）
Wrong, the, as disloyalty 不忠是错误的 249 f.
Wycliffe 威克利夫 148 f.

X

Xenophon 色诺芬 104 n.

Y

Yahweh 耶和华
~ as tribal deity 作为部落神的耶和华 82, 84
~ as law giver 作为立法者的耶和华 86 ff.
~ in family of Israel 耶和华在古以色列人家庭中 82 f., 95 f.

Z

zuñi ceremonies 祖尼人的仪式 59

图书在版编目(CIP)数据

伦理学 /（美）约翰·杜威，（美）詹姆斯·H.塔夫斯著；方永译.—北京：商务印书馆，2019
（伦理学名著译丛）
ISBN 978-7-100-17035-2

Ⅰ.①伦…　Ⅱ.①约…②詹…③方…　Ⅲ.①伦理学　Ⅳ.①B82

中国版本图书馆CIP数据核字（2019）第005917号

权利保留，侵权必究。

伦理学名著译丛
伦　理　学
〔美〕约翰·杜威　詹姆斯·H.塔夫斯　著
方　永　译

商 务 印 书 馆 出 版
（北京王府井大街36号　邮政编码100710）
商 务 印 书 馆 发 行
北京艺辉伊航图文有限公司印刷
ISBN 978-7-100-17035-2

2019年11月第1版　　开本880×1230　1/32
2019年11月北京第1次印刷　印张19 7/8
定价：60.00元